権利保護保険

法的ファイナンスの規範論序説

應本昌樹

成文堂

はしがき

　本書は、筑波大学大学院における審査学位論文（博士）「権利保護保険に関する保険法および弁護士法上の問題にかかる比較法的研究　――ドイツの権利保護保険および米国のリーガル・サービス・プランを中心に――」に、その後の展開や追加的考察などを踏まえた若干の見直しを施したうえで、標題を変えて刊行するものである。今後、権利保護保険だけでなく、法律扶助や訴訟ファンドなどの法役務や司法制度の利用のためのファイナンス手段の全体を視野に入れた規範的研究を深めていくことが必要と考え、「法的ファイナンスの規範論序説」の副題を付した。

　権利保護保険の保険契約としての特質を明らかにしたうえで、その司法制度に与える影響を踏まえた規範の在り方を探ろうという意図から、特に、権利保護保険契約の諸要素のうちリスクの実現としてもっとも基本的な保険事故の問題を採り上げるとともに、権利保護保険と司法制度との接触の第一の契機である被保険者による弁護士選択の問題を中心に論じている。

　権利保護保険は、市民の司法アクセスを高め、法の支配のいきわたる社会を実現するうえで不可欠かつ有望な仕組みであるが、抱える課題も多い。その一層の発展と適正な運営の確保を目指した関係者の努力が積み重ねられているところであるが、本書が多少なりともこれに資するところがあれば幸いである。

　本研究は、数多くのご恩によっている。

　筑波大学大学院では、指導担当の弥永真生先生に、比較法的アプローチにつき折に触れご助言をいただいたうえ、その真摯な研究姿勢において多くの薫陶を賜った。柳明昌先生には、博士課程後期における学術研究の初歩につき、お手ほどきをいただいた。出口正義先生には、ドイツの権利保護保険のコンメンタールをご紹介いただくなど、本研究への手がかりを与えていただいた。

　中央大学の森勇先生には、ドイツ弁護士法などにつきご教示いただくととも

もに、文献翻訳などさまざまな研鑽の機会を与えていただいている。

本研究は、委員を務める日弁連リーガル・アクセス・センターにおける海外調査を含む活動から、多くのモチーフを得ている。同センターは、7年にわたり委員長としてリーダーシップを発揮された佐瀬正俊先生をはじめ、委員の先生方が「権利保護保険（弁護士保険）」制度の運営にあたっており、平成22年より大阪大学の山下典孝先生に保険法学の立場からご指導をいただいている。

プリベント少額短期保険株式会社には、保険約款のご提供をいただいた。

公益財団法人損害保険事業総合研究所には、平成23年および同24年にわたり、損害保険研究費助成（「権利保護保険に関する法的考察——保険法上の問題点を中心に」）のご支援をいただいた。本書がその成果であることを申し添える。

すべてをあげることはできないが、心より感謝の意を表したい。

本書の刊行にあたり、成文堂には、編集部の小林等氏による懇切なご指導をはじめ、さまざまの便宜をお諮りいただいた。お礼を申し上げる。

亡き母・淳子に本書を捧げる。
　　平成28年7月31日

　　　　　　　　　　　　　　　　　　　　　　　　　　應本昌樹

目　次

はしがき

序　章 …………………………………………………………… 1
 1　権利保護保険の意義と比較法的研究の必要性 ……………… 1
 2　本研究の考察対象 …………………………………………… 4
 3　本書の構成 …………………………………………………… 5
  (1)　全体の構成 (5)
  (2)　各章の概要 (5)

第1章　ドイツにおける権利保護保険 …………………… 7

 1　はじめに ……………………………………………………… 7
  (1)　欧州における権利保護保険の概観 (7)
  (2)　欧州主要国の権利保護保険市場 (11)
 2　前提となる司法制度 ………………………………………… 12
  (1)　ドイツの裁判制度 (12)
  (2)　ドイツの法曹 (22)
 3　権利保護保険の位置付け …………………………………… 31
  (1)　権利保護保険の意義 (31)
  (2)　権利保護保険の普及状況 (31)
  (3)　権利保護保険の紛争解決費用の調達方法としての優位性 (34)
  (4)　ドイツにおける普及要因とわが国における普及条件 (36)
 4　権利保護保険の歴史的展開 ………………………………… 38
  (1)　対象範囲の拡大 (38)
  (2)　連邦司法省による委託調査「権利保護保険と権利の追求」(40)
  (3)　権利保護保険に関する近時の動向 (41)

- 5 権利保護保険を巡る法規制の枠組み……………………………………… 44
  - (1) 弁護士報酬に関する法規整 (44)
  - (2) 法律扶助 (46)
  - (3) 法役務に関する法規整 (47)
  - (4) 保険法制 (48)
- 6 権利保護保険契約の内容……………………………………………………… 52
  - (1) ドイツ保険協会による業界標準約款 (52)
  - (2) 保険商品のタイプと対象となる法分野 (53)
  - (3) 保険事故 (61)
  - (4) 給付の範囲 (62)
  - (5) 不十分な勝訴の見込みまたは濫訴による拒絶 (63)
  - (6) 主な免責事由 (64)
  - (7) 保険金額の水準 (67)
  - (8) 年間保険料の水準 (67)
  - (9) 標準約款以外の独自商品 (69)
- 7 権利保護保険に関する紛争解決手段……………………………………… 70
  - (1) 仲裁鑑定手続または決定投票手続 (70)
  - (2) 保険オンブズマンおよび連邦金融監督庁に対する苦情申立て (71)
  - (3) 裁判所における填補訴訟 (71)
- 8 保険事故に関する問題………………………………………………………… 72
  - (1) 権利保護保険における保険事故に関する枠組み (72)
  - (2) 連邦通常裁判所 2008 年 11 月 19 日判決 (77)
  - (3) 保険約款解釈の原則について (81)
  - (4) 下級審裁判例・学説の状況 (81)
  - (5) 連邦通常裁判所の先行判例等 (83)
  - (6) 法違反の主張を支える三本の柱について (89)
  - (7) 若干の考察 (91)
- 9 弁護士選択の自由に関する問題……………………………………………… 91
  - (1) はじめに (91)
  - (2) バンベルク高等裁判所 2012 年 6 月 20 日判決 (92)

(3)　問題の所在 (102)
　　(4)　関連する主な法規整の枠組み (102)
　　(5)　議論の状況 (106)
　　(6)　弁護士選択の自由に関する主な裁判例 (110)
　　(7)　バンベルク高等裁判所判決の意義 (111)
　10　わが国への示唆……………………………………………112

第2章　米国におけるリーガル・サービス・プラン………115

　1　米国における紛争解決費用の調達方法………………………115
　　(1)　概要 (115)
　　(2)　米国における訴訟費用に関する主な制度的枠組み (115)
　　(3)　各費用調達方法 (117)
　2　リーガル・サービス・プランの意義……………………………119
　　(1)　概要 (119)
　　(2)　リーガル・サービス・プランの形態 (120)
　　(3)　リーガル・サービス・プランの構成要素 (122)
　　(4)　リーガル・サービス・プランへの加入 (125)
　　(5)　リーガル・サービス・プランの給付および除外事由 (126)
　3　リーガル・サービス・プランの歴史……………………………127
　　(1)　リーガル・サービス・プラン前史 (127)
　　(2)　リーガル・サービス・プランの発展の転機 (129)
　　(3)　その後のリーガル・サービス・プランの展開 (131)
　4　リーガル・サービス・プランに対する法規制…………………131
　　(1)　概要 (131)
　　(2)　連邦法による規制 (132)
　　(3)　州法による規制 (142)
　5　わが国への示唆……………………………………………162

第 3 章 わが国における権利保護保険 ················ 165

1 わが国における権利保護保険の現状と課題 ············ 165
  (1) 「権利保護保険（弁護士保険）」制度の歴史 (165)
  (2) 「権利保護保険（弁護士保険）」制度の仕組み (169)
  (3) 権利保護保険の内容 (171)
  (4) わが国の権利保護保険が直面する課題 (172)
2 保険契約法上の問題 ································ 176
  (1) 保険事故 (176)
  (2) 弁護士選択の自由の保障 (186)
3 保険業法上の問題 ·································· 191
  (1) 弁護士の選任について (191)
  (2) 紛争解決機関 (191)
  (3) 他の保険種目を兼営する場合の利益相反防止措置 (192)
4 弁護士法上の問題 ·································· 192
  (1) はじめに (192)
  (2) 権利保護保険における弁護士選任の現状 (193)
  (3) 弁護士法 72 条の規律 (193)
  (4) 権利保護保険における弁護士紹介実務への適用 (195)
5 保険以外の可能性──予防法律問題への対応 ············ 198
  (1) 問題の所在 (198)
  (2) アクセス・プランとは (199)
  (3) アクセス・プランの類型 (201)
  (4) 保険法上の問題 (202)
  (5) 弁護士法上の問題 (208)

結　章 ·· 213

資　料 ·· 219
  1 権利保護保険普通約款（ARB2010）（試訳）(219)

2　権利保護保険普通約款（ARB94）18条に基づく仲裁手続に関する原則（試訳）*(255)*
　3　連邦通常裁判所1989年10月26日判決（試訳）*(257)*
　4　バンベルク地方裁判所2011年11月8日判決（試訳）*(266)*
　5　欧州司法裁判所2009年9月10日判決（試訳）*(279)*
　6　ニューヨーク州の関連法令（試訳）*(287)*

参考文献……………………………………………………………………*310*
事項索引……………………………………………………………………*332*

序　章

1　権利保護保険の意義と比較法的研究の必要性

　権利保護保険とは、民事訴訟や仲裁などの紛争当事者となった場合の訴訟費用、弁護士報酬、鑑定費用などを填補する保険をいう[1]。権利保護保険の発展は、司法アクセスの向上に寄与するとともに、保険事業による新たな保障提供の可能性を示唆する。

　権利保護保険は比較的新しい保険である[2]。平成 12 年 10 月には、日本弁護士連合会（以下「日弁連」という。）は、権利保護保険を扱う委員会として、日弁連リーガル・アクセス・センター（以下「日弁連 LAC」という）を設置し、日弁連と損害保険会社との協定による「権利保護保険（弁護士保険）」制度[3]が発足した。この保険は、国民の司法へのアクセスを容易にするための方策として、有意義であるとされ、その開発・普及が期待されてきた[4]。平成 27 年 10 月に

---

[1] 山下友信『保険法』（有斐閣、平成 17 年）55 頁。「訴訟費用保険」、「弁護士保険」、「弁護士費用保険」などとも呼ばれる。その最大市場であるドイツでは Rechtsschutzversicherung と呼ばれ、その邦訳としては「権利保護保険」の用語が定着している。なお、英国では legal expenses insurance、フランスでは l'assurance-protection juridique などと呼ばれる。

[2] 欧州では 1905 年ないし 1917 年にフランスで誕生したといわれる（後述第 1 章 1 (1) 参照）。現在に連なるわが国における権利保護保険の源流は、規制緩和に伴って 1990 年代後半に現れた自動車保険の弁護士費用特約にあるが、これに先立つ 1970 年代後半に始まる日弁連における取組みももう一つの源流と考えられる（後述第 3 章 1 (1) 1）参照）。

[3] 制度の概要につき、堤淳一「権利保護保険（弁護士保険）」塩崎勤ほか編『新・裁判実務大系 19 保険関係訴訟法』（青林書院、平成 17 年）204-217 頁。日本弁護士連合会は、平成 12 年 6 月、「権利保護保険」の商標につき登録出願し、平成 13 年 6 月には確定した商標となっている。佐瀬正俊「特集権利保護保険　期待と課題　第 1 回権利保護保険の意義と日弁連の歩み」保険毎日新聞平成 27 年 5 月 18 日 6 面。

[4] 司法制度改革審議会「司法制度改革審議会意見書——21 世紀の日本を支える司法制度——」（平成 13 年）30 頁。

は、「権利保護保険（弁護士保険）」制度は発足から15年を迎えた[5]。

わが国の権利保護保険は、主として自動車保険等の弁護士費用特約の形で普及してきたものであるが、近年著しい成長を遂げ、いまや交通事故による損害賠償請求の分野を中心に、市民の紛争解決における重要な費用調達手段となっている[6]。さらに、平成25年には幅広く家事事件を含めた民事紛争全般を対象とする権利保護保険を提供する少額短期保険事業者が登場し、平成27年には大手損害保険会社の一部からも被害事故、借地・借家、離婚調停、遺産分割調停、人格権侵害、労働事件を対象とする特約を付帯した保険商品が発売されるなど、大きな発展の機運がみられる。他方で、例外的ではあるものの、不適切な保険給付請求事例なども見受けられるなど、発展に伴う課題も顕在化しつつある[7]。また、一部には、権利保護保険を用いた際の訴訟行動につき、懸念の声も聴かれるようになってきた。こうして、わが国の権利保護保険は、現在、重大な転機を迎えている。

そこで、こうした転機を迎えたわが国の権利保護保険に関し、主として欧米諸国を対象とした比較法という手法により、その適正な運営の確保およびさらなる発展に向けた課題につき、その所在を明らかにして、法的側面からの検討を加えることが本研究の目的である。主として比較法という手法による理由は、わが国の権利保護保険は、比較的その歴史は浅く、その補償範囲も限られたものであったため、検討素材を国内に限ったのでは、将来的な発

---

[5] この間の「権利保護保険（弁護士保険）」制度の発展については、秋山清人「弁護士保険（権利保護保険）揺籃期」棚瀬孝雄ほか編『権利実効化のための法政策と司法改革』（商事法務、平成21年）3頁などを参照。

[6] 日弁連・協定保険会社等による「権利保護保険（弁護士保険）」に限った平成26年の数字として、契約件数は約2180万件に至り、取扱件数は2万7000件を超えている。また、日弁連と協定を結んでいる保険会社等は、平成27年10月15日現在、13社である。日本弁護士連合会『弁護士白書〔2015年版〕』（平成27年）245頁。協定保険会社等を含む自動車保険の弁護士費用特約全体としては、全国で約3000万件販売されているとの推計がある。中本和洋「特集権利保護保険　期待と課題　第7回さらなる発展に向けた課題と日弁連の取り組み」保険毎日新聞平成27年6月29日6面。

[7] 日弁連・協定保険会社等による「権利保護保険（弁護士保険）」の事例ではないものの、近時の新聞報道でも取り上げられている。読売新聞平成26年10月25日朝刊39面、日本経済新聞平成27年5月23日朝刊2面など。他方、こうした報道に対する批判的な論考として、森勇「特集権利保護保険　期待と課題　第8回訴訟法の視点から」保険毎日新聞平成27年7月6日6面。

展に向けた十分な検討には足りないと考えられるためである。訪米諸国を対象とする理由は、欧州の権利保護保険およびこれに類似する米国のリーガル・サービス・プランは、いずれもわが国の従来の権利保護保険にない対象範囲を持ち、比較的長い歴史を持つ先進国であるためである。これまでわが国にも、ドイツをはじめとする欧州の権利保護保険や米国のリーガル・サービス・プランについて、相当数の貴重な比較法的先行研究があるものの[8]、主として制度の概要の紹介または導入の可能性を論ずるにとどまるものが多く、その契約条項や関連する法制度の詳細を明らかにしたものや、あるいは判例や学説を取り上げるなどして保険法（契約法・監督法）や弁護士職業法の具体的な適用・解釈問題を詳細に論じたものは見当たらず、この保険の持つ実定法上の問題点は十分に明らかになっていないのが現状である。また、その発表から相当程度年月が経過しているものが多く、当時からの権利保護保険を囲む社会情勢の変化もあり、必ずしもそのまま適用できるものばかりでも

---

[8] 比較的初期の文献として、発展の道を歩み出した米国のリーガル・サービス・プランについてその可能性につき検討した小島武司「弁護士保険の創設」『法律扶助・弁護士保険の比較法的研究』（中央大学出版部、昭和52年）345-392頁、欧米双方の制度に通じた当時の第一人者の著になるW・プエニクストルフ（福山達夫訳）「訴訟費用保険」および同「リーガル・サーヴィス・プラン」、さらには当時の西ドイツの状況について福山達夫「西ドイツに於ける訴訟救助と権利保護保険の問題状況」およびP・アーレンス（福山達夫訳）「西独における法律扶助と訴訟費用保険の現状」などを収めた霜島甲一ほか『法律扶助・訴訟費用保険』（日本評論社、昭和54年）、プエニクストルフの諸研究をはじめとする文献により欧米諸国の状況を検討し、その後の研究の枠組みを明らかにすることを目的とした西島梅治「訴訟費用保険――序論的考察」財団法人損害保険研究所『創立四十五周年記念 損害保険論集』（昭和54年）227-252頁、さらにはドイツの権利保護保険を参考にわが国における当面の導入可能性につき否定的な見解を述べた霜島甲一「訴訟費用保険導入の可能性について」判タ412号（昭和56年）23-30頁、これに対し米国のリーガル・サービス・プランを参考に導入に肯定的見解を述べた西島梅治「訴訟費用保険について」財団法人法律扶助協会編『法律扶助の歴史と展望』（財団法人法律扶助協会、昭和57年）478-492頁など。時期の近い商学者による研究として、当時の新約款であるARB69の約款を検討し、その構造を分析したも武田昌之「自動車損害賠償責任保険における損害填補と権利保護保険(I)」専修大学商学研究所年報創刊号（昭和51年）103-139頁がある。その後、ドイツ権利保護保険につき保険制度論的視点を加えた研究として、藤井一道「期待される訴訟費用保険」法学セミナー361号（昭和60年）34-37頁、同「訴訟費用と保険」田辺康平＝石田満編『新損害保険叢書3 新種保険』（文眞堂、昭和60年）313-338頁。欧州の権利保護保険および米国のリーガル・サービス・プランの沿革およびその仕組みとともに、日弁連における「法律相談保険」構想の概要を紹介し、わが国の将来の権利保護保険開発の在り方を検討したものとして、堤淳一「訴訟費用保険」比較法雑誌29巻1号（平成7年）313-366頁。

ない。近年、わが国の権利保護保険について実定法学的論考も現れつつあるものの、従来型の自動車保険等の弁護士費用特約を対象としたものであるため、将来的な保険の発展に向けた射程には限界がある。そこで、こうした未解明の部分に焦点を当てて、あらためて、近時の欧米の状況を素材として比較法的考察を行うことにより、今後わが国の権利保護保険が遭遇するであろう重要な実定法上の諸問題につき、解決のための一定の指針を得ることが、本書のねらいである。

2 本研究の考察対象

　本研究は、権利保護保険に関する諸問題につき、実定法的側面からの検討を加えるものである。権利保護保険契約は保険契約であり、権利保護保険事業は保険事業であることから、主な検討の枠組みとしては、保険法、すなわち保険契約法（保険法）および保険監督法（保険業法）である。権利保護保険における保険給付は、中心的には弁護士費用に充てられ、これに関連して弁護士による法律事務の在り方にも影響が及び得るため、弁護士職業法の視点からの検討をも加える。

　比較法の対象としては、まず、欧州、特に権利保護保険の最大市場であり、同保険分野をリードしてきたドイツを取り上げる。ドイツには、多くの判例や文献[9]などの蓄積があり、その対象範囲も民事紛争のほか、行政事件や刑事事件をも含めた幅広いものとなっている。ドイツは大陸法系の典型であり、同じく大陸法系に属するわが国とは、司法制度上、多くの点で類似の基盤を有する。そのほか、権利保護保険に類似するリーガル・サービス・プランという制度を持つ米国を取り上げる。米国のリーガル・サービス・プランは、弁護士・依頼者関係への悪影響等に対する懸念に由来する長年の弁護士層の抵抗を乗り越えて確立してきた経緯がある点、また主として予防法律問題における弁護士へのアクセス手法であるという点、さらに米国はわが国と同じく民事訴訟において弁護士報酬の敗訴者負担原則を持たない点で、比較対象とする独自の意味がある。

3 本書の構成

(1) 全体の構成

以下、本書においては、第 1 章で欧州、特にドイツにおける権利保護保険、第 2 章で米国のリーガル・サービス・プランにおける法的現状を明らかにしたうえで、それらから得られる示唆を踏まえて、第 3 章でわが国の権利保護保険の諸問題について検討する。最後に、結章において、本書における成果を総括したうえで、残された課題を指摘する。

(2) 各章の概要

第 1 章では、まず、欧州の権利保護保険の概観、法制度の枠組み、市場動向などの視点から、全体的に俯瞰する。続いて、ドイツの権利保護保険について、その前提となる司法制度（特別裁判籍、専門弁護士制度）、権利保護保険の位置付け、権利保護保険の歴史的展開、権利保護保険を巡る法規制といった制度の枠組みを明らかにする。そのうえで、ドイツ保険協会による業界標準約款などをもとに、権利保護保険契約の内容およびその紛争解決手段など、権利保護保険の具体的な姿を詳細に描き出した。最後に、権利保護保険にお

---

[9] 実際のところ、ドイツの権利保護保険に関する文献は枚挙に暇がない。近時のごく代表的なものをいくつか挙げると次のとおりである。すなわち、概説書として、Hering, Rechtsschutzversicherung (Deutscher Taschenbuch Verlag, 2005); Plote, Rechtsschutzversicherung, 2. Aufl. (C.H. Beck, 2010); Schneider, Rechtsschutzversicherung für Anfänger (C.H. Beck, 2011). コンメンタールとして、Harbauer, Rechtsschutzversicherung, 8. Aufl. (C. H. Beck, 2010); Looschelders/Paffenholz, ARB (Carl Heymanns Verlag, 2014); van Bühren/Plote, Rechtsschutzversicherung, 3. Aufl. (C.H. Beck, 2012); Armbrüster, in: Prölss/Martin, Versicherungsvertragsgesetz: VVG 29. Aufl. (C. H. Beck, 2015), ARB 2010; Obarowski, in: Beckmann/Matusche-Beckmann, Versicherungsrechts-Handbuch 3. Aufl. (C.H.Beck, 2015) §37. 実務家向けのハンドブックとして Buschbell/Hering, Handbuch Rechtsschutzversicherung 6. Aufl. (Deutscher Anwaltverlag, 2015)、書式集として Samimi, AnwaltFormulare Rechtsschutzversicherung, 3. Aufl. (Deutscher Anwaltverlag, 2013). 法律雑誌 NJW において、前記 Harbauer の共著者の一人である Bauer 執筆による権利保護保険に関する特集記事が毎年 6 月ころに掲載される。最新のものは、Bauer, Rechtsentwicklung bei den Allgemeinen Bedingungen für die Rechtsschutzversicherung bis Anfang 2016, NJW 2016, 1490.

ける保険契約法上の個別の重要論点として、保険事故に関する問題と弁護士選択の自由に関する問題とを取り上げ、いずれも近時の裁判例をもとに検討を加える。

　第2章では、まず、前提として、完全成功報酬（contingency fee）や法律扶助を含む米国における紛争解決費用の調達方法の全体像を示す。次に、リーガル・サービス・プランの形態、構成要素、加入方法、主な給付および除外事由、またリーガル・サービス・プランの歴史展開といった面から、リーガル・サービス・プランの意義を検討する。さらに、エリサ法、各州保険法や弁護士倫理ないし裁判所規則といったリーガル・サービス・プランに対する法規制の内容を明らかにする。

　第3章では、わが国の権利保護保険につき、その歴史を振り返り、現在直面する課題を明らかにしたうえで、保険契約法上の問題、保険業法上の問題、弁護士法上の問題、保険以外の可能性といった法的諸問題につき、第1章および第2章で得られた比較法的示唆を踏まえた検討を加える。具体的には、交通事故等の損害賠償請求を対象とする従来型の弁護士費用特約における保険事故の解釈、幅広い民事紛争を対象とする新たな保険における保険事故の在り方、被保険者による弁護士選択を制約する約款条項に対する規律、権利保護保険に関する保険監督の在り方、権利保護保険における弁護士紹介に対する弁護士法72条の適用、予防法律問題における保険以外のアクセス改善手段（アクセス・プラン）に対する規律の在り方などの問題を取り上げる。

　最後に、結章では、本研究を総括して、今後のわが国の権利保護保険が直面するであろう保険法（契約法・監督法）や弁護士職業法といった実定法上のいくつかの重要問題に対し、この保険の将来像を念頭に置いた一定の検討の指針を明らかにする。そのうえで、他日の検討に資するため、権利保護保険に関する諸問題のうち、本研究では扱うことのできなかった問題を指摘する。

　なお、巻末に、参考資料として、①権利保護保険普通約款（ARB2009）、②権利保護保険普通約款（ARB94）18条に基づく仲裁手続に関する原則、③連邦通常裁判所1989年10月26日判決、④バンベルク地方裁判所2011年11月8日判決および⑤欧州司法裁判所2009年9月10日判決および⑥ニューヨーク州の関係法令の各試訳を掲載している。

第1章　ドイツにおける権利保護保険

1　はじめに

（1）欧州における権利保護保険の概観[10]

　権利保護保険は、欧州においてその発展が目覚ましい。権利保護保険の国際的事業者団体であるRIAD（http://riad-online.eu）が明らかにしているところによると、欧州における権利保護保険の2011年の総収入保険料は約74億ユーロであった。2008年以降、成長は緩やかにはなっているものの、ここ10年で平均5.5％の年成長率を記録している[11]。権利保護保険は、1905年[12]ないし1917年[13]にフランスにおいて誕生したといわれているが[14]、その最大市場を形成しているのはドイツである[15]。

　ドイツの権利保護保険は、約半数の世帯が加入していることで知られる[16]。一般に単独商品として販売されているが[17]、後述のとおり、そのタイプは主

---

[10] 應本昌樹「特集権利保護保険　期待と課題　第6回権利保護保険に関する諸外国の状況」保険毎日新聞平成27年6月22日6面参照。

[11] RIAD, *The Legal Protection Insurance Market in Europe* (Key Data) (2013) (http://riad-online.eu/fileadmin/documents/homepage/News_and_publications/Market_Data/RIAD-2013-Key_Data_EN.pdf).

[12] Kilian, *Alternatives to Public Provision: The Role of Legal Expenses Insurance in Broadening Access to Justice: The German Experience*, 30 JOURNAL OF LAW AND SOCIETY 31, 32 (2003).

[13] van Bühren: in van Bühren/Plote, aaO. (Fn. 9), Einleitung Rdn. 3.

[14] その原初的な形態は19世紀のフランスにみることができ、その後、1905年から1912年にかけてドイツ・フランスのいくつかの保険会社が保険プランを提示したが、実用的に成功をみたのが1917年にフランスのル・マンに設立されたLa Defense Automobile et Sportive（DAS）社が計画したプランであるという。堤・前掲（注8）319頁。

[15] RIAD, *supra* note 11.

[16] Obarowski, aaO. (Fn. 9), Rdn. 4.

[17] Kilian, *supra* note 12, at 34.

に自動車交通、私生活、事業用および不動産利用の四つの領域に分かれる。1928年のドイツにおける権利保護保険発売の当初、対象分野は自動車交通事故による損害賠償請求や自動車利用に伴う刑事事件等に限られていたが[18]、その後、その他の損害賠償請求や、労働事件、行政事件等にも拡大し、1970年代には現在とほぼ同様の分野が対象とされるに至った[19]。現在では、後述のとおり、対象分野は、損害賠償請求のみならず個別労働紛争を含む民事事件全般の他、刑事事件や行政事件を含み、広範囲にわたるが、会社法上の紛争や企業における商取引上の紛争が対象に含まれず、離婚や相続などの家事事件は法律相談に限られるなどの限界もある。年間保険料の水準は、自動車交通のタイプで50～100ユーロ、私生活のタイプで100～200ユーロ程度が一般的である[20]。事業用のタイプの保険料は、加入企業の規模により異なるが、従業員10人の企業で年間1,000ユーロ程度である[21]。ドイツの権利保護保険が著しく発展した制度的要因としては、弁護士報酬が法定されているため、保険金支出の予測可能性が高く、保険事業になじみやすいこと[22]や、法律扶助の水準が比較的低いため、権利保護保険に対する需要が相対的に高いこと[23]などが挙げられる。一時期、ドイツ司法界において、権利保護保険により濫用的な訴訟行動が助長されているのではないかとの懸念が持ち上がったが、1980年代の終わりにドイツ司法省による大規模な調査が行われた結果、実際には、権利保護保険を利用する場合とそうでない場合とで、紛争行動に有意な差はなく、そうした懸念が払拭されるに至っている[24]。これは、勝訴の

---

[18] van Bühren：in van Bühren/Plote, aaO. (Fn. 9), Einleitung Rdn. 3.
[19] Buschbell/Hering, aaO. (Fn. 9), §1 Rdn. 19.
[20] FINANZTEST, Heft 8/2009, S. 13ff.
[21] 日弁連リーガル・アクセス・センター『権利保護保険にかかるドイツ・イギリス現地報告書』(平成22年) 23頁。
[22] van Boom, *Financing Civil Litigation by the European Insurance Industry*, in Mark Tuil & Louis Visscher (ed.), New Trends in Financing Civil Litigation in Europe, 92, 95 (Edward Elgar, 2010).
[23] van Boom, *Juxtaposing BTE and ATE- on the Role of the European Insurance Industry in Funding Civil Litigation* (2009), Rotterdam Institute of Private Law Working Paper, 5 (http://papers.ssrn.com/sol3/papers.cfm?abstract_id=1544145).
[24] Jagodzinski/Raiser/Riehl, Rechtsschutzversicherung und Rechtsverfolgung (Bundesanzeiger, 1994).

見込みの要件、解約権の留保や自己負担額の設定などの濫用防止のための保険技術の運用などにより、権利保護保険の濫用が抑制されているためと考えられている[25]。

英国（イングランドおよびウェールズ）の訴訟費用保険は、一般に自動車保険や住宅総合保険（household insurance）に付帯して販売されている[26]。また、事前保険（BTE：before the event）とも呼ばれる通常の保険の他に、敗訴時の相手方の弁護士報酬を含む訴訟費用の負担に備えて、紛争発生後に加入する事後保険（ATE：after the event）も一定程度普及している点にも特徴がある[27]。英国では、1949年以降、手厚い法律扶助が、市民の紛争解決費用のファイナンス手段として主要な役割を果たしてきた[28]。しかし、1990年代に入り、増大する法律扶助支出の抑制の観点から、人身傷害事件を実質的に法律扶助の対象から外すなどの改革が行われた[29]。そこで、これに代わって、敗訴した場合には弁護士報酬を請求しないが、勝訴した場合には通常の2倍までの額を弁護士報酬とすることを合意する条件付報酬特約（conditional fee agreement）の容認の拡大や、事後保険の活用による司法アクセスの確保が試みられた[30]。ところが、これがかえって訴訟費用の高騰等の弊害を招いたことから[31]、2010年のジャクソン報告書[32]において軌道修正がなされ、敗訴時の費用償還範囲の限定などの方向性が示され、その後、これに沿った諸改革が行われてきた[33]。そこで、イギリスでは、訴訟費用保険（事前保険）が「暗黙の選択肢」とみなされるに至っている[34]。

---

[25] Hommerich/Killian, Rechtsschutzversicherung und Anwaltschaft (Deutscher Anwaltverlag, 2010), SS. 68-69.
[26] 日弁連リーガル・アクセス・センター・前掲（注21）129頁。
[27] 日弁連リーガル・アクセス・センター・前掲（注21）129頁。
[28] 長谷部由紀子「法律扶助」ジュリスト1170号（平成12年）84頁。
[29] 長谷部・前掲（注28）85頁。
[30] 我妻学「イギリスにおける近時の民事法律扶助および訴訟費用の改正」法学会雑誌54巻1号（平成25年）257頁。
[31] 我妻・前掲（注30）259頁。
[32] Jackson, *Review of Civil Litigation Costs*: *Preliminary Report* (The Stationery Office, 2009), ('Preliminary Report'); Jackson, *Review of Civil Litigation Costs*: *Final Report* (The Stationery Office, 2010), ('Final Report').

欧州では、権利保護保険のための法規および行政規則の調整に関する 1987 年 6 月 22 日付閣僚理事会指令 (Richtlinie des Rates vom 22. Juni 1987 zur Koordinierung der Rechts- und Verwaltungsvorschriften für die Rechtsschutzversicherung (87/344/EWG、以下「EC 指令」という。)[35]により権利保護保険に対する欧州レベルの法規制が敷かれている点も制度的基盤として見逃せない。同指令においては、権利保護保険以外の保険部門（主に責任保険を想定）を兼営する場合は利益相反の防止措置を講じなければならないこと（EC 指令 3 条）、権利保護保険の被保険者には弁護士選択の自由が与えられなければならないこと（EC 指令 4 条）、保険給付請求に関する紛争に関し仲裁等の紛争解決手続きを定めなければならないこと（EC 指令 6 条）などが定められている[36]。このうち、弁護士選択自由の原則の解釈、適用をめぐっては、一様ではないものの、各国の保険事業者と弁護士界との間で緊張関係が生じている[37]。欧州司法裁判所においてもいくつかの判決が出ている[38]。また、紛争解決手続きとしては、各国の保険業界と弁護士界との間の協調や意見交換を経て、それぞれ特色のある具体的な

---

[33] 主要な立法として、「2012 年法律扶助、犯罪者の量刑および処罰に関する法律法 (Legal Aid, Sentencing & Punishment of Offenders Act 2012：LASPO)」が 2012 年 5 月に成立し、2013 年 4 月より施行されている。我妻学・前掲（注 30）280 頁。同法を含む一連の民事司法改革立法を整理して解説を加えたものとして、Sime & French, *Blackstone's Guide to The Civil Justice Reforms 2013* (Oxford University Press, 2013).

[34] 日弁連リーガル・アクセス・センター・前掲（注 21）173 頁。

[35] 他の保険関係の指令とともにソルベンシーⅡ枠組指令 (2009/138/EEC) に統合され、その第 198 条ないし第 205 条に同内容の規定が置かれている。

[36] 同指令の条文の邦訳につき、社団法人日本損害保険協会業務開発室『EC 損害保険関係指令集』（社団法人日本損害保険、平成 6 年）119-125 頁（日弁連リーガル・アクセス・センター・前掲（注 21）244 頁以下に所収）。立法経緯等の解説につき、竹濱修監修『EU 保険関係指令の現状（解説編）』（財団法人損害保険総合研究所研究部、平成 18 年）159-162 頁（日弁連リーガル・アクセス・センター・前掲（注 21）251 頁以下に所収）。

[37] 弁護士選択の自由を巡る英国の裁判例として、Brown-Quinn v Equity Syndicate Management Ltd [2012] EWCA Civ 1633；Pine v DAS Legal Expenses Insurance Company Ltd [2011] EWHC 658 (QB).

[38] オランダの事案として EuGH (8. Kammer), Urteil vom 7.11.2013-C-442/12 (Jan Sneller/DAS Nederlandse Rechtsbijstand Verzekeringsmaatschappij NV) = NJW 2014, 373、オーストリアの事案として EuGH (4. Kammer), Urt. v.26.5.2011-C-293/10 (Gebhard Stark/D.A.S. Österreichische Allgemeine Rechtsschutzversicherung AG) = NJW 2011, 3077、EuGH (2. Kammer), Urteil vom 10.9.2009-C-199/08 Erhard Eschig/UNIQA Sachversicherung-AG = NJW 2010, 355 など。

仕組みが構築されている[39]。他部門兼営の場合の利益相反防止について、EC指令は三つのオプションを認めているところ[40]、国内法上、ドイツではもっとも厳格な措置である損害査定を別企業に委託することだけが認められているが[41]、イギリスでは訴訟費用保険の査定を担当する職員が他部門の査定を担当しないとすることでもよいとされている[42]。

(2) 欧州主要国の権利保護保険市場

　欧州の権利保護保険の収入保険料の45％をドイツ市場が占めており、世界最大の権利保護保険市場となっている。その他、欧州市場のうち、フランスが12％、オランダが11％、イギリスが7％、オーストリアが6％、ベルギーおよびスイスが各5％を占めている（グラフ）[43]。

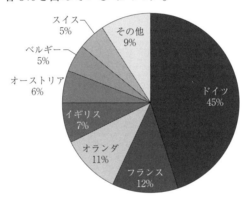

図1　2011年国別市場占有率（収入保険料ベース）
（出所）欧州保険協会

---

[39] ドイツの紛争解決手続きについては後述する。ベルギーには、保険会社・弁護士間の紛争を解決するための機関として、弁護士2名と保険会社2名の4名で構成され、委員長を弁護士が務める合同委員会がある。日本弁護士連合会『第18回弁護士業務改革シンポジウム基調報告書』（平成25年）221頁。

[40] 同指令3条2項。竹濱修監修・前掲（注36）161頁。

[41] ドイツ保険監督法8条のa。

[42] 1990年保険会社（訴訟費用保険）規則第5条（the Insurance Companies（Legal Expenses Insurance）Regulations 1990, SI 1990/1159, reg 5）。

[43] RIAD, *supra* note 11. イギリスの数値について、国内市場の約20％を占めるロイズの数値が含まれていないため、やや実勢を下回っていること、また、近年の停滞はオフショア取引の増加が関連していると考えられることが指摘されている。

近年の欧州主要国の権利保護保険の市場の推移をみると、表1のとおりである[44]。

表1　欧州主要国の権利保護保険の保険料（単位百万ユーロ）

	2002	2003	2004	2005	2006	2007	2008	2009	2010	2011
オーストリア	301	314	326	344	361	376	392	414	429	445
ベルギー	247	261	276	287	300	313	326	346	368	389
スイス	170	177	181	192	204	213	227	255	295	356
ドイツ	2,727	2,827	2,924	3,014	3,066	3,158	3,204	3,206	3,248	3,331
スペイン	84	89	93	117	136	145	128	126	171	123
フィンランド	36	39	40	44	47	51	55	59	65	70
フランス	457	515	543	558	603	666	721	815	871	920
ギリシア	21	25	30	37	39	51	57	55	55	4
イタリア	164	184	205	228	253	278	286	296	289	301
オランダ	n.a.	n.a.	n.a.	n.a.	n.a.	639	676	714	771	800
ポーランド	1	2	2	3	4	9	21	22	60	41
イギリス	406	465	558	620	708	777	682	654	599	502

2　前提となる司法制度

（1）ドイツの裁判制度
1）概要

ドイツの裁判制度の特徴としては、専門化および分権化があげられる[45]。すなわち、裁判権は五つの系列（民刑事の通常裁判権、行政裁判権、財政裁判権、労働裁判権および社会裁判権）に分けられ、それぞれの最上級裁判所はいずれも連邦の裁判所であるが、下級裁判所は、一部の例外を除いて、州の裁判所である。たとえば、通常裁判権については、連邦通常裁判所（Bundesgerichtshof＝

---

[44]　RIAD, *The Legal Protection Insurance Market in Europe*（2013）, p. 34
（http://riad-online.eu/fileadmin/documents/homepage/News_and_publications/Market_Data/RIAD-2013_EN.pdf）．

[45]　Foster & Sule, *German Legal System and Laws, 2nd edn*（Oxford University Press, 2010）, p. 80.

BGH）を頂点に、いずれも州の裁判所である高等裁判所（Oberlandesgericht＝OLG）、地方裁判所（Landgericht＝LG）および区裁判所（Amtsgericht＝AG）がこれに続く。

　基本法（Grundgesetz＝GG）95条1項は、連邦の通常裁判権、行政裁判権、財政裁判権、労働裁判権および社会裁判権の領域に関し、連邦が、最上級裁判所として、それぞれ連邦通常裁判所、連邦行政裁判所、連邦財政裁判所、連邦労働裁判所および連邦社会裁判所を設置すると定めている。こうして基本法は、これらの裁判権の制定を直接命じているわけではないが、五つの裁判権の存在を保証しているところである。これらの裁判権に関して、連邦が所管する最上級裁判所の下位に位置する部分の管轄は16の州にある[46]。

　基本法95条において最初にあげられている連邦通常裁判所は、ここでは、いわゆる「通常裁判権（ordentlichen Gerichtsbarkeit）」を所管する連邦最上級裁判所であり、したがって、民事・刑事事件を管轄するこの裁判権の終審裁判所である。この裁判権は、裁判所の数、裁判官の数そして年間審理にあたる手続きの数に照らすと、ドイツでは群を抜いてその意義がもっとも重い裁判権である。それと並び、基本法がその設置を定めている行政裁判権、財政裁判権、労働裁判権そして社会裁判権という四つの特別の裁判権が存在する（基本法95条1項）[47]。

　民事事件の区裁判所や労働裁判権の第一審裁判所等では本人訴訟が可能であるが、それ以外では弁護士強制が採られている。

　2013年における第一審裁判所の新受件数をみると、民事事件（家事事件を除く）は149万7211件、刑事事件は71万4046件、労働事件は40万3486件、社会事件は39万2999件、行政事件は15万2524件、財政事件は3万7488件となっている[48]。

---

[46] マティアス・キリアン（森勇監訳・應本昌樹訳）「ドイツにおける特別裁判権と専門化した弁護士」森勇編著『リーガルマーケットの展開と将来像』（中央大学出版会、平成27年）185頁。
[47] キリアン・前掲（注46）185頁。
[48] 連邦司法庁（Bundesamt für Justiz）の統計に基づいて算出。Bundesamt für Justiz, Geschäftsentwicklung bei Gerichten und Staatsanwaltschaften von 2007 bis 2013（https://www.bundesjustizamt.de/DE/SharedDocs/Publikationen/Justizstatistik/Geschaeftsentwicklung_Gerichte_Staatsanwaltschaften.pdf?__blob=publicationFile & v=6）.

2）特別裁判籍

以下では[49]、ドイツにおける四つの特別裁判権について、その概観、そこで適用される手続法、これらの裁判所においては誰が訴訟代理人または手続代理人となることが許されるのかについて論じ、さらには、各裁判権についての統計的な情報を示す。

a 労働裁判権

(a) 概観

労働裁判権は、かつてのギルドの自治裁判権に代わり、1808年にいわゆる営業裁判所（Gewerbegericht）が創設されたことに始まる。1890年以来、中立の裁判長と使用者および労働者の各界からの2名の名誉裁判官からなる合議体が構成されている。第一次世界大戦後の1926年に労働裁判所法（Arbeitsgerichtsgesetz = ArbGG）が発効した。これにより、営業裁判所に比べて、労働裁判所の管轄は大きく拡張した。戦後の短期間の中断をへて、労働裁判権は、第二次世界大戦後も続いた。ドイツ基本法の公布により、1949年、労働裁判権の設置は憲法上の地位を獲得した（基本法95条1項）。

労働裁判所は、三審制で構成されている。第一審では、訴額にかかわらず、個別的労働紛争または集団的労働紛争のすべてについて、労働裁判所（Arbeitsgericht = ArbG）が管轄する[50]。州労働裁判所（Landesarbeitsgericht = LAG）は第二審として控訴[51]および抗告[52]につき裁判をする。第三審においては、連邦労働裁判所（Bundesarbeitsgericht = BAG）が、上告[53]および法令違反[54]を理由とする抗告手続を管轄する。労働裁判所の合議体は、職業裁判官である裁判長と使用者および労働者の各界からの2名の名誉職の裁判官からなる[55]。

(b) 手続法

労働訴訟に適用される手続法は、第一に労働裁判所法であり、そこでは、

---

[49] キリアン・前掲（注46）186頁以下参照。
[50] 労働裁判所法8条1項。
[51] 労働裁判所法64条以下。
[52] 労働裁判所法78条、87条以下。
[53] 労働裁判所法72条以下。
[54] 労働裁判所法92条以下。
[55] 労働裁判所法16条2項。

一定の修正をしたうえで、私法上の紛争に適用されるべき民事訴訟法が準用されている[56]。第一審では、多くの場合、手続に先行して、和解弁論がなされることになっている[57]。圧倒的な数を占めている解雇保護手続における特徴は、解雇後の法律状態を明確化すべく、解雇通知後3週間という短期間のうちに訴えを提起しなければならないとされていることにある[58]。また、その他の裁判権における手続とは異なり、勝訴当事者は、訴訟代理や付添のための費用償還請求権を有しない[59]。これは、第一審における費用リスクを限定して、労働裁判所における費用負担を軽減しようとするものである[60]。

(c) 統計

ドイツには、138の労働裁判所、19の州労働裁判所および連邦労働裁判所がある。2012年には、労働裁判所は35万3778件の手続を、州労働裁判所は1万9104件の手続を処理し、この数は、連邦労働裁判所では4230件であった。この負担を裁判官当たりでみると、一人あたり983.3件となる。手続の件数は、近年、大幅に減少してきている。すなわち、1998年に労働裁判所では58万4686の判決手続の新件があり、さらに2003年にはいまだに63万666件に増加する結果となっていたのに対し、2012年には10年来の一貫した減少を経て、ついには新件として係属したのは、わずか40万1411件に過ぎなかった[61]。

(d) 弁論権

第一審では、当事者は自ら訴訟を遂行することが認められているが（その結果、発生することのある弁護士報酬に関して費用償還は問題とならない）、それより上の審級では、原則として訴訟代理人による代理が必要となる[62]。弁論権があるのは、弁護士のほか、労働組合および使用者団体、さらにはこれらの団体

---

[56] 労働裁判所法2条。
[57] 労働裁判所法54条。
[58] 解雇保護法（Kündigungsschutzgesetz）4条1文。
[59] 労働裁判所法12条のa第1項。
[60] Koch, in：Dieterich/Müller-Glöge/Preis/Schaub（Hrsg.）, Erfurter Kommentar zum Arbeitsrecht, 7. Aufl.（C.H. Beck, 2007）, ArbGG §12a Rdn 1, Rdn 2.
[61] キリアン・前掲（注46）189頁。
[62] 労働裁判所法11条1項。

に従属する法人である。そのほか、第一審では、当事者は、その被用者、成年の家族、裁判官資格者(弁護士もこれにあたる)、共同訴訟人または社会・職業政策を目的としている独立の労働者団体に代理させることが認められている[63]。

b　行政裁判権

(a)　概観

行政裁判権は、19世紀後半に初めて今日の形態を持つようになった。法治国家を確実なものとすべく、行政と司法を分離し、行政法分野に関する独立かつ中立で、法的審査にその権限を限定した裁判権が設立され、行政機構(機関)の処分に対してそれまで実践されていた請願手続は廃止された。最初のドイツの行政裁判所は、1863年、バーデン大公国に設立され、1875年にはプロイセン上級行政裁判所が設立された。ワイマール共和国の時代には、ドイツのすべての邦が行政裁判所または上級行政裁判所を創設した。ナチスによる独裁下では、裁判所の管轄は、行政官庁にふたたび移管され、秘密警察(ゲシュタポ)の処分は、行政裁判所による統制から除外され、さらには裁判官の独立性がはぎ取られてしまったことで、行政裁判所による権利保護は一部では全面的に後退してしまった。第二次世界大戦の後、基本法が制定されたことにともない、ドイツ連邦共和国では、三審制の行政裁判権が導入され、1952年、連邦行政裁判所がベルリンに創設された。行政裁判権は、行政裁判所の包括的な管轄を定めた1960年の行政裁判所法の制定により、ついに司法における非常に重要でかつ独立したひとつの構成要素となった[64]。

三審制の行政裁判権の第一審は、連邦諸州の行政裁判所(Verwaltungsgericht)である。行政裁判所の裁判は、単独制、または、3名の職業裁判官と2名の名誉裁判官から成る合議体による[65]。行政裁判所の控訴審および抗告審は、一定の事件では第一審となる連邦諸州の上級行政裁判所(Oberverwaltungsgericht)である。上級行政裁判所の合議体は、州法が5名の裁判官により構成すると定めていない限り、3名の裁判官で構成され、裁判にあたる[66]。連邦行

---

[63]　労働裁判所法11条2項。
[64]　キリアン・前掲(注46)189頁。
[65]　行政裁判所法(Verwaltungsgerichtsordnung=VwGO)5条3項。
[66]　行政裁判所法9条3項。

政裁判所（Bundesvernaltungsgericht）は、第一審かつ最終の事実および法律審として活動する分野を除いて、上告審および法令違反を理由とする抗告審となる。連邦行政裁判所の部は、5名の裁判官で構成され、口頭弁論を開かない決定に関しては、3名の職業裁判官で構成される[67]。

行政裁判所への出訴の途は、法律により他の裁判権——たとえば、社会裁判権や財政裁判権——に委ねられていない限り、憲法的な性質を持たない公法上の紛争すべてに対し開かれている[68]。

(b) 手続法

行政裁判権の手続は、民事訴訟法を一部準用する行政裁判所法によって規律されている。行政裁判所への出訴の道は、公権力による権利のあらゆる侵害に対して開かれている。ただし、原告は自分の権利が侵害されていることを主張しなければならず、民衆訴訟は認められない。行政裁判所の手続きには、職権探知主義が適用されるため、紛争の事実関係は——民事訴訟におけるのとは異なり——裁判所が職権によって調査する[69]。

(c) 統計

ドイツには、52の行政裁判所および15の上級行政裁判所がある。連邦行政裁判所はライプツィヒにある。2012年には約1950名の裁判官が行政裁判権において任用されていた。2012年には行政裁判所では23万9189件の手続が係属した。もっとも多いのは、経済法および経済行政法、亡命法、公租法、ならびに、警察・公安法の分野から生じる手続である。行政裁判所における新受件数の合計は、近年減少している。2003年には未だなお21万673件の新件が係属していたが、この数は2005年には15万4357件に減少し、2009年には12万3183件に減少した。上級行政裁判所には、2012年に2206件が第一審として係属、上訴審としては合計2万7377件が係属した。連邦行政裁判所には、上告審として、2012年には1999件の手続が係属した。新受件数は、ここ15年で半減した。連邦行政裁判所は、1998年にはいまだなお、上告部において3672件の新受件数を記録したが、2004年の比較対象となる数値

---

[67] 行政裁判所法10条3項。
[68] 行政裁判所法40条1項。
[69] キリアン・前掲（注46）191頁。

は2070件であり、2009年では1548件に過ぎない[70]。

(d) 弁論権

行政裁判所では、関係人は、弁護士の代理なく、自ら手続きを遂行することができる[71]。上級行政裁判所および連邦行政裁判所では、これとは反対に、弁護士強制がある[72]。弁論権があるのは、ここでは、弁護士および法学教員である[73]。加えて、官庁および公法人は、裁判官になる資格のある、つまり2回の司法試験に合格したいわゆる「完全法曹資格者（Volljuristen）」であるその被用者、または別の官庁もしくは別の公法人の被用者を代理人とすることができる[74]。

c 社会裁判権

(a) 概観

1954年1月1日に導入された比較的新しい社会裁判権は、専門的かつ中立的に、保険者と被保険者との間の紛争事案について判断する制度の必要性に由来する。その導入前は、被保険者の給付請求権についての法紛争は、第二次世界大戦後においてもなお、保険官庁によって判断されていた。法治国家的な権力分立原則を導入した基本法が公布された後は、保険官庁による執行機能と法定立機能の併有は、これを廃止せざるを得なくなった[75]。

ドイツ社会裁判権は三審制である。第一審としては、事物管轄として、大部分を社会裁判所（Sozialgericht＝SG）が管轄している[76]。州社会裁判所（Landessozialgericht＝LSG）は第二審として控訴[77]および抗告[78]につき裁判を行う。州社会裁判所は、一定の列挙された事件、特に、社会保険者に対する監督に関わる事案を第一審として管轄する。第三審としては、連邦社会裁判所（Bundessozialgericht＝BSG）が、上告につき管轄する[79]。

---

[70] キリアン・前掲（注46）192頁。
[71] 行政裁判所法67条1項。
[72] 行政裁判所法67条4項。
[73] 行政裁判所法67条4項。
[74] 行政裁判所法67条4項。
[75] キリアン・前掲（注46）193頁。
[76] 社会裁判所法（Sozialgerichtsgesetz＝SGG）8条。
[77] 社会裁判所法143条。
[78] 社会裁判所法172条。

社会裁判所の合議体は、職業裁判官である裁判長1名と2名の名誉裁判官によりその活動を行う[80]。社会保険に関わる事案においては、名誉裁判官は被保険者および使用者の中から選任されなければならない[81]。州社会裁判所の合議体は、3名の職業裁判官および2名の名誉裁判官から構成される[82]。連邦社会裁判所の合議体の構成は、州社会裁判所に準ずる[83]。

　社会裁判所は、社会保険および私的介護保険案件、ならびに、そのほかの連邦雇用庁の職務を含む雇用促進案件、求職者のための基礎保障（Grundsicherung）案件、社会的な補償案件、社会（生活）扶助および亡命申請者給付（Asylbewerberleistungsrechts）案件、そして、賃金支払継続案件における公法上の紛争、さらには障害認定につき、職分管轄を有する[84]。

(b)　手続法

　社会裁判所法は、大まかには行政裁判所法と対応しているが、個別には、多くの規律が訴えを提起しやすいように構成されている。たとえば、被保険者は、特定の医師による鑑定を要求することができる[85]。行政訴訟と同じく、職権探知主義が採用されている。被保険者、保険給付受取人および障害者のため、社会裁判所の手続きの裁判所費用は徴収しないとされる[86]。

(c)　統計

　ドイツの社会裁判権には、68の社会裁判所、14の州社会裁判所および連邦社会裁判所が属している。2012年には、これらの裁判所には、862名の女性裁判官および1036名の男性裁判官が勤務している。2012年、社会裁判所は、39万9479件の手続きを処理し、州社会裁判所は2万7138件の控訴を処理し、連邦社会裁判所ではその数は2689件であった。社会裁判所の手続きの件数は、ここ15年で著しく増加した。1999年における25万1500件の新受件

---

[79]　社会裁判所法160条以下。
[80]　社会裁判所法12条1項。
[81]　社会裁判所法12条2項。
[82]　社会裁判所法33条1項。
[83]　社会裁判所法33条。
[84]　社会裁判所法50条。
[85]　社会裁判所法109条1項。
[86]　社会裁判所法183条。

数から、2012 年には新受件数は 39 万 5566 件に跳ね上がった[87]。

(d) 弁論権

社会裁判所および州社会裁判所における事件では、自ら追行することもできるし、弁護士または法学教員に代理させることもできる[88]。そのほかの弁論権のある者の範囲は、社会法の広がりを考慮して、考えられる限り広くなっている[89]。すなわち、弁論権があるのは、関係人の被用者、成年の家族、裁判官になる資格のある者、共同訴訟人、年金助言士 (Rentenberater)、税理士、税務代理人 (Steuerbevollmächtigte)、経済監査士 (Wirtschaftsprüfer) および宣誓帳簿監査士 (vereidigte Buchprüfer)、または社会・職業政策をその目的とした独立の労働者団体、農業に関する職業団体、労働組合および使用者団体、ならびに、定款に受給者に助言を与えたり、これを代理したりすることを掲げている団体である。連邦社会裁判所では、代理強制となっている[90]。すなわち、弁護士および法学教員に加え、上記の団体のみに弁論権があり、しかも、それは裁判官資格を有する者が担当する場合に限られる。

d 財政裁判権

(a) 概観

租税行政行為に対する権利保護は、20 世紀初頭まで、行政裁判所が担っていた。ドイツでは、1918 年になって初めて、最初の財政裁判所の設立および帝国財政裁判所 (Reichsfinanzhof) の設立により、独立の財政裁判権が創設された。それにもかかわらず、財政裁判所は、財政官庁から分離されず、州財政当局（上級財政局 (Oberfinanzdirektionen)）に付置されていた。それゆえ、財政官僚が、財政裁判所の裁判官の地位を占めると同時に、行政事務を担当することがしばしばみられた。ナチスの時代には、公租事案における異議および訴えはできなくなり、財政裁判所の活動は実質的には廃止された。基本法が公布されたことによって初めて、財政裁判所に関する規律は一新され、これに

---

[87] キリアン・前掲（注 46）194 頁。
[88] 社会裁判所法 43 条 1 項。
[89] 社会裁判所法 73 条 2 項。
[90] 社会裁判所法 73 条 4 項。

よってまた、組織的にも人的にも財政裁判官の独立性が確保された[91]。

　財政裁判所は二審制であり、その構造は、第一審としての州の財政裁判所および第二審であると同時に最終審である連邦財政裁判所からなる。この点で、財政裁判権は、三審制が定められている他の三つの特別裁判権とは異なっている。財政裁判所では、3名の職業裁判官および2名の名誉裁判官で構成される合議体が裁判にあたる[92]。口頭弁論を開かない決定については、名誉裁判官は関与しない[93]。加えて、合議体は決定を単独裁判官に委ねることができる。連邦財政裁判所の合議体は、5名の裁判官構成で裁判を行うが、口頭弁論を開かない決定では、裁判官3名の構成で裁判にあたる[94]。

　財政裁判権に管轄があるのは、連邦の立法権に服し、連邦または州の財政官庁が管理している公租に関する紛争[95]、公租法上の事案において財政官庁が他の官庁に執行援助（Vollziehungshilfe）を提供したことから生じた紛争[96]、税理士の職業法上の紛争、ならびに、他の連邦法または州法上の規律により、財政裁判所への出訴の途が開かれている紛争[97]である。財政裁判所に委ねられていない公法上の紛争は、行政裁判権の管轄となる[98]。

(b)　手続法

　財政官庁の行政行為に対する権利保護は、原則として、まず、裁判外の法的救済手続――異議手続――によって、財政官庁に対してこれを求めて行かなくてはならない[99]。これが却下されてはじめて、財政裁判所において訴えにより争うことができる。加えて、原告は、財政官庁の行為によって自己の権利が侵害されたことを主張しなければならない[100]。

---

[91]　キリアン・前掲（注46）195頁。
[92]　財政裁判所法（Finanzgerichtsordnung＝FGO）5条3項。
[93]　財政裁判所法5条3項。
[94]　財政裁判所法10条3項。
[95]　財政裁判所法33条1項1号。
[96]　財政裁判所法33条1項2号。
[97]　財政裁判所法33条1項3号。
[98]　行政裁判所法40条1項。
[99]　財政裁判所法44条1項。
[100]　財政裁判所法44条1項。

(c) 統計

ドイツには、18の財政裁判所があり、現在約600名の職業裁判官が勤務している。連邦統計局の調査によれば、2012年には9万8678件の手続きが財政裁判所に係属した。この裁判権では新受件数は年々減少している。新たな訴訟手続の件数は、1999年ではいまだ7万900件であったが、2005年には5万286件、2010年には4万2776件に止まっている。財政裁判所における手続きの大部分は、「所得に基づく税」の分野に関するものであり、これに続くのは「流通税および消費税（Verkehr- und Verbrauchsteuern）」の分野、「課税標準の確認（Feststellung der Besteuerungsgrundlagen）」に関する手続きである。連邦財政裁判所では、2012年に合計5119件の手続が係属した[101]。

(d) 弁論権

財政訴訟の関係人は、連邦財政裁判所における手続きにおいてだけは、訴訟代理人に代理させなければならない[102]。弁護士のほか、税理士、税務代理人、経済監査士および宣誓帳簿監査士にも弁論権がある[103]。これらの職業グループに属する者は、自ら手続関係人になるときは、自身で訴訟行為ができる[104]。官庁および公法人は、自己の被用者、または裁判官資格を有する別の官庁もしくは公法上の法人の被用者によって代理させることができる[105]。これとは反対に、財政裁判所には、代理強制はない[106]。

（2）ドイツの法曹

1）概要

ドイツの法曹は、弁護士（Rechtsanwalt）のほか、裁判官（Richter）および検察官（Staatsanwalt）からなる。いずれも原則として二回試験を終えた完全法曹資格者（Volljurist）であることを要する。弁護士の数は16万0880人（2013年1月1日）である[107]のに対し、裁判官および検察官の数は、それぞれ2万0382人

---

[101] キリアン・前掲（注46）196頁。
[102] 財政裁判所法62条4項。
[103] 財政裁判所法62条1項。
[104] 財政裁判所法62条2項。
[105] 財政裁判所法62条2項。
[106] 財政裁判所法62条1項。

(2012年12月31日）および5232人（2012年12月31日）である[108]。

弁護士の職業団体としては、強制加入の弁護士会（Rechtsanwaltskammer＝RAK）およびその連合体である連邦弁護士連合会（Bundesrechtsanwaltskammer＝BRAK）のほか、任意加入のドイツ弁護士協会（Deutsche Anwaltverein＝DAV）がある。ドイツ弁護士協会の加入者数は6万6554人（2012年12月31日）である[109]。

なお、弁護士の隣接業種には、公証人（Notar）、税理士（Steuerberater）、税務代理人（Steuerbevollmächtigte）および経済監査士（Wirtschaftsprüfer）等があり、2013年1月1日現在でそれぞれ7560人、7万9885人、2505人および1万4345人を数える[110]。

2）専門弁護士制度

a　はじめに

ドイツには現在21の専門弁護士（Aの農業法（Agrarrecht）からVの行政法（Verwaltungsrecht）まで）がある。専門弁護士制度は――弁護士の視点からも、消費者の視点からも――成功を収めてきた。すなわち、専門弁護士は、専門弁護士でない者よりも恵まれており、儲かる。そして、専門弁護士は、権利保護を求める公衆が、「正しい」、すなわち、個別問題に該当する能力と経験とを有する弁護士を見つけるのに役立つ[111]。後述するように、権利保護保険を用いた弁護士の委任においては、被保険者に弁護士選択の自由を保障しなければならないとされているところ（保険契約法127条）、専門弁護士制度はこの選択の自由を実質化することを支える制度の一つであるといえよう。そこで、以下では、ドイツの専門弁護士制度[112]を概観する。

---

[107] Killian/Dreske, Statistisches Jahrbuch der Anwaltschaft 2013/2014（Deutscher Anwaltverlag, 2014), S. 24. なお、ドイツ連邦弁護士連合会の統計によると、2015年1月1日現在の弁護士数は16万3513人となっている。
(http://www.brak.de/w/files/04_fuer_journalisten/statistiken/2015/grmgstatisitik2015.pdf）。
[108] Killian/Dreske, aaO. (Fn. 107), S. 246.
[109] Killian/Dreske, aaO. (Fn. 107), S. 211.
[110] Killian/Dreske, aaO. (Fn. 107), S. 241, 243, 244.
[111] スザンネ・オファーマン-ブリュッハルト（應本昌樹訳）「ドイツにおける専門弁護士制度」森勇編著『リーガルマーケットの展開と将来像』（中央大学出版会、平成27年）7頁。

b　専門弁護士制度の仕組み

専門弁護士制度は、1920年代末葉、法体系がますます複雑になり、それに伴い弁護士が、連邦弁護士法の定める「すべての法律問題における的確な市民の代理人」という弁護士像にかなうことがますます困難なものとなっていったことのあらわれとして導入されたものである。当初は短い期間であるが、六つの専門弁護士が存在した。ナチスの時代、専門弁護士制度は廃止されたものの、1937年には、租税法専門弁護士が再導入された。それは、当時すでに存在していた税理士との競争に打ち勝つために、弁護士に対し専門化する機会を与えようとするものであった。1986年、労働法、行政法および社会法専門弁護士制度が導入された。さらに1990年代には、三つの専門弁護士が導入されたが、これは通常裁判所の特別部に対応したものである。21世紀になると、さらに14の専門弁護士が導入されたが、これはもはや裁判所の組織に準拠するものではなく、(民事法の中の)限定された法分野、たとえば、交通法、相続法、商法・会社法に準拠している。この分野で生じる紛争については、民事裁判所の通常部が管轄するうえ、特別の裁判体が構成されているわけでもない。弁護士は、民事法の分野の中でも、その一部分に専門化する傾向をますます強めていることから、1994年以降自らその導入の可否について決定権を持つことになった弁護士層は、一部比較的狭い法分野（たとえば、情報テクノロジー法とか運輸法）に対応する数多くの新たな専門弁護士を創設していくことが正しいと考えた。そうこうするうちに、専門弁護士の数は、21種類に達している。そのうち、四つ（労働法、行政法、社会法そして租税法）は、特別裁判権に対応し、三つは通常裁判所の特別部（刑事法、家族法および倒産法）に対応し、14の専門弁護士は、(若干の場合には公法の一分野と組み合わされた)民事法の個別法分野に対応している[113]。

専門弁護士の創設に関し、規約委員会により次の基準および比重が定めら

---

[112] 専門弁護士称号とは別に、ドイツの弁護士は、いわゆる「職業活動の部分領域（Teilbereiche der Berufstätigkeit）」を掲げることもできる。これは、未だ専門家称号取得の要件を満たさない弁護士または専門弁護士称号のない法領域に特化している弁護士にとって利益がある。部分領域の掲示は単なる自己評価による。その正当性は原則として審査されない。その概要につき、オファーマン-ブリュッハルト・前掲（注111）36頁。

[113] キリアン・前掲（注46）198頁。

れており、このうち「定足数」として70％を満たすことが必要とされている[114]。

① 第1基準（区分できること――比重20％）：当該専門領域が、その職務の多様性という点からみて、特定の生活事実関係または特定のターゲット・グループの法律問題を、明確に、わかりやすく、かつ包括的に表現しているか。
② 第2基準（需要――比重20％）：当該専門領域は潜在的な依頼者の幅広くかつ持続的な需要を十分にとらえているか。
③ 第3基準（競争に役立つこと――比重10％）：当該専門領域を認めることが、第三者との競争において、弁護士の活動分野の維持または拡大に寄与するか。
④ 第4基準（難易度――比重30％）：当該専門領域は、法律上または事実上の難易度から、事実に即した事件の処理のために、弁護士を必要とするか。
⑤ 第5基準（本質的な重複がないこと――比重20％）：新たな専門弁護士の導入が1つ以上の既存の専門弁護士と本質的な重複をもたらすことを排除することができるか。

c　専門弁護士制度の法的根拠

「専門弁護士」というテーマを取り扱った条文は、連邦弁護士法43条のcであり、同条は、原則として、ある法領域において特別の見識および経験を取得した弁護士に、専門弁護士称号を使う権能を授与することを定める。また、同条2項は、許可の付与に係る弁護士の申請について、「弁護士会に設ける委員会が、弁護士により提出された特別の見識および経験の取得に関する証拠を審査した後、弁護士会の理事会が（決定する）」と規定する。そのほか、同条は、1人の弁護士が使用することができる専門弁護士の種類の最大数を3つに制限している（1項3文）。最後に、同条は専門弁護士称号の撤回および取消しを定める――後者は、特に専門弁護士規則において要求される継続研鑽を怠った場合に対するものである。連邦弁護士法59条のb第2項2号は、

---

[114] オファーマン-ブリュッハルト・前掲（注111）13頁。

この関係において存する規約委員会の権限を概説するにとどまる。その他のすべては、専門弁護士規則が規律しており、規約委員会は定期的に同規則を改定・補正している[115]。

d 専門弁護士称号の取得要件
(a) 概要

専門弁護士資格（称号）は、各単位弁護士会がこれを付与するが、その付与の要件は、専門弁護士規則（Fachanwaltsordnung＝FAO）が定めている。この規則は、弁護士からなる規約制定委員会、いわゆる弁護士議会が制定する規約の一つである[116]。専門弁護士許可の大まかな原則は、次のとおりである[117]。

① 弁護士として3年間登録され、活動していること（専門弁護士規則3条）
② 専門分野における特別の理論的見識の証明（同規則2条、4条以下、8条以下）
③ 場合により、一定期間における継続研鑽の履行（同規則4条2項、3項2文）
④ 専門分野における特別の実務上の経験の証明（同規則2条、5条以下、8条以下）
⑤ 場合により、専門口頭試問の実施（同規則7条、24条5項ないし7項）

同規則2条によれば、申請をした弁護士は、特別の実務上の当該専門弁護士の領域に経験を積んだことを証明しなくてはならないとされている。同規則2条2項によると、特別の見識と経験は、それが職業教育と職についてからの実務経験を通じて通常得られる程度を大幅に上回っているときに認められる。この特別の見識と経験の存在およびその証明が、専門弁護士と表示することが許されることになる中核的要件である[118]。

特別の見識とは、とりわけ当該専門分野における法的な見識をいうが、これだけでは、専門弁護士資格（称号）を得ようとしている者に課せられた要件を満たさない。かえってこれに加え、隣接分野の重要な点についての見識、そしてまた、たとえば刑事専門弁護士については犯罪学、倒産法専門弁護士については経営学といったいわゆる補助的科学の重要な点に関する見識を有していることが求められる[119]。

---

[115] オファーマン-ブリュッハルト・前掲（注111）14頁。
[116] キリアン・前掲（注46）200頁。
[117] オファーマン-ブリュッハルト・前掲（注111）15頁。
[118] キリアン・前掲（注46）200頁。

特別の実務上の経験は、わけても実務における事件の処理から得られた経験知からなっている。弁護士が、特別の実務上の経験を証明するために、どのくらいの数の事案を自ら、かつまた指示を受けることなく処理したかに関しては、専門弁護士規則5条が、専門弁護士ごと詳細に定めている[120]。

(b) 特別の理論的見識

専門弁護士資格（称号）の付与に必要とされる特別の理論的見識は、専門弁護士規則4条1項によれば、通常は、「専門弁護士資格（称号）取得準備のための弁護士のためだけの、すべての重要な専門分野をカバーする研修」を受けることで取得できる。同条1項2文によると、研修の全時間は、120時間以上とされているが、同規則4条のaが規定する成果のチェック（試験）時間は、ここから除外される。研修を了したとされるには、同条1項により、「最低でも三つの異なる分野に関する筆記による成果のチェック（試験）に合格しなくてはならない。」とされている[121]。

(c) 特別の実務上の経験

特別の実務経験について求められるところは、専門弁護士規則5条に規定されている。すなわち、証明しなければならないのは、当該専門分野における事案の処理を通じて取得した実務上の経験である。将来専門弁護士になろうとする弁護士は、申請の前3年以内に一定数の「事案」を、自ら、かつまた誰からも指示を受けることなく処理していなくてはならない。その数は専門分野ごと50件（租税法）から160件（交通法）である。同条は、20の専門弁護士のうちの15について、どの部分領域に、そしてまたどの範囲で必要とされる実際の案件数が配分されるのか（いわゆる事案の割合）を、詳細に定めている。さらに、おおかたの専門弁護士に関しては、証明すべき事案のうちの一定割合は、裁判所手続ないし何らかの法的形式を踏んでいる手続きでなくてはならないとされている[122]。

---

[119] キリアン・前掲（注46）200頁。
[120] キリアン・前掲（注46）201頁。
[121] キリアン・前掲（注46）202頁。
[122] キリアン・前掲（注46）203頁。

(d) 弁護士会に対する証明

専門弁護士法6条1項および2項によれば、弁護士会における所管の委員会に、専門分野における申請人が理論的見識を備えていることがわかる証明書や関係記録を提出しなくてはならない。特別の実務上の経験については、申請人は、同規則6条3項1文にしたがい、取り扱った案件のリストを提出しなくてはならなず、委員会が求めるときは、匿名としたうえでの取扱い事件の抽出調査 (anonymisierte Arbeitsproben) をもって補完しなくてはならない。ここで、案件リストとは、志願者が各法分野において裁判上・裁判外で取り組んだ事案を文書化したものである。同規則6条3項1文によると、案件リストは、そこから記録整理番号、対象、取扱期間、活動の種類とその範囲そして手続きの状況すべてがわかるものとなっていなくてはならない。弁護士会は、証明書および事案リストが提出されそして審査を経た後、同規則5条3項3文に基づき、必要とされる特別の実務経験かあるかどうかをより詳細にチェックするために、抽出するかたちで調査資料の提出を求めることができる。最後に、弁護士会の担当委員会は、同規則7条1項1文により、特別の理論的見識のみならず特別の実務経験の証明のために、専門的口頭試問 (Fachgespräche) を行うものとされている。もっとも、実際には行わないことが多い[123]。

これらの要件がすべて満たされると、弁護士会は、「……法専門弁護士」という資格 (称号) を名乗る権限を授与する。この専門弁護士の資格 (称号) を継続的に用いていくには、弁護士は、最低年15時間この分野に関して継続研鑽を行わなくてはならない。職業法はそれ以外の要求を規定していない。特に専門弁護士が当該専門領域における事案を最低数処理することは必要とされていない。理論的には、専門弁護士の資格 (称号) を与えられた後、この継続研鑽に参加しさえすれば、実際の事件処理に一切当たらなくとも、その資格 (称号) を維持し続けることはできる[124]。

e 専門弁護士称号取得の法的な意味

専門弁護士資格 (称号) を得たことで、外部へのプレゼンスという点で、他

---

[123] キリアン・前掲 (注46) 204頁。
[124] キリアン・前掲 (注46) 205頁。

の弁護士に比較し、専門的な点で優位に立てる可能性があるほかは、法的に何らかのメリットがあるということは一切ない。特に、特別裁判権にかかる法分野の専門弁護士資格（称号）を取得した者に、これら裁判権において代理人となる権限が独占されているわけではない。法的視点からみた場合に、専門弁護士資格（称号）を持つことで得られるメリットは、これが弁護士名簿に記載される点と、このタイトルが法的に保護されている点のみである。したがって、専門弁護士でない者は、自らを「専門弁護士」と表示してはならない。こうすることは、職業法に反するのみならず、競争法（不正競争防止法）にも反することになろう。このほかに、専門弁護士資格（称号）を得ることのメリットは、もっぱら規範的領域外にある[125]。

　f　専門弁護士の数とその展開

　2013年1月1日には、ドイツの専門弁護士資格（称号）保有者は約4万名、そのうちほぼ7500名は二つの分野の有資格（称号）者であり、500名は三つの資格（称号）保有者である（弁護士は三つまで専門弁護士資格（称号）を名乗れる）。1990年代の中葉以降、弁護士の数は、倍増したが、これに対し専門弁護士は10倍になっている。もっとも、専門弁護士が好まれるのは、専門弁護士が認められる分野が1997年から2008年にかけ、4個から20個まで5倍増加し、このようなかたちで、大幅な増加への拍車がかけられたことにもその原因がある[126]。

　2014年1月1日時点、専門弁護士の数のうえでは、表2のような構図となっている[127]。

　マーケットにおいて弁護士としてリーガル・サービスを提供しているスペシャリストの数は、言うまでもないがこの約4万人の専門弁護士に尽きるものではない。専門家のなかで繰り返しいわれてきたところによると、認可されている16万人の弁護士のうち、リーガル・サービス市場での仕事に真摯に取り組んでいるのは、11万人であり、残りの約5万人は、事業的活動を一切していないか、非常に限定された範囲でしかしていないいわゆるシンディク

---

[125]　キリアン・前掲（注46）205頁。
[126]　キリアン・前掲（注46）205頁。
[127]　オファーマン-ブリュッハルト・前掲（注111）11頁。

表2 専門弁護士の人数

専門分野	弁護士数（人）
労働法	9,713
家族法	9,181
租税法	4,864
交通法	3,410
賃貸借・区分所有法	3,126
刑法	3,087
建築・設計士法	2,560
社会法	1,658
相続法	1,548
倒産法	1,525
行政法	1,501
医事法	1,412
商法・会社法	1,211
工業所有権の保護	1,150
保険法	1,122
銀行・資本市場法	820
情報技術（IT）法	402
著作権・メディア法	254
運送法	178
農業法	130
国際経済法	新設

スないしは名目弁護士であるが、これを踏まえてみると、実態調査から分かったことは、ほぼ同じような形で弁護士が三分化していることである。すなわち、専門弁護士、専門弁護士資格（称号）を有しないスペシャリスト、そしてジェネラリストが、それぞれ弁護士の約3分の1ずつを占めている[128]。

---

[128] キリアン・前掲（注46）206頁。

3 権利保護保険の位置付け

(1) 権利保護保険の意義

権利保護保険は、損害保険であり、中でも費用保険である[129]。歴史的にみれば、比較的新しい保険部門である[130]。

ドイツ保険契約法には、権利保護保険の法的な定義に関する定めはなく、その経済的目的として、保険契約者または被保険者の法的利益を擁護するために必要な約定された給付をなすことが規定されるにとどまる（同法125条）。これは、将来における商品の発展を阻害しないためであるとされる[131]。

「権利保護」とは、字義のうえでは特定の事件における救助および補佐の給付を意味するが、法律相談や訴訟代理は免許を与えられた弁護士以外には許されていないため、権利保護保険の中心となるのは法的紛争解決に伴う費用の負担である[132]。もっとも、そのほかに保険事故発生時における保険保護の承認や法役務の仲介を含む保護給付（Sorgeleistung）がある[133]。その意味では、権利保護保険は純粋な費用保険ではないともいえる[134]。

(2) 権利保護保険の普及状況

1) 弁護士報酬に関する資金調達における権利保護保険の位置付け

2007年に、過去5年間の弁護士委任について行われたアンケート調査によれば、弁護士報酬について、権利保護保険によって調達した者は35％を占めている。これに対し、自己資金によった者は47％、法律扶助によった者は8％である[135]。

---

[129] Deutsch, Das neue Versicherungsvertragsrecht, 6. neubearbeitete Aufl. (Verlag Versicherungswirtschaft, 2007), Rdn. 330.
[130] van Bühren, in：van Bühren/Plote, aaO. (Fn. 9), Einleitung Rdn. 1.
[131] 新井修司＝金岡京子共訳『ドイツ保険契約法（2008年1月1日施行）』（日本損害保険協会＝生命保険協会、平成20年）378頁。
[132] Hering, aaO. (Fn. 9), S. 19.
[133] Obarowski, aaO. (Fn. 9), Rdn. 1.
[134] Hering, aaO. (Fn. 132), S. 23.
[135] Hommerich/Killian, aaO. (Fn. 25), S. 82.

32　第1章　ドイツにおける権利保護保険

　年間の一人当たりの権利保護保険の保険料支出および国家による法律扶助支出につき、国際的に比較すると、ドイツでは権利保護保険は 38.99 ユーロで法律扶助は 7.16 ユーロであるのに対し、ベルギーでは権利保護保険は 30.44 ユーロで法律扶助は 5.31 ユーロ、オランダでは権利保護保険は 41.51 ユーロで法律扶助は 21.15 ユーロ、英国（イングランドおよびウェールズ）では権利保護保険は 11.62 ユーロで法律扶助は 41.44 ユーロとなっている[136]。

2）権利保護保険の普及率

　権利保護保険の普及率は 1990 年代半ばに 48％に達して以来下降傾向にあったが、2009 年には 41.9％の世帯が権利保護保険に加入しており、前年比 0.3 ポイントの上昇に転じた[137]。

　なお、ドイツにおける他の保険部門の普及率をもみておくと、車両総合保険（Vollkaskoversicherung）は 37.6％、傷害保険（Private Unfallversicherung）は 40.3％、生命保険（Lebensversicherung）は 33.7％、賠償責任保険（Private Haftpflichtversicherung）は 69.5％、家財保険（Hausratversicherung）は 75.2％である[138]。

3）権利保護保険の市場

　ドイツにおいて権利保護保険は損害保険市場の 5.8％を占める[139]。ドイツは欧州の権利保護保険市場の約 45％を占めている[140]。2014 年におけるドイツ市場における権利保護保険の収入保険料は約 35 億ユーロである[141]。契約件数は約 2160 万件[142]、支払保険給付は約 26 億ユーロ[143]、支払件数は約 383 万件[144]、損害率は 74.7％[145]、コンバインド・レシオは 102.4％となっている[146]。

---

[136] Hommerich/Killian, aaO.（Fn. 25), S. 93.
[137] Hommerich/Killian, aaO.（Fn. 25), S. 33-34. 2010 年以降、権利保護保険全体の世帯普及率は明らかにされていない。GDV, Jahrbuch 2011, S. 55 によると、家族向け権利保護保険（Familien-Rechtsschutzversicherung）に限った世帯普及率は 24.6％となっている。
[138] GDV, aaO.（Fn. 137), S. 55.
[139] Hommerich/Killian, aaO.（Fn. 25), S. 42. ただし、2008 年の数値。
[140] RIAD, *supra* note 11. ただし、2011 年の数値。
[141] GDV, Statistisches Taschenbuch der Versicherungswirtschaft 2015, S. 58.
[142] GDV, aaO.（Fn. 141), S. 62.
[143] GDV, aaO.（Fn. 141), S. 59.
[144] GDV, Jahrbuch 2012, S. 42. ただし、2011 年の数値。

権利保護保険事業者の数は47である[147]。支払保険給付のうち、弁護士報酬は19億ユーロを超える。支払件数の割合を法分野別にみると、損害賠償法が7%、契約法および物権法が14%、労働法が17%、刑法および秩序違反が17%、相隣法（Nachbarrecht）および賃貸借法が13%、家族法および相続法が5%、社会法が3%を占めている[148]。支払保険給付額でみると、労働権利保護が権利保護保険の約35%を占めている[149]。

権利保護保険およびその他の損害保険種目の契約件数の推移は表3のとおりである[150]。

表3　損害保険種目毎の契約件数

年	契約件数（百万件）					
	1995	2000	2005	2010	2013	2014
自動車保険計	92.1	97.2	99.1	105.1	108.9	110.2
物保険	66.2	67.4	67.4	69.9	71.0	71.4
一般責任保険計	35.0	37.8	41.8	43.8	45.2	44.9
傷害保険	28.2	29.1	29.2	27.3	26.5	26.1
権利保護保険	18.7	19.3	19.5	20.9	21.4	21.6

近年における権利保護保険の保険料および保険給付の推移は、表4のとおりである[151]。

権利保護保険の保険料および保険給付の対前年変化率の推移は表5のとおりである[152]。

---

[145] GDV, aaO.（Fn. 141), S. 60.
[146] GDV, aaO.（Fn. 141), S. 60.
[147] GDV, aaO.（Fn. 141), S. 81.
[148] Plote, aaO.（Fn. 9), Rdn. 16.
[149] van Bühren, in：van Bühren/Plote, aaO.（Fn. 9), Einleitung Rdn. 16.
[150] GDV, aaO.（Fn. 141), S. 62.
[151] GDV, aaO.（Fn. 141), S. 81.
[152] GDV, aaO.（Fn. 141), S. 81.

表4　保険料および保険給付の推移

年	保険事業者数	保険料 百万ユーロ	対前年変化(%)	保険給付 百万ユーロ	対前年変化(%)	損害率(%)
2005	50	3013.9	3.1	2228.9	4.3	74.2
2006	51	3065.8	1.7	2215.4	−0.6	72.4
2007	51	3158.0	3.0	2222.9	0.3	70.7
2008	49	3203.7	1.4	2275.5	2.4	71.2
2009	46	3206.2	0.1	2410.4	5.9	75.0
2010	47	3247.5	1.3	2335.7	−3.1	71.9
2011	49	3330.6	2.6	2338.4	0.1	70.6
2012	48	3343.3	0.4	2362.2	1.0	70.6
2013	48	3416.6	2.2	2474.1	4.7	72.4
2014	47	3485.8	2.0	2600.4	5.1	74.7

表5　対前年変化率の推移

年	対前年変化率の平均値（％）	
	保険料	保険給付
1976-1980	11.8	15.3
1980-1990	6.9	7.7
1990-2000	5.1	5.6
2000-2010	1.9	2.0
2010-2014	1.8	2.7

(3) 権利保護保険の紛争解決費用の調達方法としての優位性
1) 権利保護保険以外の費用調達方法[153]

　ドイツにおける自己資金以外の民事訴訟費用の主な調達方法としては、権利保護保険のほか、法律扶助や訴訟ファイナンス（Prozessfinanzierung）[154]があ

---

[153] 権利保護保険、訴訟ファイナンス、弁護士の成功報酬、プロ・ボノ活動、訴訟救助および手続費用救助といった主な第三者による訴訟費用リスクの負担方法につき、その特徴を解説し、これらを比較検討した文献として、マティアス・キリアン（森勇監訳・應本昌樹訳）「第三者による訴訟費用負担——ドイツにおける法的紛争の第三者金融の仕組み——」比較法雑誌48巻2号（平成26年）47頁参照。さらに、Kilian, Drittfinanzierung von Rechtsverfolgungskosten（Deutscher Anwalt Verlag, 2014）.

る。他方、成功報酬は原則として禁止されている（連邦弁護士法49条のb第2項、弁護士報酬法4a条）。

　法律扶助は、公費による訴訟費用の援助であるが、資力の十分な者は対象とはならず、敗訴の場合に負担すべき相手方の費用に対しては与えられないという限界がある[155]。訴訟ファイナンスは、比較的新しい費用調達方法であり、第三者から訴訟費用につき出資を受け、訴訟により獲得した金銭の一部を分配する一種の匿名組合契約であるが[156]、適用は原告として請求権を行使する事件に限定され、勝訴の場合に請求権が実質的に目減りすることに加え、紛争が生じた後に訴訟提起にあたって出資者を見つけなければならず、必ずしも利用できるとは限らないという問題がある[157]。

2）権利保護保険の優位性

　これに対し、権利保護保険は、資力に関わらず原則として誰でも加入でき、保険料を予め支払う必要があるものの、請求権の目減りも生じない。請求権

---

[154] ドイツでは1990年代にアングロサクソンの国から訴訟ファイナンスの仕組みを取り入れた独立の提供者が登場し、比較的短期間のうちに多くの権利保護保険事業者がこぞって市場に参入した。最低10万ユーロ以上の紛争のみを対象とする事業者が多い。キリアン・前掲（注153）70-71頁。訴訟ファンド（Litigation Funding）、第三者資金調達（Third Party Funding）、代替的訴訟金融（Alternative Litigation Finance）などとも呼ばれ、オーストラリア、米国、英国などのコモン・ロー諸国で広がりを見せている。最近ではシンガポールや香港などでも議論が活発化しているという。緑川芳江「アジアに進出を始めたThird Party Funding——訴訟・仲裁費用を投資でカバーする時代——」国際商事法務43巻7号（平成27年）966-972頁。オーストラリアおよび英国における議論に関し、我妻学「第三者による訴訟費用の提供——オーストラリア、イギリスにおける近時の議論を中心として——」東北学院法学71巻（平成23年）532-500頁参照。さらに、オーストラリアにつき、Standing Committee of Attorney Generals, *Litigation Funding in Australia: Discussion Paper*（2006）; Legg, Travers, Park & Turner, *Litigation Funding in Australia*, UNSW Law Research Paper No. 2010-12（2010）、米国につき、Garber, *Alternative litigation financing in the United States: issues, knowns, and unknowns*（RAND Corporation, 2010）; American Bar Association Commission on Ethics 20/20, *Informational Report to the House of Delegates*（2012）、英国につき、Hodges, Peysner & Nurse, *Litigation Funding: Status and Issues*, Oxford Legal Studies Research Paper No. 55/2012（2012）.

[155] Wendt, Strukturen der neueren Rechtsprechung des Bundesgerichtshofs zur Rechtsschutzversicherung（Teil I）, r + s 2006, 1, 1.

[156] Grunewald, Prozessfinanzierung, AnwBl 2001, 540, 542 ; Dethloff, Verträge zur Prozessfinanzierung gegen Erfolgsbeteiligung, NJW 2000, 2225, 2227.

[157] Wendt, aaO.（Fn. 155）, S. 1.

の行使に限らず、確認訴訟（解雇無効等）や被告としての防御も対象となりうる。敗訴の場合に負担すべき相手方の費用もてん補される[158]。

権利保護保険による濫訴の懸念についても、司法省の委託調査結果によって既に払拭されており、適正な運営により濫訴を抑制しうることが明らかとなっている[159]。

弁護士報酬の調達方法に関する近時のアンケート調査結果によれば、自己資金によった者は47％であるが、権利保護保険によって調達した者は35％を占めている。他方、法律扶助によった者は8％にとどまり、訴訟ファイナンスによった者は0.2％に過ぎない[160]。

（4）ドイツにおける普及要因とわが国における普及条件
1）弁護士報酬の法定による訴訟費用における予測可能性の高さ

ドイツにおいては民事訴訟における弁護士報酬は原則として訴訟物の価額に応じて法定されており、訴訟費用における予測可能性が高く、これが権利保護保険事業を容易にしてきたと指摘される[161]。

わが国では弁護士報酬は法定されていないものの、「権利保護保険（弁護士保険）」制度においては、「弁護士保険における弁護士費用の保険金支払基準」が定められ、協定保険会社等はこれを「尊重する」ものとされているため[162]、事実上、弁護士報酬の予測可能性はある程度確保されている。この点が維持される限り、わが国にも普及促進の条件があるといえよう。

2）法律扶助水準の相対的な低さ

ドイツの法律扶助の水準は、他の欧州諸国と比べて高い方ではない。法律扶助と権利保護保険とが、相補的関係にあることは容易に理解できることであり、この点がドイツにおける権利保護保険の普及促進要因であることは明

---

[158] Wendt, aaO.（Fn. 155), S. 1.
[159] Jagodzinski/Raiser/Riehl, aaO.（Fn. 24).
[160] Hommerich/Killian, aaO.（Fn. 25), S. 82.
[161] 長谷部・前掲（注28）83頁。van Boom, *supra* note 23.
[162] 加納小百合＝伊藤明彦「特集権利保護保険　期待と課題　第2回権利保護保険の現状と運営上の課題～適正な弁護士報酬と紹介弁護士の質の確保の観点から～」保険毎日新聞平成27年5月25日6面。

らかであろう[163]。

　欧米主要国に比べてわが国の法律扶助の水準が、依然として著しく低いことはよく知られているところであり、この点において、わが国の権利保護保険には、ドイツ以上の極めて普及促進的な条件が存在する。

3）その他の制度についての評価

　ドイツにおいて弁護士報酬の敗訴者負担原則や訴訟における弁護士強制が採られているのに対し、わが国ではこれらの制度が採用されていない。これを権利保護保険の普及との関係でどう評価すべきかは問題である。

　まず、弁護士報酬の敗訴者負担原則を特にドイツの権利保護保険が広く普及した主要因として挙げる文献は見当たらない[164]。思うに、保険の目的は偶然な金銭的入用を充足することにあるのであるから（経済的需要（入用）充足説[165]）、権利保護保険の需要にとって重要なことは、紛争に巻き込まれた際に費用負担により法役務や裁判の利用を躊躇するかどうかではなく、紛争に巻き込まれる前の平常時に紛争に巻き込まれた場合の法役務や裁判を利用することによる経済的入用への備えの必要性をどう感じるかである。敗訴者負担がある場合、敗訴時に相手方の費用を負担することによって負担金額が大きくなり得るといっても、せいぜい自己の費用の倍程度に増加するに過ぎない（たとえば自己の費用が 50 万円かかるなら、相手方の費用を負担しても合計 100 万円になるにとどまる）一方、合理的な行動をとる限り、敗訴のリスクは 2 分の 1 に及ぶというわけではない。むしろ、紛争に巻き込まれる前の平常時における一般人の認識としては、自分が敗訴するような訴訟を追行する事態に陥るとは思っていないため、敗訴者負担がある場合は費用負担のリスクは相手方に転嫁できるのに対し、敗訴者負担がない場合にはいずれにせよ自らが負担しな

---

[163] van Boom, *ibid*.

[164] ただし、Pfennigstorf, *Legal Expense Insurance*, 23 Am. J. Comp. L. 451, 467 (1975) は、欧州における民事訴訟の弁護士費用の敗訴者負担原則につき、一般に同原則を採用しない米国（アメリカン・ルール）との対比で、財政的リスクを増加させ、保険の必要性が強調されるとする。もっとも、他方で、裁判外の和解の場合には各自が自身の費用を負担することが一般的である点や、刑事事件や労働事件、行政事件では敗訴者負担原則が取られていない点も指摘しており、敗訴者負担原則が権利保護保険の普及にとって、決定的な問題ではないことが示唆される。

[165] 近見正彦ほか編『保険学』（有斐閣、平成 23 年）14 頁。

ければならないから、敗訴者負担がない方が、リスクが高いとみえるのかもしれない。実際のところ、ドイツの労働裁判の第一審において弁護士報酬の敗訴者負担は採られていないが、権利保護保険の保険給付において、労働分野は件数の17％、金額の30％もの割合を占めている。敗訴者負担とされないことが、権利保護保険普及の障害にならないことは明らかであろう。

次に、訴訟における弁護士強制についても、これをドイツの権利保護保険が広く普及した要因として挙げる文献は見当たらない。前述の通り労働裁判所の第一審では弁護士強制は採られていないが、労働分野で権利保護保険がよく利用されていることは既にみたところである。ここでも問題となるのは、平常時において、紛争に巻き込まれた際の費用リスク、すなわち法役務や裁判を利用することにより経済的入用が発生することに対する備えの必要性である。この必要性が存在する限り、弁護士強制の有無は保険需要とは直接関係がない。この点が権利保護保険の普及にあたっては重要ではないことは明らかであろう。

4　権利保護保険の歴史的展開

(1) 対象範囲の拡大

ドイツの権利保護保険は、1928年に自動車事故に基づく損害賠償請求権の行使および自動車利用による刑事事件に対する防御ための権利保護保険が提供されるようになったことに始まる[166]。その後、1949年には自動車交通領域以外をも含む一般権利保護保険事業が認められるようになり、1952年には最初の権利保護保険約款が認可され、権利保護保険の対象領域は損害賠償請求一般および刑事事件一般に拡大された。さらに、標準約款として権利保護保険普通約款（ARB54）が認可され、同約款のもとで、1954年には対象領域は労働事件や社会裁判所事件にも及ぶようになった[167]。1969年には全面改定された標準約款（ARB69）が認可され、債権および物権一般に基づく法的利益の擁護にも保険保護が与えられるようになった[168]。1972年には不動産所有・賃貸

---

[166]　van Bühren, in：van Bühren/Plote, aaO.（Fn. 9）, Einleitung Rdn. 6.
[167]　Buschbell/Hering, aaO.（Fn. 9）, §1 Rdn. 19.

借や事業活動に対する権利保護が追加された[169]。1975年には、広範な約款の見直しが行われ、新標準約款（ARB75）[170]により、若干の保険保護の拡充がなされた結果、ほぼ現在のような幅広い領域が権利保護保険の対象とされるに至っている[171]。今日でも、同約款を基礎する権利保護保険契約は少なくない[172]。

　ARB75の下で多くの特約が開発され、契約内容の透明性が損なわれてきたことから、抜本的な約款改革に至り[173]、1994年には、新たな約款（ARB94）が開発され、認可された[174]。ARB94は、形式面ではARB75の約款構成を一新する全面的改定であり、内容面では保険保護の拡充・制限の両面を含むものであった。2000年には、同約款の編集上の明確化をはかり、一部改定がなされた（ARB2000）。2008年には、ドイツ保険法の改正に伴い、責務（Obliegenheit）違反の効果におけるいわゆるプロ・ラタ主義規定の導入等の一部改定があり（ARB2008）[175]、2009年（ARB2009）[176]、2010年（ARB2010。以下単にARBという場合、ARB2010を指す。）[177]にも一部の改定がなされている。ARB2010までの標準約款では、ARB94の構成が基本的に踏襲されてきたが、2012年の改定により構成が一新された（ARB2012）[178]。

---

[168]　van Bühren, in：van Bühren/Plote, aaO.（Fn. 9）, Einleitung Rdn. 6.
[169]　Buschbell/Hering, aaO.（Fn. 9）, §1 Rdn. 19.
[170]　邦訳につき、石田満ほか「西ドイツ権利保護保険普通約款(1)」損保企画120号（昭和55年）2頁、「西ドイツ権利保護保険普通約款(2)」122号（昭和56年）7頁、「西ドイツ権利保護保険普通約款(3)」124号（昭和56年）8頁、「西ドイツ権利保護保険普通約款(4)」126号（昭和56年）5頁参照。
[171]　Buschbell/Hering, aaO.（Fn. 9）, §1 Rdn. 19.
[172]　Hering, aaO.（Fn. 9）, S. 20.
[173]　Obarowski, aaO.（Fn. 9）, Rdn. 24.
[174]　なお、1994年7月より、第3次EU損害保険指令の国内法化により約款認可制が廃止され、各保険者は、認可を要せず固有の保険約款による保険を販売できるようになっている。Hering, aaO.（Fn. 9）, S. 20.
[175]　Looschelders, in：Looschelders/Paffenholz, aaO.（Fn. 9）, Teil A. Einfuhrüng Rdn. 41.
[176]　Looschelders, in：Looschelders/Paffenholz, aaO.（Fn. 9）, Teil A. Einfuhrüng Rdn. 42.
[177]　Looschelders, in：Looschelders/Paffenholz, aaO.（Fn. 9）, Teil A. Einfuhrüng Rdn. 43.
[178]　Looschelders, in：Looschelders/Paffenholz, aaO.（Fn. 9）, Teil A. Einfuhrüng Rdn. 44.

（2）連邦司法省による委託調査「権利保護保険と権利の追求」

1980年代の終わりに、弁護士および裁判所の仕事量に対して権利保護保険の存在が与える影響について、連邦司法省（Bundesministerium der Justiz―BMJ）により、法曹界や保険業界、学界をも巻き込んだ大規模な委託調査が行われ、その結果が、1994年に「権利保護保険と権利の追求」[179]と題する論文として公表された。これによれば、権利保護保険の利用者は、非利用者に比べて、頻繁に訴訟に及び、執拗に訴訟追行する傾向にはあるものの、その差は一般に考えられているほどのものではない。その差は5％ないし10％に過ぎず、顕著な差が見られる分野も、交通秩序違反や交通事故における損害賠償などに限られるというものであった。また、民事および労働事件の裁判では、権利保護保険利用者と非利用者とで、勝訴見込みのない事件の頻度に差はなく、十分な根拠のない主張は、弁護士による選別機能により、裁判所には持ち込まれていないことの証左であるともされている。結論として、権利保護保険によって、懸念されたような訴訟雪崩（Prozesslawine）が起きていることはないとされた。

現在では、権利保護保険があるが故に、勝訴の見込みもなく頻繁に訴訟に及ぶといったことや、譲歩すべき場合にも譲歩しないといったことはないというのが、一般的な理解となっている[180]。

なお、権利保護保険の市民の訴訟文化に与える作用に関する議論においては、往々にして、不十分な勝訴の見込みまたは濫訴による給付拒絶、自己負担額の適用や解約権の行使などの危険招致を抑制する保険技術上のメカニズムの存在が見過されているとの指摘がある[181]。また、そもそもドイツの住民10万人あたりの民事手続に及ぶ件数（2006年）は1342件であり、英国（イングランドおよびウェールズ）の3961件やフランスの2672件はもとより、その他の欧州諸国と比べても少ない方であるとの指摘もある[182]。

---

[179] Jagodzinski/Raiser/Riehl, aaO.（Fn. 24）.
[180] Plote, aaO.（Fn. 9）, Rdn. 16.
[181] Hommerich/Killian, aaO.（Fn. 25）, S. 68-69.
[182] Hommerich/Killian, aaO.（Fn. 25）, S. 71-73.

（3）権利保護保険に関する近時の動向
1）法定弁護士報酬の引上げと権利保護保険事業者の対応

2004年には、弁護士報酬に関し、それまでの連邦弁護士手数料法（Bundesgebürenordnung für Rechtsanwälte = BRAGO）に代わり、弁護士報酬法（Gesetz über die Vergütung der Rechtsanwältinnen und Rechtsanwälte = RVG）が施行され、約20％の弁護士報酬の引き上げとなった。もっとも、この報酬引上げに対しては、権利保護保険事業者により次のような対策が採られ、支払保険給付の増大は一定程度緩和された[183]。

すなわち、まず、弁護士との清算約定（Abrechnungsvereinbarung）が挙げられる。これは、弁護士報酬法上、原則として約定報酬によるとされている法律相談の弁護士報酬や法定報酬に一定の幅のある裁判外の代理の弁護士報酬等の計算について、権利保護保険事業者が法律事務所との間に契約を結び、弁護士報酬を低い水準に抑えようとするものである。このような約定には弁護士側からの強い批判があり、弁護士報酬法上の問題も指摘されているが、現実には相当程度広まっているようである[184]。これに対し、ドイツ弁護士協会（DAV）と協定を結び、そうした契約を一切締結しないとしている保険会社（Advocard Rechtsschutzversicherung AG）も存在する[185]。

次に挙げられるのは、電話法律相談の導入である。これは、権利保護保険事業者が、上記の清算約定を結んでいる弁護士による電話法律相談サービスを保険契約者に提供して、同弁護士を第一の相談相手することにより、その後の裁判外または裁判上の代理についても、報酬水準の低い弁護士に誘導しようとするものである[186]。この動きは2006年ころから特に活発化したものであるが、すでに電話法律相談が定着したことから、これ以上の支払保険給付の抑制効果は見込めないというのが、保険業界の見方のようである[187]。

---

[183] GDV, Jahrbuch 2009, S. 118.
[184] Hommerich/Killian, aaO. (Fn. 25), S. 111-132.
[185] van Bühren, Rechtsschutz- aktuelle Entwicklung des Bedingungsmarktes, AnwBl 2007, 473, 476.
[186] van Bühren, aaO. (Fn. 185), S. 476.
[187] GDV, aaO. (Fn. 183), S. 120.

2) リーガル・サービス法の施行

2008年には、それまでの法律相談法(Rechtsberatungsgesetz＝RBerG)に代わって、リーガル・サービス法（RDG）が施行され、リーガル・サービス市場の一定の規制緩和がはかられた。同法の制定に際し、保険業界が求めていた権利保護保険事業者による法律相談の解禁は実現しなかった[188]（RDG 4 条）。リーガル・サービス法の草案理由書によれば、同条は、まさに権利保護保険事業者によるリーガル・サービスの提供の禁止を念頭に置いたものである[189]。保険業界は、他の欧州諸国では問題なく提供されている権利保護保険事業者による法律相談が、ドイツに限っては解禁されなかったとして批判している[190]。また、同法によれば、法的教育を受けていない者による法律相談が許容される場合がある一方、権利保護保険事業者により法律相談が提供される場合は担当者が法曹資格者であっても許されないのはいかがなものかとの指摘もある[191]。

3) 成功報酬の限定的解禁

従来、成功報酬（Erfolgshonorar）は、弁護士法によって禁じられていたところ（連邦弁護士手数料法 49b 条 2 項）、2008 年には、弁護士報酬法の改正により、成功報酬が一定の要件のもとに解禁された（RVG 4a 条）。もっとも、その範囲は、成功報酬によらなければ、権利の追求を経済的に断念せざるを得ない場合に限られるなど、限定的なものにとどまる。

4) 最近の支払件数の増大

リーマン・ショック以降の経済危機の中で、権利保護保険の支払件数が増大し、支払保険給付も 2009 年には 25 億ユーロ（前年比 9％増）に達し、損害率は 78％、コンバインド・レシオは 102％に達することが見込まれている。特に、2009 年には労働事件に関する支払が約 64 万件となり、前年比 13％増加がしていることが、その要因と考えられている。そのほかにも、保険契約法

---

[188] Plote, aaO. (Fn. 9), Rdn. 6.
[189] 森勇「ドイツ『裁判外のリーガル・サービスに関する法律』」比較法雑誌 43 巻 2 号（平成 21 年）223 頁。
[190] GDV, aaO. (Fn. 183), S. 118.
[191] Plote, aaO. (Fn. 9), Rdn. 6.

(VVG) の改正による責務 (Obliegenheit) 違反におけるいわゆるプロ・ラタ主義の導入により、保険契約上の紛争件数が増加していることも一因と考えられている[192]。

5) 標準約款の改定

2008 年には、保険契約法 (VVG) の改正に伴い、責務違反の効果におけるプロ・ラタ主義規定の導入等の一部改定があり (ARB2008)、2009 年 6 月には、メディエーション (Mediation) を利用する際の保険保護に関する特約条項が新設された (ARB2009)。

損害防止軽減義務に関する規定(ARB 17 条)について、連邦通常裁判所(BGH)により不明確ゆえこれを無効と解する余地があるとの見解が示された[193]ことを受けて、2010 年 7 月には、同規定が改定され[194]、併せて、不十分な勝訴の見込みまたは濫訴が保険保護の拒絶理由となることが明文化された (ARB 18 条の廃止および ARB 3a 条の新設) (ARB2010)。さらに、2012 年には約款構成を一新する改定が行われた (ARB2012)[195]。

6) 弁護士選択の自由に関する欧州司法裁判所の先決裁定

弁護士選択の自由を定める前記権利保護保険 EC 指令 (87/344/EWG) 4 条 1 項の解釈に関するオーストリア最高裁判所からの先決裁定の申立てに対し、欧州司法裁判所は、2009 年 9 月 10 日、同条は、同一事象の結果として多くの被保険者が損害を被った場合に、当該被保険者の代理人を権利保護保険者が自ら選任する権利を留保することを許容しない旨を判示した[196]。

---

[192] GDV, aaO. (Fn. 183), S. 118.
[193] Bauer, Rechtsentwicklung bei den Allgemeinen Bedingungen für Rechtsschutzversicherung bis Anfang 2010, NJW 2010, 1337, 1340.
[194] ドイツ保険協会 (GDV) のプレス・リリース (2010 年 7 月 2 日) による。
[195] Looschelders, in：Looschelders/Paffenholz, aaO. (Fn. 9), Teil A. Einfuhrüng Rdn. 44.
[196] Rechtssache C-199/08. EuGH, NJW 2010, 335 = AnwBl 2009, 868 L.

5 権利保護保険を巡る法規制の枠組み

(1) 弁護士報酬に関する法規整
1) 弁護士報酬の法定
a 概要

弁護士報酬は、弁護士報酬法(RVG)により、原則として目的物の価額(Gegenstandswert)に応じて法定されている(弁護士報酬法2条1項)。弁護士報酬法は、従前弁護士報酬について定めていた連邦弁護士手数料法に代わり、2004年に施行されたものである。ただし、法律相談については原則として約定報酬による(弁護士報酬法34条)など、裁判外の活動に対する報酬については、一定の緩和がなされている。他方、裁判費用については、裁判費用法(Gerichtskostengesetz＝GKG)に定めがある。

連邦弁護士法(Bundesrechtsanwaltsordnung＝BRAO)によれば、法定報酬を下回ることはできないが(連邦弁護士法49条のb)、これを約定により上回ることは可能である。もっとも、下記の敗訴者負担とされる範囲は法定報酬に限られ(民事訴訟法(Zivilprozessordnung＝ZPO)91条2項)、また、後記の権利保護保険普通約款によれば、権利保護保険による給付の範囲も法定報酬に限られる(ARB5条)。

b 民事訴訟における弁護士報酬の具体例[197]

(a) 事例

Vは、高速道路で、著しい身体損害を伴う深刻な事故にあった。同人の自動車は、全損となった。Vは、加害者の保険から、物損として2万ユーロおよび慰謝料として2万ユーロの損害賠償を請求した。Vは、その利益の擁護につき、弁護士に委任した。保険会社は、V自身に事故の責任があるとして、支払わない。弁護士は、裁判外の調整の試みが不調となった後、訴えを提起した。口頭弁論期日を経て、請求は棄却された。

---

[197] 以下の記述につき、Hering, aaO. (Fn. 9), S. 5ff.

(b) 弁護士報酬の計算

原則として、弁護士の活動に応じた指数（弁護士報酬法2条2項、付表1）を、訴額に応じた手数料単価（弁護士報酬法13条1項、付表2）に乗じて、手数料を求める。上記事例における法定弁護士報酬を計算すると、次のようになる。

　a）訴額および手数料単価

訴額4万ユーロに対する手数料の単価は、902ユーロとなる（付表2）。

　b）手続手数料（1172.60ユーロ）

本来の訴訟追行に関連する弁護士の活動、すなわち、訴えの提起、依頼者との情報交換および相手方書面への回答等につき、弁護士は、指数1.3の手続手数料を得る（付表1第3100項）。

　c）期日手数料（1082.40ユーロ）

口頭弁論期日への出頭につき、弁護士は、指数1.2の期日手数料を得る（付表1第3104項）。

　d）一般手数料（586.30ユーロ）

裁判外の活動に対しては、弁護士は、指数1.3の一般手数料を得るのが通常であるが、訴訟手続に至った場合には、その半分（ただし、手数料額の0.75が限度）を算入する（付表第3部前文3第4項）。よって、一般手数料の指数は0.65となる。

　e）定額立替金（20.00ユーロ）

通信費につき、実費に代えて、手数料額の20％（ただし、20ユーロが限度）を請求できる（付表1第7002項）。

　f）合計

以上を合計すると、2861.30ユーロとなる。これに、16％の付加価値税457.81ユーロを加えると、3319.11ユーロとなる。なお、敗訴の場合、原告は相手方弁護士の費用についても、同額の負担をしなければならない。さらに、本事案では、裁判費用1194ユーロが加わることになる。よって、本事案の訴訟の全体のリスクは、7832.22ユーロにも達する。

2）敗訴者負担の原則

民事訴訟法（ZPO）によれば、民事訴訟においては、弁護士報酬は訴訟費用として敗訴者負担が原則とされる（民事訴訟法91条）。ただし、労働裁判所法

(ArbGG) により、労働裁判の第一審の弁護士報酬は各当事者の負担とされる（労働裁判所法 12a 条）。

3）成功報酬の原則的禁止

従来、成功報酬は弁護士法により禁止されてきた。近時の法改正により、一定の規制緩和がなされたものの、その範囲は極めて限定的である。

（2）法律扶助[198]

1）概要

国家による法律扶助としては、助言援助法（Gesetz über Rechtsberatung und Vertretung für Bürger mit geringem Einkommen = BerHG）に基づいて弁護士による助言および裁判外の代理に関して与えられる助言援助（Beratungshilfe）および民事訴訟法に基づいて裁判所の手続に要する費用を援助する訴訟救助（Prozesskostenhilfe）がある。いずれも一定の資力要件が定められており（助言援助法 1 条、民事訴訟法 114 条）、権利保護保険が利用できる場合には援助は与えられない[199]。ドイツの法律扶助の水準は、後述の通り、他の欧州諸国と比べて高い方ではない。

2）助言援助

助言援助は、助言援助法に基づいて、弁護士による専門的助言のほか、必要な場合、裁判外での代理について与えられる。

租税法を除くすべての法的事件が対象とされる。個人的および経済的事情により、費用を調達できない者である場合、すなわち、民事訴訟法に基づく訴訟救助であれば自己負担なく認められる場合（後述）に、助言援助は与えられる（助言援助法 1 条）。権利保護保険の給付がなされる場合、そちらを請求しなければならない。

助言援助がなされる場合、弁護士による助言および裁判外の活動の費用は国庫によって負担される。ただし、原則として 10 ユーロを弁護士に追加的に支払わなければならない。

---

[198] 以下の記述につき、Hering, aaO.（Fn. 9), S. 13ff.
[199] Hering, aaO.（Fn. 9), S. 13, 16.

3）訴訟救助

訴訟救助は、個人的および経済的事情により、訴訟追行の費用の全部もしくは一部を支払えないかまたは分割払いでしか支払えない者に対して与えられる（民事訴訟法114条）。権利保護保険の給付がなされる場合、訴訟救助は請求できない。弁護士の付添いを要する場合、裁判所においてその選任がなされる。

さらに、意図する権利追及または権利防衛が、十分な勝訴の見込み（裁判所が、その法的見解を容れうるものと考え、事実上の観点において立証可能性につき納得すること[200]）を有し、かつ濫訴（援助を要しない当事者であれば、同様の訴訟追行をしないような場合[201]）とは思われないことが必要である（同条）。

敗訴の場合、相手方の費用を支払わなければならないが、これは訴訟救助の対象ではない（ただし、労働裁判管轄の第一審では、相手方弁護士の費用を負担させられることはない）。加えて、敗訴の場合には、承認された訴訟救助の少なくとも一部を分割して支払わなければならない。

財産がなく、総所得から租税、社会保険料等を控除したうえで、配偶者および子の数に応じた控除額を差し引いた残余の所得が月に15ユーロを超えない場合に、裁判費用および自己の弁護士費用を完全に免除される。同残余所得が月に15ユーロを超える場合、残余所得に対応する月々の返済額（表6）を最大48月の分割払いで国庫に返済する。48回払いによって費用が完済されない場合、その余は免除される（民事訴訟法115条）。

（3）法役務に関する法規整

裁判外のリーガル・サービスに関する法律（以下「リーガル・サービス法」という）（Gesetz über außergerichtliche Rechtsdienstleistungen = RDG）によれば、「他の給付業務の履行に直接影響を与えるリーガル・サービスは、それによりリーガル・サービスを適正に提供することが危ぶまれるときは、これをしてはならない」とされており（リーガル・サービス法4条）、権利保護保険会社が保険契約者に対し法律相談等を行うことはできない[202]。

---

[200] Rosenberg/Schwab/Gottwald, Zivilprozessrecht 15. Aufl. (C.H. Beck, 2004) §87 Rdn. 32.
[201] Rosenberg/Schwab/Gottwald, aaO. (Fn. 200), Rdn. 35.

表6　訴訟救助の返済額

残余所得 (ユーロ)	月々の返済額 (ユーロ)
15以下	0
50	15
100	30
150	45
200	60
250	75
300	95
350	115
400	135
450	155
500	175
550	200
600	225
650	250
700	275
750	300
750超	300 (残余所得の750を 超える部分を含む)

(4) 保険法制

1) 概要

　権利保護保険は、私保険の一部門であることから、保険契約法 (Gesetz über den Versicherungsvertrag＝VVG) および保険監督法 (Gesetz über die Beaufsichtigung der Versicherungsunternehmen＝VAG) の規整の下にある。それぞれに権利保護保険に関する特則 (保険契約法125条乃至129条および保険監督法8条のa) が置かれ、弁護士選択の自由、保険給付拒絶の際の鑑定手続や他の保険部門をも営む場合の利益相反防止措置などが規定されている。これらの規定は、いずれもEC指令 (87/344/EWG) の国内法化により導入されたものである。

---

[202] 森・前掲 (注189) 223頁。

2）保険契約法

権利保護保険は、損害保険の範囲に含まれることから、保険契約法の規定のうち損害保険に適用されるものの一般的な適用があるほか[203]、第2編第2章（第125条ないし第129条）[204]に権利保護保険に関する特則がおかれている。2008年の全面改正前の旧保険契約法（以下「旧法」という）には、権利保護保険に関する特則として、第158条のlないし第158条のoが設けられていたが、これらは、1990年にEC指令の国内法化のために、追加されたものである。2008年の同改正では第125条が新たに追加されたほかは、旧法からの実質的な変更はない。

各規定の内容は、概ね次のとおりである。

a　第125条　保険者の給付

「権利保護保険において、保険者は合意された範囲内において、保険契約者または被保険者の法的利益を擁護するために必要な給付をなす義務を負う。」として、一般的な普通保険約款の定め（ARB94/2000第1条）にならい、主として権利保護保険の追求する経済的目的を述べている[205]。

b　第126条　保険証券の内容、損害処理受託企業

本条1項は、複数の保険種類を同時に引き受ける場合は、権利保護保険給付については他の保険種類と区別した表示を要する旨等を定めている。本条2項は、保険者が損害処理受託企業に保険給付の査定を委託している場合には、保険会社への保険給付の請求ができないことを定め、同企業が法律上の訴訟担当であることを根拠付けている[206]。本条は、旧法158条のlと同旨であり、利益相反の防止措置を定めるEC指令3条に対応する。

c　第127条　弁護士選択の自由

本条は、保険契約者が弁護士選択の自由を有する旨を定める。連邦弁護士法（BRAO）に定める弁護士選択自由の原則（同法3条3項）を権利保護保険の場合にも適用するものである[207]。弁護士・依頼者間の信頼関係は司法が機能

---

[203]　van Bühren, in：van Bühren/Plote, aaO.（Fn. 9）, Einleitung Rdn. 10.
[204]　条文の邦訳につき、新井＝金岡共訳・前掲（注131）46-47頁。
[205]　新井＝金岡共訳・前掲（注131）378頁。
[206]　Obarowski, aaO.（Fn. 9）, Rdn. 21.

するための前提であることから、弁護士選択の自由は、憲法上の根拠があるとされる[208]。ARB 17 条 1 項が本条に対応する。旧法 158 条の m と同旨である。弁護士選択の自由を定めた EC 指令 4 条に対応する。もっとも、EC 指令 4 条が裁判手続または行政手続に限って弁護士選択の自由を保障しているのに対し、本条 1 項 2 文は、「他の方法による法的利益の保護を請求することができるときも、同様とする」として、裁判外においても弁護士選択の自由を保障する[209]。また、同指令 5 条には、一定の事由（①権利保護保険が自動車の使用に起因する場合に限定されていること、②権利保護保険が自動車に関する事故もしくは故障の際に救援を提供する契約と関連していること、③権利保護保険事業者およびアシスタンス保険事業者の両方が賠償責任保険のいずれの種目も営んでいないこと、ならびに④紛争当事者双方が、権利保護保険を同一の保険事業者に付保している場合、当事者の紛争に関するそれぞれの法的助言および代理が、まったく別の弁護士によって行われる措置が講じられていること）のすべてに該当する場合は、弁護士選択の自由の例外となる旨が定められているが、本条には、そのような例外規定は採用されていない。

　d　第 128 条　保険給付拒絶の際の鑑定手続

　本条は、①保険契約には、十分な成功の見込みがないことまたは法的利益保護が不当であることを理由として給付義務を拒絶した場合の中立的な鑑定手続の定めをおかなければならないこと、②拒絶の際には同手続を指摘しなければならないことおよび③これらを怠った場合には権利保護の要求が承認されたとみなされることを定める。ARB18 条が本条に対応する。旧法 158 条の n と同旨である。仲裁手続等およびその保険証券への記載について定める EC 指令 6 条に対応する。

　e　第 129 条　別段の合意

　第 126 条ないし第 128 条が、保険契約者の不利益に変更することのできない片面的強行規定である旨を定める。旧法 158 条の o と同旨である。

---

[207]　Bauer, in：Harbauer, aaO.（Fn. 9），§127 VVG Rdn. 1.
[208]　Busse in：Henssler/Prütting, Bundesrechtsanwaltsordnung, 4. Aufl.（C.H. Beck, 2014），§3 Rdn. 28.
[209]　Paffenholz, in：Looschelders/Paffenholz, Teil B, §127 Rdn. 11.

3）保険監督法

保険監督法には、権利保護保険の特則として、第8条のa[210]がおかれている。この規定は、従来西ドイツ（当時）においては、利益相反防止のため、権利保護保険と責任保険等その他の保険分野との兼業が許容されていなかったところ（専業主義）、EC指令により、専業主義が禁止されたことから（同指令8条）、これに代わる利益相反の防止措置として設けられたものである。同指令3条2項には、利益相反防止措置の選択肢として、①権利保護保険の保険給付請求の管理もしくはこの請求に関する法律的助言を担当する職員が、他の保険種類の業務を行わないこと、②権利保護保険に関する保険給付請求の管理を別の法人格である事業者に委託することまたは③被保険者に対して被保険者が自己の利益を代理する担当弁護士を自由に選択する権利を与えることの三つが挙げられているが、本条では、このうち②が採用されている。

保険監督法8条のaは、概ね次のように定める。すなわち、権利保護保険を他の保険分野とともに扱う保険企業（複合保険企業）は、権利保護保険の給付査定を他の企業（損害処理受託企業）に移転しなければならない（同条1項）。損害処理受託企業は、権利保護保険以外の一切の活動をしてはならない（同条2項）。その結果、損害処理受託企業が保険者を兼ねる場合、取り扱うことができるのは権利保護保険に限られる[211]。保険給付査定を担当する従業員等は、同時に権利保護保険以外の保険を販売する保険企業のために活動をしてはならない（同条3項）。複合保険企業側は、個別の保険事故の査定に関して、指示を与えてはならず、逆に、損害処理受託企業側は保険企業に対し、被保険者に不利な利益相反になる申告をしてはならない（同条4項）。同条3項および4項の違反に対しては、過料による制裁が予定されている（同法144条のb）。同法8条のa第5項は、EC指令2条2項に対応して、海上船舶の航行から生じまたはこれに関連する紛争または請求に対しては、本条の適用がないとする。これにより、船主は、いわゆるP＆Iクラブから、従来どおり広範な権利保護を得ることができる[212]。

---

[210] 条文の邦訳につき、吉川吉衞監訳『ドイツの保険監督法——監督法・渉外法・競争法——〔第2版〕』（日本損害保険協会、平成9年）8頁。

[211] Präve, in：Prölss, Versicherungsaufsichtsgesetz, 12. Aufl.（C.H. Beck, 2005），§8a Rdn. 3.

6　権利保護保険契約の内容

(1) ドイツ保険協会による業界標準約款
1) 概要

ドイツ保険協会（Gesamtverbandes der Deutschen Versicherungswirtschaft e.V. = GDV）により、標準約款である権利保護保険普通約款（Allgemeine Bedingungen für die Rechtsschutzversicherung = ARB）[213]が制定されている。この標準約款は権利保護保険事業者を拘束するものではなく、必ずしもそのまま使用されるわけではないものの、実際上これを基本にした普通保険約款による保険商品が、各権利保護保険事業者により提供されている。他の保険に特約として付帯されるのではなく、単独商品の形をとる。以下、2010年版の標準約款であるARB 2010[214]に従って、その内容を概説する。

2) 約款の構成

条文は29条までであり、4部から構成される。各部の内容は概ね次のとおりである。権利保護保険には、生活領域を基準に、第4部に定める九つの契約類型があり、保険給付の対象とされる法分野（約款上「給付種類（Leistungsarten）」と呼ばれる）等の保険の内容は、類型ごとに異なる。

　a　第1部　保険の内容（ARB 1 条ないし 6 条）

給付種類、免責事由、権利保護請求権の要件、給付範囲、適用地域等について規定する。

　b　第2部　保険関係（ARB 7 条ないし 16 条）

保険期間、保険料の支払および遅延の効果、保険料算定上重要な事情変更、被保険利益の消滅、保険事故後の解約、共同被保険者の法的地位、通知、意思表示、住所変更等について規定する。

---

[212]　Präve, aaO. (Fn. 211), Rdn. 5.
[213]　ドイツ保険協会（GDV）のウェブ・サイト（http://www.gdv.de/）からダウンロードできる。なお、最新の標準約款は、2014年10月現在の ARB 2012 である。
[214]　ARB 2010 の逐条解説につき、Looschelders/Paffenholz, aaO. (Fn. 9)；van Bühren/Plote, aaO. (Fn. 9).

c　第3部　権利保護事故（ARB 17条ないし20条）
　権利保護事故発生後の行為、保険者による権利保護の拒絶の際の手続き、管轄裁判所、準拠法について規定する。
　d　第4部　保険保護の類型（ARB 21条ないし29条）
　交通権利保護、非自営業者のための私生活および職業権利保護等の九つの各契約類型について各条に規定する。

（2）保険商品のタイプと対象となる法分野
1）保険商品のタイプ
　権利保護保険には、四つの生活領域（交通、私生活（非自営業者の職業領域を含む）、事業領域および不動産）を基準に、その組合せにより、下記の九つのタイプの商品がある（ARB 21条ないし29条）。このうち、交通領域を対象とするものはa、b、fおよびg、私生活領域を対象とするものはc、e、f、gおよびh、事業活動を対象とするものはdおよびg、不動産および賃貸借領域を対象とするものはhおよびiである。それぞれの類型において、被保険者の範囲・資格、対象となる給付種類やその他当該類型に固有の事項等が定められている。各保険商品のタイプの概要は次のとおりである。
　a　交通権利保護（ARB 21条）
　自動車等の交通用具の所有者向けの商品であり、本人や運転者および搭乗者が、それぞれの立場で遭遇する法的紛争に関し、権利保護を与えることを目的とする。原則として、保険契約者が免許を与えられている自動車等は全て対象となる。
　保険契約者が所有等する自動車を個別に特定することなく保険の対象とする方式（人に関連付けられた交通権利保護）（同条1項）と特定の保険証券記載の交通用具を保険の対象とする方式（交通用具に関連付けられた権利保護）（同条3項）とがある。ARB75では、前者は交通権利保護（ARB75第21条）、後者は交通用具権利保護（同22条）として、別の条文に定められていたところ、ARB94以降1つの条文に統合された。
　次に掲げる給付種類が補償の対象とされる。
　①　損害賠償権利保護

② 契約法および物権法上の権利保護
③ 裁判上の租税権利保護
④ 交通事件行政権利保護
⑤ 刑事権利保護
⑥ 秩序違反権利保護
b　運転者権利保護（ARB 22 条）

　他人所有の交通用具の運転者（またはその使用者）を保険契約者として、主として、運転者（またはその使用者）として遭遇する法的紛争に関し、権利保護を与えることを目的とする類型である。
　次に掲げる給付種類が補償の対象とされる。
① 損害賠償権利保護
② 裁判上の租税権利保護
③ 交通事件行政権利保護
④ 刑事権利保護
⑤ 秩序違反権利保護
c　自営業者のための私生活権利保護（ARB 23 条）

　自営業者向けの商品であり、本人およびその家族が私生活上遭遇する法的紛争に関し、権利保護を与えることを目的とする。
　次に掲げる給付種類が補償の対象とされる。
① 損害賠償権利保護
② 労働権利保護
③ 契約法および物権法上の権利保護
④ 裁判上の租税権利保護
⑤ 社会裁判所権利保護
⑥ 懲戒および分限上の権利保護
⑦ 刑事権利保護
⑧ 秩序違反権利保護
⑨ 家族法、生活パートナー関係法および相続法における相談権利保護

6 権利保護保険契約の内容　55

　d　自営業者のための職業権利保護、会社および社団のための権利保護
　　（ARB 24条）
　個人事業者や会社向けの商品であり、事業上遭遇する法的紛争に関し、本人およびその被用者に権利保護を与えることを目的とする。
　次に掲げる給付種類が補償の対象とされる。
①　損害賠償権利保護
②　労働権利保護
③　社会裁判所権利保護
④　懲戒および分限上の権利保護
⑤　刑事権利保護
⑥　秩序違反権利保護
　e　非自営業者のための私生活および職業権利保護（ARB 25条）
　給与生活者向けの商品であり、本人およびその家族が私生活上遭遇する法的紛争ならびに本人およびその配偶者が職業上遭遇する法的紛争に関し、権利保護を与えることを目的とする。
　対象となる給付種類は上記ｃと同様である。
　f　非自営業者のための私生活、職業および交通権利保護（ARB 26条）
　上記ａおよびｅの類型の組合せである。
　g　農業および交通権利保護（ARB 27条）
　農業または林業経営者を保険契約者とするもので、概ね、本人およびその家族が私生活上遭遇する法的紛争ならびに本人およびその被用者が職業上遭遇する法的紛争に関し、権利保護を与えることを目的とする類型と上記ａの類型との組合せである。
　すべての給付種類が対象とされる。ただし、住居および土地権利保護については、農林業に利用される不動産等のためのものに限る。
　h　自営業者のための私生活、職業および交通権利保護（ARB 28条）
　概ね上記ａ、ｃおよびｄの類型の組合せである。
　i　住居および土地の所有者および使用賃借人のための権利保護（ARB 29条）
　不動産の所有者や賃借人向けの商品で、不動産の利用関係において生じる

法的紛争に関し、権利保護を与えることを目的とする。通常、上記 c ないし h の保険に追加して加入する[215]。

次に掲げる給付種類が補償の対象とされる。

① 住居および土地権利保護
② 裁判上の租税権利保護

2）給付種類（法分野の種類）

給付種類、すなわち保険給付の対象となる法分野の種類は、下記3）のとおり、保険商品のタイプごとに異なるが、各給付種類の概要は、次のとおりである。

なお、一部の個別事業者では、標準約款にはない給付種類をも保険の対象とすることが行われている。たとえば、犯罪被害者となった場合の証人としての付添い費用や付帯訴訟の代理費用を給付の対象とすることなども行われ、「被害者権利保護（Opfer-RS）」と呼ばれている[216]。ローラント権利保護保険株式会社（以下「ローラント社」という）（ROLAND Rechtsschutz-Versicherungs-AG）の普通約款には、私生活領域全般（事業者向け商品の場合は事業領域全般）に及ぶ弁護士による電話法律相談についての保険給付が規定されており、保険商品のタイプに応じて、標準的に組み込まれているか、または追加保険料によりこれを付帯することができる[217]。

 a 損害賠償権利保護（ARB 2条 a）

損害賠償請求権の行使を目的とする。ただし、契約違反または不動産等に対する物権侵害に基づくものを除く。

「損害賠償請求権の行使」の概念から、加害者が知れていて、かつ、これに対する請求が可能であることが必要とされる[218]。損害賠償請求権の防御には、保険保護は与えられない（ARB 3条2項 a 参照）。不法行為に基づく損害賠償請求権と契約上の損害賠償請求権との請求権競合の場合、ここでは保障されない（下記 d「契約法および物権法上の権利保護」の保障範囲である）[219]。保険契約者には

---

[215] Hering, aaO. (Fn. 9), S. 41.
[216] Plote, in：van Bühren/Plote, aaO. (Fn. 9), Rdn. 125.
[217] 日弁連リーガル・アクセス・センター・前掲（注21）20頁。
[218] Obarowski, aaO. (Fn. 9), Rdn. 40.

過失のない交通事故に基づく物的および人的損害による損害賠償請求が典型例であり、ほかに国家賠償請求や名誉毀損の場合の撤回請求や不作為請求などが例として挙げられる[220]。

 b 労働権利保護（ARB 2条b）

労働関係および公法上の職務関係に基づく法的利益の擁護を目的とする。個別的労働関係に基づくものでなければならず、集団的労働関係に基づくものは除外される。

既存の労働関係に基づくものでなければならず、たとえば、求職者が性中立的でない公募による損害賠償を請求する場合は、この給付種類では保障されない[221]。逆に、労働関係の終了後であっても、使用者の貸付に基づく請求の紛争や競業避止の約定については、労働関係に基づくものとされる[222]。保険保護は、使用者および労働者のいずれにも与えられる[223]。典型例としては、賃金請求権の行使や解約告知の保護事件などが挙げられる[224]。行使または防御の対象となる請求権は、個別的労働関係に基づくものでなければならない[225]（ARB 3条2項b参照）。

 c 住居および土地権利保護（ARB 2条c）

土地、建物または建物の一部を対象とする使用賃貸借等の利用関係および物権に基づく法的利益の擁護を目的とする。

賃貸借契約の解約告知についての法的紛争や積極的契約侵害に基づく法的紛争などを対象とする[226]。また、保険に付されている土地の所有権に基づいて生じる損害賠償請求権は、ここでの対象であり、隣地から倒れた木による損害などがこれに当たる[227]。

---

[219] Plote, in：van Bühren/Plote aaO.（Fn. 9），§2 Rdn. 5.
[220] Hering, aaO.（Fn. 9），S. 46ff.
[221] Obarowski, aaO.（Fn. 9），Rdn. 54.
[222] Obarowski, aaO.（Fn. 9），Rdn. 53.
[223] Plote, in：van Bühren/Plote, aaO.（Fn. 9），§2 Rdn. 12.
[224] Plote, in：van Bühren/Plote, aaO.（Fn. 9），§2 Rdn. 14.
[225] Plote, in：van Bühren/Plote, aaO.（Fn. 9），§2 Rdn. 15.
[226] Hering, aaO.（Fn. 9），S. 62.
[227] Hering, aaO.（Fn. 9），S. 64.

d　契約法および物権法上の権利保護（ARB 2条 d）
　私法上の債権関係および物権に基づく法的利益の擁護を目的とする。ただし、上記 a 、 b または c の場合を除く。

　この権利保護は、契約上の請求権または物権に基づいて生じる請求権の行使および防御に対して与えられる[228]。不動産売買契約に基づく明渡しは、ここでの債権関係に基づく権利保護の対象であって、上記 c の対象ではない[229]。ここでの物権に基づく権利保護は、動産上および権利上の権利のみに関して与えられ、不動産上の権利が問題となる場合は上記 c の対象となる[230]。差押状などの公権力による所有権への侵害があった場合の法的利益の擁護も、ここでの対象である[231]。

　e　裁判上の租税権利保護（ARB 2条 e）
　ドイツ財政裁判所および行政裁判所における租税法および歳出法上の事件における法的利益の擁護を目的とする。前置される不服申立手続には権利保護は与えられず、訴えが提起されてはじめて権利保護が与えられる[232]。

　典型的な税種類としては、所得税および勤労所得税が挙げられる[233]。農業権利保護を除き、自営業の活動等に基づく収入に対する勤労所得税は保険保護の対象とされない[234]。歳出法上の事件の例としては、図書館の利用料、公証の手数料、診療負担や開発分担金などに関するものが挙げられる[235]。

　f　社会裁判所権利保護（ARB 2条 f）
　ドイツ社会裁判所における法的利益の擁護を目的とする。訴えの提起またはその他の申立てがあってはじめて保険保護が開始する[236]。

　法律相談、裁判外での利益擁護や社会保険者の決定に対する不服申立などは保障されない[237]。社会保険者の行政行為の取消訴訟のみならず、差止訴訟

---

[228] Hering, aaO. (Fn. 9), S. 65.
[229] Hering, aaO. (Fn. 9), S. 66.
[230] Hering, aaO. (Fn. 9), S. 67.
[231] Hering, aaO. (Fn. 9), S. 67.
[232] Hering, aaO. (Fn. 9), S. 69-70.
[233] Hering, aaO. (Fn. 9), S. 68.
[234] Hering, aaO. (Fn. 9), S. 68.
[235] Hering, aaO. (Fn. 9), S. 68-69.
[236] Hering, aaO. (Fn. 9), S. 70.

や仮処分にも保険保護が与えられる[238]。ドイツ社会裁判所の管轄の例としては、法定の年金保険や健康保険の事件のほか、労働促進の事件や障害およびその程度の確認などが挙げられる[239]。

 g 交通事件行政権利保護（ARB 2 条 g）

行政官庁および行政裁判所における道路交通法上の事件における法的利益の擁護を目的とする。

運転免許証の制限、剥奪または再交付を理由とする行政官庁での不服申立手続または同様の理由での行政裁判所での手続のほか、直接に、官庁の行政行為の交付や、場合によっては運転免許証の再交付の申立てなどの際にも、権利保護が与えられる[240]。そのほか、運転講習への参加命令や交通妨害に基づく交通用具の牽引などが例として挙げられる[241]。秩序違反手続や刑事手続上の事件は、ここでの対象ではない[242]。

 h 懲戒および分限上の権利保護（ARB 2 条 h）

懲戒法および分限法手続における防御を目的とする。

懲戒法には、公務員、軍人および裁判官の職務上の過誤を罰するすべての規定が含まれる[243]。大学の学生に対する秩序措置や社団のその構成員に対する社団からの除名措置などように、特定の人的集団のために取り決められた懲戒法類似の秩序規範は、懲戒法ではない[244]。分限法は、弁護士、公認会計士や医師などの公法上の職業団体の構成員の職業上の義務および職業倫理義務に対する違反の罰を規律する[245]。

 i 刑事権利保護（ARB 2 条 i）

道路交通法上の軽罪等の過失犯の非難に対する防御を目的とする権利保護である。道路交通法上の軽罪については、まず、故意犯か否かに関わりなく

---

[237] Hering, aaO.（Fn. 9), S. 70.
[238] Hering, aaO.（Fn. 9), S. 71.
[239] Hering, aaO.（Fn. 9), S. 71.
[240] Hering, aaO.（Fn. 9), S. 72-73.
[241] Hering, aaO.（Fn. 9), S. 73.
[242] Hering, aaO.（Fn. 9), S. 73.
[243] Hering, aaO.（Fn. 9), S. 74.
[244] Hering, aaO.（Fn. 9), S. 74.
[245] Hering, aaO.（Fn. 9), S. 75.

権利保護が与えられ、故意犯としての有罪判決が確定したときには保険契約者は費用の返還義務を負う。その他の軽罪については、原則として過失犯として問われた場合にのみ権利保護が与えられるが、当初故意犯として問われたものの、故意犯としての有罪判決が確定しなかったときにも、遡及的に権利保護が与えられる。

保険契約者に対して捜査がなされたとき、すなわち被疑者となったときに限り、権利保護が与えられる[246]。軽罪とは、短期1年未満の自由刑または罰金刑に当たるものをいう[247]。道路交通法上の軽罪の例としては、無免許運転（道路交通法21条）、ナンバー・プレート不正使用（同法22条）、事故現場離脱（刑法142条）、道路交通危険（同法315条のb）、酩酊運転（同法316条）等が挙げられる[248]。その他の軽罪のうち、侮辱、窃盗や詐欺のように故意犯のみによる軽罪は、権利保護の対象とならない。故意犯・過失犯のいずれもがありうる軽罪は比較的少数であるが、その重要な例として、傷害罪（刑法223条以下）がある[249]。

　j　秩序違反権利保護（ARB 2条j）

秩序違反（主に交通反則金）の追及に対する防御を目的とする。但し、駐停車違反に関する秩序違反手続には、権利保護は与えられない（ARB 3条3項e）。

過料の非難に対する弁護士による防御が給付対象であり、過料手続の開始、すなわち通例では聴聞通知または戒告金決定の到達をもって権利保護が開始し、その後の法律相談にも権利保護が与えられる[250]。

　k　家族法、生活パートナー法および相続法における相談権利保護（ARB 2条k）

家族法、生活パートナー法および相続法事件における法律相談を目的とする。裁判上または裁判外の代理は、いずれも対象外である。

親族間の債権法上の約定に基づく紛争やかつての夫婦の貸付の清算を理由

---

[246] Hering, aaO. (Fn. 9), S. 75.
[247] Hering, aaO. (Fn. 9), S. 79.
[248] Hering, aaO. (Fn. 9), S. 76.
[249] Hering, aaO. (Fn. 9), S. 80.
[250] Hering, aaO. (Fn. 9), S. 85.

とする紛争などは、家族法には属さない[251]。相続財産の買受についての紛争は、親族法に属さない[252]。

3）主な保険商品のタイプが対象とする給付種類

主な保険商品のタイプにつき、それぞれが対象とする給付種類を示すと、表7のとおりである（○は対象、空白は対象外であることをそれぞれ示す）。

表7　保険商品のタイプと給付種類

給付種類 タイプ	損害賠償	労働	住居および土地	契約法および物権法	租税裁判	社会裁判所	交通行政事件	懲戒および分限	刑事	秩序違反	家族相続法相談
交通権利保護	○			○	○		○		○	○	
自営業者の私生活権利保護	○	○		○	○		○		○	○	○
自営業者、会社および社団の事業権利保護	○	○				○			○	○	
非自営業者の私生活および職業権利保護	○	○		○	○	○	○	○	○	○	○
住居および土地の所有者および使用賃借人権利保護			○		○						

（3）保険事故

ARB4条1項には、給付種類に応じて、3種類の保険事故が定められている[253]。権利保護事故は保険期間内に発生しなければならない。さらに、労働権利保護、住居および不動産権利保護、契約法および物権法上の権利保護、裁判上の租税権利保護、社会裁判所権利保護ならびに交通事件行政権利保護

---

[251] Hering, aaO. (Fn. 9), S. 87.
[252] Hering, aaO. (Fn. 9), S. 88.
[253] なお、上記ローラント社の普通約款では、前記の通り、私生活領域全般（事業者向け商品の場合は事業領域全般）に関する電話法律相談についての保険給付が規定されているが、その保険事故は、「具体的な生活状況（Lebensumstände）に基づいて法律相談の必要（Beratungsbedürfnis）が生じた時点」とされている。日弁連リーガル・アクセス・センター・前掲（注21）22頁。

については、新車の購入等に基づく場合を除き、保険開始の後3か月の経過（待機期間）の後に初めて保険保護が与えられる。

1）損害賠償権利保護の場合——損害原因事故（Schadenereignis）

損害をもたらした最初の事象の発生が、保険事故とされる（ARB 4 条 1 項 a）。この損害の発生は主張上のもので足りる[254]。

2）家族法、生活パートナー法および相続法における相談権利保護の場合——法的地位の変更（Änderung der Rechtslage）

保険契約者または共同被保険者の法的地位の変更を生じる事象が、保険事故とされる（ARB 4 条 1 項 b）。たとえば、保険契約者に扶養義務を生じさせる子供の誕生や配偶者に離婚権を生じさせる婚姻の破綻、保険契約者が相続人となる被相続人の死亡がこれに当たる[255]。

3）その他の場合——法違反（Verstoß）

保険契約者その他の者が法律上の義務または法律上の規定違反を犯した時点が、保険事故とされる（ARB 4 条 1 項 c）。この違反は、主張上のもので足り、現実に発生したことを要しない。また、違反を誰が行ったか、違反の主張が誰によってなされたか（保険契約者によるものであるか、紛争の相手方またはその他の第三者か）を問わない[256]。

（4）給付の範囲

弁護士の法定報酬までの報酬や証人および鑑定人への補償を含む裁判費用などが填補される（ARB 5 条）。敗訴の場合に相手方に対して償還義務を負う訴訟費用についても、填補の対象である（同条1項h）。また、翻訳費用の負担や保釈保証金のための無利子の貸付も給付の範囲に含まれる（同条5項）。

1）弁護士報酬・裁判費用等

保険者の負担する給付の範囲は、概ね次のとおりである。

① 国内における権利保護事故の発生の場合、保険契約者のために活動す

---

[254] Hering, aaO. (Fn. 9), S. 90-91.
[255] Hering, aaO. (Fn. 9), S. 92-93.
[256] Cornelius-Winkler/Ennemann, Rechtsschutzversicherung und Gebühren im Arbeitsrecht (LexisNexis, 2008), Rdn. 52.

る弁護士の法定報酬の額までの報酬
② 外国における権利保護事故の発生の場合、保険契約者のために活動する外国または国内で免許を与えられている弁護士の報酬
③ 裁判所により喚問された証人および鑑定人への補償を含む裁判費用ならびに執行官費用
④ 管轄の第一審の国家裁判所の上訴の場合に生じる手数料の額までの仲裁または調停手続の料金
⑤ 行政官庁により喚問された証人および鑑定人への補償を含む行政官庁の手続費用ならびに行政執行の費用
⑥ 道路交通法上の刑事および秩序違反手続における防御や自動車等の売買契約等に基づく法的利益の擁護等の場合に、公に任命された技術的鑑定人等の報酬
⑥ 被疑者または当事者としての出頭が要求され、権利毀損の回避のために必要な場合、保険契約者の外国の裁判所への旅行費用
⑦ 保険契約者が償還する義務を負う限り、相手方の法的利益の擁護により相手方に生じた費用

2）翻訳給付
保険者は、保険契約者の法的利益の擁護のために必要な基礎書類の翻訳を調達し、その際に発生した費用を負担する。

3）保証金の貸付け
保険者は、保険契約者をさしあたり刑事訴追措置による侵害から免れさせるために積まれなければならない保証金のために、合意された額までの無利子の貸付の支払いを調達する。

（5）不十分な勝訴の見込みまたは濫訴による拒絶
十分な勝訴の見込み（hinreichende Aussicht auf Erfolg）がない場合または濫訴（Mutwilligkeit）、すなわち、支出される費用が目標とする結果に対して著しく不均衡である場合には、保険者は権利保護を拒絶しうる（ARB 3 条の a）[257]。後

---

[257] これに対し、前記の訴訟救助については、十分な勝訴の見込みがあり、かつ、濫訴とはみえないことが、受給のための積極要件とされている（民事訴訟法 114 条）。

記のとおり、保険者は、この要件による権利保護拒絶の場合の紛争処理手続きを置くものとされている（ARB 3 条の a）。

（6）主な免責事由

多くの免責事由が定められているが、その概略を示すと次のとおりである。

なお、実務上、一般的免責事由により、填補拒絶がなされることは少ない。むしろ、多くの填補拒絶は、保険期間外もしくは待機期間内であること、または保障の対象とされていない危険であることによる[258]。

1）特殊な危険に関するもの（ARB 3 条 1 項）

戦争およびストライキ等ならびに原子力損害等と因果関係があるもののほか、建築に関わる危険等と因果関係があるものが免責とされる。

ストライキやロックアウトといった労働争議行為に続き、解約告知や賃金支払の拒否が行われるような場合がその例である[259]。原子力損害については、損害賠償請求権の行使のみならず、原子力損害と因果関係のある原子力法上の刑罰規定違反を問われた依頼者の防御についても、免責とされる[260]。

建築危険（Baurisiko）はもっとも重要な免責事由の一つである[261]。建築に関連する法的紛争は、すでに出来上がっている建築物を購入する場合に比べて、はるかに頻繁に発生する一方で、建築危険に遭遇する保険契約者は比較的少数にとどまる（建築の機会は一生に一度程度にすぎない）ことから、保険料を低く抑えるために除外されている[262]。建築用地の売買契約や施工契約に基づく法的利益の擁護、建築融資のための貸付に関する金融機関との法的紛争などがこれにあたる[263]。

2）一定の法領域に関するもの（ARB 3 条 2 項）

損害賠償請求権の防御（契約違反に基づく場合を除く）、集団的労働法に基づくもの、会社法に基づくもの、知的財産権と関連するもの、競争法に基づくも

---

[258] Hering, aaO.（Fn. 9）, S. 105.
[259] Hering, aaO.（Fn. 9）, S. 106.
[260] Hering, aaO.（Fn. 9）, S. 106-107.
[261] Hering, aaO.（Fn. 9）, S. 107.
[262] Obarowski, aaO.（Fn. 9）, Rdn. 286.
[263] Hering, aaO.（Fn. 9）, S. 108-111.

の、賭博や先物取引等の投機的取引等と因果関係のあるもの、ならびに法律相談を除く家族法、生活パートナー関係法および相続法に関するもの等が免責とされる。

損害賠償請求権の防御は、権利保護保険ではなく、もっぱら責任保険の対象である。交通事故における相手方からの請求に対する防御などがこれにあたる[264]。会社法上の紛争とは、会社法固有の問題についての紛争であり、たとえば会社持分の取得に関する紛争はこれにあたらない[265]。知的財産権関連の免責において特に重要なのは、従業員発明と従業員による改善提案との区別である。特許性のある従業員発明と因果関係のある紛争は免責とされるのに対し、特許性のない従業員による改善提案に基づく使用者の報酬義務について生じた紛争は、免責とはならない[266]。投機的取引等に係る免責は、多くの投資商品が出回るようになり重要性を増している。当てが外れた投資家が、商品を売った銀行に損失を請求しようとする場合がその例である。ただし、すべての投資取引が免責事由にあたるのではなく、賭事（Wette）または金利差取引（Zinsdifferenzgeschäft）の性質を有する取引のみが免責の対象となる[267]。離婚および夫婦財産法上の関係の調整のために締結された契約についての紛争は、家族法に基づくものであり、免責とされるが、主として家族法に基づかない親族やかつての配偶者との契約関係に関する紛争は、免責事由にあたらない[268]。

3）一定の手続きに関するもの（ARB 3条3項）

憲法裁判所や国際裁判所に係属するもの、保険契約者の財産に対する倒産手続と因果関係のあるもの、土地収用事件、駐停車違反に関する秩序違反手続におけるもの等が免責とされる。

権利保護保険者が介入義務を負う法的紛争が係属する裁判所が、法律規定が基本法違反にあたるとして、基本法100条に基づき事件を連邦憲法裁判所

---

[264] Hering, aaO. (Fn. 9), S. 111.
[265] Hering, aaO. (Fn. 9), S. 112.
[266] Hering, aaO. (Fn. 9), S. 113-114.
[267] Plote, in：van Bühren/Plote, aaO. (Fn. 9), Rdn. 146.
[268] Hering, aaO. (Fn. 9), S. 116.

に提出した場合、権利保護は当該提出決定に関して存続する。これに対し、すべての可能な審級を経た後に、裁判に憲法違反があるとして、保険契約者が憲法異議を提起した場合は、権利保護は与えられない[269]。倒産手続の申立または開始の前に開始された利益擁護は、免責にはならない。第三者に対する請求に権利保護が与えられる場合に、同社に対し倒産手続を申し立てたときは、執行の申立として、保険保護の対象となる[270]。

4）特定の人的関係に基づくもの（ARB 3条4項）

同一の権利保護保険契約の複数の保険契約者相互間、共同被保険者相互間および共同被保険者の保険契約者に対するもの、保険事故発生後に保険契約者に移転された請求権に基づくもの、他人の請求権に基づくもの等が免責とされている。

保険契約者と共同被保険者との紛争では、免責とされるのは共同被保険者のみで、保険契約者については免責とされない[271]。

請求権の移転には、法律行為に基づくもののほか、法律の効果によるものも含まれる。権利移転が個別承継によるか、包括承継によるかは問わない[272]。特に、問題となるのは、会社が保険契約者となる契約類型（ARB 24条）において、労働者が第三者により傷害を受け就労不能となり、会社が賃金継続支払を行ったことにより、会社に損害賠償請求権が移転する場合である。この場合、保険事故発生後の請求権の移転にあたり、会社には直接に保険事故が発生していないが、経済的には会社が被害を受けたものとして、免責事由は適用されないものとされる[273]。

5）故意の犯罪行為と関連するもの（ARB 3条5項）

故意に犯した犯罪との因果関係があるときは免責とされる（ただし、刑事権利保護、秩序違反権利保護ならびに家族法、生活パートナー関係法および相続法における相談権利保護を除く）。

---

[269] Hering, aaO. (Fn. 9), S. 119.
[270] Hering, aaO. (Fn. 9), S. 120.
[271] Hering, aaO. (Fn. 9), S. 122-123.
[272] Hering, aaO. (Fn. 9), S. 124.
[273] Hering, aaO. (Fn. 9), S. 124-125.

（7） 保険金額の水準

　保険金額（1事故の填補限度額）の水準は、事業者や商品により違いがある。概ね25万ユーロないし100万ユーロの範囲内にあるが、100万ユーロとする事業者・商品が多い。保険金額を無制限とする事業者・商品も少なからずある（2009年5月25日現在）[274]。

　なお、上記ローラント社の保険料表（2009年5月1日現在）によれば、標準的商品の場合、保険金額は100万ユーロとされている[275]。同社には、交通領域や不動産領域を含む私生活上の領域を幅広くカバーする個人向けの高級商品（KompaktPlus-rechtsschutz）や事業上の領域を幅広くカバーする事業者向けの高級商品（KompaktPlus-rechtsschutz für Unternehmen und freie Berufe）もあり、それらの保険金額は無制限となっている[276]。

（8） 年間保険料の水準

　権利保護保険の保険料は事業者や商品により違いがある。また、個人向けの商品については、公務員に対する保険料は、その他の一般人よりも低く定められているのが通例である。一般的な年間保険料の水準（個人の場合は公務員以外の一般人向け）について、保険商品のタイプ別にみると、概ね次のとおりである。

1） 交通権利保護（保険契約者が個人の場合）

　一般的な年間保険料水準は、自己負担額（免責金額）150ユーロの場合は59ユーロないし116ユーロ、自己負担額なしの場合は87ユーロないし166ユーロである（2006年5月1日現在）[277]。但し、対象を特定の1台の自動車に限定する廉価型の交通権利保護の保険料は、自己負担額150ユーロの場合、42ユーロないし83ユーロである（2005年1月1日現在）[278]。

　上記ローラント社の保険料表によれば、保険金額100万ユーロの一般商品

---

[274] FINANZTEST, aaO. (Fn. 20), S. 13ff.
[275] 日弁連リーガル・アクセス・センター・前掲（注21）22頁。
[276] 日弁連リーガル・アクセス・センター・前掲（注21）22頁。
[277] FINANZTEST, Heft 6/2006, S. 13ff.
[278] FINANZTEST, aaO. (Fn. 277), S. 12ff.

における年間保険料は、自己負担額 250 ユーロで 84.04 ユーロ、自己負担額 150 ユーロで 99.51 ユーロ、自己負担額なしで 135.41 ユーロである[279]。但し、対象を特定の 1 台の自動車に限定する廉価型の保険料は、自己負担額 250 ユーロで 56.42 ユーロ、自己負担額 150 ユーロで 64.63 ユーロ、自己負担額なしで 93.36 ユーロである[280]。さらに、34.16 ユーロの追加保険料で、私生活領域全般に関する電話法律相談がつく[281]。

2）自営業者のための私生活権利保護

一般的な年間保険料水準は、自己負担額 150 ユーロの場合は 108 ユーロないし 211 ユーロ、自己負担額なしの場合は 126 ユーロないし 285 ユーロである（2006 年 5 月 1 日現在）[282]。

上記ローラント社の保険料表によれば、保険金額 100 万ユーロの一般商品における年間保険料は、単身者の場合、自己負担額 250 ユーロで 134.96 ユーロ、自己負担額 150 ユーロの保険料は 159.14 ユーロ、自己負担額なしの保険料は 231.65 ユーロである[283]。家族がある場合は、自己負担額 250 ユーロで 158.77 ユーロ、自己負担額 150 ユーロで 187.21 ユーロ、自己負担額なしで 272.53 ユーロである[284]。

3）自営業者のための職業権利保護、会社および社団のための権利保護

上記ローラント社の保険料表によれば、保険料は年間給与総額（Lohnsumme）および従業員（Mitarbeiter）数によって算出される[285]。たとえば、保険金額 100 万ユーロの一般商品における年間保険料は、年間給与総額が 30 万ユーロで従業員数が 10 人である場合、自己負担額 250 ユーロで 1075.24 ユーロ、自己負担額 150 ユーロで 1272.94 ユーロ、自己負担額なしで 1622.83 ユーロである[286]。

---

[279] 日弁連リーガル・アクセス・センター・前掲（注21）23 頁。
[280] 日弁連リーガル・アクセス・センター・前掲（注21）23 頁。
[281] 日弁連リーガル・アクセス・センター・前掲（注21）23 頁。
[282] FINANZTEST, aaO. (Fn. 277), S. 13ff.
[283] 日弁連リーガル・アクセス・センター・前掲（注21）23 頁。
[284] 日弁連リーガル・アクセス・センター・前掲（注21）23 頁。
[285] 日弁連リーガル・アクセス・センター・前掲（注21）23 頁。
[286] 日弁連リーガル・アクセス・センター・前掲（注21）23 頁。

4）非自営業者のための私生活および職業権利保護

　一般的な年間保険料水準は、自己負担額150ユーロの場合は105ユーロないし211ユーロ、自己負担額なしの場合は126ユーロないし285ユーロである（2006年5月1日現在）[287]。

　上記ローラント権利保護保険株式会社の保険料表によれば、保険金額100万ユーロの一般商品における年間保険料は、単身者の場合、自己負担額250ユーロで122.69ユーロ、自己負担額150ユーロの保険料は144.67ユーロ、自己負担額なしの保険料は210.59ユーロである[288]。家族がある場合は、自己負担額250ユーロで144.34ユーロ、自己負担額150ユーロで170.19ユーロ、自己負担額なしで247.75ユーロである[289]。電話法律相談も含まれている[290]。

5）住居および土地の所有者および使用賃借人のための権利保護（上記4）に追加する場合

　一般的な年間保険料水準は、自己負担額150ユーロの場合は28ユーロないし69ユーロ、自己負担額なしの場合は39ユーロないし67ユーロとなっている（2006年5月1日現在）[291]。

　上記ローラント社の保険料表によれば、保険金額100万ユーロの一般商品における年間保険料は、自己負担額250ユーロで40.15ユーロ、自己負担額150ユーロで47.54ユーロ、自己負担額なしで66.79ユーロである[292]。

（9）標準約款以外の独自商品

　各事業者が独自に販売している主な商品としては、次のようなものがある。

1）「特別刑事権利保護（Spezial-Strafrechtsschutz（SSR））」[293]

　標準約款では、故意犯を理由とする刑事手続については、保険の対象とはされていないが、これでは、不満のある顧客や競争業者による告訴や告発の

---

[287]　FINANZTEST, aaO. (Fn. 277), S. 13ff.
[288]　日弁連リーガル・アクセス・センター・前掲（注21）24頁。
[289]　日弁連リーガル・アクセス・センター・前掲（注21）24頁。
[290]　日弁連リーガル・アクセス・センター・前掲（注21）24頁。
[291]　FINANZTEST, aaO. (Fn. 277), S. 13ff.
[292]　日弁連リーガル・アクセス・センター・前掲（注21）24頁。
[293]　Plote, aaO. (Fn. 9), Rdn. 290.

危険に晒されている自営業者や会社にとっては不十分な面もあることから、こうした故意犯の追求に対する防御（但し、有罪判決が確定した場合を除く）を保険保護の対象とする保険商品が販売されている。

2)「自営業者および会社向けの生存権利保護（Existenz-RS für Selbständige und Firmen）」[294]

自営業者または会社向けに、裁判外の債権取立てに要する債権回収業者の費用を担保する商品である。

3) その他の商品

ほかには、会社役員等向けにその任用契約に基づく法的利益擁護のための「任用契約権利保護（Anstellungsvertrags-RS）」[295]や学生等向けの「学生および訓練生向け権利保護（RS für Studenten und Auszubildende）」[296]などの商品が販売されている。

7　権利保護保険に関する紛争解決手段

(1) 仲裁鑑定手続または決定投票手続

権利保護保険普通約款（ARB）には、保険者は、濫訴にあたることまたは十分な勝訴の見込みがないことを理由として権利保護を拒絶した際の紛争処理手続きとして、仲裁鑑定（Schiedsgutachten）または決定投票（Stichentscheid）のいずれかの手続を置くことが定められている（ARB 3 条の a、VVG 128 条）。実際上は、決定投票手続が置かれる例が多い[297]。

仲裁鑑定手続とは、保険契約者の住所を所管する弁護士会の会長に指名された一定の要件を満たす弁護士を仲裁鑑定人とする手続であり、その勝訴の見込み等に関する判断は、保険者を拘束する。保険者の給付拒絶が完全に正当である場合を除き、手続費用は保険者が負担する。他方、決定投票手続とは、保険契約者は、保険者の費用で、弁護士の意見書を提出することができ

---

[294] Plote, aaO. (Fn. 9), Rdn. 297.
[295] Plote, aaO. (Fn. 9), Rdn. 293.
[296] Plote, aaO. (Fn. 9), Rdn. 298.
[297] Obarowski, aaO. (Fn. 9), Rdn. 547.

るというものであり、この意見は、明らかに実際の事実および法的状況と著しく異なる場合を除き、両当事者を拘束する。

（2）保険オンブズマンおよび連邦金融監督庁に対する苦情申立て

保険オンブズマンとは、ドイツ保険協会およびその加盟企業を構成員として、2001年に設立された保険者と保険契約者との間の紛争に関する独立の裁判外紛争処理機関である。保険契約者は、費用負担なく、保険オンブズマン（Ombudsmann für Versicherungen e.V. = Versicherungsombudsmann）に対し、10万ユーロを超えない範囲の苦情を申し立てることができる（保険オンブズマン手続規則（Verfahrensordnung des Versicherungsombudsmanns = VomVO）2条3項a））[298]。保険オンブズマンは、1万ユーロまでの苦情につき保険者に対して拘束力のある決定を下すことができ、1万ユーロを超え10万ユーロまでの苦情については拘束力のない勧告を出すことができるにとどまる（保険オンブズマン手続規則10条3項2文）[299]。2014年の適法な申立て1万2815件のうち、権利保護保険に関するものは2110件で、16.5％を占め、生命保険の3738件、29.2％に次いで全保険分野の中で2番目に多い[300]。

他方、保険事業者との紛争に関し、その監督官庁である連邦金融監督庁（Bundesanstalt für Finanzdienstleistungsaufsicht = BaFin）に苦情を申し立てることもできる。もっとも、連邦金融監督庁の介入は、個別事案の処理を目的とするものではないことから、紛争解決の実効性は限定的なものである。連邦金融監督庁は、2008年には約1000件の権利保護保険に関する申立てを処理している[301]。

（3）裁判所における填補訴訟

保険契約者は、権利保護保険者が保険保護を拒絶する場合には、填補訴訟（Deckungsklage）を裁判所に対し提起することができる[302]。訴えの形式として

---

[298] Versicherungsombudsmann, Jahresbericht 2014, S. 112.
[299] Versicherungsombudsmann, aaO. (Fn. 298), S. 116.
[300] Versicherungsombudsmann, aaO. (Fn. 298), S. 104.
[301] Plote, aaO. (Fn. 9), Rdn. 442.

は、通常は、費用の免脱（Freistellung）または権利保護引受義務（Verpflichtung zur Rechtsschutzübernahme）の確認訴訟であるが[303]、既に保険契約者が費用を支払っている場合には、その支払を求める給付訴訟の形をとる[304]。

権利保護保険の填補訴訟の件数はさほど多いものではなく、1998年には約350万件の保険事故に対して年間600件程度にとどまっている[305]。

8 保険事故に関する問題[306]

（1）権利保護保険における保険事故に関する枠組み
1）保険事故の種類

ドイツの保険契約法（VVG）には保険事故の意義は定められていないが、一般には、保険者の給付義務を基礎づける事件であり、付保されたリスクの現実化であるとされる[307]。権利保護保険の保険事故は、約款上、権利保護事故（Rechtsschutzfall）と呼ばれる。給付種類（法分野）に応じて、次の3種類の権利保護事故が定められている[308][309]。

---

[302] Plote, aaO.（Fn. 9）, Rdn. 448.
[303] Plote, aaO.（Fn. 9）, Rdn. 449.
[304] Plote, aaO.（Fn. 9）, Rdn. 450.
[305] Buschbell/Hering, aaO.（Fn. 9）, §36 Rdn. 3.
[306] 應本昌樹「権利保護保険における保険事故に関する一考察——法違反の主張を支える三本柱のレシピについて——」大谷孝一博士古稀記念『保険学保険法学の課題と展望』（成文堂、平成23年）503-531頁参照。
[307] ヴァイヤース＝ヴァント（藤岡康宏監訳、藤原正則＝金岡京子共訳）「保険契約法」（成文堂、2007年）235頁。
[308] ARB 75（14条）では、①損害賠償請求事件、②家族法法律相談、③刑事・秩序違反事件および④その他の4種類が定められていたところ、ARB 94以降は、③および④が統合されて3種類となった。また、損害賠償請求事件における保険事故につき、ARB 75では結果事故（Folgeereignis）が保険事故とされていたのに対し、ARB 94以降は原因事故（Kausaleeignis）が保険事故とされている。もっとも、実際には依然として結果事故を採用している保険者も多い。Plote, aaO.（Fn. 9）, Rdn. 306.
[309] さらに時代を遡ると、ARB 54においては、①請求権の発生（die Entstehung der Anspruch）、②刑罰規定の違反（die Verletzung von Strafvorschriften）及び③保険契約者による相談の申込み（der Antrag des VersicherungSEiehmers auf Beratung）か、保険事故とされていた。Fischer, Versicherungsfähiges Risiko und Versicherungsfall der Rechtsschutzversicherung (1969), S. 106.

a　損害賠償請求事件の場合——事実上または主張上の損害原因事故（Schadenereignis）

損害をもたらしたかまたはもたらしたとされる（"verursacht wurde oder verursacht worden sein soll"）最初の事件（Ereignis）が、保険事故とされる（ARB 4 条 1 項 1 文 a）。

　b　家族法法律相談の場合——法的地位の変更（Änderung der Rechtslage）

保険契約者または共同被保険者の法的地位の変更を生じる事件が、保険事故とされる（ARB 4 条 1 項 1 文 b）。

　c　その他の場合——事実上または主張上の法違反（Rechtsverstoß）

保険契約者その他の者が法律上の義務または法律上の規定に対する違反を犯したかまたは犯したとされる（einen Verstoß "begangen hat oder begangen haben soll"）時点が、保険事故とされる（ARB 4 条 1 項 1 文 c）。この違反は、主張上のもので足り、現実に発生したことを要しない。また、違反を誰が行ったか、違反の主張が誰によってなされたか（保険契約者によるものであるか、紛争の相手方またはその他の第三者か）を問わない[310]。

2）意図的加入の防止措置

権利保護保険においても、他の保険種類と同様に、保険給付請求権が発生するには、保険事故は保険期間内に発生しなければならない（ARB 4 条 1 項 2 文）。この点が争点となることが多く[311]、特に、保険契約者からの保険給付請求に対し、保険者が、いわゆる契約締結前の抗弁（Vorvertragseinwand）として、保険事故が保険契約締結前に発生していたと主張して争うことも少なくない[312]。加えて、権利保護保険においては、契約の申込みの際にすでに具体的に発生が予見される法律上の紛争による費用を負担させられる事態、すなわち、いわゆる意図的加入（Zweckabschlüsse）を防ぐことが課題とされる[313]。

---

[310] Cornelius-Winkler, in：Cornelius-Winkler/Ennemann, aaO.（Fn. 256）, Rdn. 52.

[311] Plote, aaO.（Fn. 9）, Rdn. 439.

[312] 他方、「権利保護請求権が、当該保険対象に対する保険保護の終了から 3 年より後に初めて主張された場合」には、権利保護が与えられない（ARB 4 条 3 項 b）として、保険期間終了後のいわゆるロング・テール問題への対処がなされている。

[313] Maier, in；Harbauer, aaO.（Fn. 9）, §4 ARB 2000 Rdn. 40；LG Trier Urt. v.17.9.1992-6 O 121/92, r＋s 1993, 147.

とりわけ、労働契約をはじめとした継続的債権関係に基づく法律上の紛争においては、ある程度の期間にわたる事実経緯を経て紛争に至ることが多いこと等から、特に問題となる。この意図的加入を防ぐために、約款上、次の措置が講じられている。

　a　待機期間（Wartezeit）

損賠賠償請求事件、懲戒・分限事件、刑事事件、秩序違反事件および家族法法律相談を除き、原則として、保険開始から３か月経過するまでは、保険保護は与えられない（ARB４条１項３文）。

　b　複数の保険事故（Mehrere Verstoß）

法律上の紛争が、一連の法違反により生じた場合、その初めのものが、保険事故とされる。ただし、保険開始から１年よりも前のものは考慮されない（ARB４条２項２文）。たとえば、賃貸人である保険契約者が、賃借人が３か月の賃料を滞納している場合には、最初の滞納時点に保険事故が発生したとされる[314]。

複数の保険事故が問題となる個別労働紛争の例として、次のようなものが挙げられる[315]。

すなわち、労働者が2001年１月１日から権利保護保険に加入していた。使用者は、保険契約者（労働者）が①1999年12月15日に経費を不正請求し、②2001年２月１日に業務命令に違反し、③2001年４月25日に労働を拒否したと主張して、④保険契約者（労働者）を2001年５月１日に即時解雇した。保険契約者は、全ての主張を争い、保険保護を請求した。使用者は解雇の書面において「辛抱と寛容が尽きた」と述べた。

①ないし④はいずれも法違反にあたるところ、①の不正請求は保険期間開始の１年より前に生じたとされるものであるから問題とならないが、これを除き最初の法違反である②の業務命令違反は待機期間中に生じたとされるものであり、紛争の原因でもあるから、結局保険保護は与えられない。

　c　継続的保険事故（Dauerverstoß）

一つの違反によって、継続する一つの契約または法律に違反する状態が生

---

[314] Plote, aaO. (Fn. 9), Rdn. 320.
[315] Cornelius-Winkler, in：Cornelius-Winkler/Ennemann, aaO（Fn. 256), Rdn. 51-57.

じた場合がこれにあたり、その開始時が、保険事故発生の基準とされる（ARB 4条2項1文）。具体的には、賃借人である保険契約者が正当な理由のない転貸をした場合などがこれにあたる[316]。

　　d　違反を生じさせた意思表示（Willenserklärung als Auslösender）
　保険開始前になされた意思表示（Willenserklärung）または法的行為（Rechtshandlung）を原因として保険事故が発生した場合には、保険保護は与えられない（ARB4条3項a）。たとえば、保険契約者が、保険開始前に所管官庁に失業給付の申請をしたところ、保険期間内であるその6か月後に所管官庁が給付を拒絶した場合には、これを違法とする保険契約者の主張に対しては、保険保護は与えられない[317]。他方、たとえば、契約関係に基づく紛争の場合に、当該契約の締結に向けられた意思表示自体は、原則として ARB 4条3項aにいう意思表示にあたらないが、意思表示に意思の瑕疵（Willensmangel）がある場合などは、意思表示は法的紛争の端緒をはらんでおり、これにあたるとされる[318]。

　3）保険保護のためのその他の要件
　権利保護保険において、保険保護が与えられるためには、他の保険と同じく、保険事故が保険期間内に発生することが必要であるが、前提として、問題となる法律上の紛争が加入している保険商品のタイプが対象とする生活領域および法分野に関するものであることが必要である。約款上は、前者については主として被保険者の範囲（ARB 21条1項ないし3項等）として、後者は給付種類の範囲（ARB 2条、ARB 21条4項等）として表現されている。
　他方、免責事由に該当する場合（ARB 3条）には、保険保護は与えられない。また、十分な勝訴の見込み（hinreichende Aussicht auf Erfolg）がない場合（但し、懲戒・分限事件、刑事事件、秩序違反事件および家族法法律相談を除く）（ARB 3条のa第1項1文a）や濫訴（Mutwilligkeit）にあたる場合（ARB 3条のa第1項1文b）には、保険者は保険保護を拒絶することができる。さらに、責務（Obliegenheit）違反の場合にも、保険保護が制限されうる（ARB 17条等）。

---

[316]　Plote, aaO.（Fn. 9）, Rdn. 322.
[317]　Plote, aaO.（Fn. 9）, Rdn. 319.
[318]　Obarowski, aaO.（Fn. 9）, Rdn. 464.

以上のように、保険保護の可否の判断にあたっては、多岐にわたる事項についての検討が必要であることから、保険会社に填補の約束（Deckungszusage）を求める弁護士の便宜のために、次のようなチェックリストが作成されている[319]。

- □ ARB 21条ないし29条のうち、どのタイプに加入しているか。
- □ 事件が──とりあえずARB 21条ないし29条のタイトルからみて──加入している保険のタイプの対象にあたるか。
- □ 依頼者が保険契約者でない場合、共同被保険者にあたるか。
- □ 当該保険のタイプが、問題となる給付種類を含んでいるか。
- □ 当該保険のタイプに適用される二次的危険制限（sekundäre Riskobegrenzung）にあたらないか（「自営業の活動との関連」等）。
- □ 免責条項（Ausschlussklausel）にあたらないか。
- □ 保険事故が発生しているか。そうであるとして、いつ発生したのか、待機期間にあたらないか。
- □ 上記の要件をみたす場合、填補の約束の請求権の根拠は何か（たとえば、ARB 5条2項の支払請求権）[320]。
- □ 保険保護が失われるような責務違反（Obligenheitsverletzung）がないか。
- □ 填補の約束の対象となる費用の範囲は、ARB 5条による。

4）主張上の保険事故に関連して不当な利益追求を除外する仕組み

上述の通り、権利保護保険の保険事故には、事実上のもののみならず、主張上のものも含まれるが（ARB 4条1項1文aおよびc）、事実上および法律上の根拠を欠く主張に対してまで無制限に保険保護が与えられるわけではない。

まず、保険契約者は、保険事故発生の後、保険保護を求めるにあたり、「保険者に対し完全かつ正確に権利保護事故の情況をすべて報告するとともに、証拠を提出し、さらに求めに応じて関係書類を提供」しなければならないと

---

[319] Cornelius-Winkler, in：Cornelius-Winkler/Ennemann, aaO.（Fn. 256), Rdn. 16.
[320] 権利保護保険の保険給付請求権は、原則として、保険契約者の負う弁護士報酬等の支払義務からの免脱請求権（Freistellungsanspruch）であるが、すでに保険契約者により支払義務が履行されているような場合には金銭支払請求権となる（ARB 5条2項）。

されており（ARB 17 条 1 項 b）、保険契約者が保険者に対し、保険事故に関し虚偽の報告をすることは許されない[321]。これに違反した場合には、保険保護が失われうる（同条 6 項）。

また、すでに述べたとおり、十分な勝訴の見込みがない場合（ARB 3a 条 1 項 1 文 a）や濫訴にあたる場合（ARB 3a 条 1 項 1 文 b）は、保険保護の拒絶事由にあたる。

（2）連邦通常裁判所 2008 年 11 月 19 日判決
1）問題の所在――保険事故としての主張上の法違反

前述したように、ドイツの権利保護保険には、給付種類（法分野）に応じて3 種類の保険事故が規定されており、損害賠償請求以外の事件に適用される保険事故は法違反（Rechtsverstoß）として定式化されているが、その解釈・適用（特に主張上の法違反（Behaupteter Verstoß））は、権利保護保険に関する法的問題の中で、もっとも難しいものの一つとされている[322]。中でも、解雇を含む個別労働関係事件において、保険事故の発生時期を巡って、保険契約者と保険者との間で争いとなることが多い。殊に「解約告知の脅し（Androhung einer Kündigung）」と呼ばれる使用者が労働者に対し整理解雇等の予告を伴う労働契約の合意解約の申込みをした際の保険事故の発生時期を巡る問題に関し、下級審裁判例や文献において様々な見解が示され[323]、連邦通常裁判所（BGH）の判断が待たれていたところ、2008 年 11 月 19 日には、遂に連邦通常裁判所の画期的判決[324]が出された。

保険事故としての法違反の問題には弁護士の関心も高く、2006 年および 2008 年には、ドイツ弁護士協会（DAV）の保険法研究グループ（ARGE Vesicherungsrecht）において、連邦通常裁判所相続法・保険法事件の所管部である民事第 4 部 Roland Wendt 裁判官によって行われた権利保護保険に関する

---

[321] Bauer, in：Harbauer, aaO.（Fn. 9），§ 17 ARB 2000 Rdn. 35；LG Trier Urt. v.17.9.1992-6 O 121/92, r＋s 1993, 147.
[322] Maier, in：Harbauer, aaO.（Fn. 9），§ 4 ARB 2000 Rdn. 36.
[323] Maier, in：Harbauer, aaO.（Fn. 9），§ 4 ARB 2000 Rdn. 57.
[324] BGH Urt. v.19.11.2008-Ⅳ ZR 305/07, BGHZ 178, 346＝MDR 2009, 202f.

講演の中でも採り上げられた[325]。さらに、上記判決後の2010年にも同裁判官による講演が行われ、ここでは同判決を踏まえて、この保険事故としての法違反の問題についての連邦通常裁判所の立場につき、解説がなされ、その講演録および論考も公表されている[326]。

そこで、以下では、上記判決を採り上げた上で、保険事故としての法違反に係る解釈・適用問題について、Wendt裁判官の論考を中心に、議論の状況をまとめることとする。

2）事案の概要

労働者である権利保護保険の保険契約者Xは、その使用者から労働関係の合意解約（Aufhebungsvertrag）の申込みを受け、その際これを承諾しなければ解約告知（Kündigung）するとの脅しを受けたことから、弁護士に委任して

---

[325] これらの講演の権利保護保険の保険事故に関する部分の記録として、Wendt, aaO. (Fn. 155)；Vertiefung der neueren Rechtsprechung des Bundesgerichtshofs zur Rechtsschutzversicherung, r+s 2008, 221. 重点を変えてまとめ直した論考として、Wendt, Strukturen der neueren Rechtsprechung des Bundesgerichtshofs zum Rechtsschutzfall, MDR 2006, 132；Der Rechtsshutzfall mit seinen vor- und nachvertraglichen Ausdehnungen, MDR 2008, 717. 講演のテーマは多岐にわたっており、その他のテーマに関する講演部分の記録および論考につき、Wendt, Strukturen der neueren Rechtsprechung des Bundesgerichtshofs zur Rechtsschutzversicherung (Teil Ⅱ), r+s 2006, 45 および Risikoausschlüsse in der Rechtsschutzversicherung, MDR 2006, 481；Aktuelles zu Risiko- und Leistungsausschlüsse in Rechtsschutzversicherungen, MDR 2008, 902；Rechtsschutzversicherung- Erfolgsussichten, Aufklärungsgebote, Kosten- und Gebührenfragen, MDR 2008, 1129 参照。

[326] Wendt, Die Rechtsprechung des BGH zum Versicherungsrecht Rechtsschutzversicherung, r+s 2010, 221；Der durchschnittliche Versicherungsnehmer und die neuere Rechtsprechung des BGH zum Rechtsschutzversicherung, MDR 2010, 786. この講演のその他のテーマにつき、Wendt, Risikobegrenzungen, Obliegenheitsverletzungen und die neuere Rechtssprechung des BGH zur Rechtsschutzversicherung, MDR 2010, 1168 参照。なお、その後に行われたWendt裁判官の権利保護保険に関する講演につき、Wendt, Die Rechtsprechung des Bundesgerichtshofes zur Rechtschutzversicherung- Der Rechtsschutzversicherer und sein durchschnittlicher Versicherungsnehmer, r+s 2012, 209ff.；Die Rechtsprechung des Ⅳ. Zivilsenats des Bundesgerichtshofs zur Rechtsschutzversicherung, r+s 2014, 328.および Der Rechtsschutzversicherer und sein "durchschnittlicher Versicherungsnehmer"- Rechte des Versicherungsnehmers in der aktuellen BGH-Rechtsprechung, MDR 2012, 821；Der Rechtsschutzversicherer und sein "durchschnittlicher Versicherungsnehmer", Obliegenheitsverletzungen und Kosten- und Gebührenfragen in der neuen BGH-Rechtsprechung, MDR 2012, 947. 参照。Wendt裁判官による一連のドイツ弁護士協会の保険法研究グループにおける権利保護保険に関する講演は2006年、2008年、2010年、2012年および2014年の5回にわたり行われた。

その反論にあたらせ、保険者Yに対しその弁護士費用の支払を求めたところ、Yが保険事故は発生していないとしてこれを拒絶したため、Xがその支払いを求めて訴えを提起した。

区裁判所（AG）はXの訴えを認めたことから、Yが控訴したところ地方裁判所（LG）は控訴を棄却した。そこで、Yが上告したのが本件である。

3）判旨

連邦通常裁判所は、解約告知の脅しの場合の保険事故の発生に関する下級審裁判例および文献における見解の状況を示して、これらには多かれ少なかれいずれも難があるとし、連邦通常裁判所の先例を引用しつつ、次のように一般的論を述べた上で、本件の事実関係の下に保険事故の発生を認めて、Yの上告を退けた。

「平均的で理解に努める保険法上の特別な知識のない保険契約者の標準的な視点からは……、保険契約者の陳述が、（第1）──単なる価値判断ではなく──客観的な事実の核心（Tatsachenkern）を含み、（第2）これと法違反の非難（Vorwurf）を結び付け、（第3）これに基づきその利益追求を根拠づける場合には、ARB 75第14条3項1文[327]にいう権利保護事故が認められる……。

a）ここで、陳述された事実の核心は、そこに描かれた事件が当事者間に生じた紛争生じさせることにを少なくとも寄与したかどうか、すなわち将来の法律上の紛争のための端緒（Keim）となるのに適するものであったかどうかの判断を可能にするものでなければならない。この点では要件としては、それ以上は必要ない。したがって、相当因果関係で十分である……。

b）これと結び付けられた非難においては、違反について与えられた理由（Begründung）が基準とされる……。この根拠に基づき、そこに含まれる義務違反の単なる主張は、正当性（Berechtigung）または証明可能性（Erweislichkeit）にかかわりなく、保険事故を生じさせる。これに対して、各紛争における一貫性（Schlüssigkeit）、具体性（Substantiierheit）および裁判に重要であること（Entscheidungserheblichkeit）は、問題とならない……。当該提示（Darstellung）によれば、事実上、すでに契約の相手方の法律上の地位を侵害する違反にまで至っているかどうかは、まったく問題とならない。むしろ決定

---

[327] 本件の権利保護保険では、普通保険約款としては、ARB 75が使用されていた。その14条3項は、ARB 94以降の4条1項1文cに相当し、内容の相違はない。

的なのは、主張された義務違反が法律上の紛争の根拠になるかどうかである。これに該当するのは、紛争当事者の一方が、表現された——主張上の（angeblich）——相手方側の違反を自分の地位の根拠づけ（Stützung）として援用する場合である。それに対して、顧慮されないのは、提出されているものの、付属物（Beiwerk）（「彩色（Kolorit）」）としてしか作用しない非難……や、あるいは保険契約者が述べるかもしれないものの、権利保護を求める利益追求の根拠にはならない非難……のみである。

　c）この広い権利保護事故の理解は、両契約当事者の利益を顧慮している。保険者には、状況に応じて、勝訴の見込み（ARB75 第17条）の欠如の抗弁が残っており、保険契約者は、その限りでは、そうでなければ脅威となる——潜行する——給付約定の空洞から守られている。それに加えて、いつ初めて真剣に義務違反の責めが負わされ、保険事故が発生したかを確定することは、保険期間の開始または終了に応じて、一方または他方の契約当事者の有利に傾く。これは、述べられた保険事故が保険期間内にあり保険者の介入義務を生じさせることができるかどうかの確定において、契約の一方の側に一方的に利益を与えることには結び付かない……。」

「X は、事実の経緯を明示し、それと使用者による法違反の非難を結び付けた。すなわち、これによると、使用者は、X に合意解約を申し込み、承諾しない場合は経営上の理由による解約告知を脅し、後に X が計画されたポスト削減に該当する旨を伝え、社会的選択の説明を拒否し、同時に合意解約の締結に係る期限付きの申込みを提示したという。このような方法で、いずれにせよ労働契約を終了させ、経営上の理由による地位削減の可能性およびその場合による転換に関する準備的な協議すら行うつもりがない真剣さには、これらの主張によれば何ら疑いがない。これらの X により主張された事実に基づいて、X は、使用者が配慮義務に違反し、それにより契約違反を犯し、——社会的選択に関する情報なく——解約告知を予告したが、これは——社会的に不当であり——違法であるとの X の非難を根拠づけた。すでに、これらの X により主張された行為によって、権利保護保険者により引き受けられた危険の実現は開始した。これらにより、X は ARB75 第14条3項1文にいう違反を十分に主張した（dartun）。使用者の措置についての法的評価が妥当かどうかは、権利保護事故の発生には意味をもたない。」

(3) 保険約款解釈の原則について

　確立された判例理論によれば、普通保険約款は、「平均的な保険契約者が、十分に理解して注意深く一覧し、認識可能な意味連関を考慮した上で理解したように」解釈すべきものとされる[328]。本判決においても、その一般論に係る判示の冒頭において、同様の旨が述べられ、権利保護保険における保険事故の解釈の問題が、普通保険約款の解釈の枠組みで捉えられるべきことが明らかにされている。

　Wendt 裁判官は、この平均人の判例法理は、契約両当事者の利益を適正に配慮した解釈を可能にする柔軟なものであるとして、連邦通常裁判所の他部の判例をも引き合いに出しつつ、その優位性を強調している[329]。同法理の適用については、この擬制的な人からは裁判所が都合のいい結論を引き出すことが可能であるとの批判もある[330]。これに対しては、もっともであるとしつつ、約款規定を手がかりに丁寧な理由づけをすることで有効に対処できるとしている[331]。

(4) 下級審裁判例・学説の状況

　使用者が労働関係の解約告知を予告した場合に、保険事故としての法違反がいつ認められるのかという問題に関する従来の議論の状況は、本判決の判文中に述べられているほか、Wendt 裁判官の論考[332]においても整理されてい

---

[328] ヴァイヤース＝ヴァント・前掲（注 307）61 頁。BGH v.23.1993-Ⅳ ZR 135/92, BGHZ 123, 83 (85) ＝MDR 1993, 841.

[329] Wendt, aaO. (Fn. 326), MDR 2010, 786. 具体例として、民事第 11 部（金融・資本市場法）の撤回教示事案における平均的消費者（BGH 10.3.2009 Ⅺ ZR 33/08, BGHZ 180, 123＝MDR 2009, 820ff.）、民事第 1 部（著作権法等）の模造品事案における平均人（BGH 30.4.2009 1 ZR 42/07. BGHZ 181, 98.）、民事第 8 部（居室賃貸借法等）の営業費清算事案における平均的賃借人（BGH, Beschl. 23.9.2009 Ⅷ ZA 2/08, MDR 2010, 21＝NJW, 2009, 3575；Urt. v.19.11.2008-Ⅷ ZR 295/07, MDR 2009, 196.）、民事第 2 部（金融市場安定化基金法による紛争等）の訪問販売撤回法（HWiG）による撤回権事案における平均的読者（BGH Urt. v.18.04.2005-Ⅱ ZR 224/04＝MDR 2005, 1094＝NJW-RR 2005, 2017.）が挙げられている。

[330] Mathy, Drei Beispielsfälle für überflüssige Deckungsprozesse in der Rechtsschutzversicherung, VersR 2009, 1194, 1199.

[331] Wendt, aaO. (Fn. 326), MDR 2010, 786, 787.

[332] Wendt, aaO. (Fn. 326), MDR 2010, 786, 787.

る。これによれば、解約告知の予告について、保険者の立場で私的自治の範囲にある合意解約の申込みと評価するものを一方の極とし、保険契約者の立場で労働契約上の配慮義務違反と評価するものを他方の極とする両極の間で、多様な議論が展開されてきたが、多くの文献は、真剣な解約告知の脅しがある場合には、保険事故の発生を認めるものであったとされる。

具体的には、次のように整理されている。

1）保険事故の発生には解約告知の表明（Ausspruch）が必要であるとする見解

この見解の根拠としては、次のようなことが挙げられている。

・これにより、保険契約者は初めて権利喪失を被る。
・解約告知の脅しによって、保険契約者の法律上の地位が変更されることはなく、労働契約の存続が脅かされることもない。
・保険契約者が合意解約を承諾することにより、解約告知を回避できる以上、法違反が切迫しているとはいえない。
・経営上の理由による解約告知（Betriebsbedingte Kündigung）は、行動を理由とする解約告知（Verhaltensbedingte Kündigung）と異なり、労働者の落度（Fehlverhalten）を含意しない[333]。

---

[333] ドイツにおいては、解雇制限法（Kündigungsschutzgesetz—KSchG）による一般的な解雇制限があり、社会的に不当な解雇は原則として無効とされる（KschG 1 条 1 項）。すなわち、労働者 10 人以上の事業所において（KschG 23 条 1 項）、労働関係が 6 か月以上存続した労働者（KschG 1 条 1 項）には、同法の適用があり、解雇を正当化しうる事由として、①個人的な理由による解約告知（Personenbedingte Kündigung）、②行動を理由とする解約告知（Verhaltensbedingte Kündigung）および③経営上の理由による解約告知（Betriebsbedingte Kündigung）が法定されている（同条 2 項）。①の要件は、労働者か個人的な理由からその労働契約上の義務を適法に履行することができず、これによって、使用者の経営上または経済上の利益が妨げられることである。②は労働契約上の主たる義務および付随義務の違反を理由とする解約告知である。①と②とは、「制御可能な行為」であるか否かによって区別される。これに対し、③は労働ポストの喪失をもたらすような企業家の決定（「業務執行の基礎となる企業政策の決定」）が行われたことを要件とする。③で、解約告知か避けられない場合は、もっとも社会的保護の必要性が乏しい者が解雇されなければならず（社会的選択）、使用者は、労働者の請求により、社会的選択の理由を述べなければならない（KschG 1 条 3 項 1 文）。橋本陽子「1　ドイツ（第 2 節 8(2)一般的解雇制限)」荒木尚志ほか編『諸外国の労働契約法制』（労働政策研究・研修機構、平成 18 年）157 頁。

2）真剣な解約告知の脅し（ernsthafte Kündigungsandrohung）で足りるとする見解

この見解が根拠とするところは、概ね次のとおりである。
・保険契約者が理由をつけてこれに抵抗している場合は、保険事故にあたる。
・保険契約者の観点からは解約告知の正当性がない以上、保険事故にあたる。
・主観的には、保険契約者の法律上の地位が、悪化している。
・不利益な法律上の地位の主張がなされれば、それだけで法的利益の擁護が問題となる。
・労働契約法上の給付義務の争いによって、客観的に権利保護保険者が引き受けた危険の実現が始まっている。

3）労働法に基づく類型的な区別を試みる見解

解約告知の事由における分類に基づき次のような類型化を試みる文献もある。
・経営上の理由による解約告知、理由づけのない（Begründungslose Kündigüng）解約告知または個人的な理由による解約告知（Personenbedingte Kündigüng）については、違法性がない。
・行動を理由とする解約告知については、労働者の労働契約違反があったとして、違反が理由づけられる。

Wendt 裁判官は、これらの多様な議論につき、いずれに対しても批判的である。特に、労働法上の分類に基づく類型論に対して、与えられた契約規定（Vertragwerk）に基づき平均的保険契約者の視点で解釈するという前述の保険約款解釈のあるべき姿勢から離れ、連邦通常裁判所の採用しない法律類似の（gesetzähnllich）解釈に接近するものとする[334]。

(5) 連邦通常裁判所の先行判例等

本判決において、挙げられている先行判例のうち主なものは次のとおりである。

---

[334] Wendt, aaO. (Fn. 326), MDR 2010, 786, 788.

1） Reemtsma 事件（連邦通常裁判所 2003 年 3 月 19 日判決）[335]

保険契約者 X が、タバコ製造者 R に対する喫煙による健康被害による損害賠償請求の訴えのために、保険者 Y に対して権利保護を求めた事案である。2008 年判決とは異なり、損害賠償請求事件の保険事故に関するものであり、法違反の発生時期が問題となった事案ではないが、主張上の保険事故の発生時点についての考え方が述べられている。

a　事案の概要

1964 年以来、X はもっぱら R 社製造の［E］ブランドのたばこを吸っていた。1993 年には心筋梗塞を患った。その後 X は、バイパス手術等の複数の手術を受けた。X は、1983 年 12 月 1 日から Y において権利保護保険に加入している。

X は、R 社に対する請求において、第一に、R 社は 1983 年のアメリカの調査結果に基づき、1984 年以降は喫煙の際に中毒刺激作用物質であるアセトアルデヒドが放出されることを知っており、第二に、R 社は 1984 年以降アンモニア等の中毒強化物質を混合したとして、R 社を非難した。この混合がなく、アセトアルデヒドについての警告指示があれば、X は喫煙をやめることに成功したはずであり、1989 年ないし 1990 年になって発生した心血管の発病および後の心筋梗塞には至らなかったとした。

Y は、1975 年より生じていた X のニコチン中毒を保険事故たる損害事件とみなし、すでに権利保護保険契約の始期の前に発生したとして、R 社に対する損害賠償請求訴訟のための費用承認（Kostenzusage）を拒絶した。

地方裁判所は訴えを棄却したが、控訴裁判所はこれを認めた。Y は上告し、地方裁判所の判決の回復を求めた。

b　判旨

連邦通常裁判所は、次のよう述べ、Y の上告を退け、Y に、X に対し権利保護を与えるよう命じた。

「……保険事故の発生には、保険契約者がどの事実の陳述（Tatsachenvortrag）により損害賠償請求権を理由づけるかが問題となる。可能な限りもっ

---

[335] BGH, Urt. v.19.3.2003-Ⅳ ZR 139/01, MDR 2003, 871f.＝VersR 2003, 638.

も早い時点としては、それにより請求権が導き出される（hergeleitet）請求の相手方に対して非難される義務違反の行為が問題となる。事実の陳述に一貫性がある（schlüssig）かおよび証明可能である（beweisbar）かは重要ではない。それらの問題は、……勝訴の見込みのためにのみ意味がある。」

「保険事故は83年12月1日より前にはなく、それゆえ保険期間内に発生した。Xは、R社は1984年から知っていたアセトアルデヒドの中毒刺激作用についての警告指示を怠り、故意にたばこに中毒増強物質を混合したとして、損害原因となった行為につき、R社に責めを負わせた。Xは、これより早いR社の義務違反の行為によっては、訴えを理由づけていない。それゆえ、Yの見解にかかわらず、Xがすでに1975年よりニコチン中毒であったかどうかは問題にならない。」

2） Neuwertspitzenfall 事件（連邦通常裁判所2005年9月28日判決）[336]

Xが権利保護保険者であるYに対し、火災保険者との間の紛争について、権利保護を求めた事案である。2008年判決と同様に、保険事故としての主張上の法違反の発生時期が問題となった事案であるが、ここでは権利保護保険の終期との関係で問題となった。なお、本件では、このほか建築融資条項（ARB 3条1項d) dd)）による免責も争点となっていたところ、結局この点のYの主張が通りY勝訴に終わっている。

　a　事案の概要

Xは、Yにおいて2000年1月5日から2002年3月31日までの間に加入していた権利保護保険に基づいて、2001年1月28日に部分的に焼損した邸宅施設の新価部分（Neuwertanteil）の填補に関する火災保険者との紛争について、Yに対し保険保護を求めている。

Yは、火災保険者が最終的に給付を拒絶したのは権利保護保険の終了後であるとして、填補を拒絶した。権利保護保険の契約終了の直前には、保険仲立人会社の担当者が査定事業者より時価損害を超える給付を行わないとの回答（Auskunft）を電話で入手したが、これは未だ保険事故にはあたらないというものであった。

---

[336] BGH, Urt. v.28.9.2005-Ⅳ ZR 106/04, MDR 2006, 390f.＝VersR 2005, 1684.

b　判旨

連邦通常裁判所は、次のように述べ、保険事故の発生時期に関する Y の主張を退けた。

「……保険紛争においては、紛争を生じさせる違反としての……保険事故としては、契約当事者の一方による保険契約に基づく義務の違反が問題となる。……その後に行われた契約当事者が非難を負わされた義務違反としての保険事故の確定には、保険契約者が違反を理由づける事実の陳述が問題となる。保険事故の時間的要素およびそれゆえ権利保護事故の発生についても同様である。ここで義務違反の開始のためのもっとも早い時点は、訴えにおける事実の陳述（Klagervortrag）によれば、すでに焼損した土地家屋を取得したため、新価部分を支払わなくてよいとの火災保険者に責めを負わされた回答である。……」

「……保険契約者に対する保険者の真剣な給付拒否の予告は、給付誠実義務に対する違反に当たりうる。しかしながら、上告は——本件で給付拒否がそもそも真剣に予告されたかどうかはともかく——保険仲立人の義務に反する行為は受けた回答の転送によっては、——予見不能であったため——火災保険者に帰責することはできないとする。……これらを斟酌することによって、契約終了前の権利保護事故の発生を疑うことはできない。もはや給付する必要はなく、その意思もないとの外部に表明され、理由づけられた陳述により、権利保護を生じさせる違反はすでに犯された。X の提示（Darstellung）によれば不当で、契約状態に反する回答により、火災保険者は保険契約に基づく義務に対する違反を開始した。火災保険者は、その判断によれば給付義務は存在しないとし、そのための理由づけをして当該表明をしたのであって、——X の見方からは——契約上正当ではない。——上告で論じられている表明の転送や閲読の際の状況等のような——それ以外のことは、もはや重要ではない。

……このことは、条項の解釈から生じており、そこでは保険法上の専門知識のない、理解に努める平均的な保険契約者の見方（die Sichtweise des durchschnittlichen, um Verständnis bemühten Versicherungsnehmers ohne versicherungsrechtliche Spezialkenntnisse）が問題となる……。ARB96 第 4 条 1 項 1c 文の文言ならびに認識しうる意味および目的（erkennbarer Sinn und Zweck）から、（主張された）法律上の義務または法律上の規定に対する違反は客観的に理解されなければならず、それゆえ主観的な要素は決定的な役割を果たさないことは、保険契約者に明らかである。

……文言との関連で、違反はそもそも概念からして、事実上の事象に根ざした出来事（im tatsächlichen Geschehen wurzelnden Vorgang）を引合いに出さなければならないことが、保険契約者には少なくとも明らかである。それゆえ保険契約者には、その陳述は価値判断を含んでいるだけでは足りず、それによって記述された出来事が当事者間に勃発した紛争を少なくとも生じさせることに寄与したかどうかの判断を可能とする事実の核心（Tatsachenkern）を有しなければならないこと、およびこの点ではそれ以上の要件は必要ではなく、すなわち相当因果関係で足りることは明白である……。……時間的観点において権利保護事故の発生を確定するためには、提起された非難にある事実の核心は、（将来の）保険法上の紛争の端緒を提示するのに適したものでなければならない。

　……これによれば、権利保護事故を生じる ARB96 第4条1項1文 c にいう違反の承認のためには、……そのような法律上の紛争の端緒をはらむ事実上の客観的に確定できる出来事で足りる。その場合、法律上の紛争は潜在的に存在し、それゆえある程度「予定されている（vorprogrammiert）」……。それは──同文 a および b における規律の場合とは異なり──対外的に主張でき、明白な日常事象とは際立った事件には関連付けられない。それに応じて、違反を構成する法律または契約に反する行為が──これらの場合にはよくあるように──同時にまたは簡単には外に達しないことも問題にならない。これは、すでに法律上の紛争が法的費用の支出を伴う、事実上の客観的に確定できる出来事の承認を妨げない……。」

「……上告は、その帰責の考慮（Zurechnungserwägungen）により、保険契約者および保険者の利益に必要な、客観的な基準をもとにして、可能な限り正確で、容易に審査可能な保険事故の時間的確定をするという目標設定から逸脱した。これは、この目標設定および意図的加入（Zweckabschlüsse）等による操作の危険（Manipulationsgefahren）の防止とは相いれず、それゆえ原則として除外しなければならない主観的な要素を含めたことによる。……基準となるのは──すでに述べたように──事実上の事象に根ざした出来事である。すなわち、どのような意識を契約相手方がその際に有していたかということおよび保険契約者が知った時点は、ここでは重要ではない。規定通りの保険事故の発生には、可能な限り一義的に（eindeutig）決まるべき出来事であって、その紛争を生じさせる意味が、すべての関係者に認識可能であるような──まさに契約違反の場合に典型的なように、後になって初めてわかるという場合もある

が——もので足りる……。」

3) Saarbrücken 高等裁判所 2006 年 7 月 19 日判決[337]

　従来、経営上の理由による解約告知の脅しの場合には解約告知の表明の時点で初めて保険事故の発生を認める見解が、下級審裁判例においては優勢であり、これに対しては、効果的な労働者の利益擁護の観点から、労働法専門弁護士を中心に根強い批判があったところ[338]、2006 年 7 月 19 日には、解約告知の脅しの時点において、保険事故の発生を認めた Saarbrücken 高等裁判所の注目すべき判決が登場し、連邦通常裁判所の動向が注目されていた。同判決は、保険契約者に広範な権利保護を与えるという ARB94 第 4 条 1 項 1 文 c の目的を強調しつつ、前掲の連邦通常裁判所 2005 年 9 月 28 日判決を引用して、経営上の理由による解約告知の脅しはすでに法律上の紛争の端緒をそれ自体にはらんでいるとして、保険保護の可能性を認めたものである。他方で、解約告知の脅しにより権利保護保険者の引き受ける危険の実現が開始する以上、その時点で未だ権利保護保険に加入していない者が、新たに保険に加入してその後に生じうる解約告知について保険保護を受けることができない点も指摘している。

　もっとも、解約告知の脅しの時点で、保険事故発生の可能性を認めるこの判決に対しては、法理論上の批判のほか、保険事業経営上の観点からの批判もあった。すなわち、それは、労働法分野については、権利保護保険における支払保険給付の約 3 分の 1 を占めており、解約告知の前の段階を保険保護の対象に含めることによる経済的影響が大きく、従来の保険料での労働法領域での法律相談給付ができなくなり、あるいは給付に制限を設けなければならなくなるというものであった[339]。

---

[337] OLG Saarbrücken, Urt v.19.7.2006-5 U 719/05, VersR 2007, 57.
[338] Küttner, Rechtsschutzversicherung und Arbeitsrecht, NZA 1996, 453.
[339] Will, Anm. in OLG Saarbrücken, r + s 2006, 495, 497.

（6）法違反の主張を支える三本の柱について
1）三本柱モデルとは

　Wendt 裁判官は、前掲の 2003 年および 2005 年のほか、2007 年の連邦通常裁判所決定[340]をも加えた三つの先例より導かれるものとして、連邦通常裁判所 2008 年判決に示された「三本柱モデル（Drei-Säulen-Model）」を提唱している。すなわち、保険事故としての法違反を支えるための保険契約者の陳述の要件として、次の3点を挙げる。

① 第1の柱（事実の核心）：単なる価値判断ではなく、客観的な事実の核心（Tatsachenkern）を含むこと。
② 第2の柱（違反）：これにより、契約相手方の契約違反（Vertragsverstoß）を責めること（anlasten）。
③ 第3の柱（利益追求）：これに基づき、その利益追求（Interessenverfolgung）を根拠づける（stützen）こと。

　これを敷衍して、陳述された事実の核心は、後の法律上の紛争の端緒（Keim）を提供するのに適したものでなければならず、すなわち、両者の相当因果関係が求められるものの、非難の理由（Begrundung）としては、単なる義務違反の主張で足り、一貫性（Schlüssigkeit）[341]、具体性（Substantiierheit）[342]および裁判に重要であること（Entscheidungserheblichkeit）は問題とならないとする。そして、これらを加えた「修正三本柱レシピ（modifizierten Drei-Säulen-Rezept）」によってのみ、保険契約者・保険者にとって利益にかなった結果を実現することができるとする[343]。

　このような保険事故の極めて広い理解は、違反を「犯したとされる（einen

---

[340] BGH, Beschl. v.17.10. 2007-Ⅳ 2R 37/07-MDR 2008. 2651 = VersR 2008. 113.
[341] Schlüssigkeit とは、原告の事実の陳述が正しいと仮定すれば請求が理由づけられるような場合をいう。原告自身が、請求権を妨げまたは消滅させる事実を提出する場合には Schlüssigkeit がない。一貫性がない（schlüssig でない）訴えは、理由がない（unbegründet）とされる。Creifelds, Rechtswöterbuch, 20. Aufl. (C.H. Beck, 2011), S. 1052.
[342] Substantiierung とは、訴えの理由づけ（Klagebegründung）または訴えの請求（Klageanspruch）を争う（抗弁）ために必要な全ての事実を詳細に提出することである。具体化（substantiieren）された事実の提出だけが、訴え（または抗弁）の成功の役に立つとされる。Creifelds, aaO. (Fn. 341), S. 1168.
[343] Wendt, (Fn. 326), MDR 2010, 786, 790.

Verstoß begangen haben soll)」との主張上の違反をも対象とする約款文言に伴うものであると指摘する。

さらに、陳述の一貫性の要請については、勝訴の見込みおよび濫訴の枠組みにおける問題であるとし、権利保護の供与の前提である利益擁護の必要性については、こちらの枠組みで検討されるべきものと位置づける。

2）三本柱モデルの評価

連邦通常裁判所 2008 年判決で示された「三本柱モデル」ないし「修正三本柱レシピ」については、保険事故としての法違反の認定基準として、概ね好意的に受け入れられているようである[344]。特に、従来争われてきた解約告知の脅しの問題につき、本判決により、決着がついたとの評価がなされている[345]。また、今後は、より早い段階で保険事故が認定されることになる一方、勝訴の見込みのない利益追求が排除されることで、保険者の危険は限定されているとされる[346]。

他方、本判決が、一般論としては、一貫性、具体性および裁判に重要であることは問題とならないとしつつも、違反につき十分な主張がなされていることを認定したうえで結論を導いていることから、個別事案において、どの程度の事実主張が必要であるかは、議論の余地があるとの指摘もある[347]。

ところで、本判決は、労働法実務関係者からも注目されており、労働者のみならず、間接的には使用者にも利益になるとの興味深い指摘がある。すなわち、使用者としては、解約告知よりも、合意解約等による協調的な解決を試みることが多いが、この障害となることの一つに労働者が交渉を拒否することが挙げられる。この背景として多いのが、権利保護保険者により、保険保護、すなわち交渉に必要な専門的な弁護士への費用支払が拒否されることである。したがって、本判決によって、経営上の理由による解約告知の脅しを受けた早い段階での保険保護が与えられることにより、労使による協調的

---

[344] Maier, in：Harbauer, aaO. (Fn. 9), §4 ARB 2000 Rdn. 37；Armbrüster, in：Prölss/Martin, aaO. (Fn. 9), ARB 2010 §4 Rdn. 41；Beckmann, Anm. in LMK 2009, 277063.

[345] Maier, in：Harbauer, aaO.(Fn. 9), §4 ARB2000 Rdn. 58；Gram, Anm. in FD-VersR 2008, 272754.

[346] Beckmann, aaO. (Fn. 344).

[347] Beckmann, aaO. (Fn. 344)；Bauer, Rechtsentwicklung bei den Allgemeinen Bedingungen für die Rechtsschutzversicherung bis Anfang 2009, NJW 2009, 1564.

な解決が促進されるというものである[348]。

（7）若干の考察

　連邦通常裁判所による「三本柱モデル」ないし「修正三本柱レシピ」は、平均的保険者の視点を基準とするドイツにおける普通保険約款の解釈の枠組みを踏襲しつつ、実質的には保険契約者による適時の法役務利用の要請と保険者による意図的加入の抑止の要請とを高次元で両立させる妥当なものであり、これにより保険事故としての法違反の主張を支える判断枠組みは完成をみたものと思われる。もっとも、ここで求められる「事実の核心」として、どの程度の主張が必要かは、「三本柱モデル」からは明らかではなく、「修正三本柱レシピ」が指摘する「事実の核心」と「（将来の）法律上の紛争」との相当因果関係を手がかりに、個別事案毎に判断するはかないであろう。その意味では、今後この「三本柱モデル」ないし「修正三本柱レシピ」を利用して、具体的にどのような判断がなされていくことになるのか、事例の集積に興味が持たれるところである。

　他方、上記のような広い保険事故の解釈を取る以上、保険事故該当性だけでは、権利保護の必要な事案を選り分けることができず、その反面、勝訴の見込みや濫訴の審査の役割の比重が高まらざるを得ないであろう。ここに、損害賠償請求事件を超えて、権利保護保険の対象を拡大する場合の課題の一端が現れているように思われる[349]。

9　弁護士選択の自由に関する問題[350]

（1）はじめに

　権利保護保険における保険者と弁護士との関係は、基本的には、国民の司

---

[348] Eckert, Blick ins Arbeitsrecht, DStR 2009, 327.
[349] わが国の訴訟費用保険の補償範囲の拡大にあたって、勝訴の可能性等を保険給付の要件に加える必要性を指摘するものとして、秋葉勝敏「民事訴訟費用ルールと訴訟費用保険──イギリスの訴訟費用改革案を踏まえて──」損保総研レポート92号（平成22年）1頁。
[350] 應本昌樹「権利保護保険における弁護士選択の自由に関する一考察──バンベルク高等裁判所2012年6月20日判決を題材として──」損害保険研究75巻2号（平成25年）105-126頁参照。

法アクセスを支える協力関係であるといえるが、他面、一定の緊張関係が存在する。そのようなアンビバレントな関係を生じさせるものの一つに、弁護士選択の自由の問題がある[351]。欧州では、EC 指令により、権利保護保険における弁護士選択の自由の権利が定められ[352]、これに基づく加盟各国における国内法化がなされている。米国においても、ニューヨーク州等の保険法に同様の定めがある[353]。わが国においても、権利保護保険の発展に向けて、権利保護保険を利用した紛争処理における弁護士の選択に関する法規整の在り方につき、検討を進める必要があろう。

以下では、ドイツにおける近時の裁判例を題材として、権利保護保険における弁護士選択の自由について、ドイツにおける法的枠組みおよび学説や裁判例における議論の状況[354]を検討し、今後のわが国の権利保護保険における保険監督を含めた法規整の在り方についての示唆を得ることとする。

（2）バンベルク高等裁判所 2012 年 6 月 20 日判決[355]
1）事案の概要

弁護士会である原告が、権利保護保険事業者である被告に対し、保険事故の際に、保険者により推薦される弁護士を選択すれば不利な無事故等級に引き下げられないとする被告の権利保護保険普通約款における条項が、保険契約法（Gesetz über den Versicherungsvertrag = VVG）127 条、129 条、連邦弁護士法

---

[351] Bauer, Rechtsentwicklung bei den Allgemeinen Bedingungen für die Rechtsschutzversicherung bis Anfang 2012, NJW 2012, 1698.

[352] 権利保護保険に関する法律、命令及び行政規則を調整するための 1987 年 6 月 22 日付閣僚理事会指令 4 条 1 項 a 号（Richtlinie 87/344/EWG Art. 4 I lit. a）。条文の邦訳につき、社団法人日本損害保険協会業務開発室・前掲（注 36）119 頁。

[353] ニューヨーク州保険法 1116 条 b 項 4 号（NY CLS Ins § 1116(b)(4)(2011)）。

[354] 本文に挙げたもののほか、保険事業者の立場から弁護士推薦の必要性を論じた文献として、Eberhardt, Rechtsschutzversicherung im Wandel, VersR 2013, 802. Eberhardt は後掲バンベルク高等裁判所 2012 年 6 月 20 日判決の被告である HUK-Coburg-Rechtsschutzversicherung AG の取締役である。

[355] OLG Bamberg, r + s 2012, 386 = NJW 2012, 228. なお、本判決に対しては上告がなされ、すでに上告審判決である連邦通常裁判所 2013 年 12 月 4 日判決（BGH, Urteil vom 4.12.2013-Ⅳ ZR 215/12 = NJW 2014, 630 = r + s 2014, 68 = VersR 2014, 98）により、本判決は取り消されるに至っている。同上告審判決については、本項の末尾で若干述べる。

(Bundesrechtsanwaltsordnung＝BRAO）3 条 3 項、不正競争防止法（Gesetz gegen den unlauteren Wettbewerb＝UWG）4 条 1 号、4 号、11 号および民法（Bürgerliches Gesetzbuch＝BGB）307 条 2 項に違反し無効であるなどとして、差止訴訟法（Gesetz über Unterlassungsklagen bei Verbraucherrechts- und anderen Verstößen＝UKlaG）および不正競争法に定める差止請求権に基づいて、同約款の使用およびその運用の差止め等を求めた事案である。第一審バンベルク地方裁判所が訴えを棄却した[356]ことから、原告が控訴したものである。

　被告の権利保護保険は、保険事故の際に自己負担額が変動することを定める権利保護保険普通約款（ARB2009）に基づく。これによると、契約を締結すると、まず、自己負担額を 150 ユーロとする「無事故等級ゼロ」に格付けされる。無事故期間が経過すると、被保険者は、有利な無事故等級を獲得する。自己負担額は、2 年間無事故であれば 100 ユーロ、4 年間の無事故で 50 ユーロに減じられ、6 年間無事故であれば自己負担額がなくなる。この規律は、被告の権利保護保険普通約款 5a 条 2 項、3 項および同条 6a 項の下に示されている次の表に基づく。

保険年度 (中断のない無事故期間)	無事故等級	自己負担額（ユーロ）
6 以上	6	0
5	5	50
4	4	100
3	3	100
2	2	150
1	1	150
	M0	150
	M1	200
	M2	200
	M3	250
	M4	250
	M5	300
	M6	300

---

[356] LG Bamberg, r＋s 2012, 118.

事故あり期間の経過の場合、被保険者は、それとは逆に、被告の権利保護保険普通約款 5a 条 6b 項の下に掲載されている次に示す表の基準により、格下げされる。

当年度無事故等級	次年度無事故等級
6	M0
5	M0
4	M0
3	M0
2	M0
1	M0
M0	M4
M1	M6
M2	M6
M3	M6
M4	M6
M5	M6
M6	M6

自己負担額は、0 ユーロから 300 ユーロの間の値を変動する。

被告の権利保護保険普通約款 5a 条 5 項において、無事故期間または事故あり期間の定義が次のように規定されている。

a）無事故期間
aa）保険保護が、始期から終期まで存続し、保険者がその間権利保護事故につき填補の約束（Deckungszusage）を与えず、5 条により費用危険を生じる措置（弁護士の委任、訴えの提起など）が取られない場合、契約の無事故期間の経過となる。
bb）権利保護事故が初回相談で完了するかまたは弁護士が現に保険者が推薦する範囲の弁護士に委任された場合にも、契約が無事故であるとみなされる。
b）事故あり期間
aa）保険者が、保険年度において、権利保護事故につきてん補の約束を与えた

り、5条により費用危険を生じる措置（弁護士の委任、訴えの提起など）を取ったりした場合、契約の事故あり期間となる。
bb）権利保護事故が初回相談で完了するかまたは弁護士が現に保険者が推薦する範囲の弁護士に委任された場合には、事故あり期間が経過したことにはならない。

　この規律を運用する上で、被告は保険契約者の填補の問合せ（Deckungsfrage）に対し、次のように回答している。
　「本件における法的利益の追求につき、あなたの選択で弁護士に委任することは、あなたの自由です。当社は、あなたに法律事務所（法律事務所名、所在地、電話番号、ファックス番号、電子メールアドレス）を推薦します。あなたが当社の弁護士推薦に従い、当該法律事務所に委任した場合、無事故等級の引下げをいたしません。これにより、次の権利保護事故における自己負担額の引上げが回避されます。」

２）判旨
　裁判所は、次のように判示して、原告の控訴を認めた。なお、本判決に対しては、被告により、連邦通常裁判所への上告がなされている[357]。

(1) 差止訴訟法1条、3条1項2号
　原告は、正当に、差止訴訟法1条、3条1項2号に基づき、被告に、その権利保護保険普通約款（ARB2009）第5a条5a項 bb および b項 bb の下で定められる条項の使用を、被告側で推薦する弁護士の委任において、無事故期間の経過が擬制される限り、差し止めることを求めている。この無事故期間の経過の擬制は、被告により推薦される弁護士の範囲を選択した被保険者の優遇を意味し、それは次回の保険事故における低い自己負担額となって現れる。
　普通取引約款の規定は、信義則に反し、その使用者の相手方に、不当に不利益をもたらす場合には、無効である（民法307条1項1文）。ある規定が、逸脱された法律上の規律の本質的な基本思想に適合しない場合には、疑わしいときは、不当に不利益をもたらすものと推定される（民法307条2項1号）。
　被告に推薦された弁護士を選択することを、不利な無事故等級に格下げされないという利益に結び付けることは、権利保護保険者の主張にかかわらず、保

---
[357] Az. BGH：Ⅳ ZR 215/12.

険契約法 127 条、129 条に違反する。
① 判断の法的根拠は、2007 年 11 月 23 日の保険契約法（VVG2008）に規定された保険契約法 127 条および 129 条の条項（その旧規定である保険契約法 158 条の m および 158 条の n に、内容的に相当する）およびこれらついて出された判例である。

a 保険契約法 127 条によれば、保険契約者は、裁判および行政手続ならびに裁判外においてその利益を追求する弁護士を、保険者がその報酬を保険契約により負担する範囲の弁護士から、自由に選択する権利がある。保険契約法 129 条によれば、同条項は、被保険者の不利益には逸脱することはできない。これにより、権利保護保険に係る法律および行政規則の調整のための欧州指令 87/344/EWG4 条 1 項 a 号の国内法化において、保険契約者に、弁護士選択の自由が保障されている。

b 欧州指令の国内法化以前に下された 1989 年 10 月 26 日の判例（BGH, NJW 1990, 578）において、連邦通常裁判所は、弁護士選択の自由の意義を強調した。

連邦通常裁判所は、当時もっぱら適用のあった弁護士法 3 条 3 項を引用して、民法 242 条による信義則を考慮して、同法は個人に弁護士選択の自由の権利を、個別の保護のために、与えていると述べた。権利保護を求める者の委任すべき弁護士への個人的な信頼は、委任関係の事実上の基礎を形成し、また、それゆえ原則として利益に関係する権利保護を求める者自身によってのみ擁護され得る……。連邦憲法裁判所もまた、この権利が、法秩序の根幹的な基盤となる……自由な弁護士の原則（Grundsatz der freien Advocatur）と密接な関係にあることを認めている。

c 2006 年 12 月 20 日の保険契約法改正法案（BT-Drucks 16/3945 S. 91）[358]において、立法者は、併合手続（Sammelverfahren）のために弁護士選択の自由を制限することを可能にするとの保険契約法委員会の提案を、敢えて採用しなかった。それは、訴訟経済の向上の目標は、そのような規定の適用範囲が制限されると達成されないためである。弁護士選択の自由の権利の制限は、一弁護士による複数の被害者を協同代理する場合においていかなる利害対立をも排除することができ、そうでない場合にも被保険者の正当な利益の相反が生じないことによってのみ正当化されるからである。

これによれば、立法者は、弁護士選択の自由の権利は、いかなる利益相反をも回避しうるものでなければならないことを前提としている。

---

[358] 新井＝金岡共訳・前掲（注 131）381 頁参照。

d 弁護士選択の自由の権利の意義は、さらに、欧州司法裁判所の2009年9月10日判例（NJW 2010, 355）から読み取れる。特に、この裁判において、訴訟代理人の自由な選択の請求権は、裁判所および行政の手続きにおいて、利益相反の存在にかかわらず認められ、弁護士選択の自由の権利の例外は、限定的に解釈されなければならない。これに関して、欧州司法裁判所は、当時の先決決定の申立てに答えて、権利保護保険者は、大量損害事案においても、権利保護保険指令4条1項a号に違反することなく、全ての該当被保険者の訴訟代理人を自ら選任することはできないとまで述べている。

　この裁判から導かれることは、弁護士選択の自由の権利は、実際に利益相反が生じたことは要件とされていないということである。あらゆる利益相反、特に被保険者と権利保護保険者との間のものは、避けなければならないからである……。

e 保険契約法127条1項1文に含まれる弁護士選択の自由の権利を保険者が保険契約により報酬を負担する範囲の弁護士に制限することは、しかしながら、一見して理解できるように、保険者が、権利保護保険契約において、報酬を負担する用意のある弁護士を指定することが許されることを意味しない。この制限に基づいて、保険保護の対象となる弁護士の範囲を客観的給付制限の意味における危険評価により制限することができるに過ぎない……。

　これに対応して、権利保護保険普通約款5条1a項1文のように、外国の弁護士の費用の補償を、裁判地に居住する弁護士の費用に限定することは、許容される。欧州司法裁判所2011年5月26日判決（EuGH NJW 2011, 3077）により、この給付範囲に係る制限は、指令適合的であるとして是認されている。権利保護保険指令4条1項にいう選択の自由は、代理のために選任された弁護士が第一審管轄裁判所の地域に居住しているか否かを問わず、権利保護保険者に被保険者の代理において発生する費用の填補を命じることを意味するものではないとする。しかしながら、これによれば、弁護士選択の自由は、費用の引受けの制限によって弁護士の代理人の適切な選択が事実上不可能になることによって空洞化されることは許されないとする……。

② これらの基準を勘案すると、弁護士選択の自由は、本件で争われている被告の条項により、侵害されている。

　確かに、地裁は、問題の条項は、被保険者の権利を、引用された連邦通常裁判所や欧州司法裁判所の裁判におけるのと同じように、契約締結の際

に、すでに被告に委ねているわけではなく、これによりその中核的領域に抵触されているわけでもないことを、正当に確認している……。直接的な侵害は、疑いなく、なされてない。一見すると、被保険者は、紛争の対象となっている条項に基づいて、損害事故において、事実上、自己の選択による弁護士への委任または被告が推薦する範囲の弁護士への委任の選択肢があり、そこでは、後者は然るべきときの低い自己負担額と結び付けられている。これにより、被保険者には、保障された保険契約法127条の選択の自由が、享受されている。しかしながら、被告により推薦された弁護士の選択に反して決心した被保険者には、そのために見込まれた優遇がなされない。やはり、これは、不利に感じられる。これは、被保険者において、弁護士選択の自由の間接的な侵害に当たる。

a 被告の見解に反し、この間接的侵害は、いずれにせよ、保険契約法127条1項1文に従って、選択の自由が、保険者が保険契約によって報酬を引き受ける弁護士の範囲に制限されたとの観点から正当化することはできない。上述のように、これによっては、給付範囲は、客観的、一般的基準（地域に居住する弁護士）によって、制限されるに過ぎない。しかし、争われている条項は、被告により推薦された弁護士の選択に結び付けられる。被告の推薦は、給付範囲ではなく、一定の基準により、被告が推薦リストに掲載した特定の個別の弁護士に関するものである。被告が主張するように、被告がこれらを客観的基準により選んだ場合であっても、推薦は、弁護士の人格や具体的な法律事務所にのみ関連し、したがって、給付またはその他の一般的な基準にはまったく関連しない。

b 選択の自由の侵害は、被保険者は、権利保護保険契約の締結において、無事故期間の経過の要件や自己負担額の高い下位の無事故等級への格下げの条件を十分に認識し、それゆえ、同意しない場合には、契約締結を取りやめることができたとの議論によって否定されるものではない。その限りで、控訴は、正当に、すでに連邦通常裁判所1989年10月26日の裁判……において、加入、すなわち、ここでは契約締結の自由意思の基準は、まったく判断に重要ではないとされていることを指摘している。同様に、法的観点からは、被告の権利保護保険が毎年解約できることにも依拠することはできない。

c 問題の条項の許容性が、いわゆる価格論（Preisargument）、すなわち被告により推薦される弁護士の選択への財政的誘因によって、低コストが可能となり、同条項の無効が価格高騰につながるということによって正当化が試みられる限り、そのような価格計算上の考慮は許されないとする連邦

通常裁判所の判例はこれと対立する。むしろ、使用者は、その価格を、信義則に適合する約款によって計算しなければならない……。

d 　地裁は、係争の対象である条項の許容性を、選択の自由は経済的観点においても結局は保険契約者に享受されているのであるから、保険契約者の選択の決定に対する被告の影響力は、本質的に重要ではないとの理由により、肯定した。無事故等級は、次の保険事故において実現するのであるから、財務上の有利または不利が平均150ユーロの枠組みにおいて変動する限り、合理的で情報を与えられた保険契約者は、無事故等級における不利な格下げによっては、影響されないとする。この理由により、地裁だけでなく、自ら財政的に促す被告もまた、保険契約者の選択の判断に対する被告の影響力を前提としている。

(a) この誘因は、後の保険事故において初めて実現し、それどころかその発生は未だ不確定であるからといって、——現在の保険事故における——選択の決定は、終局的な有利不利からいかなる影響も受けないという擬制が正当化されるものではない。これに関する第1と第2の保険事故の区分は、選択の決定に対する意図された影響力の法的な判断を分断するものである……。

　　地裁は、分別があり、情報を得ている保険契約者が影響されるほどには、格下げに基づいて予測される不利益は重大ではないとの見地に立つ限り、明らかに被告の議論に従い、濫用的であり、それゆえ競争法上許されない抱合せ販売（Koppelungsangebot）の判例（BGH GRUR 2006, 161）に基づいている。実際の商品価格について欺罔されたり、十分な情報が与えられなかったりした場合には、そのような不適法な抱合せ販売が認められる。誘因作用が大きく、分別のある消費者において、例外的に、需要決定の合理性が背景に退く場合には、濫用となり得る……。ここでは、不正競争防止法4条1号の事案が問題となり、消費者に対するその他の不相当な因果的影響によって、その決定の自由を侵害するのに相当な取引上の行為が、不正とされる。しかし、このような考慮は、争われている条項が保険契約法127条に違反するかどうかの問題においては、次のとおり、法的には重要ではない。

e 　地裁は、保険契約法129条の意義を見誤っている。保険契約法129条によれば、弁護士選択の自由の権利から、保険契約者の不利に逸脱することは許されない。これにより、保険契約法127条は、いわゆる片面的強行規定、すなわち消費者保護的性質をもつ法律上の規律となり、そこから逸脱したり、初めから放棄したりすることは許されない……。

(a) 保険契約法における片面的強行規定の法的意義を、連邦通常裁判所は、すでに、その 1992 年 6 月 3 日の裁判（NJW 1992, 2631）において、述べている。これによれば、同規定は立法者により、保険契約者の特に重要な利益を保護するために、保険契約法に取り入れられたものである。保険契約において、保険契約者は一般的に弱い側であり、取引経験において保険者に劣る。それゆえ、片面的強行規定は、契約の自由を制限する……。これは、弁護士選択の自由の権利は、保険契約者の不利益に失わせることはできず、特に、利益を供与して買い取ることはできないことを意味するにほかならない。

(b) 比較し得るのは、たとえば、民法 651 条の a ないし 651 条の l による旅行契約法の規定や、民法 312 ないし 312 条の h の訪問販売取引や通信販売契約における撤回権についての規定であり、これらは民法 651 条の m 第 1 文または 312 条の i 第 1 文によれば、同様に、消費者の不利益には変更できない……。

契約上の合意が、消費者にとって片面的強行規定からの不利益な逸脱を含むかどうかは、すべての契約上の合意の評価すべき全体像によるのではなく、各個別規定を顧慮して、判断される。消費者利益に反する逸脱は、他の方法による逸脱によって、埋め合わせることはできない。基準になるのは、経済的な考察方法ではなく、常に、法的な考察方法である。

それゆえ、有利な法規整から逸脱すれば、すでに不利益となる……。割引やその他の利益により埋合せをすることはできない。弁護士選択の自由の放棄は、補償の有無にかかわらず、無効である。

(c) 注解書の圧倒的大部分は、保険契約法 127 条の片面的強行規定を、このような意味で理解している。Prölss/Martin, VVG, 28. Aufl. 2010, §18.Rn. 6 によれば、まさに不利益な逸脱を考慮して行われる保険料割引は、考慮しうる利益には当たらない。法の目的によれば、保険契約者が片面的に強行的な規範の構図により意図された保護を、容易に買い取ることはできない……。原告側で引用された Harbauer/Cornelius-Winkler, Rechtsschutzvers. ARB-Kommentar 8. Aufl. 2010, §5 ARB 2000 Rn. 283 の注解も、異なる理解をするものではない。連邦通常裁判所の基本的裁判（BGHZ 109, 153＝NJW 1990, 578）から導かれるのは、弁護士選択の自由に対するいかなる直接的または間接的な制限も許されないということである。たとえば、保険契約者が、保険者の弁護士の推薦に従った場合には、約定の自己負担額の控除を放棄するような場合がこれに当たる。

(d) このような理由から、被告により推薦される弁護士の範囲から弁護士を

選択する場合に、実際に保険契約者と権利保護保険者との利益の衝突があるか、あるいは推薦された弁護士が対立する利益に晒されているかどうかといった、当事者によって争われ議論されている問題は、結論として重要ではない。初めに示された権利保護保険指令4条1項 a 号の解釈に係る欧州司法裁判所の判例を考慮しても、弁護士選択の自由の権利は、実際に利益の衝突があるかどうかにかかわりなく、存在する。さらに争われている民法307条2項による透明性原則に対する違反の問題も論ずるまでもない。

保険契約者の不利益に保険契約法127条の片面的強行規定を逸脱することは、それ自体で、民法307条1項1文にいう不当な不利益に当たる……。係争の対象となっている5a 条5a 項5a) bb) および b) bb) の条項において、被告により推薦される弁護士を選んだ場合に、無事故期間の経過が擬制される限り、それゆえ同条項は無効である。

被告は、その権利保護保険約款において、民法307条1項1文によれば無効である取引約款を使用したのであるから、被告に差止を請求することができる。原告も、差止訴訟法3条1項2号にいう権利能力のある団体として、これにつき問題なく権利がある。差止訴訟法によるその訴権は、1989年10月26日の連邦通常裁判所の裁判 (NJW 1990, 578) において、すでにそのようなものとして認められている。これによれば、弁護士会は、その公法上の任務規定にかかわらず、職業上の利益を促進するための団体とみなされる。弁護士会の機能領域および任務範囲は、法律および規約により明示的に割り当てられた任務を超えて、弁護士の職業上の地位全般に係る利益にも及ぶ。ここで追及されているように、法律違反および競争違反の防御もこれに属する。弁護士選択の自由の権利に対する違反により無効な取引約款は、原告により代表される会員全体の利益に、疑いなく抵触する。

(2) 不正競争防止法8条1項および3項1号、3条、4条11号、保険契約法127条、129条

原告には、構成員の職業上の利益を促進する団体として、被告に対し、係争の対象となっている条項を使用する事やあるいは同条項を取引実務に供することを差し止める競争法上の請求権がある。上述の保険契約法127条、129条の法律上の——片面的強行——規定に対する違反は、同時に、市場の行動規範への違反である。同条項の使用および運用は、不正競争防止法4条11号による不正競争行為に当たる。

(3) 問題の所在

近年、ドイツでは、弁護士報酬に係る規制緩和を背景として、権利保護保険事業者が、特定の弁護士との間で弁護士報酬に係る協定を結び、保険契約者をその弁護士に誘導する慣行が広がりつつあり、合理化協定（Rationalisierungsabkommen）、清算約定（Abrechnungsvereinbarung）、協力約定（Kooperationsvereinbarung）などと呼ばれている。これに対しては、保険契約法上の弁護士選択の自由の規律（保険契約法 127 条）の問題のほか、法定報酬の下回り（連邦弁護士法 49 条の b）、利益相反（同法 43 条の a 第 4 項）、独立性（同 1 項）等の弁護士法上の問題など、様々な視点から問題が指摘されている[359]。本件で問題となっている無事故等級制度も、こうした清算約定と相まって被保険者を保険事業者との協力関係にある弁護士に誘導するための仕組みの典型例の一つである[360]。

本判決は、弁護士選択の自由の問題について、保険契約法の観点からの判断を示した事案であり、以下では、主としてこの視点から、検討を加えるものとする。

(4) 関連する主な法規整の枠組み
1) 弁護士選択の自由に関する法規整

弁護士選択の自由については、連邦弁護士法に定めがあるほか、特に、権利保護保険における法的利益の擁護に関連して、保険契約法において、片面的強行規定により、自由な弁護士選択の権利が、当該利益の帰属する本人に保障されている。

 a 連邦弁護士法[361]

 第 3 条（助言及び代理の権利）

 …

---

[359] Kilian, Berufsrecht im Dreipersonenverhältnis：Abrechnungsvereinbarung, AnwBl 2012, 209.

[360] こうした弁護士選任に対する権利保護保険事業者の関与の許容性の限界を探った最近の論考として、Terriuolo, Rechtsschutzversichertes Mandat und die freie Anwaltswahl, AnwBl 2015, 140.

[361] 条文の邦訳につき、森勇訳「〔私訳〕ドイツ「連邦弁護士法」㈠——ドイツ弁護士制度関連規定邦訳⑴——」獨協法学 52 号別冊（平成 12 年）5 頁。

③ すべての人は、法律の規定の枠内で、あらゆる種類の法律問題につき、自ら選任した弁護士から助言を受け、また、裁判所、仲裁裁判所あるいは官署において、弁護士を代理人とする権利を有する。

b 保険契約法[362]

第127条（弁護士選択の自由）

① 保険契約者は、裁判手続または行政手続において自己を代理させるために、保険者が保険契約によりその報酬を負担する弁護士の範囲の中から、自己の利益を守るべき弁護士を自由に選ぶことができる。保険契約者が他の方法による法的利益の保護を請求することができるときも、同様とする。

② 弁護士には、2000年3月9日付のドイツ国内におけるヨーロッパ弁護士の活動に関する法律（BGBl. I S. 182, 1349）（2003年10月26日付の法律（BGBl. I S. 2074）第1条により最終改正。）第1条のための現在までの各付則において掲げられた名称のいずれかで職業的活動を行うことができる者を含む。

第129条（別段の合意） 第126条から第128条までの規定は、保険契約者の不利益に変更することはできない。

2） 差止訴訟に関する法規整[363]

a 無効な取引約款の使用差止め

民法305条以下に取引約款に関する規定があり、同307ないし309条の内容規制に抵触する取引約款は無効とされ、差止訴訟法により、一定の職業団体に、その差止請求権が認められている。

(a) 民法

第307条（内容規制）

① 約款に含まれる規定は、当該規定が信義誠実の原則に反して約款使用者の契約相手方を不相当に不利益に取り扱うときは、無効とする。不相

---

[362] 条文の邦訳につき、新井＝金岡共訳・前掲（注131）47-48頁。
[363] 条文の邦訳につき、宗田貴行「ドイツ不正競争防止法（翻訳）」財団法人 比較法研究センター『平成21年度消費者庁請負調査 アメリカ、カナダ、ドイツ、フランス、ブラジルにおける集団的消費者被害の回復制度に関する調査報告書』329-359頁。

当に不利益な取扱いは、規定が明確かつ平易でないことからも生じる。
② ある規定が次の各号のいずれかに該当する場合であって、疑わしいときは、不相当に不利益な取扱いと推定する。
  1 逸脱された法律の規定における本質的基本思想と相容れないとき
  2 契約の性質から生じる本質的な権利又は義務を著しく制限し、契約目的の達成を危殆ならしめるとき。

(b) 差止訴訟法
第1条（普通取引約款における差止請求権及び撤回請求権） 民法307条乃至309条に従い無効とされる普通取引約款を利用し又は法律行為上の取引のために推奨した者は、差止請求、及び推奨の事例においては撤回請求をなされうる。

第3条（請求権者）
① 第1条及び第2条において示された差止及び撤回請求権は、以下の者に生じる。
  …
  2 同一市場における同種又は類似の商品もしくは営業上の役務を販売する営業者の著しく多数が属する限りで、とくにその人的物的及び資金的装備に従い、実際に営業上の利益を追求するその定款上の任務を行うことができる限りで、かつ第2条による訴えの場合には、その請求権が市場における競争を実質的に阻害する行為に関係する限りで、営業利益を促進する法人格ある団体
  …

b 不正競争防止法
不正競争防止法により、不正競争行為に対する差止請求権が、一定の職業団体に認められている。

第3条（不正な取引上の行為の禁止）
① 不正な取引上の行為は、競争者、消費者又はその他の市場参加者の利益を知覚（感知）可能な程度に（spürbar）阻害することとなる場合には、違法である。
② 消費者に対する取引上の行為は、常に以下の場合に違法である。すなわち、それが事業者に要される専門的注意に照らし相応しくなく、かつ、

情報に基づき判断を行う消費者の能力が、知覚可能な程度に（spürbar）阻害され、かつ、それにより消費者にそれがなければ行わなかった取引上の判断を下させる場合である。この場合に、平均的消費者又は取引上の行為が消費者の特定の集団に対して行われるときに、違法であるか否かは、その集団の平均的構成員を基準として判断されねばならない。事業者にとって、その取引上の行為が精神的障害、肉体的障害、年齢又は軽信（Leichtgläubigkeit）に基づき、特に保護する必要があり、かつ、一義的に定義可能な消費者集団にのみ関係することが予見可能であるときには、違法であるか否かは、その消費者集団の平均的構成員を基準として判断されねばならない。

③ 本法の付表（Anhang）において掲げられた消費者に対する取引上の行為は、常に違法である。

第4条（不正な取引上の行為の例）

以下の者は、特に不正行為を行ったといえる。

…

　11　市場参加者の利益において、市場行動を規律する法規に違反した者

…

第8条（除去及び差止）

① 第3条又は第7条に従い違法とされる取引上の行為を行なった者は、除去請求及び、反復の危険がある場合には、差止請求をなされうる。差止請求権は、違反行為が脅かされる場合に、すでに生じる。

③ 第1項に基づく請求権は、以下の者に生じる。

…

　2　その団体に同一市場で同種又は類似の商品又は営業上の役務を提供している事業者の著しく多数が属し、団体が特にその人的、物的、資金的装備に従い営業上又は自営業上の利益を促進するとの定款上の任務を現実に果たすことができ、かつ違反行為がその団体の諸構成員の利益と関係する限りで、営業上又は自営業上の利益を促進することを定款上の目的とする法人格ある団体

…

(5) 議論の状況
1) バンベルク高裁判決に対する評釈
a Cornelius-Winkler の評釈[364]

Cornelius-Winkler は、問題の約款条項を有効とした原判決の判断を覆し、これを保険契約法 127 条等に反し無効であるとしたバンベルク高裁の判決について、次のような点を指摘して、肯定的に評価している。

(a) 原判決や一部の文献は、平均 150 ユーロ程度の自己負担額の差は、保険契約者の選択の決定に影響を与えるのに十分ではないとするが、そうだとすれば、いったい何のために被告保険者が同条項を導入したのかという単純な疑問が生じるのであって、このような議論は、経験上、何によっても裏付けられない。高裁は、こうした「閾値論（Schwellentheorie)」には従わなかった。同条項の目的は、保険者と本来義務を負う法定の報酬を下回る報酬の約定を結んでいる弁護士を、保険契約者に選択させることにある。原判決が確定した場合には、真に自由な弁護士選択を伴う保険料率は高価になり、多くの保険契約者の手に届かないものとなる。

(b) 原判決は、保険契約者は、同条項を知っていれば、他の保険者と契約を締結することもできるとするが、高裁が正当に述べたように、これは、保険契約法 129 条による同法 127 条の片面的強行規定の性格を見落とすものである。すなわち、この規定からは、保険契約の同意があっても保険契約者の不利益に逸脱することはできない。これは、全ての保険契約法の片面的強行規定に適用される。そうでなければ、保険者は、保険契約者が、保険料の割引に対して、保険契約法 8 条による撤回権や保険契約 6 条 5 項による誤った助言のための損害賠償請求権を放棄するような商品をも提供できることになる。

(c) 連邦通常裁判所のかつての判決[365]よれば、弁護士の選択は、いわゆる「最高度の人格権（höchstpersönliches Recht)」として、利益を擁護されるべき者に委ねられなければならない。同判決は、保険者による弁護士の決定が、当事者の利益とは合致しない考慮に基づく可能性があることにより生じ得る利

---

[364] Cornelius-Winkler, Anm. in r + s 2012, 386, 389.
[365] BGHZ 109, 153 = NJW 1990, 578 = r + s 1990, 126.

益相反の危険にも言及している。そこでは、利益相反の抽象的危険が問題とされている。具体的な利益相反は、公になることはほとんどないことから、職業法における実務上の観点からも、抽象的危険で足りるというべきである。すなわち、たとえば、保険者により推薦された弁護士が、保険保護を与えられた一審の後に、「十分」ではあるものの、さほど大きくない勝訴の見込みの場合に、通常推薦する権利保護保険者の「費用利益」のために、控訴を思いとどまるよう助言した場合、弁護士会は、その違反について何ら知ることはない。

　b　Lensing の評釈[366]

　Lensing は、弁護士選択の自由に憲法水準の高い価値があることには一致があるところ、問題は、選択権を売ることができるか、できるとした場合、どのような価格においてか、であるとした上で、弁護士選択の自由の一方的な放棄も、これを売り払うことも、保険契約法 127 条の片面的強行法規性とは調和しないとして、次のような点を指摘しつつ、バンベルク高裁の判断に賛意を示している。

　(a)　立法者は、保険者による影響を受けない被保険者の弁護士選択の自由を守ることを望んでいる。割引 (Bonus) や無事故戻し (Schadenfreiheitsrabatt) の制度は、この観念とは、まったく相容れない。被保険者に、与えられる利益を自覚して、経済的にみて、決定の余地が残っているか否かは、法的に重要ではない。

　(b)　自由に選ばれた弁護士だけが、審問を受ける権利 (rechtliches Gehör) を提供する。自由に選ばれた弁護士だけが、独立した利益の代理——権利保護を求める者だけでなく、秩序付けられた司法制度の利益をも——を保証する。保険者により推薦された弁護士は、合理化協定 (Rationalisierungsabkommen) により、保険者と結びついている。合理化協定により拘束された弁護士は、もはや拘束されない弁護士ではない。

　(c)　平均的な保険契約者は、弁護士の活動の質を評価することができず、保険者は、その市場を見通す力で、保険契約者の事案に特に適した弁護士を

---

[366] Lensing, Anm. in NJW 2012, 2282, 2285.

推薦しているものと思う。実際は、契約弁護士の推薦においては、費用軽減への保険者の利益が中心となる。保険者および被保険者の勝訴の利益は、完全に一致する。しかし、被保険者は、保険者と反対に、そもそも弁護士が被保険者の利益を幅広く追及できるように、弁護士の十分な報酬にも利益も有する。被保険者の独立した利益代理への利益と保険者の可能な限り費用上有利な紛争解決への利益とは対立する。また、権利保護保険者との合理化協定は、保険者の推薦により、一律の報酬を支払われる個別の委任の質的に価値の高い処理から離れて、弁護士の利益を委任の増加に向かわせる。バンベルク高裁は、正当に、弁護士選択の自由の権利は、このような利益相反を、萌芽において抑制することを目的とすることを強調している。

2）権利保護保険における弁護士選択の自由に関する Armbrüster の論稿[367]

　Armbrüster は、上記バンベルク高裁判決が下される前に発表された論稿により、弁護士の推薦、自己負担額や料率の差別化等、権利保護保険者が保険契約者による弁護士選択に影響を及ぼす様々な方法につき、弁護士選択の自由の面から、法的な検討を行っている。これによれば、守らなければならないのは、空洞化の禁止（Aushöhlugsverbot）のみであって、保険者は、保険契約者に、弁護士を非拘束的に推薦することが許され、そのような推薦を経済的な誘因（特に、軽減された自己負担額）と結びつける場合であっても許容されるとされ、上記バンベルク高裁判決によって破棄された原判決に賛同する。他方、給付の約束を推薦された弁護士に制限することは許されず、これは、保険者が契約締結の前にそのような制限のない他の商品を選択肢として提示していても変わらないとされる。

　各類型についての考察は、概略次のとおりである。

　a　拘束力のない弁護士の推薦

　保険者が、弁護士を非拘束的に推薦するに過ぎない場合、依然として保険契約者はその選択において完全に自由である。したがって、この状況は、保険契約法127条1項1文に関して、何らの疑義も生じない。

---

[367] Armbrüster, Freie Anwaltswahl für rechtsschutzversicherte Mandanten in Deutschland?, AnwBl 2012, 218.

b　特定の弁護士に対する選択の自由の制限

　保険者が、保険契約者の選択可能性を契約上特定の弁護士に限ることができるかどうかについては、争いがある。文献においては、保険者により挙げられている弁護士の範囲が大きいため、権利の追求者がその範囲から選択する可能性が十分にある場合には、これを可能とするものもある。しかしながら、これは、弁護士選択の自由の原則に抵触する。長い弁護士リストであっても、保険契約者が常に信頼する弁護士に委任することができる保障はない。

　保険契約者に契約において選択の自由をゆだねるものの、保険者は協力パートナーとの間で約定した報酬の金額の費用だけを負担することは、普通取引約款法上疑義がある。この方策においては、保険契約者は、保険事故の後に初めて、都度、保険者から引き受けられる報酬の金額についての情報を求めることができる。これによれば、給付の範囲は、契約締結の際には、確実かつ透明には確定していない。そのため、同条項は、民法307条1項1文、2文、2項2号に違反する。加えて、ここでは、空洞化の禁止に対する違反が想定される。

c　契約締結の際の複数の料率の下での選択

　保険者が保険契約者に契約締結の際に、複数の料率を選択肢として提示することがある。その一方は、自由な弁護士選択を規定し、他方（安い方）は、制限された弁護士選択を規定する。保険契約法127条1項1文は、指令適合的に解釈されなければならないことに留意が必要であるところ、指令4条1項は、弁護士選択の自由は「あらゆる権利保護保険契約においても」明示的に認められなければならないと規定することから、これが保障されていない契約は、料率が有利であっても、欧州共同体法上、違法である。

d　締結された契約における選択の可能性

　実務上、経済的な誘因は、料率の選択に係るのではなく、個別契約の内容的な形態に係ることが多い。言い換えれば、指令が規定するように、契約において弁護士選択の自由が保障されているものの、保険契約者には、推薦された弁護士に委任した場合に、経済的な利益が与えられる。

　そのような形態の判断は、議論の余地がある。保険契約法127条1項1文に対する違反のためには、保険契約者が、それによりその選択においてまっ

たく自由であるとはいえないことが挙げられる。

しかしながら、弁護士選択の自由に対する違反が認められる上記の事案のグループとは、決定的な違いがある。ここでは、個別の契約において、弁護士選択の自由が守られている。同時に、自己負担額に付された形態は、保険契約者に、拘束的かつ透明に、保険者の給付義務の範囲や保険契約者が推薦に従った場合に得られる経済的な利益の程度が告げられることによって、費用負担約束を協定弁護士の報酬額に制限することとは異なる。

ここでは、保険契約者には、──保険事故の発生の後、その都度──その保険契約者にとって、具体的に懸案となっている委任のために弁護士選択の自由がより重要か、あるいは推薦された弁護士に委任した場合の経済的利益を求めることを好むかを決定できるという選択権がある。しかしながら、再び、空洞化の禁止は、守らなければならない。これによれば、費用の有利性は、分別のある保険契約者であればだれも弁護士選択の自由を選ばないほど、著しいものであってはならない。保険事故につき 300 ユーロ程度の範囲の現在の自己負担額においては、バンベルク地裁が正当に確定したように、過度な優遇の誘因のおそれはない。

（6）弁護士選択の自由に関する主な裁判例
1）連邦通常裁判所 1989 年 10 月 26 日判決[368]

保険契約法に権利保護保険に係る特則が導入される前の判例である。弁護士会が、賃借人協会（Mieterverein）に対し、加入規約の使用差止めを求めた事案である。同規約は、会員資格を取得すると、自動的に団体保険（Gruppen-versicherungvertrag）の枠組みで住居権利保護保険への加入することになる旨を定めるもので、保険事故の際に指名すべき弁護士を自ら選択する権利を、会員による弁護士の指名に拘束されることなく、協会に留保するものであった。連邦通常裁判所は、「弁護士選択の自由の権利は、連邦弁護士法 3 条 3 項に規定されているとおり、個人にその個別の保護のために、与えられたものである。委任すべき弁護士への権利追求者の人格的信頼が、委任関係の本質

---
[368] BGH, BGHZ 109, 153 = NJW 1990, 578 = r + s 1990, 126.

的な基礎となっていることに鑑み、原則として、当該利益に関わる権利追求者本人だけが、行使することができるものである。」として、当該規約を、弁護士選択の自由の権利（連邦弁護士法3条3項）を侵害すると判示した。

2）欧州司法裁判所 2009 年 9 月 10 日判決[369]

弁護士選択の自由を定める権利保護保険EC指令（87/344/EWG）4条1項の解釈に関するオーストリア最高裁判所からの先決裁定の申立てに対し、欧州司法裁判所は、同条は、同一事象の結果として多くの被保険者が損害を被った場合に、当該被保険者の代理人を権利保護保険者が自ら選任する権利を留保することを許容しない旨を判示した。

3）ブレーメン地方裁判所 1997 年 9 月 4 日判決[370]

保険契約者が、権利保護保険者より、填補の約束の際に、特定の法律事務所の非拘束的な推薦を受けたものの、他の弁護士に委任したところ、同弁護士が、権利保護保険者から推薦を受けた弁護士に対し、推薦を容認したことが、職業倫理法上許されず、不正競争にあたるとして、その差止めを求め、権利保護保険者が補助参加した事案である。裁判所は、特定の法律事務所の非拘束的な推薦は、職業倫理法にも競争法上も違法ではないとして、訴えを棄却した。

（7）バンベルク高等裁判所判決の意義

権利保護保険者が、被保険者による弁護士の選択に影響を与える態様には、様々なものがある。その中で、客観的な基準により、報酬を負担する弁護士の範囲を限定することや、非拘束的な弁護士の推薦は、許容されるものの、費用負担の対象を契約関係のある特定の弁護士に限定することが許容されないことについては、異論はないようである。他方で、本件事案のように、特定の弁護士の選任を給付の範囲や経済的利益と結びつけることが許容されるか否かについては、見解が分かれる。本判決は、弁護士選択の自由を厳格に解し、片面的強行規定の意義を強調して、保険者が推薦する弁護士を受け入れる場合に将来の自己負担額を引き下げる旨を定める約款の許容性を否定し

---

[369] EuGH, NJW 2010, 355.
[370] LG Bremen VersR 1998, 974 = r + s 1998, 67.

たものである。

　本判決に対しては、被控訴人（被告）保険会社より上告がなされ、すでに上告審判決として連邦通常裁判所2013年12月4日判決[371]が下されている。本判決とは異なり、連邦通常裁判所は、保険者の弁護士推薦に関する経済的誘因となる無事故等級制度は、弁護士選択の決定が保険契約者に委ねられており、かつ不適法な物理的圧力の限界（die Grenze unzulässigen psychischen Drucks）を超えない場合は、弁護士選択の自由を定める保険法127条、129条および連邦弁護士法3条3項に反しない旨を判示して、本判決を取り消して控訴を棄却し、同制度の違法性を主張する弁護士会の請求を退けた。この上告審判決に対しては、すでに賛否両論が提示されている[372]。また、同判決に合議体の一員として関与した連邦通常裁判所のWendt裁判官自身が、この種の無事故等級制度の問題について、競争法ないしカルテル法の領域で判断されていない部分が残っているとして、未だ完全な決着がついたわけではないことを示している[373]。

10　わが国への示唆

　ドイツにおける権利保護保険の著しい発展・普及には、弁護士報酬の法定によりその予測可能性が高いことや、法律扶助の水準が相対的に低いことなどの制度的環境が寄与してきたと考えられている。後者の点はともかく、前者の点については弁護士報酬が法定されていないわが国において、これを実現することは容易ではない。「権利保護保険（弁護士保険）」制度における「弁護士保険における弁護士費用の保険金支払基準」によって、一定の予測可能性が確保されているが、これを将来にわたり実効的に維持していけるのかがわが国における一つの大きな課題である。

---

[371] BGH, Urteil vom 4.12.2013-Ⅳ ZR 215/12＝NJW 2014, 630＝r＋s 2014, 68＝VersR 2014, 98.

[372] 判旨に賛同するものとしてMaier, Anm. in r＋s 2014, 68, 73、批判的なものとしてCornelius-Winkler, Schadenfreiheitsrabatte und "aktives Schadenmanagement"- Paradigmenwechsel in der Rechtsschutzversicherung?, NJW 2014, 588.

[373] Wendt, aaO.（Fn. 326）, r＋s 2014, 328, 332.

また、ドイツにおける権利保護保険に対する法規制として、権利保護保険以外の保険部門（主に責任保険を想定）を兼営する場合は利益相反の防止措置を講じなければならないこと、（保険監督法8条のa、保険契約法126条。EC指令3条参照）権利保護保険の被保険者には弁護士選択の自由が与えられなければならないこと（保険契約法127条。EC指令4条参照）、保険給付請求に関する紛争に関し仲裁等の紛争解決手続きを定めなければならないこと（保険契約法128条。EC指令6条参照）などが定められていることも、適正な権利保護保険事業の発展の基盤となっていると考えられる。とりわけ、弁護士選択の自由については、被保険者自身により事案に適切な弁護士を選択することが可能となる前提として、専門弁護士制度の充実があることも銘記されるべきである。これらの点は、いずれもわが国においては未整備であり[374]、今後の権利保護保険の発展に向けた喫緊の課題といってよい。

保険契約法上の問題としては、まず、保険事故は、保険契約におけるリスクの表現としてもっとも基本的な要素というべきであるところ、ドイツにおいては、権利保護保険発展の歴史の中で、補償範囲の拡大とともに、法的紛争における事実の不確定性および主張と立証とからなる法的紛争の構造に対応して、「主張上の法違反」という保険事故と勝訴の見込みの要件との組合せを中心に、適時の保険保護の提供と濫用的保険利用の排除とを両立させる保険契約上の技術を発展させてきた。こうしたドイツの例は、これをそのままわが国に導入できるというものでもなかろうが、上記の紛争の構造自体はわが国でも妥当することから、対象範囲を広げた場合の保険事故の設計や損害査定の運用の在り方などの検討にあたり大いに参考とすべきである。

上述のとおり、権利保護保険契約において、被保険者に弁護士選択の自由を保障しなければならないことは、ドイツのみならず、欧州レベルでの共通理解であるが、具体的な規律の在り様については、国により違いがある。ドイツにおいても、権利保護保険事業者の関与の限界につき、未だ、活発な議論が続いており、収束をみていない。わが国においても、権利保護保険の普

---

[374] わが国における専門弁護士制度の検討状況につき、日本弁護士連合会『第19回弁護士業務改革シンポジウム基調報告書』（平成27年）161-206頁（特に、権利保護保険と弁護士の専門化との関係につき、176-178頁）参照。

及・拡大に伴い、法役務や司法制度にも影響が及んでいくことが予想される。弁護士の選択は、司法アクセスの出発点であり、適正な法役務の在り方にとってとりわけ重要である。わが国の法体系を前提として、法役務の在り方に対し、保険者による不当な影響が及ばないことを基本としつつも、合理的な保険料水準での保険事業の可能性や保険者の正当な利益にも配慮した規律の在り方が模索されなければならない。この点においても、先行するドイツにおける議論を参考にすることが有益であろう。

第2章　米国におけるリーガル・サービス・プラン

1　米国における紛争解決費用の調達方法

（1）概要

　米国における訴訟費用の調達方法については、完全成功報酬（contingency fee）が市民の司法へのアクセスを容易にしていることがよく知られている[375]が、被告側において責任保険における防御義務（duty to defend）が大きな役割を果たしていることも特徴としてあげられる[376]。これらによっては満たされないニーズに対しては、未だ主要な費用調達手段とまではいえないものの、1970年代より欧州における権利保護保険に対応する前払いリーガル・サービス・プラン（prepaid legal services plans）が提供されており、近時では代替的訴訟金融（alternative litigation financing：ALF）と呼ばれる新たな費用調達手段が注目されている。

（2）米国における訴訟費用に関する主な制度的枠組み
1）民事訴訟における弁護士費用の負担ルール

　米国は、わが国同様一般的な形での民事訴訟における弁護士費用の敗訴者負担を認めていない数少ない国[377]であり、各当事者は訴訟の勝敗にかかわら

---

[375] 市民の司法アクセスを支えるものとしては、ほかにクラス訴訟（Class Action）、懲罰賠償（Punitive damages）なども挙げられる。藤倉皓一郎「裁判所を使う〔市民はいつも法の主人！③〕」時の法令1703号（平成15年）57頁。
[376] 日本弁護士連合会『第17回弁護士業務改革シンポジウム基調報告書』（平成23年）195頁。
[377] アメリカ合衆国において、連邦と州の双方を通じ、アラスカ州を除けば、弁護士費用の敗訴者負担原則を一般的な形で採用している法域はない。トーマス・D・ロウ・ジュニア（三木浩一訳）「弁護士費用はだれが負担すべきか（上）：民事訴訟における弁護士費用の償還に関する種々のアプローチとその選択〔アメリカ民事訴訟法の新潮流4〕」NBL720号（平成13年）16頁。

ず原則として自ら弁護士費用を負担するものとされる（アメリカン・ルール）。ただし、コモン・ローおよび制定法による一定の例外が存在する[378]。

2）成功報酬の一般的な許容

成功報酬は、弁護士にとって一種の賭か投機になるとの理由から、多くの国では成功報酬が禁止されているが、米国では原則として認められている[379]。

3）民事法律扶助

米国では、リーガル・サービシズ・コーポレーション（legal services corporation, LSC）を中心としたスタッフ方式による法律扶助が存在する[380]。

米国の民事法律扶助は、当初の貧困者に対する慈善事業としての法律相談を中心としたものから、1960年代の貧困撲滅運動と結びつくことによって、貧困者に対する正義への平等なアクセスを保障する公的なものへと変容し、訴訟代理をも含む包括的な法的サービスの提供に拡充されてきたものであるが[381]、その国民1人当たりの公費負担額は、手厚い法律扶助で知られるイギリスはもとより、その他の欧州諸国と比べても低い方である[382][383]。

---

[378] コモン・ローによる例外としては、株主代表訴訟のように訴訟の結果として金銭的賠償が第三者のためのファンドを構成するような場合に賠償金から勝訴原告の弁護士費用を賠償させるコモンファンド（common fund）理論や訴訟の結果として第三者が金銭的には評価できないが利益を得る場合に勝訴原告の弁護士費用を賠償させるコモンベネフィット（common benefit）理論等が挙げられる。制定法による例外としては、反トラスト法、特許法証券取引法、環境法、公民権法等において、公正な競争の実現、人権侵害の救済等の政策ないし公序の実現の目的で弁護士費用の賠償を定める規定があり、勝訴原告に弁護士費用の賠償を認める片面的な敗訴者負担を定めるものも多いとされる。金子宏直「弁護士費用の敗訴者負担をめぐって――アメリカ法の分析をふまえて――」民事訴訟雑誌47号（平成13年）202頁。

[379] 藤倉・前掲（注375）59頁。

[380] 山城崇夫「アメリカ合衆国における法律扶助――その基本的な仕組みと現況――」法の支配88号（平成4年）71頁、中村良隆「法律扶助機構（Legal Services Corporation）――アメリカ合衆国における民事法律扶助制度の財源をめぐる問題（特集　アメリカリーガルサービス調査報告――今後の日本における法律扶助の改革に向けて）」自由と正義61巻2号（平成22年）56頁。

[381] 我妻学「民事法律扶助サービスの目的とその意義」財団法人法律扶助協会『市民と司法―総合法律支援の意義と課題』（平成19年）303頁。

[382] 中村良隆「アメリカ合衆国の民事法律扶助制度：その現状と課題」法律科学研究年報〔明治学院大学〕26号（平成22年）11頁。

(3) 各費用調達方法
1) 完全成功報酬

　米国における成功報酬は、勝訴すれば賠償金のある割合（平均3割）を報酬として受け取るが、敗訴の場合には報酬を受け取らないというものであり[384]、完全成功報酬と呼ばれる。訴訟に伴う通常の費用、証拠開示手続や専門証人の費用等についても弁護士が負担し、勝訴すればこれを賠償額から受け取るのが通例である。敗訴のリスクはすべて弁護士が負う[385]。

　交通事故や医療過誤など人身傷害の分野では、賠償請求をする原告側の弁護士は、ほとんどが完全成功報酬で訴訟を引き受けているほか、公民権侵害、土地収用、破産、債権取立てなどの事件でも、成功報酬で引き受けられる[386]。他方、離婚等の家事事件等では、成功報酬によることは許されない[387]。

2) 責任保険の役割

　責任保険特有の保険給付として、実務上被保険者の防御支援のための給付が約定されるのが通例であるが、特に米国では保険者が被保険者のために防御することを保険契約上約定することが一般に行われており、保険者の防御義務と呼ばれる[388][389]。被告側における防御の調達手段として大きな役割を果たしている。

　さらに、原告側の完全成功報酬は被告側の損害賠償の資力が十分であるこ

---

[383] なお、完全成功報酬事件については、開業弁護士との競合を排除し、効率的な法的援助を提供する目的から扶助の対象外とされるほか、法律扶助事業を政治的な争いから隔離して中立を維持する目的からも一定の事件類型が除外されている。また、一般的な法的サービスにおける1988年度の援助件数の割合をみると、家族事件（31％）、住居事件（22％）、所得補助事件（17％）、消費者・金融事件（12％）、雇用事件（3％）、健康事件（3％）、少年事件（1％）、教育事件（1％）、個別権利事件（2％）、その他事件（9％）であった。山城崇夫「アメリカ合衆国における法律扶助――その基本的な仕組みと現況――」法の支配88号（平成4年）71頁。

[384] 藤倉・前掲（注375）58頁。

[385] 藤倉・前掲（注375）59頁。

[386] 藤倉・前掲（注375）59頁。

[387] 田中英夫「英米法のことば(14)――Contingent Fee」法学教室53号（昭和60年）58頁。小野秀誠＝朴敬在「弁護士の責任と報酬（2・完）」市民と法67号（平成23年）2頁。

[388] 広瀬裕樹「アメリカにおける責任保険者の防御義務（一）」名古屋大学法政論集179号（平成11年）71頁、「アメリカにおける責任保険者の防御義務（二・完）」名古屋大学法政論集181号（平成12年）189頁。

とを前提とするものであり、その点でも責任保険の果たす役割は大きい。

3）前払いリーガル・サービス・プラン

　前払いリーガル・サービス・プランは、典型的には企業等の団体に対し、従業員向けの福利厚生プランとして、1970年ころより広まってきたものであるが、その形態は多様である。かつては、労働組合が団体交渉により使用者に資金を拠出させてプランを設立することが多かったが、次第に従業員が掛金を負担するものが主流になってきた。リーガル・サービス・プランの運営には、労働組合などの団体が自らあたっている場合が多いが、外部のプラン事業者がこれにあたるものがあるほか、弁護士が運営主体となることもある。近年、クレジットカードへの付帯や団体に属さない一般個人への販売等の募集方法の多様化もあって、普及が拡大しており、全米で1億2200万人が何らかのリーガル・サービス・プランに加入していると推計されている。紛争法務を主な対象とする欧州の権利保護保険とは異なり、法律相談や遺言作成、契約書のレビューといった予防法務を主な対象とする。リーガル・サービス・プランは、当初、加入者が一定の料金を前払いすることにより法律相談等の簡単なサービスが受けられるものとして出発しており、必ずしも保険に該当するものばかりではない。紛争発生時の訴訟代理等のより高度かつ費用のかかる法役務をも給付対象とし、偶発的な事故に備えたリスク移転という保険の実質を持つものはリーガル・サービス保険（legal services insurance）と呼ばれ、保険の実質のないアクセス・プラン（access plan）とは区別され、保険監督の対象とされている。

4）代替的訴訟金融

　代替的訴訟金融とは、訴訟当事者が訴訟追行に当たって第三者より融資を受ける比較的新しい金融スキームであり、近時注目されつつある。すでに濫用の危険が指摘されて、法曹倫理上の問題や規制の必要性についても議論の対象となっている。2010年には民事司法制度改革における調査などでも知ら

---

[389] これに対し、わが国の責任保険では、保険者は被保険者が自ら防御するのにかかった弁護士費用等をてん補するにとどまるのが原則的な方式である。ただし、自動車責任保険ではいわゆる示談代行が約定されることがあり、防御義務に属するものとみることができる。山下・前掲（注1）426頁。

れる非営利調査研究機関である RAND 研究所から"Alternative Litigation Financing in the United States：issues, knowns, and unknowns"と題するレポートが発表されている。これによれば、ALF は次の 3 類型に大別できる[390]。

① 消費者向けの訴訟ファンド（賠償金による償還を約するノン・リコースの融資であり、一般に人身傷害における原告を対象とする）
② 原告側の法律事務所向けの融資
③ 商事訴訟（B to B）における投資

同レポートによれば、類型ごとに問題状況は異なるものの、いずれにしても、当面は成長を見守るべきであり、規制は時期尚早とされている[391]。

2　リーガル・サービス・プランの意義

（1）概要

「リーガル・サービス・プラン（legal service plan）」は、広く個人的な法役務を消費者に届ける方法を組織される取決めを指すものとして多様な発展を遂げてきた。その変種として、「前払いリーガル・サービス・プラン（prepaid legal service plans）」、「団体リーガル・プラン（group legal plans）」、「訴訟費用保険（legal expense insurance）」、「リーガル・サービス給付制度（legal services benefit plan）」などがあるとされる[392]。

リーガル・サービス・プランの利点としては、特に予防法律問題に関し、法律相談料を心配することなく弁護士にアクセスできること、その結果、問題に遭遇する都度、早めに対処することでその拡大を防ぐことができること、さらには、伝統的な保険的機能として、深刻な法律問題に巻き込まれ法役務

---

[390] Garber, *supra* note 154, at 8.
[391] その後、アメリカ法律家協会（ABA）の 20/20 倫理委員会（Commission on Ethics 20/20）で、この ALF の問題が取り上げられ、独立した専門的判断、利益相反、守秘義務、弁護士・依頼者間の秘匿特権（Attorney-Client Privilege）、弁護士職務活動の成果の法理（Work Product Doctrine）などの弁護士倫理上の問題が検討されている。American Bar Association Commission on Ethics 20/20, *supura* note 154.
[392] Schwartz, *A Concise Guide to Legal Plans*（American Prepaid Legal Services Institute, 2003）, at 3.

をする必要が生じた際に経済的な保護が与えられることなどがあげられる[393]。他方、弁護士にとっては、新たな依頼者を得る契機となること、確実に報酬が支払われること、さらには、依頼者層の組織化により、一定の法分野に注力して、遺言や破産申立などの標準書式の開発、電話相談システムやインターネットといった合理化を図ることができるようになることなどの利点があげられる[394]。

（2）リーガル・サービス・プランの形態[395]
1）概要

リーガル・サービス・プランの形態は多様であり、その分類、用語法についても、必ずしも統一があるわけではないが、ごく大まかには「団体リーガル・サービス・プラン（group legal service plan）」と「前払いリーガル・サービス・プラン（prepaid legal service plan）」とに分けられ[396]、さらに後者は、アクセス・プランと包括的プランとに分類される[397]。

ほとんどのプランは、電話による法律相談を基本的役務として提供するほか、短時間の事務所における法律相談、簡単な法文書の点検、簡単な遺言書の作成、弁護士による短い手紙の作成や架電を含むことがある。包括的なものとしては、訴訟代理、婚姻問題、破産、不動産取引などを保障する。また、構成員自身に加え、その配偶者や扶養の子も、給付の対象となることが一般的である[398]。

---

[393] *Id.* at 4.
[394] *Id.*
[395] ここでは、現代におけるリーガル・サービス・プランの一般的な形態について、実務上の分類に基づいて述べるものとする。1970年代において、未だ生成過程にあった様々なリーガル・サービス・プランについて、理論的な類型化を提示した文献として、Pfennigstorf & Kimball, *Legal Service Plans : A Typology* 1 A. B. F. Res. J. 411 (1976).
[396] あらかじめの資金の拠出を要しないものを「団体リーガル・サービス・プラン」、これを要するものを「前払いリーガル・サービス・プラン」呼ぶのがここでの分類法であるが、後述のように、実際のところ、前払いリーガル・サービス・プランも団体が構成員向けに提供するものが主流であるから、用語としてはややミスリーディングである。
[397] Schwartz, *supra* note 392, at 4.
[398] *Id.*

2) 団体リーガル・サービス・プラン

　団体リーガル・サービス・プランは、通常、費用負担なしで、社団、労働組合、協同組合やその他の団体の構成員が、無料で電話法律相談を受けることができ、その他の役務につき料金の割引を受けることができることを主なその内容とする。そのもっとも簡単なものでは、団体構成員は団体によって推薦される弁護士の紹介を受けることができ、これに対し、弁護士は無料または低料金で電話または事務所での法律相談を行うが、それ以外は弁護士と個別の依頼者との間で合意した料金で行う。より一般的なのは、団体と弁護士との間の正式な合意により、弁護士は、無料で法律相談を行い、それ以外の役務については料金表で定めた割引料金で提供するというものである[399]。いずれにせよ、プランの設立や運営につき、団体自体や個別の構成員は費用を負担しない。基本の相談を超える役務が必要な場合は、当該構成員が弁護士に料金を支払うことになる[400]。

3) 前払いリーガル・サービス・プラン

　前払いリーガル・サービス・プランは、加入者に法役務が必要になったときのために、加入者自身またはその使用者が、前もって資金を拠出する仕組みである。前払いプランも、団体の構成員向けに提供されるのが通常であるが、一般公衆に利用可能な大規模なプランも存在する。前払いプランは、費用、給付内容および法役務の供給方法において、多様な幅があるが、典型的には次の二つに区別できる[401]。

　　a　前払い「アクセス」プラン（Prepaid "Access" Plan）

　「アクセス」の用語は、この類型のプランの主たる目的を表現するために用いられる。すなわち、法律相談やその他の複雑でない法役務のために弁護士にアクセスすることが、その主たる目的である。加入者が前払いした費用に対する基本サービスが与えられるほか、追加的サービスを割引された役務に対する料金（fee-for-service）によって受けることができる。基本サービスに含まれるのは、電話法律相談（料金受信人払い）、短時間の事務所での法律相談、

---

[399] Id.
[400] Id. at 5.
[401] Id.

簡単な法文書、弁護士による通信文書の作成やその他のさほど時間のかからないサービスである。加入者が掛金によっては賄われないサービスを求める場合、当該加入者と弁護士との間でプランの料金表に基づく対価が合意される。この追加料金は、加入者である依頼者が、直接、弁護士に支払う[402]。

　b　包括的前払いプラン（Comprehensive Prepaid Plan）

　包括的前払いプランでは、一般に、すべての対象給付は前もって支払われた掛金によって賄われる。「アクセス」プランを超えて、文字どおり「前払いされた」サービスを提供するものである。典型的な給付内容としては、あらゆる法律問題に関する無制限の法律相談、相手方との示談交渉、契約書、遺言書や不動産譲渡証書（deed）の起案、訴訟代理などが含まれる。どのプランにも何らかの保障内容上の制限や除外があるが、包括的プランの多くは、中間所得層の個人的な法役務のニーズの80ないし90％を満たすように設計されている[403]。

（3）リーガル・サービス・プランの構成要素
1）プラン・スポンサー

　プラン・スポンサー（plan sponsor）とは、その者の名においてリーガル・サービス・プランを提供または運営する法主体である。使用者または労働組合がプラン・スポンサーとなって、その後援のもと、被用者が付加給付として法役務を受けることがある。その費用は、使用者または労働組合が支払うか、あるいは被用者が給与天引きにより支払う。保険会社や管理会社（administrative company）がプラン・スポンサーとなることもあるが、その場合、当該法主体は通常、「管理者（plan administrator）」、「運営人（operator）」、「引受人（underwriter）」と呼ばれる。さらには、信用組合[404]のような組織も、プラン・スポンサーとなる場合がある[405]。

2）プラン管理者（または第三者）

　プラン管理者（plan administrator）は、第三者（third party）とも呼ばれ、役務を提供する弁護士のパネルの整備、プランに拠出される金員の徴収、プラン

---

[402] Id.
[403] Id.

内容を加入者への周知、プランのもとで法役務を提供した弁護士の報酬の支払いなどを行う法主体である。プランへの加入が任意である場合、管理者が、その募集および加入手続きを行う[406]。プラン管理者は、プラン・スポンサーに雇用された者や外部の事業者などがなるほか、保険会社が保険者と管理者とを兼ねることもある[407]。実際の事務作業は、職業的な給付管理者や既存の健康福祉制度管理者、またはその他の資格のある会社や個人に委託されるものの、リーガル・サービス信託基金 (legal services trust fund) やプラン・スポンサー (通常、使用者または労働組合) が従業員退職所得保障法 (Employee Retirement Income Security Act of 1974 : ERISA)[408] (以下「エリサ法」という。) における信認責任 (fiduciary liability) の担い手をして管理者に指定されることもある[409]。

3) 引受人

引受人 (underwriter) は、もう一つの「第三者」であり、プランのリスクを負担する者である。もっとも典型的な引受けの仕組みは、保険会社の利用である。リーガル・サービス信託基金により自らリスクを負担する場合、当該基金自体が引受人となる。この場合、過度の利用や予想を超える高額請求に備えて、保険会社から再保険が購入されることもある。また、プランと弁護士との直接の契約によって弁護士が人数割りの固定料金で役務を提供することにより、弁護士が引受人となることもある[410]。

---

[404] 米国の信用組合（クレジットユニオン）は、2014年12月末現在で6,513の組合が活動しており、全金融機関の半数を占めている（米国の銀行数は6,509行）。また、全信用組合の総資産は971,244百万ドル（116兆5,492億円：1$＝120円換算）、貸出金は728,005百万ドル（87兆3,606億円）に達している。また、組合員数は10,146万人と、米国の人口3億人の約3割を占めている。米国の信用組合は小規模な先が多く、総資産が1,000万ドル（12億円）以下の信用組合が2,055組合と全体の約3割を占めている。一方、規模が大きな信用組合もあり、たとえば米国の信用組合で最大規模のNAVY信用組合（米国海軍職員のための職域信用組合）は、総資産が636億ドル（7兆6,320億円）、組合員数は529万人とわが国地方銀行並みの業容となっている。信用組合の種類別では、地域信用組合がもっとも多く全体の35.6％を占め、複合グループ信用組合（複数の職域を対象とする信用組合）が28.7％、職域信用組合が27.5％となっている。全国信用協同組合連合会のホームページ (http://www.zenshinkumiren.jp/deai/deai_kaigai.html)。

[405] Schwartz, *supra* note 392, at 5.
[406] Id.
[407] Id., at 6.
[408] 29 U.S.C. §§1001-1461.
[409] Schwartz, *supra* note 392, at 6.

4）リーガル・サービス従業員給付信託

リーガル・サービス従業員給付信託（legal services employee benefit trust）は、管理者と引受人とを兼ね、今日運営されている多くの使用者・被用者プランの組織的な基盤となっているものである。典型的には、使用者と労働組合との間の労働協約（collective bargaining agreement）に従い、信託基金が設立される。1947年の労使関係法（Labor-Management Relations Act of 1947）[411]、いわゆるタフト・ハートレー法（Taft-Hartley Act）により信託が求められ、労使同数の受託者（trustees）により統治されるものとされる。エリサ法も、団体保険の形式によりプランの資産が保有されるのでない限り、信託が設立されなければならない旨を定めている。信託には、使用者や労働組合、健康福祉給付プランから資金が拠出される。リーガル・サービス基金の受託者は、提供される給付の水準、サービス提供の方法、弁護士や管理者の選任などについて、すべての決定をする。受託者は、加入者の法役務の保障を満たす保険を購入することもあるが、典型的には、大半のリーガル・サービス信託基金が、自家保険（self-insured）方式でプランを運営することを選択している[412]。

5）弁護士

弁護士は、リーガル・サービス・プランにおける法役務の提供の担い手である。その形態は、プランの給付の範囲や加入者の所在地などの諸要素により異なり得る。幅広く加入者の所在地の弁護士による役務の提供を可能とするものがある一方で、効率性の観点から、単一または少数の法律事務所による提供に限るプランもある。大規模な一工場の従業員を対象とするプランのように、加入者の所在が一極化している場合には、プランが弁護士を雇用して、もっぱら加入者への役務の提供にあたらせることもある[413]。

今日では、ほとんどのリーガル・サービス・プランにおいて、プランとの間で契約上の取決めを結んでいる開業弁護士が、電話法律相談への対応を行ったり、法律事務所で近隣の加入者の法律相談を行ったりしている[414]。多

---

[410] Id.
[411] 29 U.S.C. §§141-197.
[412] Schwartz, *supra* note 392, at 6.
[413] Id. at 7.

くのプランでは、参加する弁護士の資格要件を定めており、一定の最低経験年数や学歴、懲戒歴、さらには一定金額以上の専門職賠償責任保険への加入などが求められている[415]。

　弁護士の選任について、「オープン・パネル (open panel)」、「クローズド・パネル (closed panel)」、さらには、これらを組み合わせた「混合パネル (mixed plans)」が区別される。オープン・パネルでは、加入者が、契約上の制限および資格要件の枠内で、自己の弁護士を選択する。クローズド・パネルでは、加入者の選択は、あらかじめ決められたプランと提携関係に弁護士の範囲に限られる。混合パネルでは、助言や基本的な役務はあらかじめ決められた弁護士により行われるが、より大きな役務や、州外に居住する加入者、利益相反が発生した場合などには、その他の弁護士が用いられる[416]。もっとも、現在では、プランもこれらの組合せで運営されているのが常であり、こうした区別の重要性は薄れているとの指摘もある[417]。

(4) リーガル・サービス・プランへの加入

　リーガル・サービス・プランへの加入方法は、給付の内容、給付の条件や費用といったプランの在り方を決定付ける最大の要素であるといわれ、次の二つがある[418]。

1) 任意加入

　任意加入 (voluntary enrollment) は、ダイレクト・メールによる勧誘や使用者が定めた募集期間に対し、個人が任意に加入する方式である。一般に、募集に応じて任意に加入する人の割合は低い。リーガル・サービス・プランが人々やその家族にとってどのように役に立つのかはあまり知られていないため、

---

[414] *Id.*

[415] Heid & Misulovin, *The Group Legal Plan Revolution : Bright Horizon or Dark Future?*, 18 Hofstra Lab. & Emp. L. J. 335, 341 (2000).

[416] Costich, *Joint State-Federal Regulation of Lawyers : The Case of Group Legal Services Under ERISA*, 82 Ky. L.J. 627, 635 (1993).

[417] Tomes, *The Emergence of Group and Prepaid Legal Services : Embracing a New Reality*, 16 Tenn. J. Bus. L. 25, 39 (2014).

[418] Schwartz, *supra* note 392, at 7.

新規加入だけでなく、毎年の更新にも持続的な販売努力が必要とされる[419]。

2）真の団体加入（100パーセント参加）

真の団体加入（true group enrollment）すなわち100パーセント参加（100 Percent Participation）は、当該団体の構成員であることまたは被用者であること自体によって、自動的に全員がプランの対象に含まれる方式である。大半の真の団体前払いリーガル・サービス・プランは、医療給付や歯科給付などと同じように、団体交渉を経るなどして、使用者により付加給付として設定されている。一般学生活動費の資金で、全学生向けにリーガル・サービス・プランを提供する大学もある[420]。

（5）リーガル・サービス・プランの給付および除外事由

1）リーガル・サービス・プランの給付

リーガル・サービス・プランの給付（plan benefits）は、プランにより大きな違いがあるが、前述のように、典型的な包括的プランでは、中間所得層の個人およびその家族が共通して直面する種類の法律問題につき保障が提供される。給付内容は、保障される法律問題の種類または報酬が支払われる法役務の種類により記述される。たとえば、あるプランでは、遺言および財産管理（estate）に関する法律問題、住居の売却または購入、消費者紛争、争いのない離婚（uncontested divorces）および不動産賃貸借問題につき全面的に保障するが、交通事案やその他の刑事事件の防御については部分的な保障を提供する。他の例では、電話による無制限の法律相談、事務所で行われる一定量の法役務が保障されるものの、行政手続きや司法手続きを要する事案では追加料金が発生する[421]。

2）保障の上限

すべてのプランには、費用を制御するため、金額を特定するか、または弁護士の執務時間を記述する形で、保障の上限（coverage limits）が設けられている[422]。

---

[419] *Id.*
[420] *Id.*
[421] *Id.* at 8.
[422] *Id.*

3）控除免責金額および自己負担

費用を制限し、あるいは、濫用（frivolous use）を防止するため、一定の給付に対し、控除免責金額や自己負担が適用されることがある。争いのある離婚（contested divorce）手続き、民事訴訟や刑事事件の防御など、大規模な法役務を要する事案には、これらの仕組みが用いられることが一般的である。たとえば、訴訟の保障につき、加入者は、控除免責金額にあたる最初の 100 ドルを直接弁護士に支払い、残りのプランが保障する上限金額までの費用の 20％を負担することなどが行われる[423]。

4）除外事由

除外事由（exclusions）は、一般に、中間所得層の家族にもっとも必要とされる範囲に限定するため、あるいは、法令上の要求を遵守するために用いられる。団体やプラン運営者の基本政策を反映する除外事由や、経済的理由から除外される給付もある。典型的には、事業上の事案のほか、特許や著作権、控訴、少額裁判所の訴訟、税務申告などは保障範囲から除外される。加入者が訴訟代理や費用の補償につき、政府による法律扶助や責任保険などの他の財源を利用できる事案に関する法役務は、プランによっては保障されない。完全成功報酬が用いられる慣行のある事案も、この種の事案で勝訴の見込みがあれば、通常、勝訴の得た収益から報酬を支払う条件で処理にあたる弁護士を見つけることが可能なため、除外される[424]。

3　リーガル・サービス・プランの歴史

（1）リーガル・サービス・プラン前史

米国のリーガル・サービス・プランの歴史は、比較的新しく、1960 年代中期から始まったといわれる[425]。それ以前にも、訴訟費用に関する保険的なリスク分散の試みがなかったわけではないものの[426]、欧州における権利保護保

---

[423] Id.
[424] Id.
[425] プエニクストルフ・前掲（注 8）163 頁。
[426] その起源は、19 世紀末にまで遡ることができるという。堤・前掲（注 8）313 頁。

険のように発展していくことはなかった。その要因としては、次の3点があげられる[427]。

　すなわち、第一に、米国では、個人の不法行為損害賠償請求の分野において、完全成功報酬（contingency fee）が許容され、実務上も普及していたため、資力のない者が事故にあった場合にも訴訟代理を確保できるようになっており、同種の報酬が禁止されていた欧州と比べて、保険により災害事故の損害賠償請求訴訟で生ずる費用負担のリスクに備える必要性が痛感されることはなかった[428]。

　第二に、米国では、危険分散のプログラムとして、何らかの保険的な制度を提唱する際、保険法の規制を逃れようとするのが常であり、制度を支える組織は、保険会社のように一般人を対象とした開かれたものではなかった。すなわち、欧州の権利保護保険の初期において提供されていた自動車事故の訴訟費用に関する給付は、米国では自動車クラブの手によってなされていた。同様に、各種の医療団体は医療過誤訴訟に対する応訴費用をまかなうための仕組みを有していた[429]。

　第三の決定的な要因は、各法律専門職の団体組織による反対であり、これにより、前記の危険分散のプログラムが営利的な権利保護保険会社に発展することが妨げられてきた。アメリカ法曹協会、各州および地域別弁護士会は、弁護士と依頼者との関係に第三者が関与することは、如何なるものであれ有害であるとみなした。加入者や顧客に弁護士をあてがったり、費用の支払いを行ったりする、いわゆる素人の仲介者が介在すると、依頼者の利益確保のために弁護士が専門的判断を下す際に、守らなければならない中立性が保てないことが懸念された。そこでは、中世英国法に起源をもつ三つの伝統的な禁止法理、すなわち理由のない訴訟を反復して起こす Barratry（常習的訴訟教唆）[430]、訴訟の一部分け前を条件に事件を引き受ける Champerty（利益分配特約

---

[427]　プエニクストルフ・前掲（注8）163頁以下。
[428]　プエニクストルフ・前掲（注8）163-164頁。
[429]　プエニクストルフ・前掲（注8）164-165頁。
[430]　コモン・ロー上、常習的に訴訟やその他の紛争を教唆扇動する罪をさす。争訟教唆罪ともいう。英国では1967年に廃止された。田中英夫編集代表『英米法辞典』（東京大学出版会、平成3年）91頁。

付訴訟援助)[431]およびまったく利益をもたない事件において当事者の一方を支援する Maintenance（訴訟幇助)[432]が引用された。1930 年代の一大キャンペーンで、自動車クラブや医療団体等の組織が行っていたプログラムは、正当な権限を有しない法律業務行為であるとの非難を受けて、その活動は破産状態へと追いやられた。その際、欧州の権利保護保険で行われている弁護士の選択権を被保険者に委ねる方式をとれば非難を免れたのであろうが、そのような方策は取られなかったと指摘される[433]。

(2) リーガル・サービス・プランの発展の転機

その後、次にみるように、こうしたプランにも、それまでとはまったく別の方向からの動機づけ──労働運動および黒人の地位向上運動のイニシアティブ──によって、新たな発展の転機がもたらされた[434]。

以前から、労働組合は、雇用問題に関する事件では組合員に対する法的援助を行っていたが、それ以外にも組合員には弁護士の助けが必要なこと、そしてそれを確保するのが困難な場合のあることを認めるようになり、特に労災事故の損害賠償請求における組合員への援助の必要性を痛感するに至った。特に、この方面での先駆者は鉄道労働組合であった。他方、黒人の地位向上運動における発展のほとんどは、有色人種地位向上全国協会（National Association for Advancement of Colored People：NAACP）の指示と財政的支援により成し遂げられてきたものである。これに対し、いくつかの州では、白人主権論者の代表者たちがNAACPの活動を阻止しようと試み、その戦略の一環として、彼らの組織に加わっている弁護士に対し、素人の仲介者を禁じてい

---

[431] 勝訴の際には係争物の一部を受けることを約束して、他人の訴訟を正当な理由なく肩代わりし、自らの費用で訴訟を追行することをいう。Maintenance の重い形態であり、英国をはじめ、犯罪または不法行為としては廃止されたところであるが、そのような約束は公序良俗に反し無効とされる。利益配分約束付きの訴訟肩替わりともいう。田中英夫編集代表・前掲（注 430）135 頁。

[432] 他人の訴訟に対し、何らの利害関係がないのに、正当な理由なく、金銭の供与その他の方法で援助を与えることをいう。犯罪であり、かつ不法行為が成立する。英国および米国のほとんどの州で廃止されているが、そのような約束は公序良俗に反し無効とされる。田中編集代表・前掲（注 430）535 頁。

[433] プエニクストルフ・前掲（注 8）163-164 頁。

[434] プエニクストルフ・前掲（注 8）165 頁以下。

る伝統的法理を犯す者であるとの非難を加えた。この問題は最終的に連邦最高裁判所に持ち込まれることになった。1963年、判決が下され、そこで、すべての米国人は法的救済を受ける目的で団結する権利を憲法上、有しており、かつNAACPのようなプログラムは、これを全面的には禁止しえないことが判示されたのである[435]。さらに、それ以降の三つの重要な判決でも同最高裁判所は、労働組合によるリーガル・サービス・プランについて、同様の法原則を適用した[436][437][438]。

この四つの事件によって状況は一変し、集団的ないしは危険分散を目的とする法役務のプログラムに対して従来伝統的に存していた障害が取り払われ、同時に、個人の力では獲得不可能な、グループの支持によってのみ実現可能な、そうした権利を各自が正当に有しているのだという人々の意識が公的な承認を得るに至ったのである[439]。

---

[435] NAACP v. Button, 371 U.S. 415（U.S. 1963）.

[436] Brotherhood of Railroad Trainmen v. Virginia, 377 U.S. 1（U.S. 1964）. 同事件のBlack判事は、法廷意見として、「法律家でない者には、経験を有し注意深く助言を受けている相手方と対峙するとき、自らの権利を守る術を知っていることを期待できないし、連邦法によって保障された権利を保全し、執行するために相互に団結して助け合うことを、法倫理（legal ethics）に対する脅威として非難することもできない。州は、より直接的な方法で法的権利を実現するために裁判所に訴えることを禁止することはできないことはもとより、これらの労働者が集団的プランを利用して相互に助言しあうことを妨げることはできない。裁判を受ける権利は妨げられてはならない。」と述べている。Greene, *Prepaid Legal Services : More than an Open and Closed Case*, 22 Clev. St. L. Rev. 425, 427（1973）.

[437] United Mine Workers v. Illinois State Bar Ass'n, 389 U.S. 217（U.S. 1967）. 同事件では労働組合支部が労災補償事件における訴訟代理のために組合員を弁護士に仲介することを禁じた州裁判所の差止めの適法性が争点となり、「修正第1条および修正第14条により保障される言論、集会および請願の自由は、申立人に対し、その組合員がその法的権利を主張することを支援するために、給与を支払って、弁護士を雇用する権利を与えている。」と判示された。修正第1条につき、松井茂記『アメリカ憲法入門〔第6版〕』（有斐閣、平成20年）355頁、修正第14条につき同358頁参照。

[438] United Transp. Union v. State Bar of Michigan, 401 U.S. 576（U.S. 1971）. 労働組合がその組合員を報酬の上限につき協定を結んでいた弁護士に紹介した同事件において、いわゆる"Burger Court"は、「NAACP v. Button事件、Trainmen事件およびUnited Mine Workers事件における当裁判所の判断を貫く糸は、裁判所への意味のあるアクセスを得るためになされる団体行動は、修正第1条の保護の範囲にある基本権だということである。しかしながら、もし裁判所が労働者やその他の者が団結することを否定することができるとしたら、それは空虚な約束となってしまうであろう。」と述べた。Greene, *supra* note 436, at 427.

(3) その後のリーガル・サービス・プランの展開

　1976年の税制改正法により、従業員は企業による前払い法役務制度を総所得に算入する必要がなくなった。しかし、1986年の税制改革法によりこれらの課税上の恩典は、1987年末で廃止された[440]。

　リーガル・サービス・プランはその後もさらに発展を続け、1990年代からは、上記のような労働組合等の団体が中心になって設立・運営にあたるプランのほかに、商業ベースでクレジットカード利用者向け、信用組合や社団の構成員向けにもリーガル・サービス・プランが市場に登場し、さらには団体に属さない個人向けのリーガル・サービス・プランまでもが販売されるようになり、リーガル・サービス・プランの利用可能性が広がっていった。2002年には全米で1億2200万人もの中間所得層が何らかのリーガル・サービス・プランに加入していると推計されるに至っている[441]。

4　リーガル・サービス・プランに対する法規制[442]

（1）概要

　リーガル・サービス・プランには多様な類型があること、また、米国が連邦制をとり、連邦法および州法の適用があり得ることから、リーガル・サービス・プランに対する法規制の適用は単純ではない。中心的な類型である従業員福祉給付の形態をとるものには、連邦法である従業員退職所得保障法（エリサ法）の適用がありうる。また、マッカラン・ファーガソン法により保険規制は州法によることが原則とされているため、リーガル・サービス・プランのうち保険の性質を有するものに対しては、各州の保険法の適用がありうる。

---

[439]　プエニクストルフ・前掲（注8）166頁。
[440]　EBRI（企業年金研究所）（生命保険文化研究所訳）『アメリカ企業福祉のすべて』（千倉書房、平成元年）327頁。
[441]　Schwartz, *supra* note 392, at 3.
[442]　ここでは現在における連邦法と州法とからなるリーガル・サービス・プランに対する規制の枠組みを示すものとする。1970年代において、州保険法を中心としたあるべき規制について論じた文献として、Pfennigstor & Kimball, *Regulation of Legal Service Plans*, Law & Social Inquiry, 2 (1977), 357-454.

さらに、法役務ないし依頼者・弁護士関係の在り方との関係で、各州の弁護士倫理ないし裁判所規則の適用があり得る。そこで、以下では、各法規制につき、その内容および前払いリーガル・サービス・プランへの適用につき検討する。

（2）連邦法による規制
1）労使関係法（タフト・ハートレー法）

1947年の労使関係法（Labor-Management Relations Act of 1947）[443]、いわゆるタフト・ハートレー法（Taft-Hartley Act）は、これに先立つワグナー法下での労働組合勢力の伸長の一方で、組合による不当ないし乱用的な行為が多々現われるようになり、世論における組合の行為に対する規制の不備への批判の高まりを受け、その立法に至ったものである[444]。ワグナー法の積極的な団結保護、団体交渉の助成という姿勢を改め、労働組合の行為に対する規制に同法の力点が置かれている[445]。同法は、交渉組合代表に対する賄賂・買収を防止する趣旨から、原則として、使用者が従業員の代表者（組合員や組合役員を含む）に金品を与えることを禁止し（タフト・ハートレー法302条(a)[446]）、従業員の代表者が使用者から金品を受け取ることをも禁止するが（タフト・ハートレー法302条(b)[447]）、その例外として従業員に対する一定の福祉給付のための労使共同運営の信託基金への拠出などが列挙されている（タフト・ハートレー法302条(c)[448]）[449]。1973年の同法の改正により、従業員、その家族および扶養者のための法役務の費用の支払いを目的とする信託基金への拠出がこの例外事由に加えられ（タフト・ハートレー法302条(c)(8)[450]）、使用者が資金を拠出する形での前払いリーガル・サービス・プランの導入が正面から認められることになった。

---

[443] 29 U.S.C. §§141-197.
[444] 中窪裕也『アメリカ労働法〔第2版〕』（弘文堂、平成22年）26頁。
[445] 中窪・前掲（注444）26頁。
[446] 29 U.S.C. §186(a).
[447] 29 U.S.C. §186(b).
[448] 29 U.S.C. §186(c).
[449] 中窪・前掲（注444）103頁。
[450] 29 U.S.C. §186(c)(8).

ただし、この拠出金は、使用者（労災を除く）や労働組合に対する請求に使用してはならない（タフト・ハートレー法302条(c)(8)[451]）[452][453]。

2）従業員退職所得保障法（エリサ法）

a　エリサ法の概要

1974年の従業員退職所得保障法（Employee Retirement Income Security Act of 1974：ERISA）[454]（以下「エリサ法」という。）は、主として、被用者の退職後の年金受給権の保護を目的として制定された連邦法であるが、従業員による給付制度として、「年金給付制度（pension benefit plan）」と並んで、「福祉給付制度（welfare benefit plan）」も規制の対象とし、福祉給付制度には、健康保険、生命保険、事故や葬祭時の給付、託児所、奨学金、リーガル・サービス・プラン、退職金など、従業員やその家族に対する様々な付加給付（fringe benefit）が含まれる[455]。前払いリーガル・サービス（prepaid legal services）は福祉給付制度に当たることが明示されている（エリサ法3条(1)[456]）。

エリサ法の制定は、第二次大戦後、企業年金制度が急拡大を見せる一方で、インフレーションによる年金給付の目減りや企業倒産等の事態により年金受給権確保の必要性が叫ばれるようになったこと[457]、とりわけ、1963年に発生したステュードベイカー自動車製作所の倒産による1万1千人もの労働者を対象とした年金制度の破綻が契機となったとされる[458][459]。ケネディ大統領が1962年に設置した「企業年金についての大統領委員会」の報告書が1965年に発表され、連邦議会に企業年金制度を規制する多くの法案が連邦議会に上程されるに至ったところ、連邦議会は、福祉給付制度が多数にのぼり、しか

---

[451]　Id.
[452]　Dunne, *Prepaid Legal Services Have Arrived*, 4 Hofstra L. Rev. 1, 19（1975）.
[453]　EBRI（企業年金研究所）・前掲（注440）330頁。
[454]　29 U.S.C. §§1001-1461.
[455]　中窪・前掲（注444）277頁。
[456]　29 U.S.C. §1002(1).
[457]　植田淳「エリサ法（ERISA）の信認義務に関する基礎的考察――年金資産運用における受託者責任――」神戸外大論叢54巻4号（平成15年）21頁。
[458]　佐藤敬二「福利厚生の受給権保護に向けて」立命館法学271・272号（平成12年）1043-1063頁。
[459]　ジェイムズ・A・ウーテン（みずほ年金研究所監訳）『エリサ法の政治史』（中央経済社、平成21年）57頁。

もこれらの制度が何百万人もの米国の勤労者とその扶養家族の福祉と生活保障にとって不可欠なものと認める一方、従業員への情報提供が十分でなく、制度の保全措置が不十分であるとの結論に達し、「これら従業員福祉制度の公平性とその財政の健全性を保証するために最低基準が設定されるべきである」と考え、エリサ法案を通過させた[460]。この立法により、初めて、①従業員福祉に対する絶えざる関心、②制度加入者と受給者の保護および③従業員福祉制度の目標の実現の必要性が広く認識されるようになったとされる[461]。

エリサ法の構成は、次のとおりであるが、このうち前払いリーガル・サービスを含む従業員福祉給付制度に適用があるのは、第Ⅰ章A節、同B節第1款、同第4款、同第5款および第Ⅲ章である[462]。

第Ⅰ章　従業員受給権の保護
　A節　総則
　B節　規則条項
　　第1款　報告および開示
　　第2款　加入および受給権付与
　　第3款　積立
　　第4款　受任者の責任
　　第5款　管理および強制
　　第6款　団体医療制度の継続及び追加的基準
　　第7款　団体医療制度の要件
第Ⅱ章　引退制度に関する内国歳入法の改正
第Ⅲ章　裁判管轄等
第Ⅳ章　制度終了保険

エリサ法による主な規制としては、①制度概要説明書や財政報告書による制度加入者および受給者への報告、受給者による文書閲覧権、政府機関への年次報告など、②加入資格発生の最低基準を設定し、受給権を付与された場

---

[460] EBRI（企業年金研究所）・前掲（注440）27頁。
[461] EBRI（企業年金研究所）・前掲（注440）28頁。
[462] 石垣修一『企業年金運営のためのエリサ法ガイド』（中央経済社、平成20年）22頁。

合には取り消せないことなど、③年金基金充実の最低基準設定、④信託受託者の忠実義務、すなわち受託者が受給者の利益のためにのみ行動する義務、リスクを最小限にするよう資産管理する義務、運営方針に従って資産管理すること、⑤制度の公的監督、⑥終了保護、すなわち制度が消滅した場合に年金給付保証公庫（Pension Benefit Guaranty Corporation：PBGC）が受給者に給付を保障することが定められているが、年金給付についてはこれらの規制がすべて適用されるのに対し、福祉給付にはそのうち①の報告と情報開示、④の忠実義務および⑤の公的監督の規定が適用されるのみであり、受給権付与と終了保護につき問題が発生することになる[463]。

b　エリサ法による専占

エリサ法は、従業員給付制度に「関係する（relate to）」限り、一切の州法の規制を排除するという非常に広い専占規定を設けている（エリサ法514条(a)[464]）[465]。もっとも、保険に関しては、例外規定があり、「保険（insurance）」に関する規制権限は否定されない旨を特に定めている（エリサ法514条(b)(2)(A)[466]——"saving clause"と呼ばれる）が、さらに続けて、従業員給付制度は保険会社とはみなされないとの規定をも置いている（エリサ法514条(b)(2)(B)[467]——"deemer clause"と呼ばれる）[468]。その結果、保険会社の提供する保険への加入を利用する制度に対しては州法による保険規制が適用されるが、自家保険[469]で

---

[463]　佐藤・前掲（注458）423頁。

[464]　「本条(b)に定める場合を除き、本章および第4章の規定は、あらゆる州法に対し、同法律が現在または将来において第4条(a)に定める従業員福祉制度に関係し、かつ第4条(b)により除外されない限り、優先する。本条は1975年1月1日に発効する。」と定める。29 U.S.C. §1144(a).

[465]　中窪・前掲（注444）278頁。

[466]　「(B)に定める場合を除き、本条の規定は、保険、銀行または証券を規制する州法から、いかなる者をも免除しまたは救済するものと解釈してはならない。」と定める。29 U.S.C. §1144(b)(2)(A).

[467]　「第4条(a)に定める被用者福祉制度のうち、第4条(b)により除外されないもの（死亡給付を主たる目的として設立された制度を除く）または同制度により設立された信託は、いずれも、保険会社、保険契約、銀行、信託会社または投資会社を規制すると称する州法の目的のために、保険会社もしくはその他の保険者、銀行、信託会社、投資会社とみなし、または保険もしくは銀行の事業に従事しているものとみなしてはならない。」と定める。29 U.S.C. §1144(b)(2)(B).

[468]　中窪・前掲（注444）280頁。

[469]　保険会社との保険契約によらず、労働組合または使用者が拠出した資金において給付を行うもので、従業員からのリスクの移転はあるため、リスク移転の要素がないという厳密な意味での自家保険ではない。自家保険の意義につき、山下・前掲（注1）12頁参照。

あれば「保険」には含まれず、州の規制を免れることになる。

このエリサ法による専占規定の立法には、次のような背景があった[470]。

すなわち、1960年代、州の規制当局は、自家保険による従業員給付制度の増加に懸念を抱くようになった。従業員給付の自家保険は、保険料に関する州税と保険会社を規制する州法を回避することができる。州規制当局は、自家保険の業務の規制権限の付与を州立法府に求めたものの、失敗に終わっていた。とりわけ、自家保険による健康保険制度をめぐっては、同制度は州法を遵守すべき保険会社に当たるとして、訴訟を提起した保険当局もあった。1973年1月には、適切な認証を得ることなく自家保険制度を運営することは州保険法に違反するとして、規制当局を勝訴させるミズーリ州の判決が現れた[471]。この判決は、複数の州で運営される自家保険制度は各州の保険法を遵守しなければならないということを示唆するものであった。前払いリーガル・サービス・プランに州規制を求める動きも、同様の懸念を引き起こした。1973年8月、連邦議会はタフト・ハートレー法を改正し、使用者が法役務の費用の支払いを目的とする信託基金に拠出することを認めた。全米保険監督官協会（National Association of Insurance Commissioners：NAIC）は前払いリーガル・サービス・プランが保険であるとの立場をとり、同制度を規制するモデル州法を準備するために諮問委員会を設けた。他方、労働組合とアメリカ法曹協会（ABA）との間で、前払いリーガル・サービス・プランにおける弁護士選任をめぐり、対立が生じていた。団体交渉の結果設立された多くの前払いリーガル・サービス・プランは、制度が指定する弁護士に限定されるクローズド・パネル・プラン（closed panel plan）であるところ、ABA会員の多くを占める開業弁護士は、従業員は自ら選んだ弁護士に委任し、制度がその費用を支払うというオープン・パネル・プラン（open panel plan）を支持していた。

こうして、エリサ法の専占規定の立法に当たっては、州が自家保険の福祉給付制度を規制することを連邦議会が妨げることの可否が最大の争点となった。対立の一方には、長年、自家保険の福祉制度を規制することを求めてきた保険会社および全米保険監督官協会、さらには閉鎖名簿方式の前払いリー

---

[470] ウーテン・前掲（注459）266頁。
[471] State ex rel. Farmer v. Monsanto Co., 517 S.W. 2d 129.

ガル・サービス・プランに反対し、団体交渉による前払いリーガル・サービス・プランの規制を求める ABA があり、他方には、州の規制が州をまたぐ福祉制度に及ぼす影響を危惧する大規模の使用者および労働組合と従業員給付制度を管理する銀行業界との連携があった[472]。結局、立法の最終局面において、"deemer clause"（エリサ法 514 条(b)(2)(B)）が追加され、自家保険の福祉給付制度の州規制は否定されることで決着するに至った[473]。

 c 従業員福祉制度に対する主な規律
 (a) 福祉制度に関する報告および開示
 第Ⅰ章B節第1款は、労働省当局への報告と加入者等への情報開示について定める。これらの規定は、年金制度のみならず、福祉制度にも適用がある。報告および開示の義務を負う者は、管理者 (administrator) である[474]。
 報告としては、年次報告書等（エリサ法 103 条[475]）を労働長官 (Secretary of Labor) に提出することが義務づけられている。一部は、年金給付保証公社（Pension Benefit Guaranty Corporation : PBGC）への写しの送付が義務づけられている。さらに、税制適格制度では、内国債務庁（Internal Revenue Service）にも労働長官宛と同じものを送らなければならない[476]。
 開示としては、要約制度説明書（エリサ法 102 条(a)、(b)[477]）および年次報告書（エリサ法 104 条(b)(3)[478]）を加入者または受給権者に対して開示しなければならない。また、これらの定例の開示のほかに、加入者または受給権者の請求によって、直近の要約制度説明書や直近の年次報告書、労使協定、信託契約等の写しを交付しなければならない（エリサ法 104 条(b)(4)[479]）。

---

[472] ウーテン・前掲（注 459）291 頁。
[473] ウーテン・前掲（注 459）292 頁。
[474] 石垣・前掲（注 462）41 頁。
[475] 29 U.S.C. §1023.
[476] 石垣・前掲（注 462）42 頁。
[477] 29 U.S.C. §1022.
[478] 29 U.S.C. §1024(b)(3).
[479] 29 U.S.C. §1024(b)(4).

(b) 受認者責任
　a）概要
　福祉給付制度に対するエリサ法による受給権者保護の中核となるのが、この受認者責任である。エリサ法施行以前にも、信託法理を適用して受益者の救済がはかられることがあったとされるが、信託の形態をとらない従業員給付もあった[480]。エリサ法は、それまでの判例法理の展開を受け、受給権の保護を目的として信託法理を導入し[481]、さらにこれを発展させたものといわれている[482]。
　b）エリサ法における受認者
　エリサ法は受認者（fiduciary）を次ように定義する（エリサ法3条(21)(A)[483]）。

> (B)に別段の定めがある場合を除き、次の者は、その限りにおいて、受認者である。
>   (i) 当該制度の管理に関し、裁量的権限もしくは裁量的支配を行使するか、またはその資産の管理もしくは処分に関し権限もしくは支配を行使する者
>   (ii) 当該制度の金銭もしくはその他の財産に関し、手数料もしくはその他の報酬を得て、投資助言を与えるか、またはこれらの行為を行う何らかの権限もしくは責任を有する者
>   (iii) 当該制度の運営において、裁量的権限もしくは裁量的責任を有する者（405条(c)(1)(B)により指定された者を含む）

　エリサ法は、この受認者に当たり得るものとして、制度の管理運営を統括する「指名受認者（named fiduciary）」、資産の運営管理を任される「信託受託者（trustee）」および資産の管理運営の中の投資を担当する「投資マネージャー（investment manager）」の3者を想定する[484]。ただし、これら3者に指定された

---

[480] 佐藤・前掲（注458）428頁。
[481] 石垣・前掲（注462）196頁。
[482] 植田淳・前掲（注457）26頁。
[483] 29 U.S.C. §1002(21)(A).
[484] 石垣・前掲（注462）197頁。

者も、エリサ法 3 条(21)(A)に規定に該当する行為に従事していないときは、受認者とはならない[485]。他方、これら 3 者に指定された者でなくても、エリサ法 3 条(21)(A)に規定に該当する行為をする限り受認者となり、この場合「事実上の受認者（de facto fiduciary）」あるいは「機能上の受認者（functional fiduciary）」と呼ばれる[486]。

c) 指名受認者

すべての従業員給付制度は、書面による制度規約の規定によるか、または使用者もしくは従業員組織の指定によって、制度の運営を支配および管理する権限を有する 1 以上の指名受認者を定めなければならない（エリサ法 402 条(a)[487]。指名受認者には、プラン・スポンサー（plan sponsor）（エリサ法 3 条(16)(B)[488]）である使用者または従業員組織自身やその役職員が就任することができ（エリサ法 408 条(c)(3)[489]）[490]、管理者（administrator）（エリサ法 3 条(16)(A)[491]）を兼ねることが多いといわれる[492]。

d) 信託受託者

給付制度の資産は、信託を設定して、1 人以上の信託受託者によって保有されなければならず、当該信託受託者は、信託証書もしくは書面による制度規約の規定によるか、または指名受認者の指定によって任命される（エリサ法 403 条(a)[493]）。実際には、使用者の役員や銀行が就任する[494]。信託受託者は、制度資産の管理・支配につき、排他的・裁量的権限を有するとされるが、制度規約の定めにより、指名受認者の指図に従わなければならないとされることもあり[495]、指名受認者の下位に位置づけられる[496]。指名受認者が信託受託者

---

[485] 石垣・前掲（注 462）119 頁。
[486] 石垣・前掲（注 462）119 頁。
[487] 29 U.S.C. §1102(a)．
[488] 29 U.S.C. §1002(16)(B)．
[489] 29 U.S.C. §1108(c)(3)．
[490] 石垣・前掲（注 462）113 頁。
[491] 29 U.S.C. §1002(16)(A)．
[492] 植田淳・前掲（注 457）29 頁。
[493] 29 U.S.C. §1103(a)．
[494] 植田淳・前掲（注 457）30 頁。
[495] 石垣・前掲（注 462）114 頁。

を兼ねることも可能である[497]。

　e）投資マネージャー

　投資マネージャーは、信託受認者または指名受認者以外の受認者であり、制度資産を管理、取得または処分する権限を有し、銀行、保険会社または投資顧問法上の登録をしている者がこれになり、その書面よって受認者であることが明示されている者である（エリサ法3条(38)[498]）[499]。エリサ法は、制度規約の任意条項として投資マネージャーを置くことを認めており、その条項に従って、資産の支配または管理のために、指名受認者は投資マネージャーを任命することができる（エリサ法402条(c)(3)[500]）。

　f）受認者責任の内容

　　ⅰ）概要

　エリサ法は、受認者の負う信認義務（fiduciary duties）として、忠実義務（排他的目的遂行義務）、注意義務（慎重人原則）、分散投資義務、および制度規約等の遵守義務を定める（エリサ法404条(a)(1)[501]）[502]。さらには、受認者や利害関係者と制度との取引等の利益相反取引の禁止をも定める（エリサ法406条[503] [504] [505]）。このうち、前払いリーガル・サービス・プランとの関係で主として問題となり得る忠実義務（排他的目的遂行義務）、注意義務（慎重人原則）および利益相反取引の禁止を中心に以下に述べる。

　　ⅱ）忠実義務

　受認者は、制度に関して、専ら加入者および受給者の利益ために、しかも、加入者および受給者に対する給付、ならびに制度管理の合理的費用の支出と

---

[496]　石垣・前掲（注462）198頁。
[497]　石垣・前掲（注462）198頁。
[498]　29 U.S.C. §1002(38).
[499]　石垣・前掲（注462）116頁。
[500]　29 U.S.C. §1102(c)(3).
[501]　29 U.S.C. §1104(a)(1).
[502]　石垣・前掲（注462）147頁。
[503]　29 U.S.C. §1106.
[504]　石垣・前掲（注462）147頁。
[505]　排他的目的遂行義務および利益相反の禁止は忠実義務（duty of loyalty）に対応し、慎重人原則および分散投資義務は注意義務（duty of prudence）に対応する。植田淳・前掲（注457）31頁。

いう目的のためだけに、その義務を履行しなければならない（エリサ法404条(a)(1)(A)[506]）[507]。

ⅲ）慎重人原則

受認者は、制度に関して、同様の地位にあり、当該問題に精通した慎重人であれば、同様の性質で、かつ同様の目的を有する事業の遂行において行動する際に用いるであろう特定の状況下における注意（care）、技能（skill）、思慮分別（prudence）および勤勉さ（diligence）をもって義務を履行しなければならない（エリサ法404条(a)(1)(B)[508]）[509]。受認者が、無能または不誠実な弁護士を加入者の法役務の提供にあたらせた場合、注意義務違反を問われ得る[510]。

ⅳ）利益相反取引の禁止

受認者は、原則として、制度と利害関係者（エリサ法3条(14)[511]）[512]との間において、売買、交換および賃貸借、金銭の貸借またはその他の利益供与、動産、役務および施設の提供、制度資産の利害関係者への移転または利害関係者による使用などの利益相反取引をさせてはならない（エリサ法406条(a)(1)[513]）[514]。そのほか、受認者は一定の自己取引（self-dealing）等を禁じられる（エリサ法406条(b)[515]）。

(c) 福祉給付制度における義務違反に対するエリサ法上の救済

a）制度の救済

エリサ法は、受認者の義務違反に対する制度の救済につき、責任規定として、損害賠償請求、不当利得返還を含む衡平法上の救済および受認者の解任

---

[506] 29 U.S.C. §1104(a)(1)(A).
[507] 植田淳・前掲（注457）32頁。
[508] 29 U.S.C. §1104(a)(1)(B).
[509] 植田淳・前掲（注457）34頁。
[510] Pfennigstorf & Kimball, *Employee Legal Service Plans : Conflicts Between Federal and State Regulation*, 1 A.B.F. Res. J. 787, 849 (1976).
[511] 29 U.S.C. §1002(14).
[512] 受認者、制度に対する役務提供者、使用者、従業員組織などを指す。植田淳・前掲（注457）32頁。
[513] 29 U.S.C. §1106(a)(1).
[514] 植田淳・前掲（注457）32頁。
[515] 29 U.S.C. §1106(b).

を含むその他の是正措置を定めたうえで (エリサ法409条[516])、その救済のため、労働長官、加入者、受給権者または受認者が訴えを提起できる旨を定める (エリサ法502条(a)(2)[517])[518]。

他方、受認者以外の者の義務違反に対する制度の救済については、加入者、受給権者または受認者が、差止命令およびその他の衡平法上の救済のため、訴えを提起できるとの定め (エリサ法502条(a)(2)[519]) による。いずれも衡平法上の救済であり、損害賠償請求は認められない[520]。

b）加入者または受給権者の救済

加入者または受給権者の救済については、受認者または受認者以外の者の義務違反のいずれに対しても、加入者、受給権者または受認者が、差止命令およびその他の衡平法上の救済のため、訴えを提起できるとの定め (エリサ法502条(a)(2)) による。いずれも衡平法上の救済であり、損害賠償請求は認められない[521]。

（3）州法による規制
1）保険法
a　保険業に対する規制権限

保険業に対する立法権は、連邦法である1945年のマッカラン・ファーガソン法[522]により、州に委ねられている[523]。同法は、その主要な目的について、「連邦議会は、州が保険業に関する規制および税制を継続することは公益にかなうものであること、ならびに、連邦議会がこの点に沈黙することは、州による保険業の規制または税制に何らかの障壁を課すものとして解釈されてはならないことを、ここに宣言する。」(マッカラン・ファーガソン法1条[524]) と定め、続いてこの一般原則を明確化して、「(a)保険業およびこれに従事するすべ

---

[516]　29 U.S.C. §1109.
[517]　29 U.S.C. §1132(a)(2).
[518]　石垣・前掲（注462）186頁。
[519]　29 U.S.C. §1132(a)(2).
[520]　石垣・前掲（注462）190頁。
[521]　石垣・前掲（注462）185頁。
[522]　15 U.S.C. §§1011-1015.

ての者は、保険業の規制および税制に関係するすべての州法に従わなければならない。(b)連邦のいかなる法律も、当該法律が特に保険業に関係するものでない限り、保険業を規制する目的または保険業に手数料や税を課す目的で施行された州法を無効にし、弱め、または州法に優先するものと解釈されてはならない。」(マッカラン・ファーガソン法2条[525])と定める[526]。

もっとも、各州にまたがる保険事業の展開のため、統一的な立法の必要性が認識され、全米保険監督官協会とその命を受けてすべての保険分野の代表者により組織された機関である全産業委員会によりモデル法が作成され、一定の統一化がはかられている[527]。州の保険規制法がカバーすべき分野は、①料率が、不適切、過大または差別的でないよう監視する目的での料率の管理、②保険者の被保険者に対する不公正な慣行および保険者間の競争に関する不公正な慣行の防止、ならびに③被保険者保護のための保険者の支払不能状態の防止の三つとされる[528]。

---

[523] 1944年以前は、「保険証券の発行は、通商取引ではない」と判示した連邦最高裁判所のリーディング・ケースである Paul v. Va., 75 U.S. 168 (U.S. 1869) のもと、保険業界は連邦法による干渉から比較的自由であった。こうした判例法理は、損害発生可能性を予測するデータの収集・処理における協力、料率機関の共同利用、標準約款の共同開発等の保険業界における実務を保護する役割を果たしてきた。ところが、1944年、連邦最高裁判所は、連邦議会がシャーマン法に基づいて産業を規制する権限を奪われているかどうかが争われた United States v. South-Eastern Underwriters Ass'n, 323 U.S. 811 (U.S. 1944) において、さまざまな産業を州際通商に関連する産業と分類してきた他の判例と一貫させて、保険業についても州際通商に該当するとの判断を示した。そこで、業界に対して急激な変革（特に協調的な料率の決定の点において）を強いるかもしれない連邦による立法を懸念した保険業界は、その政治的影響力を全米保険監督官協会による提案ドラフトに結集し、その提案が議会によりマッカラン・ファーガソン法となって施行された。ジョン・F・ドビン（佐藤彰俊訳）『アメリカ保険法』（木鐸社、平成10年）269頁。マッカラン・ファーガソン法成立の経緯については、佐藤潤「米国の保険業における反トラスト法の適用について――マッカラン・ファーガソン法の解釈を巡って――」法學政治學論究27号（平成7年）359頁をも参照。

[524] 15 U.S.C. §1011.

[525] 15 U.S.C. §1012.

[526] ドビン・前掲（注523）269頁。

[527] ドビン・前掲（注523）269頁。

[528] ドビン・前掲（注523）270頁。

b　ニューヨーク州保険法の例
(a)　保険契約にあたるリーガル・サービス・プラン
ａ）保険契約の定義

「保険業の経営（doing an insurance business）」に該当する活動は「保険契約を締結すること（making an insurance contract）」であり[529]、「保険契約（insurance contract）」は「一方当事者すなわち『保険者』が、他方当事者すなわち『被保険者』又は『受益者』に対し、偶発的な事象（fortuitous event）であってその発生により損失を被るおそれのある重大な利益を当該発生の時点において被保険者又は受益者が有するかまたは有すると期待されるものの発生を条件として、金銭的価値のある給付を与える義務を負う合意またはその他の取引」と定義される[530]。すなわち、保険契約は、①損失のリスク、②当該リスクのある者から他の者への移転、③金銭的価値のある給付の要素、④被保険利益、および⑤当該給付が「偶発的な事象（fortuitous event）」を条件とすることの各要素を含む[531]。

「偶発的な事象（fortuitous event）」は「相当程度に各当事者の支配（control）の外にあるか、または当事者によってそのように想定されている発生又は不発生」と定義される[532]。「支配（control）」の要素は、保険者と見做されることを回避しようとして、支配の水準が十分な場合は事象の「偶発性」は否定されると主張する者との間で議論となってきた[533]。たとえば、宝石店が販売した盗難による損失に対して補償をする場合、同店は支配できない損失のリスクを引き受けていることになるため、無資格での保険業の経営にあたるとされた[534]。

ｂ）前払いリーガル・サービス・プランの保険該当性

ニューヨーク州保険庁は、予め支払われた料金に対して法役務を提供することが、保険業の経営にあたらない場合があると解している。そのようなリー

---

[529]　NY CLS Ins §1101(b)(1)(A).
[530]　NY CLS Ins §1101(a)(1).
[531]　Kelly & Dembeck, New Appleman New York Insurance Law, 3-32, §32.03.
[532]　NY CLS Ins §1101(a)(2).
[533]　Kelly & Dembeck, *supra* note 531.
[534]　Ollendorff Watch Co. v. Pink, 279 N.Y. 32, 17 N.E. 2d 676 (1938).

ガル・サービス・プランに加入する場合、加入者は提供される役務に対して料金を前払いしていることになる[535]。このようなプランは、「アクセス・プラン（access plan）」と呼ばれ、「前払い料金方式で法役務を提供するための取決めのうち、当該役務が、偶発的な事象であってその発生により損失を被るおそれのある重大な利益を当該発生の時点において被保険者または受益者が有するかまたは有すると期待されるものの発生に依存しないもの。ただし、アクセス・プランは、各役務に対して各別の料金が課される場合であって、当該料金が合理的な間接費を含む供与費用を完全にカバーするときは、当該役務を提供することを合意することができる。」と定義される[536]。

ニューヨーク州保険庁が保険業の免許なしに提供できると解しているリーガル・サービス・プランの内容の例としては、①遺言、生前信託[537]、リヴィング・ウィル[538]および健康管理に関する委任状の作成、契約書や賃貸借などの個人の法文書の点検、ならびに不動産譲渡証書（deed）、約束手形、督促状および委任状などの個人の法文書の作成や、②プランの条件で特に除かれているものを除くその他の事案に関する電話または事務所での法律相談などがあげられる[539]。

他方、ニューヨーク州保険庁が保険契約にあたるとの判断を示した前払いリーガル・サービス・プランの給付には、次のような例がある[540]。

① 190ドルの支払いに対して、ピア・レビューにおける外科医の弁護に関連する7万5000ドル相当までの法役務を提供するプラン。

② 偶発的な事象により引き起こされた自動車に関係する給付を提供するプランであって、同給付を「最低5ドルの費用」で提供するもの——統計的証拠によれば最低費用はすべての事件における供与費用をカバーで

---

[535] Kelly & Dembeck, *supra* note 533.
[536] 11 NYCRR §261.1(a).
[537] 信託設定者が生存中に設定し、その生存中に効力が発生する信託。田中英夫編集代表・前掲（注430）524頁。
[538] 末期状態に陥った場合に生命維持治療の中止を求める、という意思を意思決定能力のある時に予め表明しておく文書。田中編集代表・前掲（注430）524頁。
[539] Kelly & Dembeck, *supra* note 533.
[540] *Id.*

きていない。この給付は、実際の料金が役務を供与する費用――人件費、物件費および合理的な間接費――をカバーするように変更されない限り、保険契約にあたる。

③　50ドルの会費に対し、(i)1回の防御あたり25ドルで交通違反の防御を提供するプランであって、(ii)運転免許に関する行政手続きにおける弁護および自動車またはボートの事故によって生じた損害の回収が2時間まで提供されるもの――各カバーの必要性は偶発的な事象であり、かつ課金は役務の供与費用プラス間接費をカバーするという要件を満たさない。

④　固定の月料金に対し、対象役務（国税庁監査、不動産賃貸借紛争の聴聞またはトライアル、刑事事件、民事訴訟、交通および自動車事件、債権回収事件、保険請求のトライアル、ならびに政府機関における給付事件における弁護を含む）を上限なく提供する義務を負う加盟法律事務所へのアクセスを提供するプラン――月料金は各役務の供与費用をカバーするのに十分ではなく、それゆえ、同プランは保険事業の経営にあたる。

⑤　債権回収の督促状のように、偶発的な事象の発生による無料での書状および電話の発信を提供するプラン。

⑥　訓練された専門家が参加し、アイデンティティ窃盗被害者の名前および信用の回復を援助してアイデンティティの回復を提供するプラン――これはアイデンティティ窃盗という偶発的な事象の発生に依拠する給付であり、追加料金を伴わないため、「供与費用（cost of rendition）」テストを満たさない。

(b)　前払いリーガル・サービス・プランに関する規律

　a）前払いリーガル・サービス・プラン事業への参入基準

　前払いリーガル・サービス・プラン事業への参入は、許可を受けた保険者（協同損害保険者、モーゲージ保証保険者、権原保険者、金融保証保険法人を除く）等に対して認められる可能性がある[541]。保険監督官は参入を認めるか否かの決定にあたり、次のすべての事項を審査する[542]。

---

[541] NY CLS Ins §1116(a)(1).
[542] NY CLS Ins §1116(g).

① 資金拠出者およびすべての加入者がプランのものとでの責任を果たすことができること。
② 自らの欲する法役務を利用できない当州の市民の問題の解決を試みるプランであること。
③ 保険者が現存の義務または予想される義務を履行する能力が棄損されないこと。

ｂ）プランの内容に関する基準

プランは、次の基準のすべてを満たすものでなければならない[543]。
① その条項が混乱または誤解を招くものではないこと。
② その条項が公衆のニーズに適合しないものではないこと。
③ 弁護士の職業上または公益上の義務に対する司法的監督に抵触しないこと。
④ 給付に関する苦情に対する速やかな解決を提供すること。
⑤ 受益者による弁護士の選択を制限しないこと。
⑥ 広範囲の法役務を提供すること。
⑦ 加入者に対し書面による情報開示をすること。
⑧ 保険法3426条(c)(1)に定める制限のもとでのみ解除することができること。
⑨ 保険者は、いかなる理由であっても、45日以上60日以下の日数前の書面による通知により、更新しないことができること。
⑩ 契約者は、いかなる理由であっても、30日前の書面による通知により、解除することができること。

（ｃ）裁判所法による規律

いかなる種類のリーガル・サービス・プランも、これを提供する組織は、裁判所法（Judiciary Law）の規定に従い、主たる事務所のある地の高位裁判所控訴部（Appellate Division of the Supreme Court）の認可を得なければならないとされる[544]。

---

[543] NY CLS Ins §1116(b).
[544] NY CLS Jud §496.

2）弁護士倫理ないし裁判所規則

a 米国における弁護士倫理の概要

弁護士の職務上の規律に関し、ABAの模範規程として、ABA法律家職務模範規則（ABA Model Rules of Professional Conduct. 以下「ABAモデルルール」という。）が定められている。弁護士倫理および懲戒については、各州の最高裁判所が最高責任を負い、弁護士倫理規程は各州で定められるものである[545]。ABAモデルルール自体には強制力はなく、各州で採択されて初めて規範としての効力を生じるが、現在ではカリフォルニア州を除く実質的にすべての州で採択されている[546]。

ABAは、1908年に、アラバマ州の倫理規範をもとにして、ABA倫理規範（ABA Canons of Professional Ethics）を制定した[547]。その後、ABAは、1969年にABA弁護士責任規範（ABA Model Code of Professional Responsibility. 以下「ABAモデルコード」という。）を制定した。ABAモデルコードは、綱領（Canon）、倫理規範（Ethical Consideration）および懲戒規則（Disciplinary）という三層構造からなり、懲戒規則のみが懲戒規範とされていた。ABAは、連邦最高裁の広告の自由化判決や弁護士報酬の自由化についての判決、1970年代の大規模事務所の出現等を受けて、1983年にABAモデルコードを廃止して、ABAモデルルールを制定した[548]。

ABAモデルルールは、ABAモデルコードの綱領、倫理規範および懲戒規則という三層構造を放棄し、規則（rule）および注釈（comment）のみから構成される[549]。ABAモデルルールにおける規律は、①依頼者と弁護士との関係、

---

[545] もっとも、弁護士の規律に関する実質的権限は、制定法や裁判所規則によって設けられた委員会や強制加入の弁護士会に委譲されている。浅香吉幹『現代アメリカの司法』（東京大学出版会、平成11年）174頁。

[546] 日本法律家協会編『法曹倫理』（商事法務、平成27年）220頁。

[547] 米国の法曹倫理の歴史は、メリーランド大学ロースクールのデビッド・ホフマン教授が学生向けに講義した1836年のホフマンの提言（The Hoffman Resolutions）、ならびにペンシルバニア州の裁判官のジョージ・シャーウッドが1854年に出版した"A Compound of Lecturer son the Aims and Duties of the Profession of Law"および"An Essay on Professional Ethics"に遡ることができ、アラバマ州のアラバマ弁護士会は、これらを参考に1887年に全米で初めて成文の倫理規範を制定した。日本法律家協会編・前掲（注546）219頁。

[548] 日本法律家協会編・前掲（注546）219頁。

②助言者（Counselor）、③（訴訟代理人・弁護人を意味する）代弁者（Advocate）、④依頼者以外の者との交渉、⑤法律事務所およびその他の団体、⑥公共奉仕、⑦法役務に関する情報、そして⑧弁護士職の高潔性の維持からなる[550][551]。このうち、前払いリーガル・サービス・プランとの関係で特に問題となるのは、①依頼者と弁護士との関係（秘密保持、利益相反）、⑤法律事務所およびその他の団体（弁護士の専門職としての独立性、無資格法律業務）および⑦法役務に関する情報（広告、依頼者の勧誘）である。

b 前払いリーガル・サービス・プランに関する規律
a）リーガル・サービス・プラン前史における状況

歴史的には、リーガル・サービス・プランの前史において、団体リーガル・サービス・プランが現状に及ぼす潜在的脅威への警戒から、弁護士がこれに参加することは禁じられてきた[552]。そこでは、勧誘の禁止、報酬分配の禁止、無資格法律業務の禁止および会社形態での法律業務の禁止といった職務上の規律が論拠とされた[553]。もっとも、こうした初期の制限の多くは、1960年代に、連邦最高裁判所により憲法違反とされていくことになる[554]。

こうした初期の制限に対しては、その背景に、アメリカ文化を覆う強烈な個人主義に基づく伝統的な依頼者・弁護士観があるとの指摘がある[555]。すなわち、法律問題があることを認識し、支援してくれる弁護士を見つけ、さらには報酬を支払って弁護士に委任することについては、依頼をしようとする者が第一の責任を負うのであって、弁護士は、受動的な姿勢にとどまるべきものとされ、倫理規範により広告や勧誘、自主的な助言を禁止されてきた。このようなモデルは、弁護士層との接点があり、該当分野に精通した弁護士を知っている洗練された常連顧客層にとっては比較的有効に機能したもの

---

[549] 日本法律家協会編・前掲（注546）221頁。
[550] 浅香吉幹・前掲（注545）174頁。
[551] 日本法律家協会編・前掲（注546）221頁。
[552] Heid & Misulovin, *supra* note 415, at 349.
[553] Costich, *supra* note 416, at 633.
[554] Id.
[555] Maute, *Pre-Paid and Group Legal Services：Thirty Years After the Storm*, 70 Fordham L. Rev. 915, 917（2001）.

の、多くの一見の利用者にとって、手の届く費用で、特定の種類の法役務に精通した弁護士を見つけることは至難の業であった。20世紀の初めには、貧困者の喫緊の法律問題に対処するため、法律扶助事務所が設置されるようになっていった。弁護士会は、こうした慈善プログラムに対しては、一定の財政的、象徴的支援を与えた。たとえば、1908年のABA倫理規範は、非法律家の仲介者による介入を禁止する規定から、明文で、「慈善団体（charitable societies）」を除いていた。これを除くと、伝統的な倫理規範は、「法律家の責任および資格は、個人的なものである」旨を強調していた[556]。また、法律家は、組織自体の法的事項については、組織からの雇用を受けることができるが、当該組織の構成員に対する法役務を提供することはできないとされていた[557]。

ABA倫理規範35条は、仲介者に関し、次のように規定していた。

35条　仲介者
　法律家の職務は、依頼者と法律家との間に介入するいかなる非法律家の代理人、個人または法人によっても、支配または利用される（exploited）べきではない。法律家の責任および資格は、個人的なものである。法律家は、その義務の履行をそれらの仲介者の利益により方向づけ、またはその利益に向かわせるすべての関係を避けるべきである。法律家の依頼者との関係は個人的なものであるべきであり、その責任は依頼者に直接のものであるべきである。貧困者に扶助を提供する慈善団体（charitable societies）は、そのような仲介者とはみなされない。
　法律家は、団体（association）、クラブまたは労働組合などいかなる組織からも、当該組織が、主体として、利益を有する事項において法役務を提供するために、雇用を受けることができるが、この雇用は当該組織の構成員に対する法役務の提供を含むべきではない。
　「確立した商業的な債権回収を受ける慣行はここでの非難を受けない。」。

---

[556] ABA倫理規範35条。
[557] ABA倫理規範35条。

b）ABA モデルコードのもとでの規律

　従来、倫理規範は営利目的の組織が法役務を提供することを禁じていたため、保険会社やその他の会社によって営まれるあらゆる団体リーガル・サービス・プランは排除されてきたが、こうしたプログラムを容認する裁判所の傾向を受け、1969 年の ABA モデルコードには一定の例外が設けられた[558]。すなわち、ABA モデルコードは、運営にあたる組織に「弁護士による法役務の提供からは利益が生じない」[559]ようになっている場合を除き、団体リーガル・サービス・プランを禁じてきたが、例外として、「その組織が究極的に構成員または受益者の責任を負う事項に関連する場合を除き、その組織によって雇用、指示、監督または選択される弁護士によっては法役務が供給されない」[560]場合に限り、営利目的の組織によることを許容した[561]。もっとも、こうした団体リーガル・サービス・プランの例外的許容は、その普及にとって十分なものとは考えられておらず、特に、クローズド・パネル方式はこの例外によっても許容されないものと解されていた[562]。また、ABA モデルコードのもとでは、プランの管理者に利潤（profit）が生じない場合であっても、弁護士に利益（benefit）をもたらすことを主たる目的とするプランは禁じられていた[563]。

　リーガル・サービス・プランに関する規律として、ABA モデルコードは、その懲戒規則 2-103(D)(4) において、次のように定めていた[564]。

懲戒規則 2-103　弁護士への依頼の勧め
(D)　弁護士またはそのパートナーもしくはアソシエイトまたはその弁護士もしくはその弁護士の法律事務所と提携関係にあるその他の弁護士は、次の事務所もしくは組織より推薦、雇用もしくは報酬の支払いを受け、またはこれらの事務所もしくは組織に協力することができる。ただし、依頼者のために独立の職業人としての適切な判断が妨げられない場合に限る。
　…
(4)　その構成員または受益者に法役務を勧め、供給し、またはその報酬を支払う真正の（bona fide）組織であって、次の条件を満たすもの。
(a)　当該組織が、支部組織を含め、弁護士による法役務の提供からは利潤が生じないように組織および運営され、かつ、同組織が営利を目的として組

織されたものである場合は、同組織が究極的に構成員または受益者の責任を負う事案に関連するものを除き、法役務が同組織により雇用、指示、監督または選定される弁護士により提供されないように組織または運営されること。
(b) 弁護士またはそのパートナーもしくはアソシエイトまたはその弁護士もしくはその弁護士の法律事務所と提携関係にあるその他の弁護士、あるいは弁護士以外の者が、これらの弁護士のために財政的利益またはその他の利益を供与することを主たる目的として、当該組織を創設または推進したものでないこと。
(c) 当該組織が、同組織の法役務プログラムの範囲外において、開業弁護士としての弁護士に、法律事務または財政的利益を得させるために運営されているものではないこと。
(d) 当該組織ではなく、法役務の供給を受ける構成員または受益者が、当該事案における弁護士の依頼者であるとされること。
(e) 当該組織によって法役務の供給またはその報酬の支払いを受ける資格のある構成員または受益者が要求する場合、これらの構成員または受益者は、当該組織によって供給、選択または承認された弁護士以外の弁護士を選択することができること。さらに、当該組織のリーガル・サービス・プランは、供給、選択または承認された弁護士による弁護が、問題となっている事案の状況において、非倫理的、不適切または不十分であるとの不服を主張する構成員または受益者に対し、適切な救済を提供し、かつ、同プランはその救済と求めるための適切な手続きを提供すること。
(f) 弁護士は、当該組織が法役務の運営を規律する適用すべき法律、裁判所規則またはその他の法律上の要件に違反していることを知らないか、または知るべき事由がないこと。
(g) 当該組織は、所管の監督当局に、少なくとも年1回、そのリーガル・サービス・プランに関する報告書で、その条件、給付の一覧表、加入料、弁護士との契約および法役務活動の財政的結果のいずれかがあれば、それらを示すものを提出すること、または、それができなかった場合には、弁護士はそれを知らないか、もしくは知るべき事由がないこと。

c）ABA モデルルールにおける規律
i　概要

　1983 年の ABA モデルルールは、リーガル・サービス・プランに対するそれまでの厳格な姿勢を大きく緩和し、弁護士がリーガル・サービス・プランに参加するための要件を廃止し、加入者の権利を保護するための一定の規律に服する必要はあるものの、リーガル・サービス・プランを一般に容認するものとなった[565]。団体リーガル・サービス・プランは、営利目的の保険会社によって運営されているものや直接に弁護士を雇用する従業員リーガル・サービス・プランなどを含めて、広く許容され、クローズド・パネル方式であれ、社内弁護士による法役務提供であれ、秘密保持や勧誘などに関する倫理規範を遵守する限り、許容されるものと解されている[566]。
　ABA モデルルールのもとで、リーガル・サービス・プランとの関係で問題となる主な規律は、秘密保持（規則 1.6）、利益相反（規則 1.8）、弁護士の専門職としての独立性（規則 5.4）、無資格法律業務（規則 5.5）、広告（規則 7.2）、依頼者の勧誘（規則 7.3）などである。

ii　規則 1.6　秘密保持

　規則 1.6[567]は、放棄のない限り、弁護士が依頼者の秘密を保持することを求めている。プランに対し、依頼者の名前を報告したり、弁護士が受任していることを知らせたりする場合であっても、秘密情報の開示にあたるとされ

---

[558]　Heid & Misulovin, *supra* note 415, at 351.
[559]　ABA モデルコード　懲戒規則 2-103(D)(4)(a)。
[560]　Id.
[561]　Heid & Misulovin, *supra* note 415, at 351.
[562]　Id.
[563]　ABA モデルコード　懲戒規則 2-103(D)(4)(b)。
[564]　アメリカ法曹協会（第二東京弁護士会調査室訳）『アメリカ法曹協会　弁護士責任規範〔第 2 版〕』（第二東京弁護士会、昭和 54 年）19 頁参照。
[565]　Heid & Misulovin, *supra* note 415, at 352.
[566]　Costich, *supra* note 416, at 639.
[567]　規則 1.6(a)は、「法律家は、依頼者がインフォームドコンセントを与えた場合、弁護を遂行するために開示の権限が黙示的に与えられた場合または開示が(b)項により許される場合を除き、依頼者の弁護に関係する情報を漏らしてはならない。」と規定する。藤倉皓一郎監修『〔完全対訳〕ABA 法律家職務模範規則』（第一法規、平成 18 年）67 頁参照。

ることがある[568]。弁護士と依頼者と事件との関係を隠すため、仲介者として独立のコンサルティング・ファームを起用したり、コンピュータ・プログラムを用いたりすることが、求められることもある[569]。実際、加入者がプランを利用する際に絶対に匿名であることを求めている場合に、弁護士が依頼者名を「甲野太郎（John Doe）」などとして報告することを認めているリーガル・サービス・プランも存在する[570]。

　　ⅲ　規則1.8　利益相反：現依頼者：特別規則

　ABAモデルルールは、利益相反に関する原則的な規定を規則1.7（利益相反：現依頼者）に置いているが、弁護士が第三者（たとえば保険会社）から依頼者を弁護するための費用を受け取る場合の利益相反の問題については、特に、規則1.8(f)が規律する[571][572]。

　規則1.8(f)[573]によれば、依頼者の同意があったとしても、リーガル・サービス・プランは、「法律家の職業上の判断の独立性または依頼者・法律家関係への干渉」（規則1.8(f)(2)）を控えなければならず、さらに、「依頼者の弁護に関

---

[568] Heid & Misulovin, *supra* note 415, at 352.
[569] Heid & Misulovin, *supra* note 415, at 353.
[570] Id.
[571] ロナルド・D・ロタンダ（当山尚幸ほか訳）『アメリカの法曹倫理――事例解説〔第4版〕』（彩流社、平成27年）138頁。もっとも、規則1.7にも、法律家の役務に対して対価を支払う者の利益に関し、注釈13が置かれている。これによると「法律家は、依頼者がその事実を知らされて同意し、かつ、その取決めにより法律家の依頼者に対する忠実義務または独立した判断が損なわれないときは、共同依頼者を含む依頼者以外の資金源から支払いを受けることができる。規則1.8を参照。他の資金源からの支払いを受け取ることにより、当該法律家による当該依頼者の弁護が、報酬支払者に便宜を図るという法律家自身の利益または共同依頼者でもある報酬支払者に対する法律家の責務によって重大な制約を受ける相当の危険があるときは、法律家は弁護を受任する前に(b)項の要件を満たさなければならない。これには、利益相反が同意可能であるか否かの判断、そして同意可能であるならば依頼者がその弁護の重大な危険に関して十分な情報を有しているか否かの判断が含まれる。」とされる。藤倉・前掲（注567）81頁参照。
[572] 本条項の適用は、典型的には、責任保険において、保険会社が、弁護士に対し、約款の範囲内で被保険者の防御のために費用を支払う場面に関し、議論がなされてきた。利益相反が顕在化する状況としては、保険の填補限度額を超える賠償額が見込まれる場合、当該請求がその約款で賄われるものかどうかについて保険者と被保険者との間で争いがある場合や保険者が被保険者の希望に満たない弁護士費用しか支払おうとしない場合などが想定される。判例は未だ確立されていないものの、上記状況において、弁護士は被保険者に対し誠実義務があり、被保険者こそが依頼者であるという立場をとる傾向にある。ロタンダ・前掲（注571）151頁。

係する情報が、規則1.6が求めるとおりに保護されている」（規則1.8(f)(3)）ようにしなければならない[574]。ここでの起草者の二つの懸念は、弁護される者と報酬を支払う者との利益相反であり、さらには独立した職業的判断への干渉である[575]。規則1.8(f)(2)は、弁護士は依頼者（被保険者）のみを代理する見解に立ち、第三者が依頼者のために法役務に対する費用を支払う場合であっても、弁護士はその第三者が弁護士の専門的判断に干渉することを許してはならないと明確に規定している[576]。

規則1.8には、法律家の役務に対して報酬を支払う者に関し、次の二つの注釈が置かれている。

注釈11は、「法律家はしばしば、第三者が法律家の報酬の全部ないし一部を支払うという事情のもとで依頼者を弁護するよう求められる。その第三者は、親族、友人、（責任保険会社のような）補償者または（その被用者の一人以上とともに訴えられた企業のような）共同依頼者かもしれない。支払いをなす第三者はしばしば弁護に対する支払額を最小限にすることや弁護の進行状況を知ること等、依頼者とは異なる利益を有するため、法律家は、自己の専門職としての独立した判断に何ら干渉しないと判断し、かつ、依頼者のインフォームドコンセントを得ない限り、そのような弁護を受任または継続することを禁じられる。規則5.4(c)（法律家に他の者への法役務の提供を勧め、雇用し、またはその支払いを行う者が、法律家の専門職としての判断に干渉することを禁じる）をも参照。」[577]という。

注釈12は、「ときには、法律家が、第三者による支払いの事実および第三者が誰であるかに関して、依頼者のインフォームドコンセントを得ることで十分であろう。しかしながら、その報酬の取決めが当該法律家にとって利益

---

[573] 「法律家は、次のいずれにも該当する場合を除き、依頼者の弁護に対する報酬を、当該依頼者以外の者から受け取ってはならない。(1)依頼者がインフォームドコンセントを与えていること。(2)法律家の職業上の判断の独立性または依頼者・法律家関係への干渉がないこと。(3)依頼者の弁護に関係する情報が、規則1.6が求めるとおりに保護されていること。」。藤倉・前掲（注567）94頁参照。
[574] Heid & Misulovin, *supra* note 415, at 353.
[575] Costich, *supra* note 416, at 633.
[576] ロタンダ・前掲（注571）152頁。
[577] 藤倉・前掲（注567）100頁参照。

相反を生ずるときは、法律家は規則1.7に従わなければならない。その法律家は、また、秘密保持に関する規則1.6の要求にも従わなければならない。規則1.7(a)[578]のもとでは、その法律家による依頼者の弁護が、当該報酬の取決めについての法律家自身の利益または支払いをなす第三者に対する法律家の責務（たとえば、支払いをなす第三者が共同依頼者であるとき）により、実質的な制約を受ける相当の危険があるときには、利益の相反が存在する。規則1.7(b)[579]のもとでは、その利益相反が同項のもとで同意不可能なものでない限り、法律家は、影響を受ける各依頼者のインフォームドコンセントを得て、その弁護を受任または継続できる。規則1.7(b)のもとでは、当該インフォームドコンセントは書面により確認されなければならない。」[580]という。

1994年、メイン州弁護士会は、営利目的のリーガル・サービス・プランに対する本条の規律の適用に関し、プラン提供者が、参加弁護士に対し、プラン加入者がプラン弁護士から一定水準のサービスを受けられるよう、標準化された法文書（たとえば、遺言書など）を適用して、これを手直しして文書作成をするよう義務付けることができるかどうかについて、調査を行った[581]。この事案では、問題の契約は、州法を遵守するために必要な限度でのみ、標準書式を変更する権限を与えるものであり、弁護士に、依頼者に参加弁護士の契約に対立する行動を促したり、プラン提供者が用意した書式がいかなる点でも不足や劣っている点があると依頼者に示唆したりすることがないよう求めるものであった[582]。メイン州弁護士会は、参加弁護士にこうした手段を求

---

[578] 「法律家は、(b)項に規定されている場合を除き、ある依頼者を弁護することが利益相反の競合を含む場合には、当該依頼者を弁護してはならない。利益相反の競合がある場合とは次のいずれかの場合である。(1)ある依頼者を弁護することが、直接的に他の依頼者の利益に反するとき。(2)一人以上の依頼者を弁護することが、自己の他の依頼者、かつての依頼者もしくは第三者に対する責務、または自己の個人的な利害関係により、受大な制約を受ける相当の危険があるとき。」。藤倉・前掲（注567）260頁参照。

[579] 「(a)項に規定する利益相反の競合がある場合であっても、法律家は次のすべての要件を満たすときは、依頼者を弁護することができる。(1)法律家が、影響を受ける各依頼者に対し、十分かつ熱心な弁護を提供できると考え、かつそれが合理的であること。(2)当該弁護が法律により禁じられていないこと。(3)当該弁護が、同一の訴訟または他の審判手続きにおいて、法律家が弁護する他の依頼者に対する請求の主張を含まないこと。」。藤倉・前掲（注567）260頁参照。

[580] 藤倉・前掲（注567）101頁参照。

[581] Tomes, *supra* note 417, at 51.

めるリーガル・サービス・プラン提供者による契約は、第三者が依頼者の弁護における弁護士の個人的判断に介入することを規制する州弁護士会の倫理規則に違反し、メイン州の弁護士はこのような契約を締結することができないと判断した[583]。

iv 規則5.4 弁護士の専門職としての独立性

実質的に営利目的のリーガル・サービス・プランへの参加を禁止していたABAモデルコードにおける厳格な報酬分配禁止の規定(懲戒規則2-103(D)(4)(a))は、ABAモデルルールには受け継がれていない[584]。ABAモデルルールにおいて、法律家以外の者との報酬分配の禁止を定める規則5.4(a)[585]は、営利目的のものを含め、リーガル・サービス・プランをその制限の例外としている[586]。

すなわち、「法律家または法律事務所は、法律事務の報酬を法律家でない者との間で分配してはならない」と定める規則5.4(a)を文字通りに解すると、同条項は、団体リーガル・サービス・プランから弁護士への報酬の支払いを含む法律事務の依頼は、いかなる場合にも禁じていることが示唆されるが、規則6.3[587]およびその注釈[588]は、弁護士が「法役務組織を支援し、これに参画すること」を奨励していることから、規則5.4(a)の適用は、許されない依頼者の勧誘に限定して適用すべきものと解されている[589]。ABAは、営利目的のリーガル・サービス・プランへの弁護士の参加について、その公式見解87-

---

[582] Heid & Misulovin, *supra* note 415, at 353.
[583] Heid & Misulovin, *supra* note 415, at 354.
[584] Costich, *supra* note 416, at 638.
[585] 「法律家または法律事務所は、法律事務の報酬を法律家でない者との間で分配してはならない。ただし、次の場合を除く。(1)法律家とその者の法律事務所、パートナー法律家または勤務法律家との間の合意が、その法律家の死後、合理的な期間にわたり、その法律家の遺産財団または特定の一人以上の者に対する金銭の支払いを規定する場合。(2)死亡した法律家、無能力となった法律家または失踪した法律家の業務を譲り受けた法律家が、規則1.17の規定に従って、その法律家の遺産財団またはその法律家の代理人に対し、契約に基づく譲受価格を支払う場合。(3)法律家または法律事務所が、法律家でない被用者に、その全部または一部が利益配分方式に基づく賃金プランまたは退職金プランを提供している場合。(4)法律家が、ある事件について自己を雇用、依頼または推薦した非営利組織との間で、裁判所の裁定により支払われる法律事務の報酬を分配する場合。」藤倉・前掲（注567）221頁参照。なお、この(4)により、たとえばNAACPなどの非営利団体に雇用または推薦された弁護士が、同団体に対して法律事務の報酬を分配してもよいことが明確になっている。ロタンダ・前掲（注571）303頁。
[586] Heid & Misulovin, *supra* note 415, at 354.

355（1987 年 12 月 14 日）[590]において、「営利目的のリーガル・サービス・プランへの弁護士の参加は、当該プランが本意見における指針に従う限り、モデルルールのもとで許容されている。」旨を述べている[591]。

v　規則 5.5　無資格法律業務：複数法域法律業務

規則 5.5 は無資格法律業務（unauthorized practice of law：UPL）を規律する。同(a)項[592]および(b)項[593]はその原則的禁止を定め、同(c)項および(d)項はこれらの禁止に対する狭い例外を定める。米国では、州で法律業務を行うには、その州の免許を必要とする[594]。ここで、法律業務とは、弁護士の専門的法律判断の必要な人に対して役務を提供することをいう[595]。社会の機動性が増すにつれて、複数法域における法律業務に関して多くの疑問が提起されている[596]。無資格法律業務は、弁護士のネットワークを利用して会員に法役務を提供す

---

[587]　規則 6.3（法役務組織の構成員）は、「法律家は、自己が勤務する法律事務所以外の法役務組織の取締役、業務執行者または構成員として勤務することができる。その組織が、自己の依頼者と対立する利害を有する者のため奉仕する場合であっても同様とする。法律家は、次のいずれかの場合にあたることを知りながら、その団体の決定または活動に参加してはならない。(a)その決定または活動に参加することが規則 1.7 による法律家の依頼者に対する義務と抵触するとき。(b)その決定または活動が、自己の依頼者と対立する利益を有する、組織の依頼者の弁護に重大な不利益をもたらすおそれがある場合。」と定める。藤倉・前掲（注 567）246 頁参照。

[588]　注釈 1 は、「法律家は、法役務組織を支援し、これに参加することを奨励される。そのような組織に勤務しまたは構成員である法律家は、その組織により奉仕を受ける者との間に依頼者・法律家関係を持たない。しかしながら、そのような人々と、法律家の依頼者との間には、潜在的な利益相反がある。もしそのような利益相反の可能性により法律家が法役務組織の役員となることが制限されるとすれば、その種の団体に対する法律専門職の関与は著しく縮減されることになる。」という。藤倉・前掲（注 567）246 頁参照。

[589]　Costich, *supra* note 416, at 639.

[590]　ABA Comm. on Professional Ethics and Grievances, Formal Op. 355, at 17（1987）.

[591]　Heid & Misulovin, *supra* note 415, at 354.

[592]　「法律家は、ある法域の法律専門職規制に違反して、当該法域における法律業務を行い、または他の者がそうするようにすることに助力してはならない。」藤倉・前掲（注 567）223 頁参照。

[593]　「本法域において法律業務を行う資格を有していない法律家は、次のことをしてはならない。(1)法律業務を行うことを目的として、本法域内に事務所を設置し、または他の制度的かつ継続的な存在を示すこと。ただし、本規則または他の法律により認められる場合を除く。(2)自己が本法域において法律業務を行う資格を有する旨を、公衆に対して掲示し、またはその他の方法で表示すること。」。藤倉・前掲（注 567）223 頁参照。

[594]　ロタンダ・前掲（注 571）306 頁。

[595]　ロタンダ・前掲（注 571）307 頁。

[596]　ロタンダ・前掲（注 571）312 頁。

る従来型のリーガル・サービス・プランではあまり問題とならないが、LegalZoomなどのインターネットを通じて全国的にリーガル・サービス・プラン以外のサービスをも提供する新型のリーガル・サービス・プランで問題となりやすい[597]。このようなサイトとしては、LegalZoomのほか、NOLO、Rocket Lawyerなどが有名である[598]。これらのサイトでは、①法情報の提供、②弁護士検索、③一般人の質問に登録弁護士が回答する掲示板、④必要が生じた場合には無料または割引料金で法役務を受けられる会員権、⑤有償による法文書の穴埋め書式や双方向的なソフトウェアを使用した法文書作成などのサービスが提供される[599]。

　LegalZoomは、2001年に、カリフォルニア州ハリウッドの二人の弁護士により設立され、現在、100万人を超える顧客を抱え、約400人の従業員を雇っている[600]。2012年8月2日に予定されていた株式上場は、機関投資家のつけた株価が目論見を大幅に下回ったため延期となった[601]。LegalZoomは、法情報の提供や掲示板の運営、書式[602]の販売を行うほか、月会費により会員に対し一定の範囲の法役務を無償で受けられるリーガル・サービス・プラン[603]を提供している[604]。LegalZoomの事業に対しては法律家層の注目も集まってお

---

[597] Tomes, *supra* note 417, at 53.
[598] Clark, *Internet Wars*：*The Bar Against the Websites*, 13 HIGH TECH. L.J. 247, 248（2013）.
[599] Clark, *supra* note 598, at 249.
[600] *Id.* at 250.
[601] *Id.*
[602] 書式には、委任状（powers of attorney）やリヴィング・ウィル（living wills）、無籍離婚（no-fault divorce）の申立書、賃貸借契約書、売買契約書などの個人向けのもののほか、設立証書（certificate of incorporation）、商標登録申請書、動産売買契約書などの事業向けのものがある。書式は、穴埋め式のものとサイト上のソフトウェアを用いて完成させるものとがある。Clark, *supra* note 598, at 251.
[603] リーガル・サービス・プランには、個人向けとして月会費7.99ドルのLegal Advantage Standardと月会費14.99ドルのLegal Advantage Plusがあり、事業向けとして月会費7.99ドルのBusiness Advantage Standardと月会費29.99ドルのBusiness Advantage Proがある。Clark, *supra* note 600, at 253. プランの給付内容には、(ⅰ)提携法律事務所による同一案件につき1回の30分までの法律相談、これに関連するプラン会員のための1通の2頁までの書面または1回の電話、(ⅱ)提携法律事務所による同一案件につき1通の10頁までの法文書の点検、これに関する1回の電話相談とその要約書、(ⅲ)年1回の法的診断などが含まれる。Clark, *supra* note 598, at 269-270.
[604] *Id.* at 250.

り、7 以上の州において、LegalZoom は無資格法律業務を行っているとの見解が表明されている[605]。

　LegalZoom は、その顧客への損害賠償および差止めを求めるクラス・アクションをミズーリ州裁判所に提起され、同訴訟は連邦裁判所に移送された（Janson v. LegalZoom、Inc. 事件[606]）[607]。同事件における LegalZoom によるサマリー・ジャッジメントの申立ての中で、LegalZoom がそのウェブサイトで作成された法文書を顧客に提供したことが、無資格法律業務にあたるとの見解が判示された[608]。LegalZoom は、do-it-yourself 式の離婚キットを適法とし裁判例を引用して、LegalZoom のサービスは同様に単なる自助的なもの self-help であると主張したが、裁判所は、LegalZoom が、利用者の回答を、完全性、綴り、文法上の誤り、一貫性の点から点検していることは、単なる自助キットを超えるものであって、コンピュータは人のインプットがなければ法文書を作成することはできず、プログラムは利用者が選択したミズーリ州法に基づいて文書を作成するようにできているとして、LegalZoom の製品につき、「これと、依頼者に一連の質問をしたうえで、その回答および適用される法に基づいて法文書を作成する弁護士との間に、違いはない」と述べた[609]。その後、同事件は和解で決着した。その和解条項の中で、LegalZoom は、600万ドルの和解金を支払うほか、すべての書式ひな型はミズーリ州弁護士が点検しなければならないこと、ミズーリ州弁護士が行うのでなければ個別の法文書の点検をしてはならないこと、すべてのリーガル・サービス・プランには最低限 30 分のミズーリ州弁護士による法律相談を含めなければならないことなどが定められた[610]。

　ⅵ　規則 7.2　広告

　ABA モデルルールは、規則 7.3 で厳密に定義づけて特に規制している「直接的勧誘」を除き、あらゆる媒体を介しての真実である広告を認めるに至っ

---

[605] Id. at 256.
[606] Janson v. LegalZoom.com, Inc., 802F. Supp. 2d 1053（W.D. Mo. 2011）
[607] Clark, *supra* note 598, at 279.
[608] Janson, *supra* note 606, at 1065.
[609] Id.
[610] Clark, *supra* note 598, at 281-282.

ているが、弁護士が法律事務を紹介してもらうための対価の支払いについては、一定の制約がある[611]。規則7.2(b)は、原則として、推薦を受ける対価として弁護士に何らかの金員を提供することを禁じているが、例外としてリーガル・サービス・プランや非営利の弁護士紹介サービスに対して、「通常の手数料」を支払ってよいとする（規則7.2(b)(2)[612]）[613]。ここで「推薦」とは、ある弁護士の資質、才能、能力、性格またはその他の専門職上の質について是認や補償をするコミュニケーションを意味する[614]。かつてのABAモデルコードでは、正確かつ入念、詳細に、弁護士が推薦や依頼者の紹介を受けてもよい法役務団体の種類が定義されていたが、現在のABAモデルルールは、弁護士に対し、虚偽の広告活動を行うなど、規則違反となるような方法で依頼者となり得る者と紹介サービス等がコミュニケーションをとらないことを確実にするような合理的な行動を求めるのみである（同注釈7[615]）[616]。

　vii　規則7.3　依頼者の勧誘

　本規則は、弁護士が、対面や直接の電話等による接触において、金銭上の利得を主たる動機として勧誘を行うことを制限している（規則7.3(a)[617]）が、組合や企業などの組織の代表者と接触して、その構成員のために前払いリーガ

---

[611]　ロタンダ・前掲（注571）339頁。
[612]　「次に掲げる場合を除き、法律家は、自己の役務を推薦した者に対し、いかなる対価をも支払ってはならない。(2)リーガル・サービス・プランまたは非営利もしくは適格な法律家紹介サービスに対し、通常の手数料を支払う場合。適格な法律家紹介サービスとは、所管の規制機関により認定された法律家紹介サービスをいう。」藤倉・前掲（注567）255頁参照。
[613]　ロタンダ・前掲（注571）340頁。
[614]　ロタンダ・前掲（注571）340頁。
[615]　「リーガル・サービス・プランからの割当てもしくは紹介、または法律家紹介サービスからの紹介を受ける法律家は、当該プランまたはサービスの諸活動が法律家の専門職としての義務と矛盾しないことを確実にするため、合理的に行動しなければならない。規則5.3を参照。リーガル・サービス・プランおよび法律家紹介サービスは依頼者となり得る者に情報伝達をすることができるが、当該情報伝達は本規則に適合したものでなければならない。したがって、広告が虚偽または誤解を招くものであってはならない。たとえば、団体広告プログラムまたは団体リーガル・サービス・プランの情報伝達は依頼者となり得る者に、それが州政府機関または州弁護士会の後援を受けた法律家紹介サービスであると誤解させるようなものであってはならない。また、法律家は、これらのプランまたは紹介サービスが規則7.3条に違反するような対面、電話またはリアルタイムの接触をすることも許してはならない。」藤倉・前掲（注567）255頁参照。
[616]　ロタンダ・前掲（注571）340頁。

ル・サービス・プランを創設することを促すことができる旨を明言する（規則7.3(d)[618]）[619]。その理論的根拠は、弁護士が提案した制度の代表者を勧誘することは、依頼を検討している者に向けられたものではなく、むしろその者の選択いかんでは弁護士の依頼者となり得る者のため、法役務の提供者を探す受託者的地位に立つ者に向けられているので、勧誘活動ではなく広告活動であるところにある（同注釈7[620]）[621]。ただし、弁護士がこの規則の定める弁護士自身による勧誘の制限を回避するためにこのプランを利用することがないよう、弁護士が自身の参加するプランを所有したり経営したりすることを禁じている（同注釈9[622]）[623]。

5　わが国への示唆

　米国における前払いリーガル・サービス・プランは、現在では、弁護士費用ないし法役務の調達手段として、限定的な範囲とはいえ、定着した感があ

---

[617]　「法律家は、その主たる動機が金銭上の利得であるときは、依頼を検討している者に対し、対面、直接の電話またはリアルタイムの電子的方式による接触において、自らに依頼するよう勧誘してはならない。ただし、次のいずれかに該当するときはこの限りでない。(1)接触を受ける者が法律家であるとき。(2)接触を受ける者と当該法律家との間に、家族関係、新しい人間関係または既存の職務上の関係があるとき。」。藤倉・前掲（注567）260頁参照。

[618]　「法律家は、(a)項における禁止にかかわらず、自らが所有または経営するのでない組織により運営される前払いまたは団体リーガル・サービス・プランで、当該プランの適用対象となる特定の事件について法役務を必要とすることが知られていない者に対し、プランへの加入または契約を勧誘するために対面または電話による接触を行うものに参加することができる。」。藤倉・前掲（注567）260頁参照。

[619]　ロタンダ・前掲（注571）340頁。

[620]　「本条は、法律家が、その構成員、被保険者、受益者またはその他第三者のために団体ないし前払いリーガル・サービス・プランを設立することに関心を有するであろう組織または団体に対し、自己または自己の事務所が提供し得るプランまたは取決めの利用可能性や詳細を伝えることを目的として、その代表者に接触することを禁じるものではない。この形式の情報伝達は、依頼を検討している者に向けられたものではない。むしろ通常は、その選択いかんでは法律家の依頼者ともなり得る者のため、法役務の提供者を探す、受託者的地位に立った個人を対象とする。このような状況のもとでは、法律家が代表者に情報伝達する際の行動や個人に伝達される情報の種類は、規則7.2の許容する広告と機能的に類似し、かつ、それと同様の目的に資するものである。」。藤倉・前掲（注567）263頁参照。

[621]　ロタンダ・前掲（注571）340頁。

るものの、その発展の歴史は、決して平坦なものではなかった。特に、その初期の段階において、伝統的な弁護士・依頼者関係に影響をもたらし、弁護士の職業的判断の独立性を脅かすものとして弁護士層が組織的に抵抗してきたことが、その発展を妨げる大きな要因となってきたといわれている。歴史的な発展の中で、弁護士倫理による規制は次第に緩和されてきたが、現在でも一定の範囲では規制に服すべきものとされている。こうした歴史的展開の中に、わが国の権利保護保険をわが国の司法制度や弁護士業務の大幅に取り込んでいくため規範的考慮にあたり、議論の参考となることが多く含まれているように思われる。

　欧州の権利保護保険が紛争法務を主たる対象として、一貫して大数の法則を利用した保険技術を基礎とした仕組みとして、リスクへの補償機能を中心に発展してきたのに対し、米国の前払いリーガル・サービス・プランは、むしろスケールメリットを利用したディスカウントを経済原理とし、予防法務を中心に、より直接的に弁護士へのアクセスを容易にすることに機能の重点が置かれてきた。前述の弁護士層の抵抗も、こうした前払いリーガル・サービス・プランの性格により助長された面があるといえよう。

　また、米国の前払いリーガル・サービス・プランが予防法務を中心としてきた背景には、各州における厳格な保険監督を避ける目的があったことが否定できない。わが国においても、米国の前払いリーガル・サービス・プランのような仕組みを利用して労働組合などの団体が自ら構成員のための予防法

---

[622]　「本条(d)は、法律家が、構成員をその他団体ないし前払いリーガル・サービス・プランに勧誘するために対面の手法を用いる組織に関与することを許す。ただし、その対面の接触は、当該プランに通じて法役務の提供者となり得る法律家が行うのでないことを条件とする。その組織は、当該プランに参加するいかなる法律家または法律事務所によっても、所有されまたは（マネージャーとしてであれ何であれ）経営されてはならない。たとえば(d)項は、法律家が自ら直接・間接に支配する組織を創設し、プランその他の会員制度を通じて自己に事件を依頼するよう対面または電話で勧誘するため、これを利用することを許容しない。これらの組織に許される情報伝達は、また、特定の事件について法役務を必要とすることが知られる者に向けられてはならないが、プランの潜在的な会員に対して、利用できる法役務の手段を一般に知らせるために用いることはできる。リーガル・サービス・プランに参加する法律家は、そのプランの後援者が規則7.1、規則7.2および規則7.3(b)項を遵守することを合理的に確実なものとしなければならない。規則8.4(a)項を参照。」。藤倉・前掲（注567）263頁参照。
[623]　ロタンダ・前掲（注571）340頁。

表8　欧州の権利保護保険と米国のリーガル・プラン

	権利保護保険（欧州）	リーガル・プラン（米国）
主な対象分野	紛争法律問題（法律相談、示談交渉、訴訟代理）	予防法律問題（法律相談、遺言作成、契約書レビュー等）
法形式	保険	信託など
提供方法	事業者が消費者個人に提供	労組等の団体が構成員に提供
費用の範囲	弁護士報酬のほか、提訴手数料、鑑定費用、実費も対象	弁護士報酬のみ
弁護士の選任	被保険者が選任	主にプラン提供者が選任
主な機能	費用リスクに対する補償	弁護士へのアクセス機会
給付頻度	低	高
給付金額	高	低
相互の接近	予防法務を含む無制限の法律相談、団体保険、提携弁護士	紛争法務の対象化、事業者による提供、個人向けプラン

務の調達の支援の拡大を図っていくことは検討に値すると思われる。そうした仕組みの構築に対する規制の在り方を考えるうえで、米国におけるエリサ法等の従業員福祉給付制度への法規制や各州の保険法制の歴史的展開や現状を参考にすべきであろう。

第3章　わが国における権利保護保険

1　わが国における権利保護保険の現状と課題

（1）「権利保護保険（弁護士保険）」制度の歴史
1）制度の創設まで

　保険商品としてのわが国における権利保護保険の一つの源流は、1990年代における規制緩和による自由化後、平成10年11月1日に三井海上火災保険株式会社（当時）から新自動車保険〈プロガード〉として発売された[624]最初の弁護士費用特約に辿ることができるが、他方で、1970年代から続く日本弁護士連合会（以下「日弁連」という。）における取組みがもう一つの権利保護保険の源流である。

　すなわち、日弁連では、昭和53年に現在の弁護士業務改革委員会[625]の前身である当時の弁護士業務対策委員会において、権利保護保険の研究が始められた。そして、昭和54年7月、当時の会長が同委員会に対して「我が国における訴訟費用保険制度実現のための諸方策についての検討」を諮問したことで、日弁連における研究、検討が正式に始まった[626]。さらに、平成5年1月には、日弁連理事会において「法律相談保険（仮称）」の骨子案[627][628]が承認されたものの、具体的な商品開発には至らず、平成6年には事実上凍結状態となっ

---

[624] 財団法人日本経営史研究所編『大東京火災海上史』（あいおい損害保険株式会社、平成16年）637頁。

[625] その設置要綱によれば、同委員会の目的は「国民の基本的人権の擁護、紛争の予防と公平・適切な解決、その他社会のあらゆる領域において必要とされる弁護士業務（弁護士法人業務を含む。以下同じ）の重要性に鑑み、弁護士業務の改革のための、調査・研究を行うとともに、非弁活動業務等、弁護士業務の適切な発展を阻害する事案に対し必要な措置を講ずること」にある。

[626] 髙橋理一郎「今なぜリーガル・アクセス・センターなのか（特集2　リーガル・アクセス・センターの今日的役割と課題）」自由と正義59巻1号（平成20年）44頁。佐瀬・前掲（注3）6面。

た[629]。

　その後、日弁連においては法律相談以上に訴訟における費用も保険金で出せるような制度を作る方向で研究が続けられた[630]。平成9年秋には、今度は、損保会社数社から日弁連に対し、訴訟等における弁護士報酬までをも対象とする保険の共同研究の申し入れがなされ、弁護士業務対策委員会内に立ち上げられたプロジェクト・チームで共同研究がなされることとなった。平成11年2月には、共同研究の成果が「権利保護保険制度創設にかかる提言」（案）の形で取りまとめられ、一部修正のうえ、同年9月には同案が業務対策委員会で採択された[631]。同案には、弁護士紹介は弁護士会のみが行うものとし、日弁連と損保会社とが協定書を締結して、協力して保険制度の運営にあたる「権利保護保険モデルプラン」が提示されていた。そして、平成12年6月17

---

[627] この骨子のもととなった日弁連弁護士業務対策委員会作成の「法律相談保険の提言」と題する報告書によれば、保険金を支払う場合として、次のように規定されていた。

「日本国内において急激かつ偶然な外来の事故により被保険者が次の損害を被った場合に、その損害に起因して負担した弁護士に対する法律相談費用に対して保険金を支払う。
(1) 被保険者の死亡・身体障害
(2) 被保険者の所有・使用・管理する居住用不動産または日常生活の用に供するための動産に生じた滅失・毀損・汚損」

この骨子案に対しては、保障対象が極めて狭く、あるべき「権利保護保険」とはかけ離れたものであるとして、一部の弁護士層からの強い批判があった。これに対し、日弁連事務総長名の回答では、「日弁連としては、法律相談保険を権利保護保険の萌芽として位置付けており、これが一層の拡大に努める所存であり、理事会においても承認されたものであります。しかして萌芽なき以上、育成なき筋合いであり、いわゆる『小さく生んで大きく育てる』ことを目指しております。……新型保険で発足という事柄の性質上、当初の保障範囲を狭く限定した形になるのはやむを得ないものと考えられます。小型の保険で発足したうえで、運用実績を積みつつ濫訴等の懸念を払拭するに足りるデータを蓄積し、あわせて保険事故の偶然性等に関する理論的研究を進めることによって、逐次保障範囲を広げ、やがては『権利保護保険』の名にふさわしい保険にまで育てていくよう、努力を重ねていく所存です。」などと述べられていた。大搗幸男＝後藤玲子「投稿「法律相談保険（仮称）」に対する神戸弁護士会有志意見書について」自由と正義45巻4号（平成6年）114頁。

[628] このような日弁連の提言が不法行為型の法律相談保険にとどまったのは保険要件とされる「偶然性」（商法629条）をどのように解するかに関連して論議があることによるという。堤・前掲（注8）313頁。

[629] 秋山清人「実務上の運用について（特集2　リーガル・アクセス・センターの今日的役割と課題）」自由と正義59巻1号（平成20年）55頁。

[630] 佐瀬・前掲（注3）6面。

[631] 秋山・前掲（注5）3頁。

日になされた日弁連理事会決議を踏まえ、同年10月1日から日弁連リーガル・アクセス・センター（以下「日弁連LAC」という。）[632]および権利保護保険制度が発足した[633]。

2）その後の展開

制度発足以来、日弁連と協定保険会社等との協定に基づき、協定会社等が費用負担を行い、弁護士会が弁護士を紹介するという制度全体の基本的な形には変更はないものの、協定保険会社等の数、契約件数、取扱件数[634]ともに著しく増加してきた。さらに、近年は、保険の対象範囲の充実もみられる。権利保護保険に対しては、平成13年6月の「司法制度改革審議会意見書——21世紀の日本を支える司法制度——」において、国民の司法へのアクセスを容易にするための方策として、有意義であるとされ、その開発・普及への期待が示されていたが、「その期待を裏切っていない」と評価できる[635]。

制度発足の当初の平成12年10月、日弁連との協定保険会社は、同和火災海上保険株式会社および大成火災海上保険株式会社（後に販売中止）の2社であったところ[636]、年々増加し、平成18年には5社、平成23年には10社を超

---

[632] 同委員会の設置要綱には、権利保護保険に関し、次の目的があげられている。
　ア　権利保護保険制度の運営に関する損害保険会社、協同組合等（以下「損害保険会社等」という。）及び関係諸機関との協議
　イ　権利保護保険制度の運営に関する弁護士会等との連絡、調整及び支援
　ウ　損害保険会社等による弁護士紹介依頼の弁護士会への伝達、調整及び弁護士会による弁護士紹介が困難な場合の対応
　エ　権利保護保険制度の運用上生じた紛争の調整、裁定機関の組織形態等に関する検討
　オ　権利保護保険における弁護士費用の算定方法の検討及び個別の弁護士紹介案件において弁護士費用の算定について疑義が生じた場合の損害保険会社等への連絡、調整等
　カ　その他権利保護保険制度を充実・発展させるために必要な諸活動

[633] 秋山・前掲（注5）12頁。同書は、一旦は頓挫した権利保護保険制度がこの時期に実現した背景につき、それまでの研究、検討の成果に加え、損保業界の自由化により各社の新たな保障提供の意欲が高まったこと、司法制度改革の議論が盛んになり司法アクセス障害の解消に対する弁護士層の関心が高まったこと、さらには、損保業界のいわゆる示談代行サービスの自動車保険以外の種目への拡大への動きに対する警戒などから、保険利用時の弁護士紹介には弁護士会による関与がぜひとも必要であるとの弁護士層の認識があったことなどを指摘する。

[634] 保険給付請求の際、被保険者の求めに応じ弁護士会が弁護士を紹介した件数のほか、被保険者が自ら弁護士を選任した場合（いわゆる「選任済み」）の件数をも含む。

[635] 宮﨑誠「司法アクセスの充実を願って」石川正先生古稀記念『経済社会と法の役割』（商事法務、平成25年）543頁。

え、平成27年10月15日現在、いわゆるメガ損保中2グループ、さらにはJA共済の共済をも含む13社が協定に参加するに至っている[637]。また、制度発足当初の平成12年の契約件数は7397件、取扱件数は1件もなく、平成13年でも契約件数1万1488件、取扱件数3件に過ぎなかったところ、平成18年には契約件数443万8126件、取扱件数は700件となった[638]。直近では契約件数は2185万3930件（平成26年）、取扱件数は2万7588件（平成26年）となっている[639]。

保険の内容としては、制度発足以来、自動車保険、傷害保険や火災保険に対する弁護士費用特約の形で提供され、対象範囲は交通事故等の日常事故による損害賠償請求に限られていたが、平成26年には、わが国で初めて家事事件を含む民事紛争全般を対象とする単独保険商品を販売するプリベント少額短期保険株式会社が協定会社として加わった。平成27年には、すでに協定に参加している損害保険ジャパン日本興亜株式会社から、傷害保険等に被害事故、借地・借家、離婚調停、遺産分割調停、人格権侵害、労働（ただし、労働はオプション）を対象とする特約が新設されることとなり、日弁連との間で追加協定書が締結された。

そのほか、平成18年以降、対象事案の多くを占める自動車物損事故などの少額事件につき報酬の低さゆえに弁護士が受任を躊躇することがないよう、協定保険会社との合意のもと、受任弁護士の労力に見合った報酬を確保すべく、1時間あたりの単価を2万円とし、1事件あたり30時間までは個別協議を要せず請求可能とする基準による時間制報酬（タイムチャージ）の推進が図られている[640]。

平成22年以降、日弁連LACでは、権利保護保険の拡大・発展に向け、諸外国の状況につき調査・研究を行い、日弁連主催のシンポジウム等でその成果を発表してきた。近年、権利保護保険を取り上げた日弁連主催のシンポジ

---

[636] 堤・前掲（注3）204頁。
[637] 日本弁護士連合会・前掲（注6）245頁。
[638] 鈴木和憲「弁護士保険（権利保護保険）運用状況報告」日弁連委員会ニュース平成23年2月1日10面。
[639] 日本弁護士連合会・前掲（注6）245頁。
[640] 秋山・前掲（注629）55頁。加納＝伊藤・前掲（注162）6面。

1　わが国における権利保護保険の現状と課題　169

ウムは次のとおりである。
　①　日弁連リーガル・アクセス・センター10周年記念シンポジウム「～法化社会に向けた保険への新たな期待～」（平成22年11月）
　②　第17回弁護士業務改革シンポジウム第7分科会「弁護士保険の範囲の拡大に向けて～市民のための紛争解決費用を保険で～」（平成23年11月）
　③　第18回弁護士業務改革シンポジウム第5分科会「弁護士保険制度の更なる充実と安定した制度運営のために～どんな事案もカバーする保険の推進と紛争解決のための環境整備と紛争防止のノウハウ～」（平成25年11月）
　④　第19回弁護士業務改革シンポジウム第7分科会「弁護士保険制度の発展とその可能性～幅広い分野に適用する弁護士保険における弁護士及び弁護士会の関わり方について～」（平成27年10月）

　そのほか、日弁連の機関紙である『自由と正義』において、平成20年1月「特集2　リーガル・アクセス・センターの今日的役割と課題」、平成25年7月「特集1　権利保護保険の課題と今後の展望」の2度にわたり特集が組まれている。最近では、保険業界紙である『保険毎日新聞』においても、平成27年5月から8月にかけての13回にわたり「権利保護保険　期待と課題」と題する連載が組まれた[641]。

(2)「権利保護保険（弁護士保険）」制度の仕組み
1) 概要

　「権利保護保険（弁護士保険）」制度は、日弁連と権利保護保険を提供する損害保険会社等（以下「協定保険会社等」という。）との間で協定を締結し、協定保険会社等の保険に加入する被保険者が法的紛争に巻き込まれた際の弁護士報酬等の費用を当該協定会社等が負担を行い、弁護士会が当該加入者の希望に

---

[641] この連載記事のうち、仲里建良「第4回単位会の取り組みと弁護士の活動」平成27年6月8日6面および畠中孝司「第5回単位会の取り組みと弁護士の活動②」平成27年5月15日6面は、それぞれ埼玉弁護士会および奈良弁護士会につき、それまであまり公になることのなかった地方単位会における制度運営の現状とその課題を明らかにしたもので、特に貴重である。

応じて弁護士を紹介するというものである。

２）協定書の内容

日弁連と協定保険会社等との協定書の要旨は次のようなものである[642]。

① 権利保護保険の運営について、弁護士会の自治と弁護士の独立性を尊重し、継続的な協議によって運営の適正を保持する。

② 協定会社等は、権利保護保険商品の販売に先立ち、権利保護保険制度の運営細目等について日弁連と協議する。

③ 権利保護保険商品の被保険者が弁護士の紹介を必要とする場合、被保険者または被保険者から依頼を受けた協定保険会社等が、日弁連を通じて各地の弁護士会の弁護士紹介を依頼する。

④ 日弁連は、各弁護士会において適正な弁護士紹介がなされるよう、組織整備・研修体制づくりに努める。

⑤ 協定保険会社等は、弁護士報酬についての保険金の支払いにつき、日弁連 LAC の弁護士報酬算定の基準を尊重する。

⑥ 日弁連と協定保険会社等とは、今後権利保護保険制度がさらに社会に適合し充実するよう、他の協定保険会社等とも協力して調査・研究を継続する。

３）弁護士紹介サービス

「権利保護保険（弁護士保険）」制度を利用した弁護士紹介の流れは、概ね次のとおりである。ただし、被保険者が、このサービスを利用せずに、自ら知合いの弁護士に法律相談や事件処理を依頼することは排除されていない。

① 被保険者が、その加入している協定保険会社等に事故の内容を報告し、当制度を利用した弁護士の紹介を希望する旨を申告する。

② 協定保険会社等は、日弁連 LAC に弁護士紹介の依頼を取り次ぐ。

③ 日弁連 LAC は、その紹介依頼を被保険者の希望する地域の弁護士会（単位会）に取り次ぐ。

④ 単位会は紹介する弁護士を選定して、弁護士、被保険者および協定保険会社等に、連絡する。

---

[642] 高橋・前掲（注 626）46 頁。

⑤　当該弁護士が被保険者に連絡して、法律相談の日時・場所を決定する。
⑥　当該弁護士は法律相談を実施し、必要に応じて事件を受任する。

　わが国においては弁護士を知らない国民が多いことから、保険によって紛争解決の費用が支払われるだけでは、弁護士へのアクセスが保障されたことにはならず、全国的な弁護士紹介制度の創設が必要とされた。加えて、「日弁連が弁護士紹介制度を創設した理由として、損害保険会社が被保険者に対し自社の顧問弁護士を紹介するということでは、実質的に利害相反の問題が出てきて不適切であるし、それでは、本当の意味でも権利保護保険とはなりえないということにもあった」とされる[643]。

(3) 権利保護保険の内容
1) 従来の弁護士費用特約

　わが国における権利保護保険は、主として自動車保険や傷害保険等に、弁護士費用特約等の名称で、特約として付帯されて販売されている。その内容は、各保険会社の具体的な商品ごとに異なるが、交通事故等の日常事故によって生じた身体の障害や財物の損壊に関し、損害賠償請求や法律相談をする場合の弁護士報酬や訴訟費用を塡補するものが一般的である。この中には、対象事故を自動車交通事故に限るものと、これに限らず日常事故を広く対象とするものとがある。もっとも、医療過誤や環境被害、労災などは対象とならないことが多いようである。保険金額は、法律相談費用につき10万円、損害賠償請求費用につき300万円というものが多い。保険料水準は年額1000円ないし2000円程度が一般的である。

2) 新たな権利保護保険商品
a　プリベント少額短期保険株式会社の「Mikata」

　平成25年5月には、プリベント少額短期保険株式会社（以下「プリベント社」という。）から、「Mikata」と称する権利保護保険商品が発売された。同社は、平成23年4月に設立された権利保護保険に特化した事業者であり、平成25年5月に東北財務局に「東北財務局（少額短期保険）第5号」として、少額短期

---

[643]　高橋・前掲（注626）46頁。

保険業者登録された。

この商品は、従来の弁護士費用特約とは異なる単独商品であり、その補償対象は、家事事件を含めた民事紛争全般に及ぶ。ただし、行政訴訟（税務訴訟を除く）のほか、金銭消費貸借契約に係る過払金請求や株主代表訴訟など対象に含まれない事件類型もある。また、急激かつ偶然な外来の事故による身体の傷害もしくは疾病または財物の損壊を除き、3か月の一般的な待機期間が定められているほか、離婚事件は3年間、その他の家事事件につき1年間の不担保期間が設定されている。

保険金額は、法律相談料につき10万円、弁護士費用等につき300万円であるが、500万円の年間支払限度額および1000万円の通算支払保険金限度額が設定されている。ただし、急激かつ偶然な外来の事故による身体の傷害もしくは疾病または財物の損壊に係る法律事件以外について支払われる弁護士費用等保険金は、着手金に対応する金額として、基準弁護士費用から免責金額5万円を差し引き、その金額に縮小填補割合50％を乗じた金額に限られる。

月額保険料は2980円とされている。

　b　損害保険ジャパン日本興亜株式会社の新商品「弁護のちから」

平成27年8月には、損害保険ジャパン日本興亜株式会社からペットネーム「弁護のちから」の新商品が発表され、同年12月1日始期からその販売が開始された。

そのニュースリリース資料によれば、同商品は、「傷害総合保険」および「新・団体医療保険」に、「弁護士費用総合補償特約」を新設して、これをセットした契約である。企業等を契約者とする団体契約で、団体の構成員が加入者となる。補償対象は、「被害事故」、「借地・借家」、「遺産分割調停」、「離婚調停」「人格権侵害」および「労働」（ただし「労働」はオプション）に関する紛争である。保険金額は、法律相談費用につき5万円（ただし、自己負担額1000円）、弁護士委任費用につき100万円（ただし、自己負担割合10％）である。月払保険料は団体割引を適用して約1000円とされる。

（4）わが国の権利保護保険が直面する課題

近年、従来の特約型の保険の飛躍的な量的拡大により不適切な保険金請求

などの問題事案が散見されるようになったことや、幅広い分野の新たな保険商品が登場してきたことによりこれまで顕在化していなかった問題が意識されるようになったことで、わが国の権利保護保険においてもさまざまな課題が生じてきた。このことは、上記日弁連主催の諸シンポジウムにおいて、かつては諸外国の調査結果を発表することが中心であったのに対し、平成27年10月に行われた第19回弁護士業務改革シンポジウム（第7部会）で取り上げられたテーマの多くが、わが国の権利保護保険についての具体的課題であることにも反映されている。そこで、同シンポジウムで取り上げられたテーマを中心に、現在、わが国の権利保護保険が直面している諸課題につき、概観する。

1) 新型保険に関する「初期相談」[644]

プリベント社が販売する保険はこれまでにない幅広いものであり、従来の特約型のものと異なり、相談事案の類型にも多様なものが含まれ得ることから、まず、法律相談にあたるのか否かの判断が必要となるところ、この判断を適切に行うには法的知見を要することから、弁護士がこれにあたることが適切と考えられた。そこで、日弁連とプリベント社は、『弁護士保険（権利保護保険）に関する覚書』を締結し、①相談事案法的な紛争か否かおよびこれに関連する事項、②相談事案に関する相談窓口等に関する事項のいずれかについて、弁護士が保険契約者からの電話により相談を受ける事業を行うことを合意し、平成27年1月13日から東京弁護士会および大阪弁護士会において初期相談が行われている。

2) 中小企業向け権利保護保険[645]

現在提供されている権利保護保険商品は、プリベント社のものおよび損保ジャパン日本興亜社の新商品を含め、いずれも個人消費者向けのものに限られているが、費用面での司法アクセス障害を抱えているのは、個人には限られず、全企業数の99％を占める中小企業・小規模事業者の多くもアクセス障害を抱えていることが伺える。そこで、日弁連LACではプロジェクト・チームを設け中小企業向けの権利保護保険の在り方につき検討を重ねてきた。そ

---

[644] 日本弁護士連合会・前掲（注374）256頁。
[645] 日本弁護士連合会・前掲（注374）262頁。

こでは、顧問契約と権利保護保険との関係、保険事故や被保険者の範囲、保険給付の範囲といった契約上の諸要素などの論点が取り上げられた。同シンポジウムにおいて、今後の各方面における検討に資するための参考例として、日弁連 LAC より「中小企業向け弁護士保険（権利保護保険）モデル約款（試案）」が発表された。

3）信頼される弁護士紹介体制の構築[646]

日弁連 LAC では、2 か月に 2 度の割合で協定保険会社等との間で情報提供や意見交換を行う協議会を開催しているところ、複数の協定保険会社等から日弁連 LAC を通じて各弁護士会から紹介された弁護士のクレーム事例が報告されたことから、日弁連 LAC では「信頼確保プロジェクト・チーム」を新たに立ち上げ、この問題に正面から取り組んできた。適正な制度発展のため、依頼者だけでなく、協定保険会社等の期待にも応える必要が強調される一方で、個別の弁護士の監督・指導は各弁護士会に委ねざるを得ない限界も指摘されている。クレームの内容は、弁護士の任務懈怠に関することが約 50％で、弁護士の対応・態度に関するものが約 18％、弁護士費用請求に関するものが約 25％であった。これに対し、改善策として、①弁護士会ごとの信頼関係構築（各弁護士会における支援組織の立ち上げ、協定保険会社等との定期的ミーティングの開催）、②資料・研修制度の充実、③紹介弁護士名簿への登録要件の改善などがあげられた。

4）少額事件における適正報酬の在り方[647]

少額事件における権利救済の意義、制度の健全運営にとっての適正報酬の重要性、少額事件における時間制報酬（タイムチャージ）の有用性、これまでの日弁連 LAC の取組み、現状における不適切事例等の問題点、考えられる対策等につき、検討結果が提示された。

5）権利保護保険における紛争解決機関の必要性と役割[648]

権利保護保険が費用面で司法へのアクセスを高める制度であることに鑑み、権利保護保険への信頼を確保し、ひいては司法アクセスを阻害すること

---

[646] 日本弁護士連合会・前掲（注374）270頁。
[647] 日本弁護士連合会・前掲（注374）277頁。
[648] 日本弁護士連合会・前掲（注374）284頁。

のないよう、紛争処理を迅速に行う制度が必要であり、裁判外紛争解決機関の設置が不可欠とされた。紛争類型としては、①保険の適用対象事故の範囲、②勝訴の見込みに係る保険関係上の紛争および③弁護士費用の適正・妥当性に関するものが想定されている。形式的には保険関係外にある弁護士を実質的な関係者として手続きに参加させる方法論のほか、裁定型か、話合い型かという性質論、裁定の拘束力、紛争解決機関の組織の在り方、人的構成、運営費用の負担者などの検討課題につき検討結果が示された。迅速解決の点から、裁定型で、一定の拘束力を持たせることが望ましいこと、人的には専門的、迅速かつ中立的との観点から弁護士が望ましいこと、公正・中立な紛争解決機関により商品価値が高まることに鑑みれば運営費用は保険事業者が負担するのが合理的であることなどが述べられた。

6）カナダにおける権利保護保険等からの示唆[649]

日弁連 LAC が平成 27 年 4 月 12 日から 17 日にかけて行ったカナダにおける権利保護保険および米国のリーガル・サービス・プランに関する現地調査の報告がなされた。カナダは、中小企業向けの権利保護保険市場が存在すること、欧州由来の権利保護保険と米国由来のリーガル・サービス・プランとが混在する市場であること、特にケベック州では弁護士会の強い支援により権利保護保険の普及が進んでいることなどに特徴がある。この調査の結果、次のようなわが国への示唆が得られた旨が述べられた。

　a　職種やセグメントに応じた事業者向けの権利保護保険

中小企業向けのみならず、各職種に応じた商品設計や職業団体等を通じた募集による普及させる方策も考えられる

　b　権利保護保険事業の担い手の多様化

海外の保険者の利用も検討に値するが、保険業法の海外直接付保規制による限界がある。

　c　予防法務における弁護士へのアクセス改善策

弁護士法、保険業法などの制約に配慮しつつ、リーガル・プランなど保険以外の方法による予防法務への対応も検討の視野に入れる必要がある。

---

[649] 日本弁護士連合会・前掲（注374）249頁。

d　紛争初期対応としての電話相談と法律援助

　権利保護保険における電話相談の前置は、保険会社のコスト削減のためにも、また、被保険者の満足という点でも、必要不可欠かつ重要である。

　　e　弁護士選任の自由の重要性——国民の利得、影響

　どのような内容で拡充すべきか、文化という捉え方とすることの意味付けや、パネル制による弁護士と依頼者の関係に対する影響や、国民の利得を十分に検討する必要がある。

　　f　普及推進に向けた弁護士会の関与の在り方

　訴訟費用の調達の必要性はもとより、権利保護保険の意義を周知させることが極めて重要であり、日弁連・弁護士会における意義周知・利用強化の対策が必要である。

　以下では、これらの諸課題とも関係のある法律問題のいくつかを取り上げる。まず、紛争処理との関係で費用支出の事前承認を定める条項に対する保険契約上の規律の問題を取り上げ、弁護士紹介の問題と関連する弁護士法上の規律の問題、権利保護保険事業の在り方に関連して保険監督上の規律の問題、最後に保険以外の司法アクセス費用保障の手段の可能性を取り上げる。

2　保険契約法上の問題

(1) 保険事故

1) 保険事故の法的意義

　保険法（以下「法」という）によれば、保険事故とは「損害保険契約によりてん補することとされる損害を生ずることのある偶然の事故として当該損害保険契約で定めるもの」をいう（法5条1項）。ここでいう「偶然」とは、保険事故の発生と不発生とが保険契約成立の時においていずれも可能であってしかもそのいずれともいまだ確定していないことをいう[650]。したがって、保険契約成立までに生じた保険事故による損害をてん補することはできないのが原則である（同条1項、2項参照）。また、保険給付請求権が発生するためには、原

---

[650]　山下・前掲（注1）355頁。

則として保険事故が保険期間内に発生することが必要である（法6条1項5号参照）。このようなことから、保険給付請求に係る処理にあたっては、保険事故発生の有無およびその時点の特定が重要な問題となる。

さらに、保険事故発生の時点は、損害防止義務や損害通知義務の基準ともなっている（法13条、14条）。

2）従来の自動車保険の弁護士費用特約における保険事故

a　約款上の規定

上述の通り、保険事故は損害保険契約で定めるものとされており（法5条1項）、具体的には保険約款により定められるのが通例である。権利保護保険の保険約款の内容は各保険会社の具体的な商品ごとに異なるが、たとえば、三井住友海上火災保険株式会社の自動車保険に付帯される特約のうち、交通事故に限らず日常事故を広く対象とするタイプの弁護士費用特約（以下「特約」という）をみると、保険金を支払う場合として、次のように規定されている。

第2条（保険金を支払う場合）
(1) 当社は、被保険者が偶然な事故により被害を被ること（以下「被害事故」といいます。）によって、保険金請求権者が損害賠償請求を行う場合は、それによって当社の同意を得て支出した損害賠償請求費用を負担することにより被る損害に対して、この特約に従い、保険金請求権者に損害賠イ賞請求費用保険金を支払います。
…中略…
(4) 当社は、被害が保険期間中に生じ、かつ、保険金請求権者がその被害に対する損害賠償請求または法律相談を被害の発生日からその日を含めて3年以内に行った場合に限り、弁護士費用保険金を支払います。

さらに、本条で用いられる用語については、特約の冒頭に定義規定が置かれており、これによれば、「被害」とは「身体の障害または財物の損壊」をいうとされ、この「身体の障害」とは「被保険者の生命または身体が害されること」をいい、「財物の損壊」とは「被保険者が所有、使用または管理する財産的価値を有する有体物が滅失、破損もしくは汚損または盗取されること」をいうとされる。

以上のように、本特約には「保険事故」との直接的な表現は見当たらないものの、保険期間内の発生が求められているのは「被害」であることから（特約2条4項）、その意味では、本特約における保険事故は、「被保険者が偶然な事故により被害を被ること」であると解しておけばよいであろう。もっとも、保険給付請求権が発生するにはこれだけでは足りず、さらに「損害賠償請求を行う場合」であることや「それによって当社の同意を得て支出した損害賠償請求費用を負担すること」も求められている。

　　b　保険事故に関する約款解釈・適用上の問題

　ところで、約款2条1項には、この保険事故の発生時点としての「被害」のほかに「偶然の事故」との規定があるが、それらの関係は必ずしも明らかではない。この「偶然の事故」との表現は、単に「被害」発生の偶然性を表現するための修辞に過ぎず「被害」と異なる事実を指すものではないとも思われるが、他方、「事故」は、「被害」とは別に、被害に先行し、その原因となる事象であると解する余地もある。後者の理解に立てば、具体的には、自動車交通事故でいえば、自動車同士の接触が「事故」にあたり、これによって身体に障害が生じることが「被害」にあたることになろうか。この解釈に立つ場合、ここでいう「事故」とは、その日常的な意義[651]や特約の文言上「被害」との因果関係が要求されていることを勘案して、それ自体により身体の障害や財物の損壊を生じさせる可能性をもつ一般的性質を有し、かつ現実に当該身体の障害や財物の損壊の原因となった事象とでも定義できよう。

　現在、本特約の対象とされる交通事故をはじめとする日常事故に関しては、上記のような意味における「事故」と「被害」とは時間を空けずに起こることが通常であろうが、時間的に乖離があることも皆無とはいえないであろう。特に、「事故」の発生後に、保険期間が開始し、その後に「被害」が発生する場合が問題となる。この場合、保険事故である「被害」が保険期間開始後に生じている以上、原則として保険給付の対象とせざるを得ないことから、これを利用して「事故」が発生した後にあえて保険に加入し、保険給付を受けようとすることも考えられる。すなわち、紛争原因が生じた後になって初め

---

[651] 松村明監修『大辞泉』（小学館、1995年）1158頁によれば、「事故」とは「思いがけず生じた悪い出来事。物事の正常な活動・進行を妨げる不慮の事態」をいう。

て、損害賠償請求権行使のための費用を調達するために、権利保護保険を利用しようとするものである（「駆け込み契約」[652]）。この場合、保険事故は故意によって生じたというわけではなく、また、保険事故は保険期間内に発生している以上、いわゆるアフロス契約[653]にあたるわけではないものの、恣意的な保険利用であって、原則として容認できないものであろう[654]。

　もっとも、上記のように、交通事故等の日常事故では「事故」と「被害」とが同時に発生するのが通常であることに加え、類型的に「事故」や「被害」の発生時期、それらの間の因果関係等を特定することが困難である医療過誤（特約 4 条 3 項 7 号）や環境被害（同項 8 号乃至 10 号）の場合、保険金は支払われないとされているから、さしあたって実際上問題となることはほとんどないのかもしれない。また、「初年度契約の始期日より前に被保険者が被害の発生を予見していた身体の障害または財物の損壊」（同項 11 号）を被ることによって生じた損害については、保険金を支払わないとして駆け込み契約の防止措置も施されている[655]。

3）プリベント社の「Mikata」における保険事故

a　保険事故に関する約款上の規定

　プリベント社の弁護士費用保険普通保険約款（以下、本項において「約款」という。）によれば、「保険事故」は、「被保険者が責任開始日以降に日本国内で直面した原因事故に関して、弁護士等への法律相談、弁護士等委任契約の締結

---

[652] 責任保険の保険事故における「駆け込み契約」防止の必要性を指摘するものとして、大羽宏一「医療業務を対象とする賠償責任保険に関する保険事故のあり方」松島恵博士古稀記念『現代保険学の諸相』（成文堂、2005 年）183 頁、西島梅治『保険法〔第三版〕』（悠々社、平成 10 年）270 頁。

[653] アフロス契約とは、損害保険実務における呼称であり、厳密な定義があるわけではないが、一般に保険契約者が保険事故発生後に損害保険代理店と通謀して事故発生前の契約成立を偽装するケースをいう。山下・前掲（注 1）208 頁。

[654] なお、英国においては、権利保護保険（訴訟費用保険、legal expenses insurance）の一種として、紛争原因の生じた後に、請求権を行使するにあたって、主として敗訴した場合に相手方訴訟費用を負担しなければならない危険に対処する目的で加入する事後保険（ATE：after-the-event insurance）というものもある。もっとも、これは弁護士報酬の敗訴者負担のないわが国においては、必要性に乏しく、普及する見込みはないように思われる。これに対し、紛争原因の生じる前に加入する通常の権利保護保険は事前保険（BTE：before-the-event insurance）と呼ばれる。英国における権利保護保険の概要については、日弁連リーガル・アクセス・センター・前掲（注 21）53 頁以下（特に事後保険の問題点につき、107 頁以下）。

を行った結果、費用の負担が発生することによって被保険者が損害を被ること」と定義されている（約款1条）。この「原因事故」とは、「保険金支払の対象となる事故」であり、「法律相談料保険金の原因事故は問題事象、弁護士費用等保険金の原因事故は法律事件」をいう（同条）。さらに、「問題事象」とは「法的紛争に発展する可能性のある問題が発生していること」、「法律事件」とは「自分と相手方の要求・主張に隔たりがあり、当事者同士の話し合いでは合意形成が困難な問題について、自らの利益を守るため法的解決を必要とする事態が発生していること」をいう（同条）。

同約款は、保険金を支払う場合について、法律相談料保険金については「問題事象」（約款2条(1)②）、弁護士費用等保険金については「法律事件」（同②）を対象とする旨を定める。原因事故（すなわち法律相談料保険金の原因事故は問題事象、弁護士費用等保険金の原因事故は法律事件）が責任開始日以降に発生し（同条(3)①）、かつ損害[656]が原因事故の発生から2年以内かつ保険契約が有効に継続し

---

[655] 特約4条3項の関連箇所を抜粋すると、次のとおりである。

> 第4条（保険金を支払わない場合）
> (3) 当社は、次のいずれかに該当する被害を被ることによって生じた損害に対しては、弁護士費用保険金を支払いません。
> ⑥ 被保険者が次の行為……を受けたことによって生じた身体の障害
> ア．診療、診察、検査、診断。治療。看護または疾病の予防
> イ．医薬品または医療用具等の調剤、調整、鑑定。販売、授与または授与の指示
> ウ．身体の整形
> エ．あんま、マッサージ、指圧、はり、きゅう。柔道整復等
> ⑦ 石綿もしくは石綿を含む製品か有する発ガン性その他の有毒な特性または石綿の代替物質もしくはその代替物質を含む製品が有する発ガン性その他の石綿と同種の有害な特性に起因する身体の障害または財物の損壊
> ⑧ 外因性内分泌かく乱化学物質の有害な特性に起因する身体の障害または財物の損壊
> ⑨ 電磁波障害に起因する身体の障害
> ⑩ 騒音、振動、悪臭。日照不足その他これらに類する事由に起因する身体の障害または財物の損壊
> ⑪ 初年度契約の始期日……より前に被保険者が被害の発生を予見していた……身体の障害または財物の損壊

[656] 法律相談料保険金に関しては法律相談に際して弁護士等に支払う料金（約款2条(2)①）、弁護士費用等保険金に関しては法律事件の解決に際して弁護士等および裁判所に支払う、着手金、報酬金、訴訟費用等（同②）がこれにあたる。その発生時期は、結局「保険事故」（約款1条）の発生時期と同じとなるものと思われる。

ているときに生じた（同③）ものでなければならない。

　b　保険事故に関する解釈上の問題

　上記の約款上の規定をみると、「保険事故」が約款における用語として定義されており、これによれば、その発生時期は、弁護士等への法律相談、弁護士等委任契約の締結を行った結果、費用の負担が発生した時期となる。しかし、保険者・被保険者間の紛争となることの多い保険責任の開始時期との関係で問題となるのは、「原因事故」、すなわち、法律相談料保険金の場合は「問題事象」、弁護士費用等保険金の場合は「法律事件」である。そこで、以下では、法律相談料保険金と弁護士費用等保険金とに分けて、それぞれ「問題事象」および「法律事件」について、解釈上の問題となり得る点を検討する。

　(a)　法律相談料保険金における「問題事象」

　「問題事象」は「法的紛争に発展する可能性のある問題が発生していること」であるところ（約款1条）、まず、「法的紛争」をどう解すべきか、その意義が問題となる。「法的紛争」について、実定法上の一般的な定義は見当たらないが、法社会学的知見によれば、紛争のうち、法的争点を含み、法的争論を伴うものが「法的紛争」と呼ばれる[657]。そして、「紛争」は、①「利益」すなわち「行為者の欲求の対象になるもの全て」、②「対立」すなわち「二行為者が、同一の対象について、両立しがたい欲求を持つ状態」、③「争い」すなわち「対立の両当事者が、相互に相手方との間の対立を認識して、それにも関わらず自己の欲求の実現に向けて行う対抗的行為」および④「紛争」すなわち「争いの当事者がそれぞれ自己の欲求を実現するために、相互に相手方に対して何らかの行為をもって働きかけること」を構成要素とする[658]。⑤「法的主張」とは自己の要求が法的に正しいとの主張であり、相手方がその正しさを争って、紛争に関係している諸要素からあてはまる法規範に関連性のある要素のみを取り出して主張や議論を組み立てることによって行われる法規範の適用

---

[657] 六本佳平『日本の法と社会』（有斐閣、平成16年）56頁。
[658] 六本・前掲（注657）47頁。同書は、紛争とは「対立の一方当事者Aが、相手方Bに対して、Aの欲求実現に不利なBの行為を妨げ、有利な行為が行われるよう、Bに対する影響力を行使しようとし、Aのこのような行為に対してBが同様な働きかけを行う時、両当事者のこれらの相互行為からなる社会過程」をいうとする。

を巡る規範的争いが⑥「法的争論」である[659]。そして、法的主張について、助言し、助力をするのが、弁護士であり、法的争論に最終的な解決を与えるのが裁判所である[660]。そこで、これらの①ないし⑥の諸要素を満たすものを同約款にいう「法的紛争」と解することが、紛争解決のために必要または有益な弁護士や裁判所といった法的機関の利用に要する費用を補償する（約款2条(2)柱書参照）というこの保険の目的に合致するうえ、一般人の言語感覚としても、そのように解して違和感はないものと思われる。

次に、「発展する可能性のある問題」とは、何を指すのか。これが未だ法的紛争が現実化するに至っていない状態であることは明らかであるが、紛争を構成する何らかの要素は存在しているか、あるいは類型的に紛争の原因となることが相当と考えられる事象が生じていることに加え、当事者の要求を正当化するための法的主張を構成し得ることが必要であろう。一般には、法的紛争となりうる客観的情況は生じているが、社会的行為に表れていない状態、すなわち、上記①、②、⑤および⑥の構成要素はあるが、③および④の構成要素が欠けている状態をいうと解すべきものと思われる。これは、当事者間に利益の対立があり、当事者の要求を正当化するために法的主張を構成し得るが、未だ利益実現に向けた行為が行われていない状態と定義できる。具体的には、売買代金の請求や不法行為による損害賠償請求などの給付請求権の存否が問題となる紛争については、該給付請求権の発生原因事実が生じただけでは、未だ上記②にいう「対立」は生じていないうえ、これが類型的に紛争の原因となるとはいえないものの、履行期前に債権者と債務者との間で債権の存否やその金額につき意見の相違が明らかになっている場合はもちろん、その履行期を徒過していれば、紛争の原因となることが相当な事象が生じているといえるから、原則としてそれらの意見の相違が明らかとなった時点や履行期徒過の時点を「問題」の発生時期と解すべきであろう。また、遺産分割に関しては、被相続人が死亡しただけでは足りず、分割すべき財産に関し、意見の相違が明らかになった時点で、「対立」が生じ、問題事象が発生したというべきであろう。

---

[659] 六本・前掲（注657）56頁。
[660] 六本・前掲（注657）56頁。

(b) 弁護士費用等保険金における「法律事件」

「法律事件」とは「自分と相手方の要求・主張に隔たりがあり、当事者同士の話し合いでは合意形成が困難な問題について、自らの利益を守るため法的解決を必要とする事態が発生していること」であるところ（約款1条）、まず、「自分と相手方の要求・主張に隔たりがあ」るとは、上記紛争の諸構成要素のうち、①および②の要素があること、すなわち、当事者間に利益の対立がある状態と考えてよいであろう。

次に、「自らの利益を守るため法的解決を必要とする事態」とは、上記紛争の諸構成要素のうち、⑤および⑥の要素がある状態、すなわち、当事者の要求を正当化するために法的主張を構成し得る場合と考えてよいであろう。この点、「法的解決」につき、これを弁護士や裁判所など特定の法的機関ないし法的手続きを利用した解決と解すれば、これを「必要とする事態」とは、特に当事者間での解決が困難で第三者の介入が不可欠となっていることを要すると解すべきものとも思われる。しかし、それでは、「当事者同士の話し合いでは合意形成が困難な問題」との要件と重複することになり不適当であるから、ここで「法的解決を必要とする」とは紛争が法的争論の要素を含むことで足りると解すべきである。

「当事者同士の話し合いでは合意形成が困難な問題」とは、何か、その意義が問題となる。上記紛争の諸要素のうち、③および④があり、すでに当事者間相互の相手方に対する行為による働きかけが行われているが、合意に至っていない場合はこれにあたることは明らかである。他方、未だこのような行為を起こしていない段階であっても、すでに生じている利益の対立状況からみて当事者間での合意に至ることが困難であることが明らかな場合は、これにあたると解される。この場合に要する「困難」性の程度が問題となるが、法的機関の介入が有効な場合にも、精神的負荷を厭わず、深刻化のリスクを負い、相当の時間と労力をかければ当事者同士の話合いでの紛争解決が不可能とまではいえないことは多い。したがって、紛争解決のために必要または有益な弁護士や裁判所といった法的機関の利用に要する費用を補償する（約款2条(2)柱書参照）というこの保険の目的に鑑みて、あまり高い困難性を要求するのは妥当ではない。紛争解決に弁護士や裁判所の介入が有効である一方、

当事者同士の話合いによる解決に、相当のストレス、深刻化のリスク、時間と労力とを伴う場合には、「困難」であるいうべきものと解される。具体的な困難性の判断は、事案ごとにこれを行うほかないが、上記困難性の程度に照らせば、法的争論の要素を含む利益の対立状況が生じている以上、その隔たりが著しく軽微であるといった特段の事情がない限り、当事者間の話合いでの解決は困難というべきであろう。

4）補償範囲拡大に伴う保険事故の問題

一般に、保険事故の発生については、保険責任の開始との時間的関係を巡って問題となることが多く、ドイツの権利保護保険においても、この点に関する多くの裁判例が存在している。他方、従来、わが国の権利保護保険は、自動車保険等の特約として販売され逆選択が起こりにくいことや、対象が交通事故等による損害賠償請求事件に限られており、紛争原因となる事実は明確でありかつ一時点に発生することが通常であり、かつ保険事故概念が従来の物保険や責任保険のものと大きな違いはないこともあって、権利保護保険に関して保険事故の発生時期を巡る紛争が特に顕在化してはいないようである。

しかし、医療過誤のように紛争原因となる事実の発生時期の特定が困難であるような損害賠償請求事件や専門職に対する損害賠償請求などのように身体や財物に対する物理的な損傷を伴わない損害賠償請求事件をも対象とする場合、さらには個別労働関係や賃貸借などの継続的契約関係に基づく紛争、土地境界紛争など損害賠償請求以外の場合には、別途の考慮が必要である。そもそも、この保険は紛争解決のための費用の調達を目的とし、紛争解決の前提となるものであるから、保険給付を決定する時点における事実やその法的評価の不確定性を前提とし、しかもその時点の紛争の成熟性を考慮しなければならない。

権利保護保険の先進国であるドイツにおいても、損害賠償請求以外に関する保険事故概念には変遷があるが、多年の歴史を経て、ついには「事実上または主張上の法違反」という概念に収斂してきたのである。この概念は、勝訴の見込みの要件などと組み合わされて、上記の不確実性や成熟性の要素を適切に考慮でき、かつ紛争原因発生後の「駆け込み契約」を排除できるもの

として、定着しており、しかも、主張と立証とからなる法的争論の構造にも合致している。法律問題とは「過去または将来の、自己または他者の行為が法的規範に違反するか否かという観点から吟味される可能性がある場合に、その可能性から生ずる機会または危険に有効に対処する必要がある事態」と定義することができるが[661]、この点からも、法規範への抵触を中核とするドイツにおける権利保護保険の保険事故概念は、法律問題の本質をとらえたものといえよう。もっとも、この「主張上の法違反」の概念はドイツにおいても理解が容易なものとは考えられておらず、保険事故の発生時期を巡り保険者と被保険者との間で多くの紛争が発生しているのであって、そのままの形でわが国の実務に持ち込むべきものとも断じ難い。

　こうした点を踏まえて、プリベント社の約款をみると、「問題事象」や「法律事件」という新規の概念の導入により、紛争の成熟度に応じて、紛争解決に弁護士等の法的機関の介入が必要または有益な時点を包括的に画そうとするものであり、その点で、画期的なものであるととともに、ドイツにおける保険事故概念と共通の方向性を持つものと評価できよう。他方で、「問題事象」や「法律事件」のほかに、「保険事故」や「原因事故」の用語も使われ、やや複雑な構造を持つうえ、上記でみたように、その解釈は必ずしも容易とはいえない。また、法的紛争における事実の不確実性に対しての配慮は十分いえるかは疑問である。特に、「問題事象」にいう「法的紛争に発生する可能性のある問題」について、この問題が何らかの法律要件にかかわる事実だとすると、その事実上の根拠は保険給付の決定にあたりどの程度明らかにされる必要があるのか、証明を要するのか、それとも紛争段階に応じて軽減され得るのかといった疑問がある。さらに、保険加入の前に「法律事実」事態は生じていないものの、すでに「法律事件」の原因となり得る事実が生じていた場合について、これに対する弁護士費用等保険金の給付を有効に排除できるのかといった点も疑問である。加えて、画一的な保険事故概念が、具体的に起こり得るあらゆる紛争類型に対して、妥当な結論をもたらすのかという点は、なお検証を要するように思われる。また、いずれにせよ、保険給付の決定に

---

[661]　六本・前掲（注657）42頁。

あたっては、法的紛争の実態に即した実質的評価は避けがたいことから、その査定要員にも相当程度の法実務の知見が不可欠であるようにも思われる。

ともあれ、幅広い司法アクセスを支える保険保護提供のために、これまでの保険にとらわれない新たな保険事故概念を導入したことは大いに注目に値する。今後の事例の蓄積と約款表現の一層の改善、さらには査定要員体制の強化などのさらなる洗練が期待される。

（2）弁護士選択の自由の保障
1）問題の所在

欧州や米国とは異なり、わが国の保険法および保険業法には、いずれも権利保護保険契約に弁護士選択の自由を保障する条項を置くことを求める規定はない。しかし、紛争解決、さらには国民の裁判を受ける権利を実質的に支えるうえでの弁護士選任の重要性および権利保護保険がこれに与え得る影響の重大性に鑑み、弁護士選択の自由を制限する契約条項に対しては、自ずと許容限度があるというべきであり、その規律の在り方を検討するというのがここでの主題である。なお、弁護士の選任に関する規定として、弁護士法72条本文後段に有償紹介の禁止の規定があるが、これについては別に述べる。

2）弁護士への委任につき同意権ないし承認権を保険者に留保する条項の有効性

弁護士選任に関連した保険約款の規定としては、従来の自動車保険の特約に保険給付の対象となる損害につき「当社の同意を得て支出した損害賠償請求費用を負担することにより被る損害」と定める条項があるが、近時では、さらに保険金支払いの対象となる損害賠償請求費用を「あらかじめ当社の承認を得て保険金請求権者が委任した弁護士……に対する弁護士報酬……」に限る規定を設ける保険会社が出てきている。この種の条項は、必要性や相当性を欠く保険給付を抑制し、さらには保険給付を利用して行われる法役務の質を確保しようという目的に出たものと思われるが、他面で、被保険者の弁護士選択の自由に対する制約となるものであるところ、このような条項の有効性を認めてよいのであろうか。

これらの条項を文字どおり解すれば、保険者は同意あるいは承認をしない

ことにより、いかなるときも保険責任を免れ得ることになり明らかに不当であるから、これらの条項に無制限の有効性を認めることができないことは明らかである。問題はいかなる範囲で有効性を認めることができるかである。

まず、このような同意または承認を要するものとする必要性がどの程度あるのか。弁護士費用特約における保険者の義務は、保険金を支払う義務に尽きるのであるから、保険者の正当な関心は保険金の支払いに関係する範囲に限られる。この点、確かに迅速円滑な保険金支払いの点からは事前に保険者が知っておくことが有益ではあるが、保険金を合理的な範囲に抑制するためには保険金支払いの範囲を必要かつ相当な範囲に限れば足りるのであり、同意や承認までを要するものとする必要性が高いとはいえない。また、法役務給付の質の問題は、結局のところ依頼者である被保険者が判断するべき問題であり、保険者は弁護士選任について責任を負うべき地位にもない[662]のであって、同意や承認を要するとするのは余計な干渉にほかならない。これらのことからすれば、そもそも同意や承認を留保する必要性は低いといわざるを得ない。

次に、弁護士への委任の性質上、依頼者の弁護士選任に対する保険者による干渉や制約がどの程度許容されるのか。思うに、弁護士の職務は、一面において、依頼者の権利保護という他者の干渉を許さない重大利益にかかわるとともに、他面において、社会正義の実現を果たす公的な責務を負うものであって（弁護士法1条1項）、しかも、その性質上法律専門家としての微妙な専門的判断を要するものであるから、弁護士の独立性は十分に確保されなければならない（弁護士職務基本規程2条）。したがって、弁護士の選任は、権利の帰属する依頼者自身によってなされるべきであり、これに対する他者の干渉は可及的に排除されなければならない。そして、そうであるがゆえに、法は弁護士の選任につき、刑事罰をも用意して、特に営利的第三者の関与を厳しく制限しているのである（弁護士法72条本文後段、77条3号）。また、守秘義務（弁

---

[662] この点は、約款上保険者の任務として「被保険者の法的利益の擁護のために必要な給付を行う」ことが明示され（ARB1条）、保険給付の範囲に「法的利益の擁護のために役務給付を提供および仲介する」（ARB5条1項）ことが含まれるドイツの権利保護保険や、プランに加入者に対する信認義務を課すエリサ法の適用のある米国の前払いリーガル・サービス・プランなどのように、保険者による弁護士選任の責任を問う手がかりのある諸外国の状況とは大いに異なるところである。

護士法 23 条、弁護士職務基本規程 23 条）に典型的に現れるように、依頼者が弁護士を信頼し、プライバシーにかかわる機微な情報を含めて、すべての情報を提供しなければ、適切な事件処理は望むべくもない[663]。すなわち、依頼者・弁護士間の高度な信頼関係は、弁護士制度の存立基盤であって、その確保は、依頼者の私益のみならず、司法制度上の公益的要請でもある。その点からも、依頼者自らによる弁護士選任を尊重しなければならない。したがって、権利保護保険を用いる場合の弁護士の委任において、依頼者たる被保険者の弁護士選任の自由は、広い範囲で保護されるべき高い規範的価値を有し、これに対する営業者たる保険者の干渉ないし制約の許容される範囲は狭いというべきである。

　さらに、保険者と被保険者との利益関係にも注目する必要がある。この点、法的にみれば、保険者と被保険者とは、一般的に、保険給付を巡って対立関係にあることに加え、弁護士費用特約においては、特に利益相反状況が生じやすい[664]。すなわち、たとえば時間制報酬（タイムチャージ）の支払いにおいて、被保険者は法役務の依頼者として、自らの権利追及のため弁護士の最大限の労力の投入を望むのに対し、保険者は逆に弁護士の労力の投入により時間制報酬が膨らみ、保険金の支払いの増大によりその義務が増大する関係にある。また、着手金・報酬金方式における、報酬金の支払いにおいては、弁護士が成果を上げれば、被保険者は自らの権利の価値を増大させることができるのに対し、保険者は報酬金の負担により義務が増大する。こうした状況が生じ得ることを前提とすれば、いかなる弁護士を選任すべきかという点に関して、保険者と被保険者との間で経済的利益が相反する面がある[665]。したがって、

---

[663] 森際康友編『法曹の倫理〔2.1 版〕』（名古屋大学出版会、平成 27 年）40 頁。

[664] 小原健「特集権利保護保険　期待と課題　第 13 回（最終回）これからの権利保護保険」保険毎日新聞平成 27 年 8 月 24 日 6 面は、「……裁判の結果について、最もリスクを負担しているのは被保険者である。弁護士報酬を填補する保険では、保険会社は被保険者が訴訟に負ければ保険金を払わなくて済むし、裁判に勝ってしまうと保険金の支払いを強いられる。弁護士の経験や技量によって訴訟の結果が変わるという前提を取れば、より優れた弁護士に委任すれば被保険者は得をするし、保険会社は損をする。つまり、被保険者と保険会社は、弁護士の選任をめぐって利害相反する立場に立つ。もちろん、よい弁護士を紹介できない保険会社は、顧客の評判を落とすから、長い目で見て保険会社の利益にもならない。ただ、弁護士選任をめぐる利害状況は、シビアに見ておく必要がある。」と述べる。

この点から見ても、弁護士の選任に保険者の関与を許容することは望ましくない。この点は、故意免責などの免責事由や填補限度額の超過などが問題とならない限り、保険者自らが係争結果に対する経済的リスクを負い、基本的に保険者と被保険者との利益方向が一致する責任保険における防御給付とは利益状況がまったく異なり、これと同列に論じることはできない点に留意すべきである。

3）結論

以上を要するに、弁護士選択との関係で、同意ないし承認を要するとするこれらの条項の有効性を許容すべき余地は、極めて狭いといわなければならない。被保険者が自ら選任した弁護士に対する弁護士報酬の適正・妥当性を証明する限り、保険者は同意ないし承認がないことを理由としてその支払いを拒むことはできないというべきである[666]。こうした解釈は、損害発生時の通知義務を極めて限定的に解釈し、実質的に無効化してきた不当条項規制に

---

[665] さらに、弁護士にとっての利益相反も問題となり得るが、私見では形式的には利益相反にあたるとまではいえないものの、事実上、依頼者の利益が損なわれるおそれがないとはいえず、その点で保険者が関与する弁護士の選任は望ましいとはいえない。すなわち、弁護士の依頼者はあくまで被保険者であって、保険者は依頼者ではないから、依頼者の利益と他の依頼者の利益とが相反する状況にあるわけではない（弁護士職務規基本規程28条3項）。弁護士・依頼者間の委任関係における弁護士の経済的利益は、形式的には報酬請求権にあり、着手金・報酬金報酬における報酬金であれ、時間制報酬であれ、最大限の労力を投入する方向で依頼者と一致しているといえ、依頼者の利益と自己の経済的利益とが相反するともいえない（同条4項）。しかし、事実上、弁護士が保険者からの今後の仕事を増やして自己の経済的利益を増大させようという企図のもと、被保険者の利益を犠牲にして保険者の利益を優先させるとう誘因の存在を否定しきることはできないと思われる。

[666] 弁護士賠償責任保険の争訟費用の填補請求に関する裁判例として、大阪地判平成5年8月30判時1493号134頁があり、弁護士報酬の支出の事前承認を求める約款条項につき、「被保険者が前記の適正妥当な争訟費用を支出したと判定できるときには（なお、後記のとおり、被告は右判定につき裁量権を有する。）、保険者たる被告は、同約款第二条第一項第四号所定の承認がないからとの理由で右争訟費用の支払を拒むことはできないと解するのが相当である」と判示する。評釈として、金光良美「判批」損害保険判例百選〔第2版〕（平成8年）146頁、落合誠一・ジュリスト1098号（平成8年）133頁、李芝妍・東洋法学53巻2号（平成21年）149頁、山下典孝・保険法判例百選（平成22年）102頁など。なお、同判示に対し、澤本百合「責任保険における防御費用のてん補」保険学雑誌624号（平成26年）216頁は、「客観的に適正妥当な争訟費用の範囲を画することが容易ではない中で保険者の事前承認要件を事実上無意味とする解釈には疑問が残る」とするが、そうかといって、承認権の行使を保険者の自由裁量とすることはできないであろうし、それでは何を基準に不承認として保険給付を拒絶するのか不明のままである。

対する最高裁判例の態度[667]にも整合する。特に、近時現れた保険金支払いの対象となる損害賠償請求費用を「あらかじめ当社の承認を得て保険金請求権者が委任した弁護士……に対する弁護士報酬……」に限る規定は、弁護士の選任への直接的関与を規定するものであって、その不当性は大きく、保険者に無限定の承認権を留保する規定を置くことにより、この条項の存在そのものが、被保険者が自ら適格な弁護士を選任する意欲を減退させ、不当に裁判を受ける権利（憲法32条）[668]を損なうおそれがあり、全体として公序良俗に反し無効（民法90条）というべきである。

この点につき、「当社の同意を得て支出した損害賠償請求費用」等を負担することにより被る損害に対して保険金を支払う旨が記載されている条項を含む弁護士費用特約を付帯した自動車保険契約に関し、「控訴人が本件委任契約に基づく弁護士費用を被控訴人に請求することは、本件特約の定める被控訴人の同意を得ていないことになり、その余の争点について判断するまでもなく、理由がないことが明らかである。」と判示した近時の裁判例[669]があるが、同条項の一般的な有効性を認めたものとすれば不当というほかなく、あくまで本件の具体的な事実関係に即した判断を示した事例判決にとどまるものとして評価すべきものである。

---

[667] 山下・前掲（注1）126頁、416頁。最判昭62・2・20民集41-1-159。
[668] 佐藤幸治「『法の支配』と正義へのアクセス」判例タイムズ1143号（平成16年）61-68頁は、司法制度改革意見書が「これらの諸々の改革の根底に共通して流れているのは、国民一人ひとりが、統治客体意識から脱却し、自律的でかつ社会的責任を負った統治主体として、互いに協力しながら自由で公正な社会の構築に参画し、この国に豊かな創造性とエネルギーを取り戻そうとする志であろう」と述べていることを踏まえて、裁判を受ける権利につき、"法原理のフォーラム"における正義の実現に能動的に与っていく権利であって、自律的・能動的に活動する国民像を措定している」とする。この点からみても、依頼者である権利保護保険の被保険者が自ら弁護士を選任して権利の追及にあたることを慫慂することこそが、その裁判を受ける権利を実質化し、ひいては法の支配の貫徹する社会を実現することに資するいえるのではなかろうか。なお、田中成明「『法の支配』論議からみた司法制度改革」佐藤幸治先生古稀記念論文集〔上巻〕『国民主権と法の支配』（成文堂、平成20年）443-474頁も参照。
[669] 東京高判平成27年2月5日ウエストロー・ジャパン文献番号2015WLJPCA02056003。

3　保険業法上の問題

　弁護士や裁判所などの法的機関の利用のための費用を補償するという権利保護保険事業の特殊性に鑑み、この保険を利用した国民の権利利益の実現が適正に行われるよう、ドイツ保険契約法やEC指令（87/344/EEC）などの欧州の権利保護保険に関する法規制やニューヨーク州保険法における前払いリーガル・サービス・プランに関する法規制などを参考にして、次の諸点につき、監督指針などの枠組みで権利保護保険事業に対する規制を設けるべきである。

（1）弁護士の選任について
　弁護士の独立性ないし弁護士・依頼者関係に保険事業者による不当な影響力が及ばないことを確保し、さらには保険者・被保険者間の利益相反を可及的に防止するよう、次のような措置を求める（EC指令4条、ドイツ保険契約法127条、ニューヨーク州保険法1116条(b)項(4)参照）。
① 保険約款には、被保険者が弁護士を選任する自由がある旨を明記する。
② 保険金支払いの対象となる損害賠償請求費用を「あらかじめ当社の承認を得て保険金請求権者が委任した弁護士……に対する弁護士報酬……」に限るとするような、弁護士の選任の承認権を保険者に留保するような約款条項は許容しない。
③ 保険会社は、弁護士法第72条後段による弁護士の有償紹介の禁止規定を遵守するため、被保険者に対する弁護士紹介を行わない。

（2）紛争解決機関
　権利保護保険の被保険者にとって、その保険給付が直面する紛争解決のための法的機関の利用の前提となるため、保険給付請求権の存否およびその価額に関する保険者・被保険者間の紛争を迅速に解決することが不可欠であることに鑑み、弁護士報酬の水準の問題を含めた紛争法務に関する卓越した知見を有する中立性のある第三者を裁定者とする裁判外紛争処理機関を設置する（EC指令6条、ドイツ保険契約法128条、ニューヨーク州保険法1116条(b)項(3)参照）。

(3) 他の保険種目を兼営する場合の利益相反防止措置

権利保護保険事業者が、権利保護保険以外の保険業を営む場合には、次のいずれかの措置を講ずることを求める（EC指令4条、ドイツ保険契約法126条、ドイツ保険監督法8条のa参照）。

① 権利保護保険の査定を行う担当者は、他の保険の査定を担当しない。
② 権利保護保険の査定を別法人に委託する。

4 弁護士法上の問題

(1) はじめに

米国における前払いリーガル・サービス・プランには、古くから弁護士の職業上の規律からの多くの議論があり、わが国の権利保護保険を利用した法律事務に対する弁護士の職業上の規律を考えるうえで多くの示唆を与える。他方、ドイツにおいても、近時の保険会社が清算約定（Abrechnungsvereinbarung）などと呼ばれる報酬水準に関する弁護士との約定を結び、被保険者を当該提携弁護士に誘導しようとする慣行の広まりを契機として、権利保護保険を利用した委任事務の在り方を巡る議論が活発化している[670]。わが国の権利保護保険において、近年の普及拡大を受けて、これを利用した場合の弁護士の業務の在り方や裁判実務への影響についての関心が高まっている[671]。

殊に、弁護士の選任は、委任事務の出発点となり、その後の事件処理の在り方をも規定する重要な問題である。依頼者および弁護士がこれに大きな関心を持つのは当然であるが、保険会社等も顧客の満足度向上や支払保険金抑制などの点から関心を持っている。日弁連LACにおいても、上述のとおり、協定保険会社等のクレームを契機にプロジェクト・チームが立ち上げられ、

---

[670] 清算約定につき、法定報酬の下回り（連邦弁護士法49条のb）、利益相反（同法43条のa第4項）、独立性（同1項）等の弁護士法の問題や競争法上の問題を取り上げるものとして、Kilian, aaO. (Fn. 359), 209. 権利保護保険を利用した委任事務における弁護士・依頼者・保険者相互の関係につき、弁護士職業法および保険法の観点から検討を加えるものとして、Terriuolo, Das rechtsschutzversicherte Mandat：Eine berufsrechtliche und versicherungsrechtliche Analyse eines besonderen Dreiecksverhältnisses（Deutscher Anwaltverlag, 2014）.

[671] 読売新聞・前掲（注7）39面、日本経済新聞・前掲（注7）2面などを参照。

信頼される弁護士紹介体制の構築についての検討が行われている[672]。そこで、弁護士選任に対する保険会社等の関与の在り方に関し、弁護士法72条の適用面からの検討を行う。

（2）権利保護保険における弁護士選任の現状

いずれの保険会社の保険においても、被保険者が自ら弁護士を選択することが認められており、約款上、弁護士費用の支出に同意を要するとしている場合にも、どの弁護士が担当するかの選択については被保険者の意向を尊重しているのが現状であると思われる。

他方、被保険者から紹介希望の申告があった場合の対応は、日弁連LACとの協定による「権利保護保険（弁護士保険）」制度に参加している協定保険会社等（以下「協定会社」という。）とそれ以外（以下「非協定会社」という。）とで異なる。協定会社の場合は、被保険者の希望に応じて、日弁連LACに弁護士紹介依頼の意向を伝え、該当地域の弁護士会が担当弁護士を紹介するのが原則である。この紹介は強制的なものではなく、再度の紹介を依頼することができるし、あらためて自ら弁護士を探すこともできる。

これに対し、非協定会社の場合は、被保険者から紹介希望がある場合に一切応じていないとは考え難く、査定担当者などが協力関係にある特定の弁護士などを紹介している可能性がある。こちらの紹介も強制的なものではなく、紹介された弁護士が気に入らなければ、被保険者が自ら弁護士を探すことになろう。

（3）弁護士法72条の規律

本条の規定は、次のとおりである。その違反に対しては、同法77条3号に罰則規定が置かれ、2年以下の懲役または3百万円以下の罰金に処するとされている。

---

[672] 日本弁護士連合会・前掲（注374）270頁。

(非弁護士の法律事務の取扱い等の禁止)
　第七十二条　弁護士又は弁護士法人でない者は、報酬を得る目的で訴訟事件、非訟事件及び審査請求、異議申立て、再審査請求等行政庁に対する不服申立事件その他一般の法律事件に関して鑑定、代理、仲裁若しくは和解その他の法律事務を取り扱い、又はこれらの周旋をすることを業とすることができない。ただし、この法律又は他の法律に別段の定めがある場合は、この限りでない。

　本条は、非弁護士の法律事務取扱いの禁止に関する中心的規定であり、その立法趣旨について、最大判昭和46年7月14日刑集25巻5号690頁は次のとおり判示している[673]。

　　「弁護士は、基本的人権の擁護と社会正義の実現を使命とし、ひろく法律事務を行なうことをその職務とするものであつて、そのために弁護士法には厳格な資格要件が設けられ、かつ、その職務の誠実適正な遂行のため必要な規律に服すべきものとされるなど、諸般の措置が講ぜられているのであるが、世上には、このような資格もなく、なんらの規律にも服しない者が、みずからの利益のため、みだりに他人の法律事件に介入することを業とするような例もないではなく、これを放置するときは、当事者その他の関係人らの利益をそこね、法律生活の公正かつ円滑ないとなみを妨げ、ひいては法律秩序を害することになるので、同条は、かかる行為を禁圧するために設けられたものと考えられるのである。」

　同条の取締り対象となる行為には次の2類型があるが、そのうち、権利保護保険における弁護士紹介で問題となるのは②である。
　　①　法律事件に関する法律事務を取り扱う行為（本文前段）
　　②　法律事件に関する法律事務の取扱いを周旋する行為（本文後段）
　かつて、この②の解釈につき、「業とする」の要件は必要であるものの、「報酬を得る目的」を要するか否かにつき争いがあったが、前記最大判は次のように判示し、「報酬を得る目的」の要件を要するとの立場に立つことを明らか

---

[673] 日本弁護士連合会調査室編著『条解弁護士法〔第4版〕』（弘文堂、平成21年）606頁。

にした[674]。

　「しかし、右のような弊害の防止のためには、私利をはかつてみだりに他人の法律事件に介入することを反復するような行為を取り締まれば足りるのであつて、同条は、たまたま、縁故者が紛争解決に関与するとか、知人のため好意で弁護士を紹介するとか、社会生活上当然の相互扶助的協力をもつて目すべき行為までも取締りの対象とするものではない。」

そこで、同条本文後段（上記②）の要件は、つぎのように要約される[675]。
① 弁護士または弁護士法人でない者
② 法律事件に関する法律事務に関する取扱いを周旋すること
③ 報酬を得る目的があること
④ 業としてなされること

（4）権利保護保険における弁護士紹介実務への適用

以下では、引受保険会社の査定担当者による特定弁護士の紹介および日弁連LACを通じた各弁護士会による弁護士紹介について、各要件の存否を検討する。

1）引受会社の査定担当者が特定の弁護士を紹介する場合について

a　要件①：弁護士または弁護士法人でない者

この場合における弁護士紹介は、引受保険会社により行われていることから行為者は弁護士または弁護士法人ではない。

b　要件②：法律事件に関する法律事務に関する取扱いを周旋すること

現在、市場にある保険は、従来の特約型、新型の単独商品とも紛争事案における法律相談、示談交渉および訴訟代理を対象としている。

「法律事件」については、一部に事件性（実定法上事件と呼ばれる案件およびこれと同視できる程度に法律関係に争いがあって事件と表現され得る案件であること）を要するとの見解があるが[676]、現在の保険はいずれも紛争事案を対象としている

---

[674] 日本弁護士連合会調査室編著・前掲（注673）607頁。
[675] 日本弁護士連合会調査室編著・前掲（注673）609頁。
[676] 日本弁護士連合会調査室編著・前掲（注673）615頁。

ので、いずれにせよこの点は問題とならないであろう。また、事件の他人性を要すると解されているところ[677]、保険者とその被保険者とは他人であり、保険の対象事件は被保険者の権利利益に関するものであって、保険者の権利利益に関するものではないから、引受保険会社にとって事件の他人性がある。責任保険における防御とは異なり、自己の法律事件との同視を議論する余地はない。

本条には、法律事務として、「鑑定」、「代理」が列挙されているところ、前者は法律上の専門知識に基づいて法律事件について法律的見解を述べることをいい、後者は当事者に代わり当事者の名において法律事件に関与することをいう[678]。保険の対象となる法律相談は、「鑑定」にあたり、示談交渉および訴訟代理は「代理」にあたる。

「周旋」とは、依頼を受けて、訴訟事件等の当事者と鑑定、代理等をなす者との間に介在し、両者間における委任関係その他の関係成立のための便宜を図り、その成立を容易ならしめる行為をいう[679]。引受保険会社がその被保険者の依頼を受けて、特定の弁護士を紹介する場合は、通常、当該被保険者・弁護士間の委任関係の成立のための便宜を図り、その成立を容易ならしめることになるから、この場合「周旋」にあたることが多いと思われる。

　c　要件③：報酬を得る目的があること

「報酬」とは、具体的な法律事件に関して、法律事務の周旋に対する対価であって、報酬と周旋することとの間に対価関係があることが必要である[680]。非協定会社の権利保護保険における弁護士紹介においては、保険料と弁護士紹介との間に対価関係があるかが問題となる。

上記最大判の判示するように、資格を持たず、職業法の規律に服さない者が、利益を目的として他人の法律事件に関与することを禁圧して、その弊害の防止を図るとの本条の立法趣旨に鑑みれば、周旋行為が報酬の直接的な反対給付にあたらないとしても、周旋行為と当該反対給付と間に密接な関係が

---

[677] 日本弁護士連合会調査室編著・前掲（注673）619頁。
[678] 日本弁護士連合会調査室編著・前掲（注673）620頁。
[679] 日本弁護士連合会調査室編著・前掲（注673）622頁。
[680] 日本弁護士連合会調査室編著・前掲（注673）612頁。

あり、当該周旋行為が給付活動の一環となっているといえる場合には、同様に利益を目的として他人の法律事件に関与することになり、その弊害のおそれがあることには何ら変わりがないから、この場合にも当該周旋行為との間に対価関係があるというべきである[681]。

これを引受保険会社の査定担当者が特定の弁護士を紹介する場合についてみると、保険料に対する直接的な反対給付は保険給付たる保険金の支払いあるいはその約束であり、周旋行為は保険料に対する直接的な反対給付ではない。しかし、権利保護保険は、弁護士へのアクセス障害を除去するために、被保険者の法役務を利用するための費用を補償する保険であって、その保険給付と弁護士紹介とはきわめて密接な関連性があるから、弁護士紹介もこれを権利保護保険事業者が保険給付に関連して行う場合には、通常、当該給付活動の一環であるといえ、したがって、報酬たる保険料と周旋行為たる弁護士紹介との間には対価関係がある。

よって、引受保険会社の査定担当者が特定の弁護士を紹介する場合には、原則として報酬を得る目的がある。

d　要件④：業としてなされること

「業とする」とは、反復的に、または反復継続の意思をもって法律事務の取扱い等をし、それが業務性を帯びるに至った場合をいい、反復継続の意思が認められれば、具体的になされた行為の多少を問わない[682]。権利保護保険事業者がその保険給付に付随して被保険者の求めに応じて弁護士紹介を行う場合には、保険給付が反復的になされることは当然に想定されており、しかも、わが国の現状では知合いの弁護士を持つ市民が少ないことは周知の事実であるから、当然に紹介も反復して行うことが想定される。したがって、この場

---

[681]　日本弁護士連合会調査室編著・前掲（注673）612頁は、一定の入会金や会費を支払って会員となった者に、その他のサービスと併せて、無料で法律相談に応ずるとしたり、弁護士を無料で紹介するといった組織の例を挙げて、その対価性を検討し、「入会金、会費が法律相談等に対する直接的な対価的関係に立たないとしても、間接的な対価的関係（会費等を支払った者のみに対して法律相談等を行うものであるから、そこには関連性がある）は認められる場合が多いであろうから、入会者勧誘や営業活動の一環とは全く認められない純粋のサービスといったものでない限り、「報酬を得る目的」があるものと認定されるであろう」と述べるが、これも同様の理をいうものであろう。

[682]　日本弁護士連合会調査室編著・前掲（注673）623頁。

合の弁護士紹介は反復継続の意思を伴ったものであることが通常であり、原則として業としてなされたものである。

　e　結論

以上のとおり、権利保護保険の引受保険会社の査定担当者が特定の弁護士を紹介する場合は、原則として弁護士法72条本文後段の定める法律事件に関する法律事務の取扱いの周旋にあたり、これを禁止する同法に違反する。

2）協定会社における日弁連 LAC を通じた各弁護士会による弁護士紹介について

この場合における弁護士紹介は、日弁連および各弁護士会が行っており、協定会社は被保険者の意向を伝達しているに過ぎないが、要件①、②および④を原則として満たすことについては、上記1）の場合と異なるところはない。

要件③について、日弁連および各弁護士会はいずれも協定会社の被保険者から一切の金銭を受け取っていないから、日弁連および各弁護士会による権利保護保険における弁護士紹介には、報酬を得る目的がない。

よって、協力会社における日弁連 LAC を通じた各弁護士会による弁護士紹介は、弁護士法72条本文後段に反しない。

5　保険以外の可能性——予防法律問題への対応

（1）問題の所在

現在、わが国の権利保護保険が、自動車交通事故に関する損害賠償請求事件を中心に、紛争法律問題[683]の解決に関する重要な費用調達手段を提供し、費用面での司法アクセス障害の克服に大きく寄与しており、しかもその範囲を広めつつあることは、すでにみてきたとおりである。これに対して、予防法律問題[684]の解決に対しては、権利保護保険は法役務へのアクセスを容易にする手段を提供していない。ほかにも、一定規模以上の企業において法律顧

---

[683] 他者との紛争において、自己の法的権利を守ったり強制的に実現したりする必要から生じる問題（個人や団体などの私人間の争いの他、行政との争いも含む）。六本・前掲（注657）43頁。

[684] 紛争法律問題または刑事法律問題が将来発生する可能性に備える場合などのように、法的な面で安全・有利・効果的に行為する必要性から生じる問題（違法行為の回避、効力ある遺言書の作成、契約の締結、企業設立、事業計画の策定など）。六本・前掲（注657）43頁。

問が法的助言を中心とした簡易な予防法務を提供しているほか、団体的な仕組みとしては自治体、労働組合や事業者団体などで、構成員向けに無料法律相談が行われているにとどまる。リスク・ファイナンスの手段の特性としてみた場合に、頻度が低く強度が高いリスクに向く[685]といわれる保険が、日常的に用いられ訴訟代理などの紛争法務に比べ費用も低額の予防法務に適しているとはいえない。ところで、海外の事例をみると、欧州の権利保護保険が紛争法律問題を主な対象とするのに対し、米国の前払いリーガル・サービス・プラン、特にアクセス・プランが予防法律問題に対し、有効な費用調達ないし弁護士へのアクセス手段を提供していることがわかる。前払いリーガル・サービス・プランのうち、包括的プランと呼ばれるものは、欧州の権利保護保険同様、わが国の法体系においても保険に位置づけられるものがあることは明らかであるが、アクセス・プランは米国では保険にあたらないとされる例があり、わが国においても、保険以外の形での、予防法務に対するアクセス手段として活用する可能性が示唆される。

そこで、わが国において、米国の前払いリーガル・サービス・プラン、とりわけアクセス・プランを中心に、これに倣った予防法務へのアクセスの仕組みを導入する場合に生じ得る法的な問題点、とりわけ保険業法および弁護士法上の問題点につき以下に検討する。

(2) アクセス・プランとは

米国におけるアクセス・プランは、「前払い『アクセス』プラン (Prepaid "Access" Plan)」とも呼ばれ、一般には、前払いリーガル・サービス・プランのうち、法律相談やその他の複雑でない法役務のために弁護士にアクセスすることをその主たる目的とするもので、加入者が前払いした費用に対する基本サービスが与えられるほか、追加的サービスを割引された役務に対する料金 (fee-for-service) によって受けることができるものをこのように呼ぶ。基本サービスに含まれるのは、電話法律相談 (料金受信人払い)、短時間の事務所での法律相談、簡単な法文書、弁護士による通信文書の作成やその他のさほど

---

[685] 大谷孝一編著『保険論〔第2版〕』(成文堂、平成20年) 44頁。

時間のかからないサービスである。訴訟代理などの紛争法務を含め、中間所得層の個人的なニーズの 80 ないし 90％を満たす法役務を対象とし、すべての対象給付を前もって支払われた掛金ように設計されている「包括的前払いプラン（Comprehensive Prepaid Plan）」と区別される。

ニューヨーク州における保険法制の枠組みでは、アクセス・プランは「前払い料金方式で法役務を提供するための取決めのうち、当該役務が、偶発的な事象であってその発生により損失を被るおそれのある重大な利益を当該発生の時点において被保険者または受益者が有するかまたは有すると期待されるものの発生に依存しないもの。ただし、アクセス・プランは、各役務に対して各別の料金が課される場合であって、当該料金が合理的な間接費を含む供与費用を完全にカバーするときは、当該役務を提供することを合意することができる。」[686]と定義され、これは保険業の経営にあたらないとされる。具体的には、①遺言、生前信託[687]、リヴィング・ウィル[688]および健康管理に関する委任状の作成、契約書や賃貸借などの個人の法文書の点検、ならびに不動産譲渡証書（deed）、約束手形、督促状および委任状などの個人の法文書の作成や、②プランの条件で特に除かれているものを除くその他の事案に関する電話または事務所での法律相談などである。

そこで、以下での検討のため、ニューヨーク州において保険業の経営にあたらないとされる範囲を参考に、アクセス・プランを「前払いリーガル・サービス・プランのうち、加入者が加入期間中の任意の時に電話または事務所での弁護士による法律助言を受けた場合、ならびに一定の遺言書および契約書の作成または点検を弁護士に委任した場合に要する弁護士への報酬を、プラン主催者が負担するもの」をいうものとする。

---

[686] 11 NYCRR §261.1(a).
[687] 信託設定者が生存中に設定し、その生存中に効力が発生する信託。田中編集代表・前掲（注 430）524 頁。
[688] 末期状態に陥った場合に生命維持治療の中止を求める、という意思を意思決定能力のある時に予め表明しておく文書。田中英夫編集代表・前掲（注 430）524 頁。

(3) アクセス・プランの類型
1) プラン主催者および加入者[689]

米国の前払いリーガル・サービス・プランの例を参考にすれば、きわめて多様な形態を考えうるが、さしあたり、次の類型を想定する[690]。

① 労働組合が使用者から拠出させた資金を財源として組合員の利用した法役務の費用を負担するもの[691]

② 使用者が一般財源によりその被用者の利用した法役務の費用を負担するもの

③ 町内会が一般財源によりその会員の利用した法役務の費用を負担するもの

④ 商店会が一般財源によりその会員の利用した法役務の費用を負担するもの

⑤ 株式会社等の事業者が、業として一般消費者である加入者を募集して、加入者から特に徴収した掛金を財源として加入者が利用した法役務の費用を負担するもの

---

[689] 前払いリーガル・サービス・プランのうち、保険にあたらないものの法的性質、とりわけプラン主催者とプラン加入者との法的関係が米国法体系においてどのように位置づけられているかは一つの問題である。エリサ法における被用者福祉給付制度にあたるものについては、信託基金の設立が求められており、信託の法形式における受託者・受益者関係ととらえることができるものの、それ以外については必ずしも明らかではない。わが国にも同様の問題はあり、特に、町内会や商店会のプランにおいてはプラン主催者の法主体性も問題であるが、ここでの検討には重要ではないと思われるため立ち入らない。

[690] 濱野亮「弁護士へのアクセスの現状と課題」太田勝造ほか編『法社会学の新時代』（有斐閣、平成21年）68頁は、弁護士利用経験および法律家の知人の有無を基準とした4タイプに分類した経験的調査の結果、職業上の常用や過去の私的な弁護士利用経験と、親族・知人・職場といった集団への帰属という2要因が弁護士への経路としての重要な役割を果たしていると指摘する。こうした経路を持たない人々の法機構からの距離を縮める制度的な仕組みが重要であるとして、その一つに特殊主義的な社会的ネットワークへの法機構（弁護士を含む）の組込みが挙げられる一方で、従来の自治体や弁護士会の法律相談の弁護士への経路としての限界が指摘される。そこで、より踏み込んだ法機構の組込みのため、職域的ネットワークにアクセス・プランを適用する例として①および②を想定し、地域的ネットワークへの適用例として③および④を想定するものである。

[691] 使用者の労働組合に対する経費援助は、原則として不当労働行為として禁止されるが、福利厚生のための寄附は除かれるから（労働組合法7条3号）、アクセス・プランのための資金の拠出は不当労働行為にはあたらない。

2）弁護士の選任

弁護士の選任の方式については、米国におけるオープン・パネル方式とクローズド・パネル方式との区別を参考に、次の方式を想定する。

① 加入者が自由に任意の弁護士を選任する
② プランと提携関係のある特定の弁護士の中から加入者が選択する

（4）保険法上の問題
1）はじめに

アクセス・プランが、わが国の法体系において保険、すなわち保険法にいう「損害保険契約」（保険法2条6号）あるいは保険業法にいう損害保険業（保険業法2条1項、3条5項1号）として扱われるべきものであるかが、第一の問題である。とりわけ保険業は、保険業法に基づく監督に服し、原則として免許を受けた保険会社（保険業法3条1項）または登録された少額短期保険事業者（同法272条1項）以外にはこれを行うことができず[692]、その違反に対しては刑事罰も用意されている（同法315条）ため、容易にアクセス・プランを導入することができなくなることが大きな問題である。

保険業者以外の主体にも法役務へのアクセス手段を提供する可能性があることを示すこと[693]を主眼として、以下にこのアクセス・プランの保険該当性につき検討する。

2）保険とは何か──保険本質論

保険とは何かについては、保険論の分野で、古くから議論があり、損害填補説、経済需要（入用）充足説、経済生活維持説、相対的把握説などが提唱されてきたが、定説をみるに至っていない[694]。このうち比較的有力な経済需要

---

[692] もっとも、実質的には保険取引を業とする場合であっても、保険業法自体が保険業に該当しないものとして認めている例外がある（保険業法2条1項1号ないし3号）ほか、共済事業として各種協同組合法に基づいて行うことができる場合がある。

[693] もとより、これは保険業者に予防法務へのアクセス手段を提供することができないことを含意するものではない。保険的なアクセス・プランを設計することも可能であろうし、保険業における固有業務たる保険の引受けにあたらなくても、付随業務としてアクセス・プランを提供する余地はあるように思われるが、これは別論である。

[694] 坂口光男『保険法』（文眞堂、平成3年）3頁。

（入用）充足説では、「保険とは、同様なリスクにさらされた多数の経済主体による、偶然な、しかし評価可能な金銭的入用の相互的充足である」と説く[695]。

　この点から、アクセス・プランをみると、これがプラン加入者の金銭的入用を相互的に充足するものであることは確かである。しかし、その入用は、むしろ積極的なサービス利用に伴うものであり、「リスク」すなわち損失発生の可能性[696]が現実化したものとみるべきかは疑問である。アクセス・プランが保険にあたるとすれば、費用保険に分類されると考えられるところ、同保険はサービス利用という積極的行為に伴う費用の支出を補償するものであるが、たとえば、医療保険や権利保護保険などのように、疾病や紛争といった被保険者にとって不利益な状況を惹起する事象が生じ、その不利益を克服するために役務の利用を被保険者が余儀なくされることから、役務の利用に伴う費用を消極的な意味を持つものと評価し、これを損害と見做してリスクの現実化ととらえるものである。法律相談や法文書の作成などの予防法務を対象とするアクセス・プランにおける金銭的入用を一般的に消極的な原因に基づくものととらえることには難があるように思われる。また、予防法務の利用に伴う金銭的入用が「偶然」なものといえるかも疑問である。確かに、予防法務の利用も、背景事情の変化が契機となることはあろうが、通常は事前に予算化しておくことは可能であり、その発生の決定的な要素は利用者の意思によることが多いであろう。さらに、アクセス・プランの主たる目的は、リスクへの備えというよりはむしろ弁護士へのアクセス機会の確保にあり、その原理は集団化によるスケールメリットと交渉力の強化にあるから、その点でも保険とは異質な面がある。こうしてみると、アクセス・プランは典型的に保険の本質を備えているとはいいがたい。

3）保険法にいう損害保険契約にあたるか

　保険法は、「保険契約」を「……当事者の一方が一定の事由が生じたことを

---

[695] 近見ほか編・前掲（注165）14頁。
[696] リスクには、多様な意味があり、もっとも広い意味では不確実性を意味するが、保険を論ずる場合にリスクという語が使われるときは、損失（損害）発生の可能性またはそのような可能性のある状態の意味で用いられるのが一般的である。山下・前掲（注1）8頁。大谷編著・前掲（注678）36頁および近見ほか編・前掲（注165）1頁も同旨。

条件として財産上の給付……を行うことを約し、相手方がこれに対して当該一定の事由の発生の可能性に応じたものとして保険料……を支払うことを約する契約」（保険法 2 条 1 項）と定義したうえで、「損害保険契約」を「保険契約のうち、保険者が一定の偶然の事故によって生ずることのある損害をてん補することを約するもの」（同法 2 条 6 号）と定める。この損害保険の定義は、全体として、保険法施行前の商法 629 条にいう「当事者ノ一方カ偶然ナル一定ノ事故ニヨリテ生スルコトノアルヘキ損害ヲ填補スルコトヲ約シ相手方カ之ニ其報酬ヲ与フルコトヲ約スル」と変わりがないと考えられている[697]。有力な学説によれば、損害保険には法文上明らかな次の①ないし③に加え、④および⑤の要素を含むものと解されている[698]。

① 一方当事者の金銭の拠出（保険料）。
② 他方当事者の偶然の事実の発生による経済的損失を補てんする給付（保険給付）。
③ 要素①と要素②とが対立関係に立つこと。
④ 要素①の金銭の拠出総額と要素②の補てんのための給付の総額とが等しくなるように事前に要素①と②の給付を設定すること（収支相等原則）。これは、要素①の拠出をする当事者が多数であり、かつ大数の法則を利用することを前提とする。
⑤ 保険契約者が要素①の拠出をする場合に拠出の額は個々の当事者の偶然の事実の発生の確立に応じて設定されること（給付反対給付均衡原則）。

これをアクセス・プランについてみると、要素①および③を満たすことに問題はないものの、要素②を満たすのかは問題である。損害保険契約は、「一定の偶然の事故によって生ずることのある損害をてん補する」（保険法 2 条 6 号）ものでなくてはならず、保険事故の偶然性および一定性の要件が求められる。ここで偶然性とは、保険事故の発生と不発生とが保険契約成立の時においていずれも可能であってしかもそのいずれとも未だ確定していないことをいう[699]。加入者が加入期間中は任意の時に利用できるアクセス・プランに

---

[697] 落合誠一監修・編著『保険法コンメンタール（損害保険・傷害疾病保険）』（損害保険総合研究所、平成 21 年）12 頁。
[698] 山下・前掲（注 1）6 頁。

は、何ら保険事故が定められていないから、偶然性や一定性について論ずるまでもなくこの要件を満たさないというべきであろう。加入者が法役務を利用することを保険事故とみれば、その発生または不発生は加入時には必ずしも確定していないから保険事故に偶然性があるともいえそうであるが、利用するか否かを決めるのは加入者の意思次第であるから、結局、損害の生ずることのある事実を定めたとはいえないのであろう。これは保険事故の一定性がないということもできる。また、法役務の利用を必要とする事情（取引の発生、家族構成の変化など）はもっぱら加入者の意思で発生しているわけではないから、利用するか否かの決定がもっぱら加入者の意思によるとはいえないともいえそうであるが[700]、そうであっても決定的なのは加入者の意思であるから、そのような事情を特定するのでなければ、やはり一定の保険事故を定めたことにはならないであろう。

　つぎに、アクセス・プランが「損害をてん補する」ものといえるか。前述のとおり、予防法務利用の費用の負担は、典型的な「損害」とはいい難いうえ、保険契約法上、損害保険につき一般に利得禁止原則の法理が承認されているところ[701]、予防法務利用の費用を補償すれば、これにより利得が生じていないとはいい難いであろう[702][703]。

---

[699]　山下・前掲（注1）358頁。

[700]　プエニクストルフ・前掲（注8）169頁は、リーガル・サービス・プランの保険該当性につき、「将来、発生することの不確実な事故——即ち、弁護士による相談の必要性——を想定した給付の約束、それに対応する年間分担額の支払いということは、とりもなおさず保険業務の特質をはっきりと示すものであ」ると指摘する。

[701]　山下・前掲（注1）392頁は、最狭義の利息禁止原則と狭義の利息禁止原則とを区別し、商法が規定している損害てん補方式よりは緩やかな制限しかしない保険給付も損害てん補として容認するが、損害と保険給付との間の関連性はなお必要であり、この関連性を説明できない保険給付は容認されないという意味での狭義の利得禁止原則のみを強行規定的原則として位置づける。

[702]　田辺康平『保険契約の基本構造』（有斐閣、昭和54年）53頁は、「費用支出がいかなる範囲において損害と解しうるか」につき、「費用は生活の維持発展を目的として、消費のために支出されるものであ」り、「そのかぎりなんらかの効用をもたらすものであることは承認されなければならない」として、「通常の成行において予定されるかぎりでの費用支出は、もちろん損害とは解されない」という。そして、「損害が問題となる費用支出は少なくとも偶然の事故によるものでなければならない」うえ、「独自の費用損害として認められるのは、他の損害を前提としない費用の支出であって、しかもそれによって事故発生前よりも経済的マイナスが生ずるような結果をもたらす費用支出でなければならない」とする。

要素④収支相等原則および⑤給付反対給付均衡原則は、具体的なアクセス・プランの規模などにより異なり得るものであるが、一般論としては、全体として収支相等となるように設計するものの、加入者ごとの給付反対給付均衡までは考慮しないのが通常であろう。

以上より、アクセス・プランには、一般に、保険事故の偶然性ないし一定性という要素、損害の填補という要素、および給付反対給付均衡原則という要素が欠けることから、原則として損害保険契約には当たらない。

4）保険業法にいう保険業にあたるか

保険業法（以下「法」という。）上の保険概念も、事業監督という性質上、上記の要素④および⑤を不要ないし弾力的に解するほかは、上記保険法上の保険概念と基本的には同様に解すべきである[704]。そうすると、原則としては、アクセス・プランの引受けを業として行うことは保険業にはあたらず、保険業法の適用を受けない。したがって、アクセス・プランの引受けを業として行うのに、原則としては損害保険業の免許や少額短期保険事業の登録を要しないことになる。以下では、例外的に保険にあたるアクセス・プランや、その他の保険の実質を有する前払いリーガル・サービス・プランを念頭に、その引受けに対する保険業法の適用について検討する。なお、保険の実質を有するか否かにかかわらず、共済として、農業協同組合法、水産業協同組合法、中小企業等協同組合法および消費生活協同組合法などの監督法による規制のもとで事業を行うことができる可能性がある。ここでは、その旨を指摘するにとどめ、詳しい検討は行わない。

---

[703] もっとも、山下・前掲（注1）390-391頁によれば、損害保険契約においても、公益の観点から容認されない著しい利得をもたらす保険給付をなすことのみが禁止されるという意味での広義の利得禁止原則の範囲内において伝統的に考えられてきた損害てん補とは異なる保険給付をする約定の効力を認めることは妨げられないという考え方も主張されるに至っているという。損害概念の多様性を踏まえて、損害てん補という契約類型における要件としての損害概念の柔軟性を認める見解として、中出哲『損害てん補の本質』（成文堂、平成28年）118-149頁。このような緩やかな考え方によれば、あらかじめ拠出された資金を財源として加入者が予防法務を利用して負担する費用につき、補償する給付を与えること自体に社会的相当性がないわけではないから、アクセス・プランによる予防法務の利用費用についても、それが極端な高額に及ぶものでない限りは、利息禁止原則には触れないとみる余地もあろう。

[704] 山下・前掲（注1）396頁参照。

保険の引受けを行う事業は、原則として、法にいう保険業にあたるが（法2条1項柱書）、①他の法律に特別の規定のあるもの（同1号）、②特定の団体がその構成員等を相手方として行うもの（同2号）、③一定の人数以下の者を相手方とするもの（同3号）は除外される。

　　a　他の法律に特別の規定のあるもの
　農業協同組合法や消費者生活協同組合法等に基づくいわゆる制度共済の事業がこれに含まれる[705]。

　　b　特定の団体がその構成員等を相手方として行うもの
　特定の団体において、保険関係以外の密接な関係を有するもので、当該構成員の私的自治に委ねることが妥当と考えられるものは、個別に法令に列挙されて保険業法の適用を除外されている（法2条1項2号、保険業法施行令1条の3）。多くの団体が列挙されているが、主な例は次のとおりである。

　①　地方公共団体がその住民を相手方として行うもの（法2条1項2号イ）。
　②　一の会社等……またはその役員もしくは使用人……が構成する団体がその役員もしくは使用人またはこれらの者の親族……を相手方として行うもの（同ロ）。いわゆる企業内の共済事業を指す[706]。
　③　一の労働組合がその組合員（組合員であった者を含む。）またはその親族を相手方として行うもの（同ハ）
　④　一の学校……またはその学生が構成する団体がその学生または生徒を相手方として行うもの（同ホ）。学校が学生等を相手方とするものや、学生等の自治会が行う共済事業がこの対象となる[707]。
　⑤　一の地縁による団体（地方自治法第二百六十条の二第一項に規定する地縁による団体であって、同条第二項各号に掲げる要件に該当するものをいう。）がその構成員を相手方として行うもの（同ヘ）。現に活動を行っている町内会等が共済事業を行うことが想定されている[708]。

　上記(3)1）①の労働組合の前払いリーガル・サービス・プラン、同②の使

---

[705] 安居孝啓編著『改訂版　最新　保険業法の解説〔第2版〕』（大成社、平成22年）22頁。
[706] 安居・前掲（注705）23頁。
[707] 安居・前掲（注705）23頁。
[708] 安居・前掲（注705）24頁。

用者の前払いリーガル・サービス・プラン、同③の町内会の前払いリーガル・サービス・プランは、いずれも保険業にあたらず、免許等を要せずにその引受けを業として行うことができる。

　c　一定の人数以下の者を相手方とするもの

　1000人以下の者のみを相手方として保険の引受けを行う事業は保険業にあたらない（令1条の1第1項）。したがって、上記ロの特定の団体に該当しない任意団体等による場合であっても、1000人以下の少人数のみを対象として行う事業は保険業にあたらない[709]。ただし、団体を分割することにより規制を免れることを防止する等の観点からの例外規定が設けられている。

　上記(3)1）⑤の株式会社等の事業者は、原則として相手方が1000人以下の場合には、保険業の免許等を要せずに、業として前払いリーガル・サービス・プランの引受けを行うことができる。また、同④の商店会が行う前払いリーガル・サービス・プランも相手方が1000人以下であれば保険業法の適用外である。

(5) 弁護士法上の問題
1) はじめに

　米国において、前払いリーガル・サービス・プランに対し、伝統的な依頼者・弁護士関係や弁護士の専門職業的判断の中立性に対する干渉などへの警戒感から、その草創期以来、法律家の職業的規律において種々の制限が課されてきた。1960年代の連邦最高裁の違憲判決を経て、制限の緩和が進んだものの、完全に警戒が解かれたわけではない。現在のABAモデルルールのもとでも、秘密保持（規則1.6）、利益相反（規則1.8）、弁護士の専門職としての独立性（報酬分配の禁止）（規則5.4）、無資格法律業務（規則5.5）、広告（規則7.2）、依頼者の勧誘（規則7.3）などが、リーガル・サービス・プランを用いた法律業務において、遵守すべきものとしてあげられる。

　そこで、こうした米国の例を参考に、わが国に前払いリーガル・サービス・プラン、特にアクセス・プランを導入する場合に生じ得る弁護士の職業的規

---
[709]　安居・前掲（注705）26頁。

律上の問題点につき、弁護士法および弁護士職務基本規程の適用の面から以下に検討する。

2）前払いリーガル・サービス・プランに関連する規律

わが国の弁護士法（以下「法」という。）および弁護士職務基本規程（以下「規程」という。）[710]に、前払いリーガル・サービス・プランを規制することを目的として定められた規定はないが、上記ABAモデルルールの諸規律に対応するものとしては、大まかにみて、次のようなものがある。

① 秘密保持に関する規律：秘密保持の権利及び義務（法23条、規程23条）
② 利益相反に関する規律：職務を行い得ない事件（法25条、規程27条、28条）
③ 弁護士の専門職としての独立性に関する規律：自由と独立（規程2条）、信義誠実（規程5条）、報酬分配の制限（規程12条）、依頼者紹介の対価（規程13条）
④ 無資格法律業務に関する規律：非弁護士の法律事務の取扱い等の禁止（法72条）、非弁護士との提携（法27条、規程11条）
⑤ 広告に課する規律：広告及び宣伝（規程9条）
⑥ 依頼者の勧誘に関する規律：依頼の勧誘等（規程10条）

以下では、このうち、前払いリーガル・サービス・プランの構造的本質にかかわるもの考えられる報酬分配の制限（規程12条）の問題を取り上げる。

3）報酬分配の制限について

a　弁護士職務基本規程第12条の趣旨

本条の規定は、次のとおりである。

---

[710] 平成16年11月10日開催の日弁連臨時総会において会規として成立した。臨時総会における「宣明」の形で存在した旧来の弁護士倫理にかわり、会規の法形式が与えられた。倫理規範と行為規範とからなり（前文4項）、前者は弁護士の職務の行動指針または努力目標としての努力規定であるが、後者は義務規定である。懲戒事由との関係では、前者の違反は「品位を失うべき非行」（法56条）の評価上の一要素に過ぎないのに対し、後者の違反は懲戒事由を基礎づける事実の存在を推認させる。ただし、後者の違反により直ちに懲戒処分に付すべきものではなく、懲戒事由の存否の判断においては、弁護士の職務の多様性と個別性にかんがみ、その自由と独立を不当に侵すことのないよう、実質的に解釈し適用しなければならない（規程82条1項）とされる。

> （報酬分配の制限）
> 第12条　弁護士は、その職務に関する報酬を弁護士又は弁護士法人でない者との間で分配してはならない。ただし、法令又は本会若しくは所属弁護士会の定める会則に別段の定めがある場合その他正当な理由がある場合は、この限りでない。

　その趣旨は、弁護士の独立性、さらにはその職務の公正と品位を保持することにあり、弁護士が弁護士でない者と弁護士報酬を分配することを禁止すべきであることは、弁護士の独立性保持と非弁提携禁止（法27条、規程11条）の趣旨から当然に導かれるとされる[711]。もっとも「法令で定める場合」および「正当な理由がある場合」は例外的に許容される。前者の例としては、外弁法に定める外国法共同事業（外弁2条15号、49条の2〜49条の5）があげられる[712]。後者の例としては、破産管財事件で、破産管財人の補助者として公認会計士の費用も加味して管財人報酬が支払われる場合、同一の事務所に所属していた死亡弁護士の相続人に、生前の事件に関する報酬を分配する場合などが考えうるほか、隣接専門職との協働によるワンストップ・サービスの提供の場合においても、分配に正当な理由があるとされることがあり得るとされる[713]。後者については、個別の案件について共同した場合（たとえば、相続事件につき、弁護士が遺産分割手続きを、司法書士が相続登記を、税理士が相続税申告をそれぞれ分担処理したような場合）には、工夫次第で、合理的な基準に基づく分配が可能であると考えられる一方、事務所の共同経営をする場合、収支共同による協働は、本条に違反するおそれが高く、経費共同による協働は運営次第で合理的な基準による分配が可能であることが多いと考えられるとされる[714]。

---

[711] 日本弁護士連合会弁護士倫理委員会『解説　弁護士職務基本規程〔第2版〕』（平成24年）25頁。なお、同書22頁は、規程11条の趣旨につき、弁護士法27条の趣旨をそのまま取り入れ、弁護士がいわゆる非弁活動を行う無資格者と提携して、これらの者をはびこらせ、またはその暗躍を助長することを禁止し、弁護士の職務の公正と品位を保持しようとする趣旨の規定であるとしている。

[712] 日本弁護士連合会弁護士倫理委員会・前掲（注711）25頁。

[713] 日本弁護士連合会弁護士倫理委員会・前掲（注711）25頁。

[714] 日本弁護士連合会弁護士倫理委員会・前掲（注711）26頁。

b　前払いリーガル・サービス・プランにおける問題の所在

前払いリーガル・サービス・プランにおいては、その加入者が将来の法役務利用の際に発生する弁護士報酬の支払いに備え、前もって、一定の金員をプラン提供者[715]に払い込み、これが実際に法役務を利用した際の弁護士の報酬の支払いに充てられるから、プラン提供者と弁護士との間で報酬の「分配」がなされたことになるのではないか、また、分配がなされたとすれば、それに「正当な理由」があるのかが問題となる。

c　報酬分配について

この点は、プラン加入者がプラン提供者に対して拠出する金銭が弁護士の職務に対する報酬にあたるか否かによって決するべきであるが、原則として、プランに対する拠出金は弁護士の職務に対する報酬には当たらず、したがって、プラン提供者・弁護士との間での報酬分配には当たらないが、あらかじめ加入者が選択できる弁護士が決まっている場合には、プラン加入者がプラン提供者に対して拠出する金銭が法役務に対する報酬にあたり、プラン提供者・弁護士との間での報酬分配にあたるものと解する。

前払いリーガル・サービス・プランにおいては、現に法役務の利用があるまでは、未だ拠出された資金は依頼者側にあって将来の需要に備えて取り置かれているに過ぎないのであり、したがって、原則として、プラン加入者がプラン提供者に拠出した金銭は、弁護士の職務に対する報酬には当たらない。

しかしながら、プランと提携関係のある特定の弁護士の中から加入者が選択する（クローズド・パネル）方式のものにあっては、当該提携関係によりすでに提携弁護士（パネル弁護士）のいずれかが受任することが決まっているから、プラン提供者がプラン提供者に対し拠出した金銭はこれを弁護士の職務に対する報酬にあたると解すべきである。

---

[715] プランが法人格を有する主体によって提供される場合（上記(3)1）の①、②および⑤の類型）のほか、独自の法人格を有しない場合（同③および④の類型）があり得る。後者は、民法上の組合の法形式によるものと考えられる。いずれにせよ、拠出金に対しては、各個の団体構成員とは別に権利帰属が観念されることから、前者の場合のみならず、後者の場合も、プラン提供者と弁護士との間の分配を問題とすべきものと思われる。

d　正当な理由について

　報酬の分配がなされる場合であっても、労働組合や町内会、商店会などのように、プラン提供者と加入者との間に前払いリーガル・サービス・プランを超えた密接な関係があり、しかも、当該団体が、その性質上構成員の福利を増進するものであれば、正当な理由がある場合があるものと解する。

　まず、一般市民にとって費用が障害となって法役務へのアクセスが容易でないという衆目の一致する状況がある中で、前払いリーガル・サービス・プランがこれに対する有効な解決策となり得ることが考慮されなければならない。そのうえで、上記のような団体であれば、一般的には構成員の利益を害するような影響力を弁護士の職務に対して及ぼす可能性が類型的に低いといえる。これに対して、事業者が一般消費者に提供するプランはもちろん、使用者が被用者に対して提供するものもこの理は当たらず、正当な理由があるとはいえない。

　もっとも、これは事実上の問題で、プラン提供者たる上記団体が自己の利益よりも常にプラン加入者たる構成員の利益を優先させる法的保証はない。そこで、前払いリーガル・サービス・プランに、団体を受託者、構成員を受益者とする信託の法形式を与えて、信託法上の信認義務（注意義務（信託法29条）、忠実義務（同法30条ないし32条）など）を負わせることなどにより、プラン提供者たる団体が自己の利益よりもプラン加入者たる構成員の利益を優先させる法的保証を与えることを要すると解すべきである。

　また、これだけでは、プラン加入者である依頼者の利益を害することは防止できても、弁護士の独立性を損なうおそれのあるその他の干渉までをも排除できるわけではないから、弁護士・プラン提供者の間で、こうした干渉を禁ずる旨の合意をするなどの手当てが必要であろう。

結　章

　本書は、紛争法務に関する有力な費用調達手段として発展してきたドイツを中心とする欧州における権利保護保険、さらには予防法務を中心とした弁護士へのアクセス手段として独自の発展をみせる米国の前払いリーガル・サービス・プランにつき、その給付内容、経済的仕組み、発展の歴史、法的枠組み、法的問題点に関する議論の状況等につ焦点を当てて、これを幅広く詳細に明らかにすることにより、わが国の先行研究では明らかにされてこなかった未だ発展途上にあるわが国における権利保護保険の将来あり得る姿、さらにはこれを補完し得るものとしてのアクセス・プランの姿を念頭に置いたうえで、そこで生じ得る主要な実定法上の諸問題につき、これら諸外国の先行例からの示唆を得つつ、わが国法体系における解決の方向を探った比較法的アプローチによる研究論文である。これにより、今後のわが国の権利保護保険が直面するであろう実定法上のいくつかの重要問題に対し、一定の検討の指針を示すことができたものと考える。具体的には、保険事故について、一定の解釈指針を得るとともに、約款上の規定の仕方や査定体制面などの運用面における改善の余地が示唆されたほか、被保険者による弁護士選択に対し保険者の影響力を及ぼし得る約款条項は限定的に解釈されなければならないこと、権利保護保険事業者による弁護士紹介実務はその査定担当者などが協力関係にある特定の弁護士などで被保険者に紹介するものである限り弁護士法72条に抵触する疑いがあること、さらには、予防法務に対するアクセスについて保険以外の手段で適法に事業化できる可能性があることなどが確認された。

　もとより、本書で扱った問題は、実定法上のものに限ったとしてもその一部に過ぎないうえ、権利保護保険の将来像を十分に確実なものとして示せたわけでもない。そこで、本書では論じきれなかった問題を記して、他日の検討に資することとしたい。

まず、法分野について、本書では、主として、保険契約法（保険法）、保険監督法（保険業法）および弁護士職業法（弁護士法）の問題を扱ったが、民事訴訟法等の手続法[716]および競争法の問題を扱っていない。この保険は訴訟追行に必要な費用を補償するものであるため、それが当事者（本人および代理人）の訴訟行動、さらにはこれを踏まえた裁判所の訴訟指揮に少なからぬ影響を与えるものと考えられるから、その具体的な態様を明らかにしたうえで、それに対応した手続法上の規律の在り方を検討すべきであろう。また、この保険の発展により、保険会社の法役務市場における影響力が強まることは明らかであるから、その態様ないし程度を明らかにしたうえで、これを踏まえた競争法上の規律の在り方が問題として取り上げられるべきであろう。さらに、保険契約法上の問題に関しても、本論文で触れたのは、保険事故および弁護士選択の自由の保障の問題であるが、ほかにも勝訴の見込みや免責事由、填補の範囲などの主要条項に関する問題、さらには、保険代位なども重要な論点となろう。こうした保険契約法上の問題については、近時、自動車保険の弁護士費用特約に関するいくつかの裁判例[717]や文献[718]が登場しているが、こうした成果を踏まえつつ、権利保護保険の将来像を見据えてさらに研究を深める必要があろう。ドイツにおける権利保護保険を利用した円滑な事件処理の安全を支えている法概念ないし法の仕組みとして、宣言的債務承認（deklaratorisches Schuldanerkenntnis）の法理によって保険者の填補の約束（Deckungszusage）[719]に対する被保険者の信頼に法的保護を与えていることや保険給付請求権を免

---

[716] 訴訟法の視点から権利保護保険をとらえたものとして、森勇・前掲（注7）6面。

[717] 保険代位に関する事案として、大阪地判平成21年3月24日交民42巻2号418頁、東京地判平成24年1月27日交民45巻1号85頁、東京高判平成25年12月25日LEX/DB文献番号25502499、そのほか、やや特異な事案であるが、受任弁護士が依頼者である無資力の被保険者に代位して弁護士費用保険金を請求した事案として、東京地判平成26年9月4日ウエストロー・ジャパン文献番号2014WLJPCA09048001、その控訴審判決である東京高判平成27年2月5日ウエストロー・ジャパン文献番号2015WLJPCA02056003など。

[718] 山下典孝「わが国における弁護士費用保険に関する一考察」大谷孝一博士古稀記念『保険学保険法学の課題と展望』（成文堂、平成23年）485頁、大井暁「弁護士費用等補償特約の検討」保険学雑誌629号（平成27年）153頁など。山下典孝「特集権利保護保険　期待と課題　第9回保険法の視点から」保険毎日新聞平成27年7月13日6面も参照。

[719] その拘束力に関する近時の判例として、BGH, Urteil vom 16.7.2014-Ⅳ ZR 88/13=NJW 2014, 3030.

脱請求権（Freistellunsgsanspruch）[720][721]として構成していることなどがあげられるが、これらはいずれもわが国の保険法理や保険実務にとってなじみが薄く、今後、研究する価値が十分にある。また、平成28年5月に施行された改正保険業法の枠組みにおいて、権利保護保険の保険商品としての特殊性を踏まえた保険契約者への情報提供や意向把握の在り方についても、検討されるべきである（保険業法294条、295条）。弁護士職業法の分野について、本書では、弁護士紹介に対する弁護士法72条の適用の問題、アクセス・プランに対する報酬分配制限の適用の問題を扱ったが、それ以外にも、利益相反、秘密保持なども重要な課題であり、より根本的には、この保険が弁護士の独立性に及ぼす影響とあるべき規律の姿が追及されなければならない。保険の持つモラル・ハザードの誘因が、弁護士のよきエートスを害することがあってはならない。また、弁護士報酬水準につき予測可能性があることが適正な保険料水準の設定に役立つことや、個別事案において保険で填補すべき弁護士報酬の水準を巡って保険者と弁護士との間で意見が対立することも少なくない[722]ことから、持続的かつ円滑な権利保護保険の運営のためには弁護士報酬水準につき客観的基準があることが望ましいといえるが、平成15年の旧弁護士報酬規程[723]の廃止以来、現在、弁護士報酬についての具体的な数値的基準を含む法的規律は存在しない[724]。独禁法上の問題もあり解決は容易ではないが、一定の立法的措置を含めた検討の余地があろう。

次に、比較対象国について、権利保護保険について、取り上げたのはほぼドイツに限られる。ドイツは権利保護保険の最大市場であり、欧州をリードしてきたもっとも重要な国であることは間違いないが、同じ大陸法系に限っても、フランス、ベルギー、オランダ、オーストリア、スイスなど相当の市

---

[720] 執行を含むその手続法上の問題を整理したものとして、Bauer, Deckungsprozesse in der Rechtsschutzversicherung, NJW 2015, 1329.

[721] 責任保険における免脱請求権について、山下・前掲（注1）443頁参照。

[722] 日本弁護士連合会・前掲（注374）271-272頁参照。

[723] その内容および解説につき、日本弁護士連合会調査室編著『弁護士報酬規程コンメンタール』（全国弁護士協同組合、昭和63年）。

[724] 現在、弁護士報酬の額については、「経済的利益、事案の難易、時間及び労力その他の事情に照らして、適正かつ妥当な」ものでなければならないとの基準が示されるにとどまる（弁護士職務基本規程24条、弁護士の報酬に関する規程2条）。

場規模を持つバリエーションが存在する。わが国の権利保護保険の将来像を描くにあたっては、これらの国々の例をも参考にすることが有益であろう。ドイツ関しても、被保険者を提携弁護士に誘導しようとする動きに端を発して、あらためて活発になっている権利保護保険を利用した委任の在り方についての議論については、本書では扱っていないが、これを総合的に検討した貴重な論文[725]も出ており大変参考になる。英国[726]は、英米法系の典型であり、その法体系のみならず、経済条件や法文化もわが国とはかなり異質であり、しかも訴訟費用の制御の点では成功している国とはいいがたいが、近時、数次にわたる民事訴訟費用制度の改革が試みられており、「他山の石」とする価値はあろう。カナダは、欧州由来の権利保護保険と米国由来の前払いリーガル・サービス・プランとが同居する比較的珍しい国で、これがどのような形で発展していくのか注目に値する[727]。以上の国々の研究にあたっては、日弁連が「日弁連リーガル・アクセス・センター 10 周年記念シンポジウム～法化社会に向けた保険への新たな期待～」（平成 22 年）を皮切りに主催した一連の近年のシンポジウムの報告書など[728]が手掛かりとなろう。オーストラリアは、1987 年代後半から 1990 年代にかけてニューサウスウェールズ州で行われた訴訟費用保険の社会実験[729]が挫折して以来、訴訟費用保険不毛の地であるが、平成 26 年 12 月には、政府の諮問機関である生産性委員会（Productivity Com-

---

[725] Terriuolo, aaO.（Fn. 670）.

[726] 英国の訴訟費用保険について、コモン・ロー上の契約法理や保険法理の適用の面から論じた文献として、Feldman, *Legal Expenses Insurance*（CLT Professional Publishing Ltd, 1998）.

[727] オンタリオ州における低中所得層の司法アクセスの問題を取り扱ったものとして、Trebilcock, Duggan & Sossin（eds）, *Middle income access to justice*,（University of Toronto Press, 2012）. 特に、Vayda & Ginsberg, Legal Services Plans：*Crucial-Time Access to Law and the Case for a Public-Private Partnership, id,* at 246 早期の法役務の活用を可能とするリーガル・サービス・プランの優位性を説き、Choudhry, Trebilcock and Wilson, *Growing Ontario Legal Aid into the Middle Class：A Proposal for Public Legal Expenses Insurance, id,* at 385 は法律扶助に訴訟費用保険を組み込むことを提案する。

[728] 日弁連リーガル・アクセス・センター・前掲（注21）（平成22年）、日本弁護士連合会・前掲（注376）179頁、日本弁護士連合会・前掲（注39）197頁、日本弁護士連合会・前掲（注374）247頁。ベルギーの権利保護保険に関する文献として、山下典孝「ベルギーにおける権利保護保険について」損害保険研究75巻4号（平成26年）221頁。主要国における権利保護保険を含む民事訴訟費用および資金調達方法につき、Hodges, Vogenauer & Tulibacka, *The Funding and Costs of Civil Litigation：A Comparative Perspective*（Hart Publishing, 2010）.

mission）により Access to Justice Arrangements と題する司法アクセスに関する報告書[730]が発表されており、改革が進んでいく可能性もあり、注目に値する。

　さらに、本書では、他の保険種目との比較検討を行うことはできなかった。殊に、医療・健康保険は、費用保険という構造上の類似性に加え、その対象が弁護士と同じく専門職（プロフェッション）の典型である医師による役務であることから、これとの対比により、保険によるモラル・ハザードと専門職の職業的エートスとの関係の点を含め、多くの示唆が得られるように思われ

---

[729] その経緯につき、Goodstone, *Legal Expense Insurance*：*An experiment in Access to Justice*（Law and Justice Foundation of NSW, Sydney, 1999）。この社会実験では、欧州の権利保護保険と米国のリーガル・サービス・プランとを組み合わせたものが保険会社により提供された。同地における訴訟費用水準の予測可能性の低さが懸念され、予防的法律相談を中心とするリーガル・サービス・プラン部分は評判がよかったものの、権利保護保険部分の補償範囲が極めて限定的であり、消費者にとって魅力が欠けたため、7年間で約3万件が提供されたにとどまり、市場に広まることはなかったというものである。ここでの教訓は、持続可能な事業のためには事業環境面として弁護士報酬水準の予測可能性を確保することが重要であること、提供する保険としてあまりに小さ過ぎれば育つ前に枯れてしまうこと、さらにはいったん市場で挫折すると建直しは容易ではないことである。もっとも、法律相談の評判がよかったことは銘記されてよい。

[730] Productivity Commission, *Access to Justice Arrangements*, Inquiry Report No. 72（2014）。この報告書では、費用調達方法としてはむしろ米国型の完全成功報酬（contingency fee, damages-based billing とも呼ばれる）および訴訟ファンドが注目され、完全成功報酬の解禁（RECOMMENDATION 18.1）および訴訟ファンドの免許制の導入（RECOMMENDATION 18.2）が提案されている。*Id* at 62. 訴訟費用保険に関しては、「訴訟費用保険に未来はあるか」と題するまとめにおいて、次のような見解が述べられ、期待はあるものの楽観視はされていない。「オーストラリアに訴訟費用保険を創設する試みがあった。しかし、法的費用についての不確実性が浸透を妨げ、給付と保険料の水準を定めることを困難にしたといわれている。これらの問題は、消費者が紛争の際の費用に備えることに価値を見出すことができず、その欲求の欠如していることによって助長された。今日では、保険料を設計するために用いることができるよりよい情報が、利用可能となっている。オーストラリア全土に及ぶ法的ニーズの調査により、多様なグループの法律問題を経験する傾向についての重要な情報が提供される一方、本報告書にまとめられた費用償還についての改革が相手方費用の支払命令に係る多くの不確実性を解消することになろう。さらには、1987年の訴訟費用保険の開始以降、保険市場におけるリスクを見積もる手法も洗練されてきた。しかし、情報格差を解消し、保険商品を提供することが可能になったとしても、過去に経験したことと同じように、人々は、危険の存在を正しく把握することができないか、あるいは遭遇する危険に対処するための市場の潜在力に気付かないために、危険分散の機会を利用しないかもしれない。このような誘因の弱さを前提にすると、市場が訴訟費用保険を提供するかどうかは、明らかではない。」*Id*. at 23.

る。また、責任保険は、リーガル・リスクを扱う点において、権利保護保険と共通する。特に、その防御給付の部分は、権利保護保険の一種といってよく[731]、そこでの議論は、権利保護保険にも多くの示唆を与えるであろう。ただし、本書でも若干の指摘をしたところであるが、責任保険における防御給付については保険者が係争結果についてのリスクを負ううえ、保険者の利益と被保険者との利益とは原則としては同方向に向いているのに対し、権利保護保険ではむしろ逆である点には十分に留意しなければならない。

　最後に、権利保護保険においてもっとも重要なことは、これが司法アクセスを高めるために、如何に社会に受容され、活用されていくかであり、その点で実定法学の果たせる役割には限界がある。他の学術分野、とりわけ、保険学（経営学・経済学）[732]、法社会学、法と経済学[733]などの分野での成果を踏まえて研究を深めることが残された課題である。

---

[731] 江頭憲治郎『商取引法〔第 7 版〕』（弘文堂、平成 25 年）455 頁。

[732] 内藤和美「特集権利保護保険　期待と課題　第 10 回企業リスク・ファイナンス手段としての権利保護保険の有用性」保険毎日新聞平成 27 年 7 月 27 日 6 面を皮切りとして、今後の研究の進展が期待される。

[733] 比較的近時の海外における研究成果として、Heyes, Rickman & Tzavara, *Legal expenses insurance, risk aversion and litigation*, 24 International Review of Law and Economics 107（2004）; Baik & Kim, *Contingent fees versus legal expenses insurance*, 27 International Review of Law and Economics 351（2007）; Friehe, *Contingent fees and legal expenses insurance : Comparison for varying defendant fault*, 30 International Review of Law and Economics 283（2010）; Qiao, *Legal effort and optimal legal expenses insurance*, 32 Economic Modelling 179（2013）.

資　　料

1　権利保護保険普通約款（ARB2010）（試訳）

　　　登記社団法人ドイツ保険協会（GDV）の非拘束的な告示
　　　選択自由な使用に供する。異なる約定は可能である。

権利保護保険普通約款

（ARB 2010）
GDV 標準約款
（2010 年 9 月現在）
目次

1　保険の内容
第 1 条　権利保護保険の任務
第 2 条　給付種類
第 3 条　除外される法律事件
仲裁鑑定人手続の適用の場合
第 3 条の a　勝訴の見込の欠如または濫訴による権利保護の拒絶——仲裁鑑定人手続
決定投票手続の適用の場合
第 3 条の a　勝訴の見込の欠如または濫訴による権利保護の拒絶——決定投票手続
第 4 条　権利保護請求権の要件
第 4 条の a　保険者の交替
第 5 条　給付範囲
第 6 条　適用地域

2　保険関係
第 7 条　保険保護の開始
第 8 条　契約の期間および終了

第8条のa　保険年度
第9条　保険料
　A．保険料および保険税
　B．支払および支払遅延の効果／第1回または一時払保険料
　C．支払および支払遅延の効果／第2回以後の保険料
　D．口座振替による支払の適時性
　E．満期前の契約終了の際の保険料
第10条　保険料調整
第11条　保険料算定にとって重要な事情の変更
第12条　被保険利益の消滅
第13条　保険事故後の解約
第14条　法定消滅時効
第15条　共同被保険者の法的地位
第16条　通知、意思表示、住所変更

3　権利保護事故
第17条　権利保護事故発生後の行為
第20条　管轄裁判所。準拠法

4　保険保護の類型
第21条　交通権利保護
第22条　運転者権利保護
第23条　自営業者のための私生活権利保護
第24条　自営業者のための職業権利保護、会社および社団のための権利保護
第25条　非自営業者のための私生活および職業権利保護
第26条　非自営業者のための私生活、職業および交通権利保護
第27条　農業および交通権利保護
第28条　自営業者のための私生活、職業および交通権利保護
第29条　住居および土地の所有者および使用賃貸人のための権利保護

付録
第5条のa　裁判外のメディエーション手続の組込
第9条のa　失業の場合の保険料免除

1 保険の内容

第1条 権利保護保険の任務

　保険者は、保険契約者または被保険者の法的利益の擁護のために必要な約定された範囲の給付（権利保護）を行う。

第2条 給付種類

　保険保護の範囲は、第21条ないし第29条の類型で約定することができる。約定に従い、保険保護は次に掲げる場合に与えられる。
　a) 損害賠償権利保護
　損害賠償請求権の行使を目的とする場合。ただし、契約違反または不動産、建物もしくは建物の一部に対する物権の侵害に基づくものでないときに限る。
　b) 労働権利保護
　労働関係、ならびに職務法上および社会保障法上の請求権に関する公法上の職務関係に基づく法的利益の擁護を目的とする場合。
　c) 住居および不動産権利保護
　不動産、建物または建物の一部を対象とする使用賃貸借および用益賃貸借関係、その他の利用関係ならびに物権に基づく法的利益の擁護を目的とする場合。
　d) 契約法および物権法上の権利保護
　私法上の債権関係および物権に基づく法的利益の擁護を目的とする場合。ただし、当該権利保護が給付種類a)、b)またはc)に含まれないときに限る。
　e) 裁判上の租税権利保護
　ドイツ財政裁判所および行政裁判所における租税法および歳出法上の事件における法的利益の擁護を目的とする場合。
　f) 社会裁判所権利保護
　ドイツ社会裁判所における法的利益の擁護を目的とする場合。
　g) 交通事件行政権利保護
　行政官庁および行政裁判所における交通法上の事件における法的利益の擁護を目的とする場合。
　h) 懲戒および分限上の権利保護
　懲戒法および分限法手続における防御を目的とする場合。
　i) 刑事権利保護
　次の非難（Vorwurf）に対する防御を目的とする場合。
　aa) 交通法上の軽罪。保険契約者が軽罪を故意に犯したことが既判力をもって確

定した場合、保険契約者は、保険者が故意による行為を問われたことに対する防御のために負担した費用を償還する義務を負う。

bb）故意または過失のいずれによる犯行の場合にも可罰性のあるその他の軽罪。ただし、保険契約者に対し過失行為が問われた場合に限る。これに対し、保険契約者が同軽罪を故意に犯したことを問われた場合は、同人が故意に行ったことが既判力をもって確定されなかったときに保険保護が遡及的に与えられる。そして、重罪が問われた場合には、保険保護は与えられない。故意にのみ犯されうる軽罪（たとえば、侮辱、窃盗、詐欺）が問われた場合も、同様である。こららの場合、非難の正当性も刑事手続の結果も問題とならない。

ｊ）秩序違反権利保護

秩序違反の非難に対する防御を目的とする場合。

ｋ）家族法、生活パートナー法および相続法における相談権利保護

約定に従い、保険保護は、家族法、生活パートナー法および相続法における相談権利保護につき、ドイツにおいて認可された弁護士による家族法、生活パートナー法および相続法事件における助言または情報のために、それらが他の手数料を支払う必要のあるその弁護士の活動と関連しないときに与えられる。

第３条　除外される法律事件

保険保護は、次に掲げる法的利益の擁護のためには与えられない。

(1) 次に掲げる事項と因果関係のあるもの。

ａ）戦争、戦闘行為、暴動、内乱、ストライキ、ロックアウトまたは地震

ｂ）原子力損害および遺伝的損害。ただし、医学的治療によるものでない場合に限る。

ｃ）不動産および建物の鉱業に基づく損害

ｄ）

aa）建築目的に指定された不動産または保険契約者もしくは共同被保険者が自己の居住目的以外で利用している建物もしくは建物の一部の取得または譲渡

bb）保険契約者が所有もしくは占有しているかまたは取得もしくは占有するつもりである建物または建物の一部の設計または建設

cc）保険契約者が所有もしくは占有しているかまたは取得もしくは占有するつもりであり、許可を受ける義務もしくは届出義務または双方の義務のある不動産、建物または建物の一部の建築上の変更

dd）aa）から cc）までに挙げられた計画の融資

(2) 次に掲げる法的利益の擁護には保険保護は与えられない。

 a）損害賠償請求権に対する防御に関するもの。ただし、契約違反に基づく場合はこの限りでない

 b）集団的労働法または集団的職務法に基づくもの

 c）商事会社法に基づくものまたは法人の法定の代表者の任用関係に基づくもの

 d）特許権、著作権、商標権、意匠権、実用新案権またはその他の知的所有権と因果関係のあるもの

 e）カルテル法またはその他の競争法に基づくもの。

 f）賭博契約、利益約束、先物取引または同等の投機取引ならびに有価証券（たとえば、株式、公社債、ファンド持分）、有価証券と同等の価値権、出資持分（たとえば、投資モデル、匿名会社、協同組合に対するもの）の購入、譲渡、管理およびそれらのための融資（Finanzierung）と因果関係のあるもの

 g）家族法、生活パートナー法および相続法の分野に基づくもの。ただし、第2条k）により相談権利保護が与えられる場合を除く。

 h）権利保護保険契約に基づくもので、保険者またはそのために活動している損害処理受託企業に対してなされるもの。

 i）不動産、建物または建物の一部の税務上の評価に関するものならびに開発およびその他の受益者負担に関するもの。ただし、継続的に徴収される不動産管理の料金が問題となる場合はこの限りでない。

(3) a）憲法裁判所の手続におけるもの

 b）国際裁判所または超国家的裁判所の手続におけるもの。ただし、国際機関または超国家的機関の職員の労働関係または公法上の職務関係に基づく法的利益の擁護が問題となるものでない場合に限る。

 c）保険契約者の財産に対して開始されたかまたは開始されたとされる倒産手続と因果関係のあるもの

 d）土地収用事件、計画確認事件、耕地整理事件および建設法典において規定される事件におけるもの

 e）駐停車違反による秩序違反手続および行政手続におけるもの

(4) a）同一の権利保護保険契約の複数の保険契約者相互間、共同被保険者相互間および共同被保険者の保険契約者に対するもの

 b）その他の生活パートナー（性別を問わず、婚姻でなくかつ登録もない生活パートナー）相互間のもので、パートナー関係と因果関係のあるもの。その終了後

も同様とする。

　c）権利保護事故の発生の後に保険契約者に譲渡されたかまたは移転された請求権または債務に基づくもの

　d）保険契約者が自己の名で主張した他人の請求権に基づくものまたは他人の債務のための責任に基づくもの

(5)　第2条a）ないしh）の場合においては、保険契約者が故意に犯した犯罪との因果関係があるとき。後になって因果関係が判明した場合、保険契約者は保険者が保険契約者に与えた給付の返還義務を負う。

仲裁鑑定人手続の適用の場合
第3条のa　勝訴の見込の欠如または濫訴による権利保護の拒絶――仲裁鑑定人手続

(1)　保険者は、その見解によれば、次のいずれかに該当する場合、権利保護を拒絶することができる。

　b）第2条a）ないしg）の場合において、法的利益の擁護が十分な成功の見込みを有しない場合

　a）法的利益の擁護が濫用にあたる（mutwillig）場合。法的利益の擁護のために発生する見込の支出が、被保険共同体（Versichertengemeinschaft）の正当な利益を考慮すると、目標とした結果に対し著しく不均衡である場合は、濫用にあたる。

　これらの場合、拒絶は、保険契約者に対し、理由を付して遅滞なく書面で通知しなければならない。

(2)　保険者は、保険保護拒絶の通知とともに、保険契約者に対し、保険者の見解に同意せず、保険保護請求を維持するときは、1か月以内に仲裁鑑定手続の開始を保険者に請求することができることを指摘しなければならない。当該指摘とともに、保険契約者に対し、その見解によれば仲裁鑑定手続の実行にとり重要な通知および関係書類すべてをその1か月内に送付することを、要求しなければならない。これに加え、第5項による仲裁手続の費用負担および同費用の見込額について報告しなければならない。

(3)　保険契約者が仲裁鑑定手続の実行を請求するときは、保険者は同手続を1か月以内に開始し、保険契約者にこれを報告しなければならない。保険契約者の法的利益の擁護のために期間が遵守されなければならず、かつ、これにより費用が生じるときは、保険者は、仲裁鑑定手続の終結までに、その結果とは無関係に、期間遵守に必要な範囲の費用を負担する義務を負う。保険者が仲裁鑑定手続を適時に開始

しなかったときは、給付義務は、保険契約者が権利保護を請求した範囲で確定したものとされる。

(4) 仲裁鑑定人は、5年以上弁護士業を許可され、保険契約者の住所を所管する弁護士会の会長に指名された弁護士がこれにあたる。保険者は、仲裁鑑定手続の実行に重要な存在する報告および関係書類のすべてを、仲裁鑑定人の提供しなければならない。仲裁鑑定人は書面による手続で判断を下す。当該判断は保険者を拘束的する。

(5) 仲裁鑑定人が、保険者の給付拒否が全部または一部分につき不当であると確定したときは、保険者が仲裁鑑定手続の費用を負担する。仲裁判断により給付拒否が正当とされたときは、保険契約者および仲裁鑑定人の費用は、保険契約者がこれを負担する。仲裁鑑定手続により保険者に生じた費用はいかなる場合にも保険者が負担する。

決定投票手続の適用の場合
第3条のa　勝訴の見込の欠如または濫訴による権利保護の拒絶——決定投票
(1) 保険者は、その見解によれば、次のいずれかに該当する場合、権利保護を拒絶することができる。
 b) 第2条a) ないしg) の場合において、法的利益の擁護が十分な成功の見込みを有しない場合
 a) 法的利益の擁護が濫用にあたる（mutwillig）場合。法的利益の擁護のために発生する見込みの支出が、被保険共同体（Versichertengemeinschaft）の正当な利益を考慮すると、目標とした結果に対し著しく不均衡である場合は、濫用にあたる。
　これらの場合、拒絶は、保険契約者に対し、理由を付して遅滞なく書面で通知しなければならない。

(2) 保険者が第1項により給付義務を否定し、保険契約者が保険者の見解に同意しない場合、保険契約者は、保険契約者のために活動している弁護士または保険契約者が委任しようとする弁護士に、保険者の費用で、法的利益の擁護が目標とする結果に対して相応の関係にあるかおよび十分な成功の見込があるかにつき理由を付した意見書を保険者に提出させることができる。この判断は、両当事者を拘束する。ただし、明らかに実際の事実状況および法的状況と著しく異なるときはこの限りでない。

(3) 保険者は保険契約者に、弁護士が第2項の意見書を提出することができるようにするため、保険契約者が弁護士に完全かつ正確に事実状況を報告し、証拠を提

出しなければならない最低1か月以上の期間を設定することができる。保険契約者が当該義務を保険者によって設定された期限内に履行しなかった場合、保険保護は与えられない。保険者は、保険契約者に期間終了に伴う法的効果を明白に指摘する義務を負う。

第4条　権利保護請求権の要件
　(1)　保険保護請求権は、次に掲げる権利保護事故の発生により生じる。
　　a）第2条a）による損害賠償権利保護においては、それによって損害がもたらされたかまたはもたらされたとされる最初の事象
　　b）第2条k）による家族法、生活パートナー法および相続法における相談権利保護においては、保険契約者または共同被保険者の法的地位の変更を生じさせる事象
　　c）他のすべての場合においては、保険契約者その他の者が法律上の義務違反または法律上の規定違反を犯したかまたは犯したとされる時点
　　a）からc）までの要件は、第7条による保険保護の開始の後、その終了の前に、生じていなければならない。ただし、第2条b）からg）までの給付種類については、自動車新車の売買またはリース契約に基づく法的利益の擁護が問題となるものを除き、保険開始の後3か月の経過（待機期間）後初めて保険保護が与えられる。
　(2)　権利保護事故が一定期間に及ぶ場合には、その開始が基準となる。複数の権利保護事故が法的利益の擁護に因果関係がある場合、最初のものが基準となる。ただし、その場合、当該保険対象のための保険保護の開始から1年より前に生じた権利保護事故または終了した権利保護事故（権利保護事故が継続的なものであるとき）は、いずれも考慮されない。
　(3)　次に掲げる場合には、権利保護は与えられない。
　　a）保険保護の開始前になされた意思表示または法的行為を原因として、第1項c）の違反が発生した場合
　　b）権利保護請求権が、当該保険対象に対する保険保護の終了から3年より後に初めて主張された場合
　(4)　裁判上の租税権利保護（第2条e）においては、事件の基礎となっている租税・公課の確定がなされた際の実際上または主張上の要件が、保険証券に表示された保険開始の前に生じたかまたは生じたとされる場合には、権利保護は与えられない。

第4条のa　保険者の交替

(1)　保険証券に別の定めのない限り、第4条第3項および第4項にかかわらず、次に掲げる場合に権利保護を請求することができる。

　a）保険保護の開始前になされた意思表示または法的行為が、前保険者の契約有効期間内になされ、第4条第1項c）にいう違反が保険契約の契約有効期間内に初めて発生した場合。ただし、当該危険に関して完全な保険保護が与えられていたときに限る。

　b）保険事故が前保険者の契約有効期間にあり、権利保護請求が前保険者の契約有効期間の終了から3年より後に現保険者に対してなされた場合。ただし、保険契約者は、前保険者への報告を故意または重過失により怠ったことがなく、かつ、当該危険に関して完全な保険保護が与えられていた場合に限る。

　c）裁判上の租税権利保護（第2条e）においては、事件の根拠となっている租税・公課の確定がなされた際の実際上または主張上の要件が前保険者の有効期間内に生じたかまたは生じたとされ、かつ、第4条第1項c）にいう違反が保険契約の契約有効期間内に初めて発生した場合。ただし、当該危険に関する完全な保険保護が与えられていた場合に限る。

(2)　権利保護は、権利保護事故発生の時点に与えられていた範囲で与えられる。ただし、現保険者の契約の範囲を限度とする。

第5条　給付範囲

(1)　保険者は、法的利益の擁護のために役務給付を提供および仲介し、ならびに次に掲げる費用負担をする。

　a）国内における権利保護事故の発生の場合、保険契約者のために活動する弁護士の、管轄裁判所の地域に事務所を置く弁護士の法定報酬の額までの報酬。保険者は、弁護士報酬法が、他の手数料を支払う必要のある活動と関連しない口頭もしくは書面の助言または情報を与えること（相談）および鑑定を作成することに対し、特定の手数料の額について何も定めないときは、各権利保護事故につき…ユーロまでの報酬を負担する。保険契約者が管轄裁判所より直線距離100キロメートル以上離れて居住し、かつ、その利益の裁判上の擁護が行われた場合、保険者は第2条a）ないしg）による給付種類の場合、保険契約者の地方裁判所管轄区内に事務所を置く弁護士に関しては、訴訟代理人との連絡のみにあたった弁護士の法定報酬の額まで、第一審における費用を負担する。

　b）外国における権利保護事故の発生の場合、保険契約者のために活動する管轄

裁判所の所在地に事務所を置く外国のまたは国内で認可を与えられている弁護士の報酬。後者の場合には、保険者は、仮にその所在地に弁護士が事務所を置く裁判所に管轄があれば生じる弁護士の法定報酬の額までの報酬を負担する。第 5 条第 1 項 a）第 2 文を準用する。保険契約者が管轄裁判所より直線距離 100 キロメートル以上離れて居住し、かつ、保険契約者のために外国弁護士が活動している場合、保険者は、保険契約者の地方裁判所管轄区に事務所を置く弁護士に関しては、外国弁護士との連絡のみにあたった弁護士の法定報酬の額まで、第一審における費用を負担する。

　欧州域内の外国における自動車事故によって権利保護事故が発生し、最初に実行される国内の損害処理受任者または賠償サービス施設（Entschädigungsstelle）との調整が成功せず、国外での訴訟追行が必要となった場合、保険者は追加的に国内の損害処理受任者または賠償サービス施設との調整の際の国内弁護士の費用をその全活動につき法定手数料の範囲で…ユーロの額まで負担する。

　c）裁判所により喚問された証人および鑑定人への補償を含む裁判費用ならびに執行官費用

　d）管轄の第一審の国家裁判所を用いた場合に生じる手数料の額までの仲裁または調停手続の料金

　e）行政官庁により喚問された証人および鑑定人への補償を含む行政官庁の手続費用ならびに行政執行の費用

　f）次の場合の通常の報酬

　aa）次に掲げる場合における公に任命された技術的鑑定人または権利能力のある技術的鑑定機関の報酬

　－ 道路交通法上の刑事手続および秩序違反手続における防御

　－ 原動機付陸上交通用具およびトレーラーの売買契約および修理契約に基づく法的利益の擁護

　bb）外国で発生した原動機付陸上交通用具およびトレーラーの毀損による補償請求権の行使の場合における外国に定住する鑑定人の報酬

　g）被疑者または当事者としての出頭が要求され、法的不利益の回避のために必要な場合、保険契約者の外国の裁判所への旅行費用。ドイツの弁護士の業務上の旅行に適用される額の水準まで同費用を引き受ける。

　h）保険契約者が償還する義務を負う範囲で、相手方の法的利益の擁護のために相手方に生じた費用

　(2)　a）保険契約者は、支払義務を負っていることまたは当該義務をすでに履行

したことを証明すれば、保険者が負担すべき費用の引受を請求できる。

　b）保険契約者により外貨で支出された費用は、同費用が保険契約者により支払われた日の為替相場におけるユーロで償還される。

(3)　保険者は次に掲げる負担をしない。

　a）保険契約者が法律上の義務なく引き受けた費用

　b）協議による解決において生じた費用のうち、保険契約者が目標とした結果の達成した結果との関係に対応しない範囲。ただし、これとは異なる費用配分が法律上規定されている場合はこの限りでない。

　c）第2条の給付種類ごとに、保険証券において約定された自己負担分

　d）債務名義ごとの4回目またはそれ以降の各強制執行処分により生じた費用

　e）債務名義の確定後5年より後に開始された強制執行処分に基づく費用

　f）250ユーロに満たない罰金または過料の確定の後の各種刑の執行手続のための費用

　g）権利保護保険契約がなければ、他の者が引受義務を負う費用

　h）それ自体争いがない債務のための協議による調整において生じた費用、または損害事故のうちの保険に付されていない部分について発生した費用

(4)　保険者は、権利保護事故ごとに、約定された保険金額を限度に支払う。この場合、同一権利保護事故に基づく保険契約者および共同被保険者に対する支払は、合算される。時間的および因果的に関連のある複数の権利保護事故に基づく支払についても同様とする。

(5)　保険者は、

　a）外国における保険契約者の法的利益の擁護のために必要な文書の翻訳を調達し、その際に発生した費用を負担する。

　b）保険契約者をさしあたり刑事訴追措置から免れさせるために積まれなければならない保証金のために、合意された額までの無利子の貸付の支払を調達する。

(6)　弁護士に関するすべての条項は、次に掲げる者に準用する。

　a）非訟事件ならびに家族法、生活パートナー法および相続法における相談権利保護（第2条k）において、公証人

　b）裁判上の租税権利保護（第2条e）において、税務助言の職にある者（Angehörige der steuerberatenden Berufe）

　c）外国における法的利益の擁護の場合、当地に事務所を置く法律知識および専門知識を有する代理人

第6条　適用地域

(1)　法的利益の擁護が欧州、地中海の隣接諸国、カナリア諸島またはマディラにおいてなされ、かつ同地域の裁判所もしくは官庁が法定管轄権を有しもしくは裁判もしくは官庁の手続が開始されたとすれば管轄権を有する場合に限り、権利保護は与えられる。

(2)　第1項の適用地域以外における法的利益の擁護については、保険者は、当地で6週間以内の職業上の条件付でない滞在中に生じた権利保護事故により第5条第1項に定める費用をユーロにより最高価額まで負担する。この場合、不動産、建物または建物の一部の物権または時間利用権（タイムシェアリング）の取得または譲渡と関連する利益の擁護のためには、権利保護は与えられない。

2　保険関係

第7条　保険保護の開始

保険契約者が第1回または一時払保険料を第9条B第1項第1文にいう弁済期後遅滞なく支払ったときは、保険保護は保険証券に表示された時点に開始する。約定された待機期間の効力は妨げられない。

第8条　契約の期間および終了

(1)　保険期間

契約は保険証券に表示された時に終わる。

(2)　黙示の延長

契約期間が1年以上の場合、遅くとも当該各保険年度の満了3か月前に解約告知が契約の相手方に到達しないときは、契約は、都度1年延長される。

(3)　契約の終了

契約期間が1年に満たない場合、解約を要せず、所定の時点で契約は終了する。

契約期間が3年を超える場合、3年目またはそれに続く各1年が経過したときに契約を解約することができる。解約告知は、遅くとも当該各保険年度の満了3か月前に契約の相手方に到達しなければならない。

第8条のa　保険年度

保険年度は12か月の期間に及ぶ。ただし、約定された契約期間が整数年からなるものでない場合、第1保険年度はこれに対応して短縮される。続く保険年度は、約定された契約満了まで都度整数年となる。

第9条　保険料
　A．保険料および保険税
　(1)　保険料支払
　保険料は、約定に従い、月払保険料、四半期払保険料、半年払保険料または年払保険料により支払うことができる。保険期間（Versicherungsperiode）は、月払保険料の場合は1月、四半期払保険料の場合は1四半期、半年払保険料は半年、年払保険料の場合は1年に及ぶ。
　(2)　保険税
　請求する保険料には、保険契約者が都度法律により定められた金額で支払わなければならない保険税を含む。
　B．支払および支払遅延の効果/第1回保険料
　(1)　支払期日
　第1回保険料は、保険証券の到達の2週間経過後遅滞なく支払期が到来する。
　(2)　保険保護開始の遅れ
　保険契約者が第1回保険料を適時に支払わず、遅れた時点で支払った場合、書面による別の通知または保険証券におけるわかりやすい指摘により当該法的効果に保険契約者の注意を向けさせたときに限り、保険保護はその支払の時点より開始する。保険契約者が、不払いにつき責めを負わないことを証明したときはこの限りでない。
　(3)　解除
　保険契約者が第1回保険料を適時に支払わない場合、保険料が支払われない限り、保険者は契約を解除することができる。保険契約者が、不払いにつき責めを負わないことを証明したときは、保険者は解除することができない。
　C．支払および支払遅延の効果/第2回以後の保険料
　(1)　第2回以後の保険料は約定された各時点に支払期が到来する。
　(2)　遅滞
　第2回以後の保険料が適時に支払われない場合、保険契約者は催告なしに遅滞に陥る。ただし、遅れた支払につき責めを負わない場合はこの限りでない。保険者は遅滞により生じた損害の賠償を請求する権利を有する。
　(3)　支払催告
　第2回以後の保険料が適時に支払われない場合、保険者は保険契約者にその費用で書面により2週間以上の支払期間を定めることができる。当該定めは、未払の保険料、利子および費用の金額が個々に表示され、第4項および第5項による期間満

了に伴う法的効果が明示されているときに限り、有効である。

(4) 保険保護の除外

保険契約者が支払期間の経過の後に、なお支払につき遅滞にある場合、第3項による支払催告においてその旨が指摘されていたときは、同経過の時点から支払があるまで保険保護は与えられない。

(5) 解約

保険契約者が支払期間の経過の後に、なお支払につき遅滞にある場合、保険契約者に第3項に基づく支払催告においてその旨が指摘されていたときは、保険者は契約を期間の遵守なく解約することができる。

保険者が解約した場合であっても、保険契約者がその後1か月以内に催告された金額を支払ったときは、契約は存続する。ただし、第4項に定める時点（支払期間の経過）と支払との間に生じた保険事故に対しては、保険保護は与えられない。

D．口座振替による支払の適時性

(1) 適時の支払

口座からの保険料の引落しが約定された場合、保険料が弁済期日に引き落とすことが可能で、保険契約者が正当な引落しに異議を述べないときは、支払は適時であるとみなされる。

支払期の到来した保険料が保険契約者の過失なく保険者によって引き落とされなかった場合、書面による保険者の支払催告の後遅滞なく支払われたときは、支払は適時である。

(2) 振替手続の終了

保険契約者が口座引落依頼を撤回したため支払期日の到来した保険料を引き落とせない場合、または他の理由により保険料を引落すことができないことにつき保険契約者が責めを負う場合、保険者は振替手続以外の方法で以後の支払を請求することができる。保険契約者は、保険者から書面による催告を受けた時から、保険料の交付義務を負う。

E．満期前の契約終了の際の保険料

満期前に契約が終了する場合、保険者は、別の定めがない限り、保険保護が与えられた期間に対応する保険料の部分の請求権のみを有する。

第10条　保険料調整

(1) 独立の受託者は、毎年7月1日までに、権利保護保険について、権利保護保険を営む保険者の前暦年における十分に大きい件数の損害頻度と損害支払金の平

均値との積が，百分率でどの程度増加または減少したかを調査・算出（ermitteln）する。当年に報告された権利保護事故の数を保険に付された年平均の危険の数で除したものを暦年の損害頻度とみなす。当年に処理されたすべての権利保護事故について総計された支払の合計値を当該権利保護事故の数で除したものを暦年の損害支払の平均値とみなす。給付の改善に由来する損害頻度および損害支払の平均値の変化は、受託者が確認するにあたって、比較される両年において給付の改善がすでに含まれている契約においてのみ考慮される。

(2) 受託者による調査・算出は、次に掲げる規定による保険契約について、追加的に約定された条項とともに個別的に、かつ自己負担分を伴う契約と伴わない契約とを区別して行う。

第21条および第22条

第23条、第24条、第25条および第29条

第26条および第27条

第28条

(3) 受託者の調査・算出の結果が5％に満たない百分率になる場合、保険料変更を行わない。ただし、当該百分率は翌年に合算考慮される。

受託者の算出の結果がこれより高い百分率である場合、2.5で割り切れないときは、最も近い2.5で割り切れる数に切り下げる。

保険者は、増加の場合には翌年保険料を上記の切り下げられた百分率で変更する権利を有し、減少の場合には義務を負う。引き上げられた保険料は、引上げの時点で適用される保険料表の保険料を超えることはできない。

(4) 保険料調整が可能であった直近3年間の、第1項に従って保険者の企業固有の数値をもって調査・算出する百分率が、受託者により同期間につき確定された数値以下であった場合、保険者は翌年の保険料を、第2項の調整グループごとに直前暦年に自らの数値により調査・算出された百分率の限度でのみ引き上げることができる。この引上げは、第3項の結果生じたものを超えることはできない。

(5) 受託者の調査・算出が行われた年の10月1日以降に支払期の到来する第2回以後の保険料につき、保険料調整を行う。ただし、保険証券に表示された当該保険の対象に係る保険開始から12か月を経過していないときは、これを行わない。

(6) 保険保護の範囲に変更がなく保険料が上がった場合、保険契約者は保険契約を保険者からの通知の到達後1か月以内に、ただし保険料引上げが効力を生じた時点以降に、即時の効力をもって、解約することができる。保険者は保険契約者に対し同通知においてこの解約権について指摘しなければならない。この通知は保険料

引上げの効力発生の1か月前までに保険契約者に到達しなければならない。保険税の引上げは何らの解約権を根拠づけない。

第11条　保険料算定にとって重要な事情の変更

(1)　契約締結後、保険者の保険料表によれば、約定されたよりも高い保険料が相当である事情が生じた場合、保険者は当該事情の発生の時から、これにより増加した危険につき割増保険料を請求することができる。増加した危険が保険者の保険料表によれば割増保険料でも引き受けられない場合、保険者は増加した危険の保護を除外することができる。危険の増加による保険料が10%を超えて上がる場合、または保険者が増加した危険の保護を除外する場合、保険契約者は契約を保険者の通知の到達後1か月以内に、期間の遵守なく解約することができる。当該通知において、保険者は、保険契約者にこの解約権について指摘しなければならない。

(2)　契約締結後、保険者の保険料表によれば、約定されたよりも低い保険料が相当である事情が生じた場合、保険者は当該事情の発生の時から、当該低い保険料のみを請求することができる。保険契約者が当該事情を保険者に発生から2か月より後に通知したときは、保険料は通知の到達した時から引き下げられる。

(3)　保険契約者は保険者による催告の到達後1か月以内に、保険料の計算に必要な報告をしなければならない。保険契約者が当該義務に違反した場合、それが故意または重過失によるときは、保険者は契約を1か月の期間をもって解約することができる。重過失の不存在は保険契約者が証明しなければならない。保険契約者が期間経過までに故意に不正確な報告をしたまたは必要な報告を故意に怠り、かつ当該報告が保険者に到達しなければならなかった時点から1か月より後に保険事故が発生した場合、保険契約者は保険保護を有しない。但し、当該事情の発生が当該時点において保険者に知れていた場合を除く。必要な報告の懈怠または不正確な報告が重過失に基づく場合、保険者は保険保護の範囲を保険契約者の過失の重さに応じた割合で減じることができる。重過失の不存在は保険契約者が証明しなければならない。それにもかかわらず、保険事故の時点に保険者の解約のための期間が経過しており、かつ解約していなかったときは、保険契約者は保険保護を有する。保険契約者が、当該危険が保険事故の発生とも保険者の給付の範囲とも因果関係がなかったことを証明したときも、同様とする。

(4)　危険の増加が取るに足りなかったときまたは状況に照らして危険の増加を保険に付す旨の約定がなされているとみられるときは、上記規定を適用しない。

第12条　被保険利益の消滅
　(1)　契約は、別の定めがない限り、保険者が、保険開始後に被保険利益が消滅したことを了知した時点で終了する。この場合、仮に了知の時点までの保険が申し込まれていたとすれば徴収できた保険料を受ける権利は、保険者に帰属する。
　(2)　保険契約者が死亡した場合には、死亡日までの保険料が支払われ、その他の理由に基づく保険の対象の消滅がない限り、保険保護は進行中の保険料期間の終了まで存続する。死亡日の後、次に支払期日の到来する保険料が支払われた場合、保険保護は死亡日に与えられた範囲で維持される。保険料を支払ったかまたはその者のために支払われた者は、死亡した者に代って保険契約者となる。同人は死亡日から1年以内に、死亡日を発効日とする保険契約の取消しを請求することができる。
　(3)　保険契約者が保険証券に表示された自ら利用する住居または自ら利用する一世帯用住宅を変更した場合、保険保護は新たな目的物に移転する。自己利用に関連する権利保護事故は、従来の目的物からの転居の後に初めて生じたものであっても、保障される。新たな目的物に関係し、その計画上または実際上の購入の前に発生した保険保護事故についても同様である。
　(4)　保険契約者が、営業、自由業またはその他の自営業の活動に自ら利用する目的物を変更した場合、新たな目的物が、保険者の保険料表によれば、大きさの点でも使用賃料額または用益賃料額のいずれの点でも、約定されたよりも高い保険料が相当ではないときは、第3項を準用する。

第13条　保険事故後の解約
　(1)　保険者が、給付の義務があるにもかかわらず、保険保護を拒絶した場合、保険契約者は契約を期間経過前に解約することができる。
　(2)　保険者が12か月のうちに発生した2以上の権利保護事故につき給付義務を承認した場合には、保険契約者および保険者は、2件目またはそれ以後の各権利保護事故に関して給付義務を承認した後、期間経過前に解約する権利を有する。
　(3)　解約告知は、第1項による権利保護の拒絶または第2項による給付義務の承認の到達後1か月以内に書面をもって契約の相手方に到達しなければならない。
　保険契約者が解約するときは、解約告知は保険者への到達後直ちに効力を生じる。ただし、保険契約者は、進行中の保険年度の終期を限度に、解約告知が後の時点で効力を生じる旨を定めることができる。
　保険者の解約告知は保険契約者への到達後1か月で効力を生じる。

第14条　法定消滅時効
　(1)　保険契約に基づく請求権は3年で時効により消滅する。期間計算は民法の一般規定に従う。
　(2)　保険契約に基づく請求が保険者に対してなされた場合、その通知から保険者の判断が被保険者に書面により到達する時点まで、消滅時効は停止する。

第15条　共同被保険者の法的地位
　(1)　保険保護は、保険契約者および各規定の範囲において第21条から第28条までに規定されまたは保険証券に挙げられたその他の者のために与えられる。これに加え、保険保護は、保険契約者または共同被保険者の傷害または死亡に基づき法律により自然人に帰属する請求権につき、与えられる。
　(2)　保険契約者に関する規定は共同被保険者に準用する。ただし、保険契約者は、配偶者ないしは登録された生活パートナー以外の共同被保険者が権利保護を要求する場合には、異議を申し出ることができる。

第16条　通知、意思表示、住所変更
　(1)　保険者に対する通知および意思表示は、すべて保険者の主たる営業所または保険証券もしくはその付属書に表示された担当事務所に対してしなければならない。
　(2)　保険契約者がその住所の変更を保険者に報告しなかった場合、保険契約者に対する意思表示は、保険者に最後に知れた住所への書留郵便の発送をもって足りる。意思表示は、発送の3日後に到達したものとみなす。保険契約者の氏名変更の場合にこれを準用する。
　(3)　保険契約者が、その事業のために保険を締結したときは、営業所所在地の移転につき、第2項の規定を準用する。

3　権利保護事故

第17条　権利保護事故発生後の行為
　(1)　権利保護事故の発生の後、保険契約者の法的利益の擁護が必要である場合、保険契約者は次に掲げることをしなければならない。
　　a）保険者に遅滞なく保険事故を——場合によっては、口頭または電話によっても——通知すること
　　b）保険者に対し、完全かつ正確に権利保護事故の状況をすべて報告するととも

に、証拠を提出し、さらに求めに応じて関係書類を提供しなければならない。
　c）保険契約者の利益が不当に害されない限り、
　aa）費用を生じさせる措置につき保険者との間で調整すること。特に、訴えの提起および防御の前、さらには控訴の申立ての前に、保険者の同意を得ること
　bb）保険契約法82条にいう損害の軽減に努めること。すなわち、権利追及の費用を可能な限り低く抑えなければならない。たとえば、次のような方法で（列挙は限定的なものではない）、保険契約者は複数の可能な行為のうちからもっとも費用のかからないものを選ばなければならない。
　－　一つの手続により費用をかけずに目的を達せられる場合、複数の手続を行わないこと（たとえば、共同訴訟人として請求を併合することまたは連帯債務者の主張をすること、別訴を提起する代わりに訴えを拡張すること）
　－　現状において必要ないかまたは未だ必要となっていない（追加的な）請求の趣旨申立を断念すること
　－　訴え提起の前に、意図する法的紛争に対し事実上または法律上の意味を持ちうる他の裁判上の手続の確定を待つこと
　－　あらかじめ請求の適当な部分につき訴求し、概ね必要となる残余の請求の裁判上の主張を一部請求についての裁判の確定まで控えること
　－　訴え提起または法的救済の申立てまでに短い期間しかないすべての事件において、弁護士に裁判前の活動をも含む無制限の手続委任を与えること
　保険契約者は損害の軽減のため保険者の指示を得て、これに従わなければならない。弁護士にはその指示に応じて委任しなければならない。
　(2)　保険者は、権利保護事故に関して与える保険保護の範囲を承認する。保険者が権利保護の範囲を承認する前に、保険契約者がその法的利益の擁護のための措置を講じ、当該措置によって費用が生じた場合、保険者は当該措置が開始される前であれば権利保護が承認された場合に負担する費用のみを負担する。
　(3)　保険契約者は委任すべき弁護士を、保険者が第5条第1項a）およびb）により報酬を負担する弁護士の中から選択することができる。次の場合には、保険者が弁護士を選択する。
　a）保険契約者が求めたとき
　b）保険契約者が弁護士を指名せず、かつ保険者が弁護士への即時の委任が必要であると思料するとき
　(4)　保険契約者が未だ自ら弁護士を委任していないときは、保険者が保険契約者の名で委任する。弁護士の活動に関して、保険者は責任を負わない。

(5) 保険契約者は、次に掲げることをしなければならない。

 a）その利益の擁護のために委任された弁護士に、完全かつ正確に事実を報告し、証拠を提出し、できる限りの情報を与え、さらに求めに応じて必要な関係書類を提供すること

 b）求めに応じて保険者に事件の状況を通知すること

 (6) 故意により第3項ないし第5項に挙げられた義務に違反した場合、保険契約者は保険保護を喪失する。重過失による義務の違反にあっては、保険者は保険契約者の過失の重さに応じた割合で給付を減じる権利を有する。保険事故の発生後に生じた説明義務違反または究明義務違反の場合、全部または一部の保険保護の喪失は、保険者が保険契約者に別にした書面による通知によって当該法的効果を指摘したことをその要件とする。保険契約者が当該義務違反が重過失によるものではないことを証明したときは、保険保護は存続する。

 義務違反が、保険事故の発生もしくは確定または保険者の義務である給付の確定もしくはその範囲のいずれにも因果関係がなかったことを、保険契約者が証明した場合にも、保険保護は存続する。保険契約者が悪意で義務に違反したときはこの限りでない。

 (7) 保険契約者は、責務の履行において、その委任した弁護士が保険者に対する権利保護事故の事務処理を引き受けた限りで、同弁護士の認識および行為につき責めを負わなければならない。

 (8) 権利保護給付の請求権は、保険者が書面により同意した場合に限り、これを譲渡することができる。

 (9) 保険契約者が他人に対して有する保険者が負担した費用の償還請求権は、その発生と同時に保険者に移転する。保険契約者は、その請求権の行使のために必要な関係書類を保険者に提出し、求めに応じて当該他人に対する保険者の措置に協力しなければならない。すでに保険契約者に償還された費用は、保険者に返済しなければならない。保険契約者が当該義務に故意に違反したときは、その結果当該第三者から賠償を得ることができない限度で、保険者は給付義務を負わない。重過失による義務違反のときは、保険者は保険契約者の過失の重さに応じた割合で給付を減じる権利を有する。重過失の不存在の証明責任は保険契約者が負う。

第18条 （削除）

第19条 （削除）

第20条　管轄裁判所。準拠法
(1) 保険者に対する訴え
　保険契約に基づく保険者に対する訴えについては、裁判管轄は保険者の本店または当該保険契約を担当する営業所によって定まる。保険契約者が自然人であるときは、保険契約者が訴え提起の当時に、住所、これがないときは、常居所を有する地を管轄する裁判所も土地管轄権を有する。
(2) 保険契約者に対する訴え
　保険契約者が自然人であるときは、保険契約に基づく保険契約者に対する訴えは、その住所、これがないときは、その常居所地を管轄する裁判所に提起しなければならない。保険契約者が法人である場合も、管轄裁判所は保険契約者の本店または営業所によって定まる。保険契約者が合名会社、合資会社、民法上の組合または登記されたパートナーシップ会社であるときも同様とする。
(3) 保険契約者の住所が知れていないとき
　訴え提起の時点において保険契約者の住所または常居所が知れていないときは、保険契約に基づく保険契約者に対する訴えの裁判管轄は、保険者の本店または当該保険契約を担当する営業所によって定まる。
(4) 本契約にはドイツ法が適用される。

4　保険保護の類型

第21条　交通権利保護
(1) 保険保護は、契約締結の際もしくは契約期間中に、自己に免許を与えられたかもしくは自己の名で保険標章を与えられたあらゆる陸上原動機付交通用具およびトレーラーの所有者もしくは保有者の資格を有する保険契約者に与えられる。賃貸交通用具の自己運転者として、一時的な使用のために借り受けたあらゆる陸上原動機付交通用具およびトレーラーの賃借人の資格を有する保険契約者にも保険保護が与えられる。保険保護は、当該原動機付交通用具の権限のある運転者または権限のある搭乗者たる資格を有するすべての者に及ぶ。
(2) 第1項のもと、保険保護を同種の原動機付交通用具に制限することができる。オートバイ、乗用車およびステーションワゴン、トラックおよびその他の実用車、バスならびにトレーラーは、それぞれこれを同種とみなす。
(3) 第1項にかかわらず、保険証券に表示された単一または複数の陸上、水上ま

たは航空原動機付交通用具およびトレーラー（交通用具）のために、保険保護を与えることを約定することができる。この場合、当該交通用具が保険契約者に免許を与えられたかまたはその名で保険標章を与えられたかを問わない。

(4) 保険保護は次に掲げる場合に与えられる。
- 損害賠償権利保護（第2条 a）
- 契約法および物権法上の権利保護（第2条 d）
- 裁判上の租税権利保護（第2条 e）
- 交通事件行政権利保護（第2条 g）
- 刑事権利保護（第2条 i）
- 秩序違反権利保護（第2条 j）

(5) 契約法および物権法上の権利保護はこれを除外できる。

(6) 第1項および第2項の場合において、契約法および物権法上の権利保護は、一時的な自己使用に限らない陸上原動機付交通用具およびトレーラーの取得を目的とする契約のために与えられる。この場合、当該交通用具が保険契約者に免許を与えられたかまたはその名で保険標章を与えられたかを問わない。

(7) 保険保護は、契約法および物権法上の権利保護を除き、次に掲げる資格で公共交通に参加している際にも、保険契約者に対して与えられる。

 a）自己所有でも、自己に免許を与えられたものでも、その名で保険標章を与えられたのでもないすべての交通用具の運転者
 b）乗客
 c）歩行者および
 d）自転車運転者

(8) 運転者は権利保護事故の発生の際、法定の運転免許を有し、当該交通用具の運転につき権限を与えられていなければならず、かつ当該交通用具は免許を与えられまたは保険標章を交付されていなければならない。当該義務に違反するときは、権利保護は、当該違反を過失なくまたは軽過失により知らなかった被保険者に対してのみ与えられる。重過失により当該義務に対する違反について知らなかったときは、保険者は、被保険者の過失の重さに応じた割合で給付を減じる権利を有する。被保険者がその不知が重過失によるものでなかったことを証明したときは、保険保護は存続する。

　義務違反が、保険事故の発生もしくは確定または保険者の義務である給付の確定もしくは範囲のいずれとも因果関係がなかったことを、被保険者または運転者が証明した場合にも保険保護は存続する。

(9) 第1項および第2項の場合において、少なくとも6か月以上前から保険契約者に免許が与えられた交通用具がなく、かつ、その名で保険標章を与えられた交通用具もないときは、保険契約者は、第11条第2項に規定する保険料の減額の権利を害することなく、即時の効力をもって保険契約の取消を請求することができる。

(10) 第3項により保険の対象となっている交通用具が譲渡されまたはその他の事由で廃止されたときは、保険保護は、従前の被保険交通用具の代わる交通用具（後継交通用具）につき与えられる。この場合、契約法および物権法上の権利保護は、後継交通用具の実際上または意図した取得の基礎となっている契約に及ぶ。

交通用具の譲渡またはその他の廃止は、保険者に2か月以内に通知され、かつ後継交通用具が表示されなければならない。当該義務に違反した場合、権利保護は、保険契約者が通知および表示義務を過失なくまたは軽過失により怠ったときに限り与えられる。重過失により当該義務に違反したときは、保険者は保険契約者の過失の重さに応じた割合で給付を減じる権利を有する。保険契約者がその義務違反が重過失によるものでなかったことを証明した場合、保険保護は存続する。保険保護は、保険契約者が、義務の違反が保険事故の発生もしくは確定または保険者の義務である給付の確定もしくは範囲のいずれにも因果関係がなかったことを証明した場合にも、存続する。

後継交通用具が保険の対象となっている交通用具の譲渡前にすでに取得されたときは、当該交通用具は、その譲渡まで、ただし長くとも後継交通用具の購入後2か月まで限り、追加の保険料なくともに保険の対象として存続する。保険の対象となっている交通用具の譲渡の前後1か月以内に交通用具を取得したときは、後継交通用具と推定される。

第22条　運転者権利保護

(1) 保険保護は、自己所有でも、自己に免許を与えられたものでも、その名で保険標章を与えられたのでもないあらゆる陸上、水上または航空原動機付交通用具およびトレーラー（交通用具）の運転者としての資格で公共交通に参加している場合に、保険証券に挙げられた者に対して与えられる。保険保護は、乗客、歩行者および自転車運転者の資格で公共交通に参加している場合にも、与えられる。

(2) 企業は第1項による保険保護を、当該企業のために職業上の活動を行うすべての自動車運転者のために約定することができる。自動車販売業および自動車整備業の事業所、自動車運転教習所ならびに給油所もまた、すべての事業所所属員（Betriebsangehörige）のために当該約定をすることができる。

（3） 保険保護は次に掲げる場合に与えられる。
- 損害賠償権利保護（第2条a）
- 裁判上の租税権利保護（第2条e）
- 交通事件行政権利保護（第2条g）
- 懲戒および分限上の権利保護（第2条h）
- 刑事権利保護（第2条i）
- 秩序違反権利保護（第2条j）

（4） 第1項の場合において、陸上原動機付交通用具につき保険証券に挙げられた者に免許を与えられたかまたはその名で保険標章を交付されたときは、保険保護は第21条第3項、第4項、第7項、第8項および第10項によるものに変更される。当該陸上原動機付交通用具の取得に関連する法的利益の擁護も与えられる。

（5） 運転者は権利保護事故の発生の際、法定の運転免許を有し、当該交通用具の運転につき権限を与えられていなければならず、かつ当該交通用具は免許を与えられまたは保険標章を交付されていなければならない。当該義務に違反するときは、権利保護は、当該違反を過失なくまたは軽過失により知らなかった被保険者に対してのみ与えられる。重過失により当該義務に対する違反について知らなかったときは、保険者は、被保険者の過失の重さに応じた割合で給付を減じる権利を有する。被保険者がその不知が重過失によるものでなかったことを証明したときは、保険保護は存続する。

義務違反が、保険事故の発生もしくは確定または保険者の義務である給付の確定もしくは範囲のいずれとも因果関係がなかったことを、被保険者または運転者が証明した場合にも保険保護は存続する。

（6） 第1項の場合において、保険証券に挙げられた者が6か月を超えて運転免許を有しない場合、保険契約は終了する。保険契約者が、遅くとも当該6か月の期間の経過後2か月以内に運転免許がないことを通知したときは、保険契約は当該6か月の期間の経過をもって終了する。通知が保険者に、遅れて到達したときは、保険契約は通知の到達をもって終了する。

第23条　自営業者のための私生活権利保護
（1） 保険保護は、保険契約者および配偶者ないしは登録された生活パートナーまたは保険証券に挙げられた第3条第4項b）にいうその他の生活パートナーに対し、そのいずれか一方または両方が営業、自由業またはその他の自営業を営むときに、次に掲げる事項のために与えられる。

a）私生活領域
　b）非自営業の活動の遂行における職業上の領域
　(2)　未成年の子ならびに登録された生活パートナーまたは保険証券に挙げられた第3条第4項b）にいうその他の生活パートナー関係にない25歳に達しない未婚の成年の子は、共同被保険者である。ただし、後者については、遅くとも長期間職業活動を行ない、これに仕事に関連した報酬を与えられる時点までに限る。
　(3)　保険保護は次に掲げる場合に与えられる。
　－　損害賠償権利保護（第2条a）
　－　労働権利保護（第2条b）
　－　契約法および物権法上の権利保護（第2条d）
　－　裁判上の租税権利保護（第2条e）
　－　社会裁判所権利保護（第2条f）
　－　懲戒および分限上の権利保護（第2条h）
　－　刑事権利保護（第2条i）
　－　秩序違反権利保護（第2条j）
　－　家族法、生活パートナー法および相続法における相談権利保護（第2条k）
　(4)　保険保護は、陸上、海上または航空原動機付交通用具およびトレーラーの所有者、保有者、取得者、賃借人、リース利用者および運転者としての法的利益の擁護のためには与えられない。
　(5)　保険契約者ないしは共同被保険者とされる生活パートナーが、営業、自由業もしくはその他の自営業の活動に従事しなくなったか、または全売上が直近の暦年につき6000ユーロを超える前述の活動を営まなくなったときは、保険保護は当該事情の発生から第25条によるものに変更される。

第24条　自営業者のための職業権利保護、会社および社団のための権利保護
　(1)　保険保護は次に掲げる事項のために与えられる。
　a）保険証券に表示された保険契約者の営業、自由業またはその他の自営業の活動。保険契約者のために職業上の活動を行う保険契約者の被用者は、共同被保険者である。
　b）定款によって義務とされる任務の範囲で活動している社団ならびにその法定の代表者、被用者および構成員。
　(2)　保険保護は次に掲げる場合に与えられる。
　－　損害賠償権利保護（第2条a）

- 労働権利保護（第2条b）
- 社会裁判所権利保護（第2条f）
- 懲戒および分限上の権利保護（第2条h）
- 刑事権利保護（第2条i）
- 秩序違反権利保護（第2条j）

(3) 保険保護は、陸上、海上または航空原動機付交通用具およびトレーラーの所有者、保有者、取得者、賃借人、リース利用者および運転者としての法的利益の擁護のためには与えられない。

(4) 保険契約が保険契約者の職業の廃止または死亡によって終了するときは、同人またはその相続人に対し、保険契約の終了から1年以内に発生しかつ保険証券に挙げられた保険契約者の資格に関係する権利保護事故のためにも保険保護が与えられる。

第25条　非自営業者のための私生活および職業権利保護

(1) 保険保護は、保険契約者および配偶者ないしは登録された生活パートナーまたは保険証券に挙げられた第3条第4項b）にいうその他の生活パートナーが、全売上が直近の暦年につき6000ユーロを超える営業、自由業またはその他の自営業を営んでいないときは、これらの者の私生活上または職業上の領域につき、与えられる。売上高にかかわらず、前述の自営業の活動のいずれかと関連する法的利益の擁護のためには、いかなる保険保護も与えられない。

(2) 未成年の子ならびに登録された生活パートナーまたは保険証券に挙げられた第3条第4項b）にいうその他の生活パートナー関係にない25歳に達しない未婚の成年の子は、共同被保険者である。ただし、後者については、遅くとも長期間職業活動を行ない、これに仕事に関連した報酬を与えられる時点までに限る。

(3) 保険保護は次に掲げる場合に与えられる。
- 損害賠償権利保護（第2条a）
- 労働権利保護（第2条b）
- 契約法および物権法上の権利保護（第2条d）
- 裁判上の租税権利保護（第2条e）
- 社会裁判所権利保護（第2条f）
- 懲戒および分限上の権利保護（第2条h）
- 刑事権利保護（第2条i）
- 秩序違反権利保護（第2条j）

－　家族法、生活パートナー法および相続法における相談権利保護（第2条k）

(4)　保険保護は、陸上、海上または航空原動機付交通用具およびトレーラーの所有者、保有者、取得者、賃借人、リース利用者および運転者としての法的利益の擁護のためには与えられない。

(5)　保険契約者ないしは共同被保険者とされる生活パートナーが、直近の暦年の全売上が6000ユーロを超える営業、自由業もしくはその他の自営業の活動を開始したか、またはその活動で直近の暦年に達成された売上が6000ユーロの金額を超えた場合、保険保護は当該事情の発生から第23条によるものに変更される。

第26条　非自営業者のための私生活、職業および交通権利保護

(1)　保険保護は、保険契約者および配偶者ないしは登録された生活パートナーまたは保険証券に挙げられた第3条第4項b）にいうその他の生活パートナーが、全売上が直近の暦年につき6000ユーロを超える営業、自由業またはその他の自営業を営んでいないときは、これらの者の私生活上または職業上の領域につき、与えられる。売上高にかかわりなく、前述の自営業の活動のいずれかと関連する法的利益の擁護のためには、いかなる保険保護も与えられない。

(2)　次に掲げる者は、共同被保険者である。

a）未成年の子。

b）未成年の子ならびに登録された生活パートナーまたは保険証券に挙げられた第3条第4項b）にいうその他の生活パートナー関係にない25歳に達しない未婚の成年の子。ただし、以下の条項に別の定めがない限り、陸上、海上または航空原動機付交通用具およびトレーラー（交通用具）の所有者、保有者、取得者、賃借人、リース利用者および運転者としての法的利益の擁護のためには、権利保護は与えられない。

c）契約締結の際もしくは契約期間中に、保険契約者、共同被保険者とされる生活パートナーもしくは未成年の子に免許を与えられたか、またはそれらの名で保険標章を与えられたか、または賃貸交通用具の自己運転者としてこれらの者により一時的な使用のために借りられたあらゆる陸上原動機付交通用具およびトレーラーの権限のある運転者または権限のある搭乗者としての資格のあるすべての者。

(3)　保険保護は次に掲げる場合に与えられる。

－　損害賠償権利保護（第2条a）
－　労働権利保護（第2条b）
－　契約法および物権法上の権利保護（第2条d）

- 裁判上の租税権利保護（第 2 条 e）
- 社会裁判所権利保護（第 2 条 f）
- 交通事件行政権利保護（第 2 条 g）
- 懲戒および分限上の権利保護（第 2 条 h）
- 刑事権利保護（第 2 条 i）
- 秩序違反権利保護（第 2 条 j）
- 家族法、生活パートナー法および相続法における相談権利保護（第 2 条 k）

(4) 海上または航空原動機付交通用具の所有者、保有者、取得者、賃借人、リース利用者および運転者としての法的利益の擁護のためには、権利保護は与えられない。

(5) 運転者は権利保護事故の発生の際、法定の運転免許を有し、当該交通用具の運転につき権限を与えられていなければならず、かつ当該交通用具は免許を与えられまたは保険標章を交付されていなければならない。当該義務に違反するときは、権利保護は、当該違反を過失なくまたは軽過失により知らなかった被保険者に対してのみ与えられる。重過失により当該義務に対する違反について知らなかったときは、保険者は、被保険者の過失の重さに応じた割合で給付を減じる権利を有する。被保険者がその不知が重過失によるものでなかったことを証明したときは、保険保護は存続する。

義務違反が、保険事故の発生もしくは確定または保険者の義務である給付の確定もしくは範囲のいずれとも因果関係がなかったことを、被保険者または運転者が証明した場合にも保険保護は存続する。

(6) 保険契約者ないしは共同被保険者とされる生活パートナーが、直近の暦年の全売上が 6000 ユーロを超える営業、自由業もしくはその他の自営業の活動を開始したか、またはその活動で直近の暦年に達成された売上が 6000 ユーロの金額を超えた場合、当該事情の発生から、保険保護は、第 21 条第 1 項および第 4 項ないし第 9 項——保険契約者が免許を与えられまたはその名で保険標章を与えられた交通用具に対し——、および第 23 条によるものに変更される。ただし、保険契約者は、当該変更の後 6 か月以内に、第 21 条による保険保護の終了を請求できる。同人が保険保護の変更の原因となる事実の発生から 2 か月より後に請求する場合、第 21 条による保険保護は、保険契約者の対応した意思表示の到達をもって終了する。

(7) 少なくとも 6 か月以上前から保険契約者、その共同被保険者である生活パートナーまたは未成年の子に免許が与えられた陸上原動機付交通用具およびトレーラーがなく、かつ、その名で保険標章を与えられた陸上原動機付交通用具およびト

レーラーもない場合、保険契約者は保険保護を第 25 条のものに変更することを請求することができる。この変更は、同じ要件が存在し、かつ、保険契約者、その共同被保険者である生活パートナーおよび未成年の子が運転免許を有しなくなった場合には、当然に生じる。その発生から 2 か月より後に、保険保護の変更の原因となる事実が保険者に通知されたときは、同通知の受領によって保険保護の変更が生じる。

第 27 条　農業および交通権利保護

(1) 保険保護は、保険契約者の保険証券に表示された農業または林業の所有者としての職業上の領域ならびに私生活領域および非自営業活動を行うことにつき、与えられる。

(2) 次に掲げる者は共同被保険者である。

a) 配偶者ないしは登録された生活パートナーまたは保険証券に挙げられた第 3 条第 4 項 b) にいうその他の生活パートナー

b) 未成年の子

c) 未成年の子ならびに登録された生活パートナーまたは保険証券に挙げられた第 3 条第 4 項 b) にいうその他の生活パートナー関係にない 25 歳に達しない未婚の成年の子。ただし、以下の条項に別の定めがない限り、陸上、海上または航空原動機付交通用具およびトレーラー（交通用具）の所有者、保有者、取得者、賃借人、リース利用者および運転者としての法的利益の擁護のためには、権利保護は与えられない。

d) 契約締結の際もしくは契約期間中に、保険契約者、共同被保険者とされる生活パートナーもしくは未成年の子に免許を与えられたか、またはそれらの名で保険標章を与えられたか、または賃貸交通用具の自己運転者としてこれらの者により一時的な使用のために借りられたあらゆる陸上原動機付交通用具およびトレーラーの権限のある運転者または権限のある搭乗者としての資格のあるすべての者。

e) 保険証券に挙げられ、保険契約者の企業で活動し、かつ、そこに住居を有する共同所有者ならびにその配偶者ないしは登録された生活パートナーまたは保険証券に挙げられた第 3 条第 4 項 b) にいうその他の生活パートナー

f) 保険証券に挙げられ、保険契約者の企業に住居を有する隠退者ならびにその配偶者ないしは登録された生活パートナーまたは保険証券に挙げられた第 3 条第 4 項 b) にいうその他の生活パートナー

g) 農業または林業のための活動を行うその被用者

(3) 保険保護は次に掲げる場合に与えられる。
- 損害賠償権利保護（第2条a）
- 労働権利保護（第2条b）
- 住居および不動産権利保護（第2条c）
  農林業に利用される不動産、建物または建物の一部のため
- 契約法および物権法上の権利保護（第2条d）
- 裁判上の租税権利保護（第2条e）
- 社会裁判所権利保護（第2条f）
- 交通事件行政権利保護（第2条g）
- 懲戒および分限上の権利保護（第2条h）
- 刑事権利保護（第2条i）
- 秩序違反権利保護（第2条j）
- 家族法、生活パートナー法および相続法における相談権利保護（第2条k）

(4) 乗用車もしくはステーションワゴン、オートバイまたは農林業用実用交通用具が問題とならない限り、交通用具の所有者、保有者、賃借人およびリース利用者としての法的利益の擁護のためには、権利保護は与えられない。

(5) 運転者は権利保護事故の発生の際、法定の運転免許を有し、当該交通用具の運転につき権限を与えられていなければならず、かつ当該交通用具は免許を与えられまたは保険標章を交付されていなければならない。当該義務に違反するときは、権利保護は、当該違反を過失なくまたは軽過失により知らなかった被保険者に対してのみ与えられる。重過失により当該義務に対する違反について知らなかったときは、保険者は、被保険者の過失の重さに応じた割合で給付を減じる権利を有する。被保険者がその不知が重過失によるものでなかったことを証明したときは、保険保護は存続する。

　義務違反が、保険事故の発生もしくは確定または保険者の義務である給付の確定もしくは範囲のいずれとも因果関係がなかったことを、被保険者または運転者が証明した場合にも保険保護は存続する。

第28条　自営業者のための私生活、職業および交通権利保護
(1) 保険保護は次に掲げる事項に対し与えられる。
 a）保険証券に表示された保険契約者の営業、自由業またはその他の自営業の活動
 b）保険契約者または保険証券に挙げられた者については、私生活領域および非自営業の活動の遂行をも含む

(2) 次の者は共同被保険者である。
　a）配偶者ないしは登録された生活パートナーまたは保険証券に挙げられた第3条第4項b）にいうその他の生活パートナー
　b）未成年の子
　c）未成年の子ならびに登録された生活パートナーまたは保険証券に挙げられた第3条第4項b）にいうその他の生活パートナー関係にない25歳に達しない未婚の成年の子。ただし、以下の条項に別の定めがない限り、陸上、海上または航空原動機付交通用具およびトレーラー（交通用具）の所有者、保有者、取得者、賃借人、リース利用者および運転者としての法的利益の擁護のためには、権利保護は与えられない。
　d）契約締結の際もしくは契約期間中に、保険契約者、共同被保険者とされる生活パートナーもしくは未成年の子に免許を与えられたか、またはそれらの名で保険標章を与えられたか、または賃貸交通用具の自己運転者としてこれらの者により一時的な使用のために借りられたあらゆる陸上原動機付交通用具およびトレーラーの権限のある運転者または権限のある搭乗者としての資格のあるすべての者。
　e）保険契約者のために職業上の活動を行うその被用者
(3) 保険保護は次に掲げる場合に与えられる。
－　損害賠償権利保護（第2条a）
－　労働権利保護（第2条b）
－　住居および不動産権利保護（第2条c）
　　自己利用される保険証券に表示された不動産、建物または建物の一部のため
－　契約法および物権法上の権利保護（第2条d）
　　私生活領域、非自営業の活動の遂行のため、および陸上原動機付交通用具およびトレーラーの所有者、保有者、賃借人またはリース利用者としての資格と関連して
－　裁判上の租税権利保護（第2条e）
　　私生活領域、非自営業の活動の遂行のため、および陸上原動機付交通用具およびトレーラーの所有者、保有者、賃借人またはリース利用者としての資格と関連して
－　社会裁判所権利保護（第2条f）
－　交通事件行政権利保護（第2条g）
－　懲戒および分限上の権利保護（第2条h）
－　刑事権利保護（第2条i）

－　秩序違反権利保護（第2条j）
　－　家族法、生活パートナー法および相続法における相談権利保護（第2条k）
　(4)　住居および不動産権利保護はこれを除外することができる。
　(5)　海上または航空原動機付交通用具およびトレーラー（交通用具）の所有者、保有者、取得者、賃借人、リース利用者および運転者としての法的利益の擁護のためには、権利保護は与えられない。
　(6)　運転者は権利保護事故の発生の際、法定の運転免許を有し、当該交通用具の運転につき権限を与えられていなければならず、かつ当該交通用具は免許を与えられまたは保険標章を交付されていなければならない。当該義務に違反するときは、権利保護は、当該違反を過失なくまたは軽過失により知らなかった被保険者に対してのみ与えられる。重過失により当該義務に対する違反について知らなかったときは、保険者は、被保険者の過失の重さに応じた割合で給付を減じる権利を有する。被保険者がその不知が重過失によるものでなかったことを証明したときは、保険保護は存続する。
　義務違反が、保険事故の発生もしくは確定または保険者の義務である給付の確定もしくは範囲のいずれとも因果関係がなかったことを、被保険者または運転者が証明した場合にも保険保護は存続する。
　(7)　保険契約が保険契約者の職業の廃止または死亡によって終了するときは、同人またはその相続人に対し、保険契約の終了から1年以内に発生しかつ保険証券に挙げられた保険契約者の資格に関係する権利保護事故のためにも保険保護が与えられる。

第29条　住居および土地の所有者および使用賃貸人のための権利保護

　(1)　保険保護は、保険証券に表示された不動産、建物または建物の一部につき、保険証券に表示された次に掲げる資格のある保険契約者に与えられる。車庫または駐車場に分類される住居は含まれる。
　　a）所有権者
　　b）使用賃貸人
　　c）用益賃貸人
　　d）使用賃借人
　　e）用益賃借人
　　f）利用権者

(2) 保険保護は次に掲げる場合に与えられる。
- 住居および不動産権利保護（第2条c）
- 裁判上の租税権利保護（第2条e）

付録：

裁判外のメディエーション手続の組込

第5条のa　裁判外のメディエーション手続の組込
　(1)　メディエーションは任意の裁判外の紛争処理であり、そこでは、当事者は、中立の第三者であるメディエーターの司会の助力により、自己責任による問題解決を図る。
　保険者は保険契約者にドイツにおけるメディエーション手続の追行のためにメディエーターを斡旋し、第三項の範囲で費用を負担する。
　(2)　メディエーションのための権利保護は…に及ぶ。
　（メディエーションに該当する給付種類を列挙する）
　(3)　保険者は、保険者が斡旋したメディエーターの費用のうち保険契約者に生じた部分につき、1メディエーションにつき…ユーロまで負担する。メディエーション手続に被保険者でない者も参加している場合、保険者は被保険者の被保険者でない者に対する関係で、応分の費用を負担する。
　(4)　メディエーターの活動につき、保険者は責任を負わない。上記に明確に別段の約定がなされていない限り、ARB 2010 第1条、第3条、第4条、第7条ないし第14条、第16条、第17条および第20条の規定が準用される。

5条のaを利用する場合に必要となる5条1項d）に対する補遺：
第5条第1項d）：
「管轄の第一審の裁判所を用いた場合に生じる手数料の額までの仲裁または調停手続の料金」
補遺：
「これにかかわらず、メディエーション手続の費用はもっぱら…条項による」

失業の場合の保険料免除

　ドイツ保険協会は、保険契約者の失業の場合の保険料免除の導入についての問題を、意図的に未決定にしている。
　それゆえ、ARB第9条のaは、保険料免除を導入する事業者に対してのみ、非拘束的な書式の提案として役立つべきものである。

第9条のa　失業の場合の保険料免除

(1) 別段の約定がなされる限り、以下の規定の範囲で、保険契約者が失業したとされ（社会法典第Ⅲ編117条）または就職不能もしくは就業不能（社会法典第Ⅳ編43条、44条）である場合は、その限りで、以後の保険料の支払義務は消滅する。ただし、最長で…年を限度とする。保険契約者が死亡した場合、保険料免除は、約定に従い保険者との間で保険契約を継続する者に準用される。保険料免除の間に、さらに第1文および第2文に挙げる事態が発生した場合、すでに経過した保険料免除期間は…年の最長期間に算入される。

(2) 第1項による保険料免除は次に掲げる場合には生じない。

ａ）他者が、法律上の扶養義務に基づく場合を除き、保険料支払義務を負う場合、または、本追加約定がなければ同義務を負った場合

ｂ）第1項による要件が、

aa）保険開始の前に発生した場合、または

bb）保険開始の後6か月以内に発生した場合。ただし、同期間内に発生した事故を除く

cc）軍事的紛争、内乱、ストライキまたは原子力損害（医療行為によるものを除く）と因果関係がある場合、または

dd）保険契約者の故意による犯罪行為と因果関係がある場合、もしくは保険契約者により故意により惹起された場合

(3) 保険料免除の請求権は遅滞なく行使されなければならない。保険者に対し、確認に必要なすべての状況についての情報を与え、第1項による要件の存在を行政の証明書によって立証しなければならない。

(4) 保険契約者は求めに応じて、ただし最大で3カ月に一度、引き続き保険料免除の要件があることについての情報を与え、適宜の証拠を提出しなければならない。保険契約者がこの義務を遅滞なく履行しない場合、保険料免除は終了する。上方および証拠が追完された場合、保険料免除は即時の効果をもって効力が復活する。第1文ないし第3文は、死亡の場合またはすでにもたらされた証拠に基づき保険料免除のその他の要件の存在が明らかである場合、適用されない。

(5) 本追加約定は、各保険年度満了までの3か月の期間により、いずれの側からも解約できる。本追加約定は、解約を要せず、保険契約者が満60歳になるか、または、第1項第2文に挙げられた者が死亡の時点で満60歳になっているときは、保険契約者の死亡により、終了する。

(6) 保険料免除の請求権は3年で時効により消滅する。同消滅時効は、第3項に

よる証拠および情報を与えることができた暦年の終了から開始する。保険料免除についての保険者の決定までの、請求権の行使の期間は、消滅時効期間に算入されない。

(7) 共同被保険者が保険契約者と同様に扱われる点については、これを本追加約定には適用しない。

2　権利保護保険普通約款（ARB94）18条に基づく仲裁手続に関する原則[*1]（試訳）

Ⅰ　地域弁護士会のための規則
1　仲裁鑑定人は保険契約者の住所を管轄する弁護士会によって指名される。
2　仲裁鑑定人に指名される弁護士の資格は次の通りとする。
－　少なくとも5年以上弁護士として認められていること。
－　他の地裁管区で保険契約者から委任された弁護士として認められていること（弁護士会管区に複数の地裁管区がある場合）。
－　法廷活動をする弁護士の範囲の出身であり、かつ可能な限り問題となっている専門分野における特段の経験を有すること。
－　責任義務法（Haftpflichtrecht）、契約法、労働法、社会法、行政法、租税法、賃貸借法は専門分野とする。
地域弁護士会の理事会に所属していないこと。
3　地域弁護士会は、全ての会員に名簿に登録する意思があるかどうかを質問する。
4　各弁護士の選任は関係名簿の順に従って行う。
5　弁護士会による指名は、遅くとも権利保護保険者の申込みの到達後1週間以内に行う。
6　地域弁護士会により指名された弁護士は理由の説明なく双方から拒絶することができる。

Ⅱ　仲裁手続のための規則
1　仲裁鑑定人は、保険者（場合によっては保険契約者）より提出された報告および提供された書面に基づいて判断する。
2　手続は書面による。仲裁鑑定人は、十分な勝訴の見込みの判断に必要と思料するときは、追加的に当事者から情報を得ることができる。
3　仲裁鑑定人はその裁定を、遅くとも保険者により提出された書面の到達後1か月以内にしなければならない。
仲裁鑑定人の裁定には、書面により理由を付さなければならない。
4　仲裁鑑定人は引き続く填補訴訟において、保険者または保険契約者のいずれ

[*1]　仲裁鑑定人の選択および仲裁鑑定手続に関する連邦弁護士連合会とドイツ保険協会との間の取決めである。Bauer, in：Harbauer, Rechtsschutzversicherung, 8. Aufl.（C. H. Beck, 2010），§18 ARB 2000 Rdn. 15-16.

をも代理してはならない。これは権利保護が与えられる本案訴訟における保険契約者またはその相手方の代理の場合にも適用する。

5　仲裁鑑定人は保険者から連邦弁護士手数料法118条1項1号による経費および付加価値税込みで少なくとも200ドイツマルクの15/10の水準の一般手数料を受け取る。

　目的物の価額は、保険契約者の利益擁護に必要と見込まれる権利保護が与えられる各審級における自己および相手方の弁護士費用ならびに裁判費用の水準の費用支出の額とする。見込みの費用支出は、一括方式で算定される3単位の裁判手数料を含む6単位の弁護士手数料を基礎として算定される。証人費用および鑑定費用は考慮しない。

3 連邦通常裁判所1989年10月26日判決[*2]（試訳）

弁護士委任の排他的権利の不適法性――賃借人協会（Mieterverein）による弁護士選択

不正競争防止法1条、13条2項2号、民法242条、連邦弁護士法3条3項

 1 弁護士会は、不正競争防止法13条2項2号にいう職業上の利益の促進のための団体に含まれる。
 2 会員資格の取得と権利保護保険普通約款（ARB）29条による住居権利保護を団体保険契約（Gruppenversicherungsvertrag）の枠組みで自動的に結びつける賃借人協会の加入規約は、それが同協会に、会員による弁護士の指名に拘束されることなく、同協会に保険事故において指名すべき弁護士を自ら選択する権利を留保する限り、弁護士選択の自由についての個人の権利（連邦弁護士法3条3項）を期待不能な態様で（民法242条）侵害し、不正競争防止法1条には調和しない。

連邦通常裁判所1989年10月26日判決 I ZR 242/87（Karlsruhe）

事実
 本件被告は賃借人協会である。被告と権利保護保険者との間には、団体保険契約がある。同契約により、賃借人としての資格における被告の会員には、被告により支払われる保険料を対価として、ARB29条による住居権利保護が与えられる。同保険契約は賃貸借契約に基づく法的利益の裁判上の擁護に限定されている。契約に規定されているのは、弁護士を選択する権利は専ら同協会に帰属すること、さらに、協会が裁判上の利益擁護を必要と認めない限り保険保護は与えられないことである。被告は、入会書式を会員の新入会の場合に使用し、これによりその任務を知らせている。その入会書式において、同協会は賃貸借事案における裁判上の紛争のための保険保護は、入会書式の裏面に印字された条件で与えられることを指摘している。この条件には、定型的に、保険契約の本質的部分、特に、団体保険契約における約定に従い、弁護士選択の権利は専ら被告に帰属することが示されている。被告は、実際にも、入会規約のこの条件に従っている。保険事故の発生の場合、被告は、権利保護保険者に、その選択した弁護士を指名する。そこでは、被告は、当該会員

[*2] NJW 1990, 578.

による弁護士の指名に拘束されると感じることはない。これに対応して、被告は、会員により裁判上の代理のために委任された弁護士に、弁護士選択の権利は専ら協会に帰属し、自ら弁護士に委任した会員は、それにより発生した費用を自ら負担しなければならないことを伝える。原告弁護士会は、本件差止の訴え（Unterlassungsklage）および除去の訴え（Beseitigungsklage）により、入会規約の使用につき、これが被告に弁護士を選択する権利を留保するものである範囲で異議を唱えるとともに、被告がこの留保に依拠して弁護士を自ら選択した会員に対応することに異議を唱えている。

　地裁は——上告審において利益のある範囲では——訴えを棄却した。原告の控訴に基づいて、高裁は、控訴審において最終的になされた申立てに対応して、次のように命じた。

　(1)　A権利保護保険に対して、被告の通常会員本人において生じた被告のA権利保護保険との賃貸借権利保護契約におけるARB 29条による保険事故の場合に、被告による弁護士の指名の前に、各会員に自己の選択した弁護士を権利保護保険に対して指名する機会を与えることなく、被告の選択した弁護士を通常会員の裁判における代理のために指名ないし委任してはならない。

　(2)　定型的に使用される入会申込みおよび一般会員規約において、「裁判地における弁護士選択の自由の権利は専ら協会に帰属する」旨の条項を使用してはならない。

　(3)　通常会員に対して、被告のA権利保護保険との賃貸借権利保護契約におけるARB 29条による保険事故の場合において、および各会員が既に裁判上の代理のためにその選択した弁護士に委任した場合のために、次のことを表明してはならない。すなわち、「当協会は、権利保護保険に加入しているのは個別の会員ではなく、専ら協会であることを、会員に知らしめることが許されている。これに対応して、弁護士選択の権利は専ら協会に帰属している。会員が、協会との協議をすることなく、裁判上の利益の擁護のために、他の弁護士に委任する限り、その費用は会員が負担しなければならない。当協会の主張は、権利保護保険者との契約上の合意のみならず、一般会員規約にも基づいている。この手続きの態様には十分な理由がある。当協会は弁護士選択の自由を留保し、それにより、限られた数の弁護士との間で、協力の方法についての条件を交渉することができる。当協会は権利保護保険による費用引受けの要件を審査し、依頼者に当協会の弁護士を推薦する。」と。

　(4)　本判決の確定後1か月以内に、通常会員に、協会内の告示において、これまでの一般会員規約とは反対に、賃貸借法上の関係に基づく裁判上の紛争の場合、弁

護士選択の自由の権利は、即時より、もはや協会ではなく、個別の会員に帰属することを伝えよ。

同判決（OLG Karlsruhe, GRUR 1988, 703）に対してなされた適法な被告の上告は、本質的に認められなかった。

理由

I　不正競争防止法13条2項2号に基づく原告の訴訟追行権限を、控訴裁判所は、正当に、疑わなかった。上告は、この点につき、原告は法律上も定款上も、会員の職業上の福利を守り、促進する任務を持たないとの抗弁を提出した。そのような任務設定がなければ、原告は、不正競争防止法13条2項2号にいう職業上の利益の促進のための団体とはみなされないとした。連邦弁護士法の関連規定によれば、会員の職業上の活動を監督することは原告の問題であるが、その職業上の利益を守り、促進することは、そうではないとする。この点で、原告には定款もないから、原告は、定款上の任務をも追及する必要はないとする。個々の上告の主張は、同意することはできない。

すでに旧不正競争防止法13条1項の適用の当時、連邦通常裁判所は、弁護士会を含む自由業の職業団体を、公法上の任務設定にかかわらず、同規定にいう訴訟追行権があるとみなしていた（BGH, NJW 1956, 591＝LM §1 RechtsberatG Nr. 3＝GRUR 1957, 425（426）- Ratgeber；BGHZ 79, 390（392）＝NJW 1981, 2519＝LM SteuerberatungsG Nr. 11- Apotheken-Steuerberatungsgesellschaft）。これは、上告の主張とは異なり、前掲の「助言者（Rategeber）」判決にも妥当する。そこでは、同事件において主張された訴訟上の請求権の理由づけについて、当部が判断した。そのためには、そこでの原告弁護士会の訴訟追行権が要件であった。この法的状態につき、1986年の新不正競争防止法によっては、何らの変更もない。

税理士会について、当部は何度か判断している（Senat, NJW 1987, 2087＝LM §3 UWG Nr. 256＝GRUR 1987, 444（445）＝WRP 1987, 463（464）- Laufende Buchführung；Senat, NJW 1988, 262＝LM SteuerberatungsG Nr. 31＝GRUR 1987, 834- Data-Tax-Control）。その点で、弁護士会は何ら異なるところがない。上告の見解に反し、弁護士会は、不正競争防止法13条2項2号にいう職業上の利益の促進のための団体である。弁護士会も——税理士会（BGHZ 79, 390＝NJW 1981, 2519＝LM SteuerberatungsG Nr. 11- Apotheken-Steuerberatungsgesellschaft）と同じく——会員の職業上の福利を守り、促進しなければならないからである。連邦弁護士法73条1項1文によれば、弁護士会の理事会は、法律により割り当てられ

た任務を履行しなければならない。しかし、理事会により守られるべき弁護士会の任務は、それに尽きるものではない。連邦弁護士法73条1項2文によれば、理事会は——同項第1文により課された任務を超えて——一般的に、職業団体の福利を守り、促進しなければならない。連邦通常裁判所が繰り返し判示したように、弁護士会の機能領域および任務領域は、法律または定款により明確に割り当てられた任務を超えて及び、弁護士層の職業上の地位全体にかかわる福利にもわたるものである（BGH, NJW 1980, 186＝LM §38 BGB Nr. 7＝GRUR 1979, 788（789）＝WRP 1979, 782（783）- Anwaltsverein；BGH, NJW 1986, 992（994）；s. auch Kalsbach, BRAO, §73 Rdnr. 1；Isele, BRAO, §73 Ⅲc2；Jessnitzer, BRAO, 4. Aufl., §73 Rdnr. 1；Feuerich, GRUR 1989, 282（Anm. zum Berufungsurteil））。この任務には、本件で原告により追及されているように、法律違反や競争違反からの防御も含まれる。原告が主張したのは、被告は、入会規約において、排他的に弁護士を選択する権利を留保し、これに従って実務においても行動したことにより、裁判上の権利保護の権利を追及する協会会員の自らの信頼する弁護士を選択する権利を侵害したということである。被告の正当化に関する当事者の紛争が、原告に代表される会員全体の福利にかかわる問題を投げかけていることは、否定できない。

　これによれば、すでに弁護士会の法律上の任務領域から、原告は——公法上の任務設定にかかわらず——不正競争防止法13条2項2号にいう職業上の利益の促進のための団体であり、原告が、上告が述べたように、定款を定めていないことは、訴訟追行権の問題のために、同規定によれば、何の意味も持たない。

　Ⅱ　1　控訴裁判所は、訴えは理由があるものとした。その理由は、被告は、弁護士の範囲からの特定の個人の委任により、その競争に競争促進の意図で介入し、ここで問題とされているように、その入会規約において、弁護士選択の権利を留保し、これを行使する場合、弁護士選択の自由の原則（連邦弁護士法3条3項）および不正競争防止法1条に違反することにある。秩序ある司法の本質的な前提である弁護士選択の自由の権利を、契約上の合意によっても、個人は事前に放棄することはできない。前掲の事案において、この権利を制限する考慮すべき法律上の規定はない。保険契約法76条1項の規律からは、被告の立場を支えるものは何も引き出されない。同条項は、保険契約者、ここでは被告の、保険者に対する処分権に係るものである。しかし、それは、被告と協会員との内部的関係において、無制限の弁護士の選択が、それらに行使され得るかどうかという本件において判断すべき問題にとっては、何の意味もない。その点では、ARB11条および16条からも、異なる結果とはならない。

資料　261

　それに加えて、争われている留保は、弁護士選択の自由の権利が、契約上、合意できる場合であっても、適用を求めることはできない。というのは、危険にさらされている個人のための権利が有する意義を考慮すれば、普通取引約款法9条による裁判所による内容統制に耐えられないからである。被告の入会規約は、この統制を免れない。被告による保険保護の供与は、給付交換関係に対応するが、これは──原則として、団体法の規律にも適用される──普通取引約款法23条1項の除外領域に該当しない。そこからみて、民法242条、315条により可能で必要な審査からも、同じく、争われている留保は適用を拒絶しなければならないとの結論に至る。
　これにより法律に反する被告の行為は、公正取引の原則（不正競争防止法1条）と調和しないとする。正当と認められ得ない条件における特定の個別の弁護士における委任の集中に至るからである。被告は、裁判上の手続きにおける高い勝訴率は被告にとって重要であると述べた。被告は、被告により支払われるべき保険料の高さに影響を与える費用危険を負担しなければならないからである。それゆえ、費用を節約する危険統制の利益において、被告は、経験および専門性のある弁護士を必要とし、当然ながら、各事案における権利追求の成功の見込みは、慎重に審査されなければならないとする。被告には、会員が既存の権利保護保険を顧慮して結果を見通せない訴訟を追行するだけの余裕がないからである。被告のこの陳述からは、被告により動員された先に述べた被告の考慮と直面する弁護士は、その独立性や自己責任を侵害する葛藤に行きつくとの結論に至る。というのは、個別の会員は、当該事案から生じる利益の擁護に係る正当な利益を有する一方、被告にとっては費用危険が問題となるためである。それゆえ、弁護士が被告により選ばれた場合、自らの利益を会員の利益に優先するおそれがある。
　この控訴裁判所の判断も、本質的に、法的審査に耐えるものである。
　2　控訴裁判所が適法に出発点とするのは、被告は、その行動において、原告が訴状の1ないし3において異議を述べたように、競争の目的で、客観的および主観的観点において行動し、しかも後者の観点においては、競争促進的意図において、特に、被告が会員のための訴訟代理人として選び出した弁護士の利益になるように行動するということである。控訴裁判所は述べたところによれば、被告自身の陳述が明らかにしたように、その意図は、適正費用の危険統制によりその要望を心にとめる限定された数の弁護士により、協力の態様に関する条件を交渉することにある。そこから生じるのは、被告は、被告により他者に対して優遇されたこれらの弁護士の競争状況を、その行動における唯一または主要な動機ではないかもしれないにしても、意図的に促進するということである。これらの控訴裁判所の論述および

考察、ならびにこれと結び付けられた被告は被告により選び出された弁護士の委任において競争促進的意図において行動するという結論は、法的根拠からは、異議を述べることはできない。

3 そのほかに、控訴裁判所に同意すべきことは、被告の入会規約は、被告に弁護士を指定する権利を留保している限り、連邦弁護士法3条3項に表現が見られるように、弁護士選択の自由の原則とは調和しないということについてである。同条項によれば、法律上の規定の枠組みにおいて、ここでは民訴法79条により、すべての人はあらゆる種類の法律問題につき、その選択した弁護士により、助言を受け、裁判上代理させる権利を有する（Kalsbach, §3 Rdnrn. 7, 9；Isele, §3 Ⅳ D 1, 2；Feuerich, §3 Rdnr. 41；Jessnitzer, 4. Aufl., §3 Rdnr. 20）。この権利につき、被告の会員は、加入規約に含まれる弁護士選択の権利は専ら被告に帰属するとの条項により、期待不能な態様で、信義則（民法242条）に反して制限される。

そこでは、控訴裁判所が述べたように、個人の弁護士選択の権利が、契約上の約定において、そもそも予め除外することができないのか、あるいは、——個別の約定または特段の事実に即した利益状況において——限定的な判断がなされるのかどうかおよびその程度の決定の必要はない。いずれにせよ、本件の被告のような賃借人協会には、会員資格の取得とARB 29条による住居権利保護の取得を、団体保険の枠組みにおいて自動的に結びつける入会規約、すなわち、協会員資格と被保険者の地位とを相互に連結する入会規約において、会員による弁護士による指名に拘束されることなく、権利保護保険者に対し保険事故において指名すべき弁護士を自ら選択する権利を留保することは、許されていない。被告が、協会自治の枠組みにおいて、会員資格の取得の要件を自ら確定することは、原則として自由である。しかし、ここで検討しているように、信義則に反して、そのことのみに依拠することはできない。被告への参加は任意であり、問題の留保を知って行われたものであるとの上告の考慮も、異なる判断を正当化するものではない。

弁護士選択の自由の権利を、連邦弁護士法3条3項に規律されているように、法律は、個人に対しその個別の保護のために付与したのであり、委任すべき弁護士への権利保護を求める者の個人的な信頼が、委任関係の本質的な基礎を構成することを勘案すれば、その利益に関連する権利保護を求める者のみが自ら守ることができる（Kalsbach, §3 Rdnrn. 7, 9；Isele, §3 Ⅳ D 1, 2；Feuerich, §43 Rdnr. 49；Jessnitzer, §3 Rdnr. 20参照）。同権利は、法秩序の重要な基礎に数えられる自由な弁護士の原則に密接な関連を有する（(BVerfGE 15, 226 (234) = JZ 1963, 363 (364)；BVerfGE 34, 293 (302) = NJW 1973, 696 (697))）。本件の被告のような賃借人協会の

会員資格条件に基づいて、弁護士の選択が、利益を守られるべき人にもはやゆだねられず、その限りで自らの権利を追及せず、その委任すべき弁護士への信頼が場合によっては当事者の利益とは調和しない考慮に基づくことすらある協会に移譲されるとすれば、同権利は侵害される。その場合、述べたように、守るべき利益の追求のための委任にとって重要な弁護士の人格または専門性の評価への信頼は、考慮されていない。

　これによれば、協会による弁護士の選択の場合、委任の遂行において、訴訟の結果の経済的危険を負うのは本来の当事者であるにもかかわらず、同当事者ではなく、協会の利益が中心になる危険がある。しかし、それは、いずれにせよ本件のように入会規約の枠組みにおいて、弁護士選択の権利を、すでに入会の際、すなわち、将来の法的紛争にとって重要な個別的状況やそれにより弁護士の委任にとって決定的な実情が未だ明らかでない時点において、一般的かつ終局的に協会に移転させている場合には、個人の弁護士選択の自由の権利がこの種の会員規約によって中核的領域において侵害されていることを意味する。そこでは、会費収入の経済的基盤がその会員にある被告のような賃借人協会は保険保護を専らまたは少なくとも実質的に会費収入によって賄っていること、すなわち保険者により与えられるべき権利保護の枠組みにおいて弁護士を委任することができるようにするための保険料を工面しているのは会員であることを、無視することはできない。それゆえ、会員の選択に拘束されることなく、保険者に対し指名すべき弁護士を選択するのが協会であることは、両者の利益状況の衡量の枠組みにおいて、衡平であるようにはみえない。

　それにもかかわらず、弁護士の選択が、会費の適正な使用の関心において、協会によってのみなされることについて、有効な根拠は見当たらない。被告が、この関係で、できる限り高い成功率の関心において、被告に弁護士選択の権利が帰属しなければならないと主張する限り、それは、問題となっている留保を正当化することはできない。会員により委任された弁護士は、被告により選任された弁護士よりも、能力が劣るということを、簡単に一般的に前提とすることはできない。そこで考慮されなければならないのは、被告が裁判上の利益擁護を必要と認めない限り、被告は、その入会規約、さらには対応して団体保険契約の条項により、権利保護の供与を拒否する可能性があるということである。しかし、勝訴の見込みが肯定されれば、問題となっている選択権の委譲にとって、費用上の理由は、決定的に重要ではなくなる。費用は、被告または会員のいずれが弁護士を選択するにせよ、同程度だからである。

それゆえ、信義則に沿った利益状況の評価は、本件のような入会規約においては、信頼する弁護士を選任する権利は、当該会員にのみ帰属し、協会には帰属しないとの結論を導く。上告が主張するように、被告が同意しない場合にも、自分の選んだ弁護士に代理させることが、被告の会員に委ねられていることは、これと対立しない。それゆえ、被告がそのような場合に、保険保護の用意のための資金的手段をもたらしたのが会員であるにもかかわらず、その会員に保険保護を与えないことは、決定的である。それゆえ、問題となっている被告の入会規約における留保は、この種の場合には、会員に、会員によって資金を出された保険保護を与えないでおいたり、協会によって行われた弁護士の選択に、その弁護士が会員が信頼する者ではない場合にも、従うことを強制したりする結果となる。それは信義則と調和しない。

最後に、上告に引用された保険契約法76条1項およびARB 16条の規律も、被告により使用された選択権を正当化しない。控訴裁判所が正当に判示したように、両条項は、保険契約者つまり被告、または被保険者つまり協会員のいずれが、権利保護保険者に委任の目的で指名すべき弁護士を選ばなければならないかという問題について、何ら述べていない。

4 これによれば被告の会員にとって期待できない弁護士選択の自由の権利（連邦弁護士法3条3項）の制限は、──一定の制限を伴って──、不正競争防止法1条による訴えの要求を正当化する。連邦弁護士法3条3項は、この権利についての個人の利益の擁護に役立ち、これにより司法、すなわち重要な共同の利益の根本的な基盤を保護する（vgl. BVerfGE 21, 173 (179) = NJW 1967, 1317 ; BVerfGE 54, 301 (315) = NJW 1981, 33 (34)）。弁護士の競争にとっても重要な同条項に対する違反は、同時に、それ以上の状況が問題となることなく、不正競争防止法1条に対する違反でもある（BGHZ 79, 390 (400) = NJW 1981, 2519 = LM SteuerberatungsG Nr. 11- Apotheken-Steuerberatungsgesellschaft ; BGHZ 98, 330 (336) = NJW 1987, 1323 = LM SteuerberatungsG Nr. 29- Unternehmensberatungsgesellschaft I ; BGHZ 98, 337 (340) = NJW 1987, 1326 = LM SteuerberatungsG Nr. 30- Unternehmensberatungsgesellschaft II, für den Verstoß gegen §57 I StBerG 参照）。

5 しかしながら、控訴審判決の第1項の禁止の言渡しは、控訴裁判所が、被告による弁護士の選択の前に、自らの選択による弁護士を権利保護保険者に指名する機会を、各協会員に与えるという原告の請求を認めた点につき一定の限定を要する。会員により選ばれた弁護士を、「権利保護保険者に対し」指名する請求権を、会員は持たない。保険契約者は被告であって、ARB 16条1項によれば、それに応じて、権利保護保険者に対する指名の権能は、被告に帰属するのであって、保険に付

されている会員には帰属しない。しかし、保険保護を与えるための要件が肯定される場合に、会員により選択された弁護士を権利保護保険者に指名する会員との（内的）関係から生じる被告の義務は、議論されたその理由からは、これを免れることはできない。

4 バンベルク地方裁判所 2011 年 11 月 8 日判決[*3]（試訳）

権利保護保険における弁護士選択の自由の権利

差止訴訟法 1 条、3 条 1 項 2 号、保険契約法 127 条、129 条、連邦弁護士法 3 条 3 項、民法 307 条、不正競争防止法 4 条 1 号、4 号、11 号、8 条 3 項 2 号

1　被保険者が、権利保護保険の事案において、保険者に推薦される弁護士または自ら選択した弁護士のいずれに委任するかを選択することができる場合、普通保険約款に保険の推薦に応じる金銭的誘因が含まれているときも、弁護士選択の自由の違反には当たらない。

2　金銭的誘因は、選択の自由の空洞化に至るほど高いものであってはならない。

バンベルク地方裁判所 2011 年 11 月 8 日判決

事実

　当事者は、被告の権利保護保険のための約款における二つの条項の有効性について争っている。原告は、公法上の団体で、ミュンヘン高等裁判所管轄地に対する弁護士会である。被告は、大規模なドイツの権利保護保険者である。

　被告の権利保護保険は、権利保護保険普通約款（ARB2009）に基づく。ここでは、変動する自己負担額を伴う条件が問題となる。契約の締結をもって、被保険者は、「無事故等級ゼロ」に格付けされる。無事故期間の経過において、被保険者は、毎年有利な無事故等級になる。保険の始期には、被保険者は、保険事故の場合、150 ユーロの自己負担額を負担する。無事故期間が経過すれば、後年、この自己負担額は 100 ユーロ（2 年の無事故期間）、50 ユーロ（4 年の無事故期間）に減ぜられ、最終的に自己負担はなくなる（6 年の無事故期間の後、ゼロ）。この規律は、ARB 5a 条 2 項、3 項および同条 6a 項の下に示されている次の表に基づく。

[*3]　1 O 336/10, r + s 2012, 118.

保険年度	無事故等級	自己負担額（ユーロ）
6以上	6	0
5	5	50
4	4	100
3	3	100
2	2	150
1	1	150
	M0	150
	M1	200
	M2	200
	M3	250
	M4	250
	M5	300
	M6	300

a）格付けおよび自己負担額

中断のない無事故期間の経過

　事故あり期間の経過の場合、被保険者は、それとは逆に、被告の普通保険約款における5a条6b項の下に掲載されている次に示す表の基準により、格下げされる。

当年度無事故等級	次年度無事故等級
6	M0
5	M0
4	M0
3	M0
2	M0
1	M0
M0	M4
M1	M6
M2	M6
M3	M6
M4	M6
M5	M6
M6	M6

変動する自己負担額は、ゼロユーロから 300 ユーロの間の値をとる。

被告の権利保護保険普通約款（ARB）5a 条 5 項において、無事故期間または事故あり期間の定義が規定されている。5a 条 5 項において、次のように記載されている。

a）無事故期間

aa）保険保護が、始期から終期まで存続し、保険者がその間権利保護事故につき填補の約束（Deckungszusage）を与えず、5 条により費用危険を生じる措置（弁護士の委任、訴えの提起など）が取られない場合、契約の無事故期間の経過となる。

bb）権利保護事故が初回相談で完了するかまたは弁護士が現に保険者が推薦する範囲の弁護士に委任された場合にも、契約が無事故であるとみなされる。

b）事故あり期間

aa）保険者が、保険年度において、権利保護事故につき填補の約束を与えたり、5 条により費用危険を生じる措置（弁護士の委任、訴えの提起など）を取ったりした場合、契約の事故あり期間となる。

bb）権利保護事故が初回相談で完了するかまたは現に保険者が推薦する範囲の弁護士に委任された場合には、事故あり期間が経過したことにはならない。

被告の権利保護保普通約款のその他の個別の内容および正確な文言については、文書 K1 として提出された被告の権利保護保険普通約款に引用されている。

原告は、被告に対し、2010 年 7 月 15 日の弁護士の書面（文書 K3）をもって、警告し、問題の条項の利用の差止めにつき、刑事的に保護される不作為および義務の意思表示を求めた。2010 年 7 月 28 日の書面（文書 K4）をもって、被告は、原告の要求を拒絶した。

原告の見解によれば、弁護士が、保険者が推薦する弁護士の範囲から委任された場合は無事故期間の経過があるとし、逆に、弁護士が、保険者が推薦する弁護士の範囲から委任された場合は事故あり期間の経過がないとする被告の権利後保険普通約款に含まれる規律およびこれと関連する高い自己負担額と結び付けられた無事故等級への格下げは、保険契約法 127 条、129 条、連邦弁護士法 3 条 3 項、不正競争防止法 4 条 1 号、4 号および 11 号ならびに民法 307 条 2 項に違反する。原告の見解によれば、契約上の規律により、弁護士選択の自由が制限されたことになる。150 ないし 300 ユーロ程度の顕著な財政的不利益に基づいて、被保険者に間接的に影響が及ぼされる。それゆえ、被保険者は委任すべき弁護士に関する決定を自由に決定していないとする。そのような制限は、すでに保険契約法 127 条、129 条および連邦弁護士法 3 条 3 項の規律により禁止されているとする。原告の詳述するところによれば、被告の推薦する範囲における特定の弁護士を受け入れることにより、弁護

士の競争の歪曲が危惧される。加えて、原告の見解によれば、被告による特定の弁護士の推薦は、依頼者の——すなわち、権利追求者の——利益ではなく、被告の経済的考慮が中心となる危険をはらんでいる。被告と推薦リストに入れられた弁護士との間に、報酬約定が締結されていることが危惧されるという。原告の考えによれば、被告の保険約款における原告が攻撃する条項は、これにより許されない態様で、被保険者に対し財政的観点から圧力がかけられているため、不正競争防止法4条1号に違反する。加えて、そこにおいて、問題の条項は、法律上の規定（保険契約法127条、129条および連邦弁護士法3条3項）に違反しているから、不正競争防止法4条11号の違反があるとする。さらに、不正競争防止法4条4号の違反があるという。さらに、原告の見解によれば、問題の保険約款は、透明性がなく、保険契約者に不当に不利益を与えるため、民法307条に違反する。被保険者にとっては、契約締結時には、どのような前提および選択基準で、被告が推薦する弁護士を選択するのかは、わからないとする。

原告は、次のとおり申し立てた。

Ⅰ　違反の場合のために定めるべき25万ユーロまでの秩序拘禁（Ordnungshaft）に代わる課徴金（Ordnungsgeld）、または取締役につき執行されるべき6か月まで（繰り返しの違反の場合は合計2年まで）の秩序拘禁を回避するためには、次の行為をしてはならない。

1　権利保護保険契約に、事故経過に応じて変動する自己負担額とともに、次に掲げる条項もしくはこれと内容上同一の条項を取り入れることまたはこれらを引用すること

「無事故期間の経過の場合の格上げ

…

ａ）無事故期間

…

bb）弁護士が現に保険者が推薦する範囲の弁護士に委任された場合にも、契約が無事故であるとみなされる。

…

事故あり期間経過の場合の格下げ

…

ｂ）事故あり期間

…

bb）弁護士が現に保険者が推薦する範囲の弁護士に委任された場合には、事故

あり期間が経過したことにはならない。

2 保険事故において、被告の推薦する弁護士に、自己の利益の代理につき委任することを望まないかまたは委任しなかった権利保護保険の被保険者に対し、以降の保険事故につき、被保険者が被告の推薦する弁護士への委任の場合に支払わなければならない自己負担額よりも高い自己負担額を予告すること、あるいはそのような高い自己負担額を請求すること

Ⅱ 被告は、原告に対し、1379.80ユーロおよび訴訟係属からの基本利率（Basiszinssatz）に5％を加えた利息を支払え。

被告は、次のとおり申し立てた。
訴えを棄却する
被告が述べたところによれば、推薦される範囲に弁護士を入れることは、一方で、選択された弁護士が専門知識を駆使することができ、継続教育に参加しているかどうか、他方で、その弁護士と問題のない効率的なコミュニケーションが可能であるかどうかに基づく厳格な規定と規律による結果である。被告は、その推薦する範囲に入れた弁護士との間で、弁護士報酬法に規定される額を下回る報酬約定を結んでいることを否認する。当該弁護士は、厳格に弁護士報酬法に従って報酬が支払われていると述べる。被告はさらに、被保険者が弁護士の推薦に喜んだり、あるいはそれを積極的に求めたり、問い合わせたりすることはよくあることであると述べる。

被告の考えによれば、提起された差止の訴えは、すでに不適法である。特に、訴えの趣旨申立てのⅠの1は、特定が足りない。それからは、無事故期間または事故あり期間は、保険契約者が負担すべき自己負担額に作用するのかどうかおよびどのように作用するのかは、わからないとする。訴えの趣旨申立てのⅠの2は、訴えの趣旨申立てのⅠの1と同じかまたは類似の要求に対する本案に向けられたものであるとする。手続上は、申立てのⅠの1をもって目的とされた禁止は、相当一般的な形の申立てのⅠのからの一断面であり、これに含まれるものであるとする。

被告の見解によれば、被告の使用する保険約款は、法律の規定に違反しない。特に、これにより、弁護士選択の自由の権利は、制限されていないという。被保険者は、すでに最上級審において判断された事案と異なり、被告の推薦する弁護士に委任するか否かを選択することができる。加えて、被告の保険約款の規律によれば、被保険者の不利な無事故等級への格下げが高い自己負担額を伴うかどうかは、2回

目の保険事故で生じる得るものであるから、不確実である。しかも、被保険者が、元の無事故等級に再び到達しなかったかどうかは不確実である。加えて、財政的な違いは、格下げの段階に応じて、せいぜい150ユーロまでの金額であり、これは、最上級審の作り出した、情報を与えられた合理的な消費者の概念によれば、被保険者の決定の自由に深刻な影響をもたらすほどのものではない。それゆえ、被告の意見によれば、被保険者が権利保護保険の場合において、保険者の推薦する弁護士または自ら選択した弁護士のいずれに委任するかを自由に選択することが可能であるのであれば、権利保護保険の普通保険約款が保険の推薦に従った被保険者に対する財政上の誘因を含んでいるとしても、原則として、弁護士選択の自由の権利に違反しない。

　金銭的誘因は、選択の自由の空洞化に至り、連邦弁護士法3条3項がないほど高いものであってはならない。同様に、人を軽視するような方法やその他の事実に即さない影響力による圧力の行使はないから、不正競争防止法4条1号に対する違反はない。加えて、不正競争防止法4条11号に対する違反はない。その規律には、本手続において、固有の意義はまったくない。被告は、問題の規範は民法307条以下に違反しない。同規律は、不透明ではない。平均的で情報を与えられた消費者が普通に読めば、損害事故において、各自己負担額を伴うどのような格下げや格付けがあるかは、理解できるとする。

　当事者の陳述の個別性のため、提出された書類を伴って交換された書面および2011年9月27日付け弁論調書（Bl. 142ff. d.A.）が参照される。

　裁判所は、差止訴訟法8条2項1号により、金融監督庁の意見を得た。内容および結論については、金融監督庁により提出された意見が参照される。

　裁判所は、証拠を上程しない。

理由
I　訴えは、適法であるが、理由がない。
　1　…
　2　原告により攻撃されている、被告の推薦する弁護士への委任と関連して、無事故期間および事故あり期間の経過がいつあるかについての被告の保険約款の規律は、保険契約法127条、129条、連邦弁護士法3条3項、民法307条に違反せず、不正競争防止法4条1号、4号、11号、8条3項2号、保険契約法127条、129条にも違反しない。

　　a）保険契約法127条、129条、連邦弁護士法3条3項に対する違反はない

aa）すべての人は、その弁護士を法律の枠組みにおいて自由に選択することができる（すでに BVerfG NJW 1975, 103 に判示されている）。弁護士選択のこの中核的領域において、保険契約者は、被告の保険約款により何らの制限を受けていない。原告により述べられた連邦通常裁判所の判決（Urt. v.26.10.1989, I ZR 242/87, NJW 1990, 578）および欧州司法裁判所により判断された事案（Urt. v.10.9.2009-AZ.：C 199/08；NJW 2010, 355）と異なり、保険契約者から、被告の保険約款における規律により、保険契約者により独立してかつ自由に選択された信頼する弁護士にその利益の擁護を委任する権利は遮断されていない。原告により攻撃される被告の保険約款は、この保険契約者の権利を、決定的な点では、制限していない。保険契約者には、どの弁護士に委任しなければならないかは、明確に規定されていないし、弁護士選択のための強制的な基準は与えられてはおらず、選択した弁護士が拒絶されたわけでもない。特定の弁護士を起用する決定は、問題の時点で被告により推薦されたかどうか、またはすでに委任関係があったかもしくは新たな関係が基礎づけられたかどうかにかかわらず、いつでも、専ら保険契約者の責務である。保険契約者がどの弁護士に委任しなければならないかの強制的な基準は、被保険者の保険約款によってもたらされるのではない。

bb）明らかにすべきことは、それゆえ、被告により使用される保険約款が保険契約者の弁護士選択の自由の権利を、間接的に、かつ禁止される態様で、制限しているかどうかである。結論として、これは該当しない。まず、弁護士選択の自由の権利は、保険事故における保険者の給付義務または費用負担義務とは、区別されなければならない。弁護士選択の自由の原則は、しかし、直接的な法的効果を保険者の費用負担義務に及ぼさない。保険契約法 127 条の規律は、明確に弁護士選択の自由のみと関連し、保険契約において約定された保険契約者の権利保護事故における給付範囲やこれと結び付けられた費用負担義務（Münchener Kommentar- VVG/ Richter, Band 2 §§100 bis 191, 1. Auflage, §127 Rn. 11）とは関連しない。それゆえ、この文脈において、弁護士選択の自由の権利を侵害することなくどの範囲において保険約款を作成し得るのかという問題も生じる。

(1) それゆえ、考慮の出発点は、保険契約者が、契約締結の際に、すでに、いつ契約の無事故期間および事故あり期間にもあるかを確認することができるかどうかである。さらなる段階において、問題となるのは、保険契約者は、契約締結の際に、どのような要件の下に、然るべきときに高い自己負担額を伴う低い無事故等級に格下げになるかを確実に認識できるかどうかである。当部の見解によれば、平均的に情報を与えられ、分別のある保険契約者は、これを容易にできる。まず、同規

律を注意深く読めば、いつ無事故期間および事故あり期間の経過があるかは、苦もなく明らかであり、理解できる。また、保険契約者は保険契約の事故あり期間の経過の場合に、無事故等級の格下げおよびこれに伴う然るべきときの自己負担額の引き上げの結果となることを、問題なく確かめることができる。このための要件は、係争の対象となっている保険約款の 5a 条 4 項および 5 項に、明確かつ一義的に定式化されている。当部の見解によれば、保険約款に描かれ掲載された表を手がかりに、格下げは、どのように、すなわちどの各無事故等級において具体的に形成されるかも、一義的にかつ体系的に表現されている。表による表現形式は、当部には、一目瞭然かつ早く、しかもよく理解できるから、文章による規律よりも望ましいようにみえる。この程度の契約締結の場合に保険契約者により常に求められ、かつ費やされるべき相当な時間で、保険契約者は容易に契約上の規律を把握し、理解することができる。このことは、都度保険者により推薦される弁護士の範囲から弁護士を委任する場合にも、無事故期間が経過したものと規定する 5a 条 a) bb) の規律にも当てはまる。逆に、そのような弁護士の委任があった場合には、事故あり期間は生じないとされる (5a 条 a) bb))。それゆえ、保険契約者は、すでに、契約締結において、保険事故において、保険者により推薦される弁護士の範囲から弁護士を選択すれば、保険契約者にとってまったく有利であることを知っている。保険契約者がこれを望まない限り、その保険契約を締結せず、他の保険約款または料率で他の保険に依頼することが、保険契約者の自由に委ねられている。保険契約の有効期間は、1 年に限られており、与えられている条件で継続するか否かを新たに決定することは、保険契約者の自由裁量に任されていることも、考慮されなければならない。

　原告が、その見解の裏付けとして文献において記載されている例を引合いに出す限り、これは説得することはできない。Harbauer, Rechtsschutzversicherung, ARB-Kommentar によれば、たとえば、電話相談の費用を、契約弁護士の利用の場合にしか補償しないこと、または裁判外もしくは裁判上の利益の代理の場合に、保険契約者が保険者の推薦に従ったときに自己負担額を放棄することは、不適法である (Harbauer/Cornelius-Winkler, Rechtsschutzversicherung, 8. Auflage, §5 ARB 2000 Rn. 283)。まず、指摘しなければならないのは、当部もそのような状況は不適法と考えているが、これらの例は、本件の事案とは比較できないことである。「放棄 (Verzicht)」の文言の形式および使用により、明らかであるのは、当初より約定されていたのではなく、事後的に保険により保険者に与えられた利益が問題となっていることである。そうでなければ、「放棄」の文言の使用は意味をなさない。契約当

事者が請求権を放棄することが可能なのは、契約当事者に帰属したものだけだからである。そのような契約の状況は、本件では生じていない。すでに述べたように、現に保険者から提案されていない弁護士を選択する場合に、無事故等級の格下げや場合によってはさらなる事故において、自己負担額が引き上げられることを受忍しなければならないことを、保険契約者は初めから知っている。それゆえ、両事実は、当部の見解によれば、比較しうるものではない。前者では、保険者は、予見し得ない財政的誘因により、相当程度事実上保険契約者に影響を及ぼそうとしている。本件では、そのことは、当初から被保険者に知られている。同様に、被告の保険約款における規律より、給付の除外や制限は行われていない。

(2) 保険契約法 127 条、129 条違反は、保険契約者の選択の決定に重大な影響が及ぼされる場合、すなわち保険契約者に経済的にみて選択の余地が残っていない場合にのみ、生じる。しかしながら、これは妥当しない。権利保護を求める保険契約者に十分な選択の可能性があり、信頼する弁護士への委任における決定に自ら当たる限り、前述のような契約上の約定は、異議を述べることができない（これにつき、抽象的には van Bühren/Plote, ARB-Kommentar, 2. Auflage, ARB §17 Rn. 6 a.E 参照）。これに反する弁護士選択の自由の他の理解は、保険契約法 127 条の立法理由（BT-Drucks. 16/3945, Seite 91）、その旧規定の立法理由（§158 m VVG a.F；BT-Drucks. 11/6341, Seite 37）、同規定により国内法化された欧州指令（87/344/EWG）のいずれからも生じない。

すでに述べたように、被告により使用される保険約款によれば、自分の弁護士または被告により現に推薦されている弁護士の範囲から弁護士のいずれに委任するかは、保険契約者に委ねられている。弁護士の非拘束的な推薦が異議を述べることができないことは、すでにブレーメン地裁が、その 1997 年 9 月 4 日の判決（12 O 626/96, r+s 1998, 67 = VersR 1998, 974. Schwintowski/Brömelmeyer/Hilmer-Möbius/Michaelis, PK-VersR, 1. Auflage, §127 Rn. 7 も同旨）において、十分に明らかにし、肯定している。当部はこの見解に同調するものである。

(3) 原告により述べられた財政的側面または不利益として述べられた自己負担額の引上げを伴う他の無事故等級への格下げは、異なる判断を正当化するのに相当ではない。当部は、分別があり情報を与えられた保険契約者はこの種の財政的な考慮により弁護士の選択において影響を及ぼされることはないことを出発点としている。被告の保険約款の場合、保険契約者は被告の推薦に応じる限り、財政的「利益または不利益」は、平均 150 ユーロ程度のものである。その点で、当部は、150 ユーロの額が、個人にとって、顕著な財政的な規模であることを、見逃しているわ

けではまったくない。しかしながら、考慮しなければならないのは、被保険者が弁護士に依頼する場合、関係者にとって、大した意味のない日常事が問題となっているのではないことである。むしろ、弁護士の介入の場合には、通常、個人的および財政的な観点で権利保護を求める者に相当の影響をともなう複雑な事実関係がある。それゆえ、当部の確信するところは、委任すべき弁護士への信頼は、分別のある情報を与えられた保険契約者にとっての第一の基準であり、保険契約の枠組みにおいて有利な無事故等級にとどまる見込みなどではないということである。この大したことのない財政的な利益または不利益は、短期的なものであり、権利保護を求める者の挫折の場合の財政的な結果に、ほとんどすべての場合において、及ぶものではない。当部の出発点は、平均的に情報を与えられた保険契約者は、弁護士選択の決定において、「はした金（schnellen Geld）」による考慮に導かれるものではないということである。それゆえ、本件のように、財政的な利益または不利益が、平均150ユーロの枠組みにおいて変動する限り、これは異議を述べられない（最後の点につき、Münchener Kommentar zum VVG/Richter, Band 2 §§100 bis 191, §127 Rn. 14 も参照）。

　同様に、考慮すべきことは、選択された無事故等級システムの場合、事故のあった保険契約者の不利益ではなく、むしろ無事故の保険契約者の優遇が問題となっているのである。最初はすべての保険契約者が150ユーロの自己負担額を伴う無事故等級ゼロに格付けされることを考慮すれば、これは通常の事例であるとみなされるべきである。自動車保険の場合と同じように、無事故の保険契約の場合の1年の経過で、無事故等級における段階的な格上げおよびこれと結びついた自己負担額の低減の結果となる。その基礎にある思想は、保険に請求しなかった保険契約者は、保険共同体に費用を加えていないということである。この種の割引制度は、異議を述べられない。保険契約者が権利保護事故を届け出る限り、無事故等級における格下げ、およびこれに伴い場合によっては、同時に自己負担額の引上げの結果となる。被告の普通保険約款によれば、すでに、保険契約者のための契約締結において、保険契約者が自由な決定により、被告により推薦された弁護士に委任する限り、そのような格下げは生じないことが確定していることから、当部は、推薦に従わず、「自分の（eigen）」弁護士に委任する保険契約者にとって、何らの不利益を認めることはできない。

　加えて、他の視点は、保険契約者は、権利保護保険の締結をもって、生じ得る財政的危険および弁護士委任および裁判手続きの枠組みにおける費用を処理しようとしたことである。被保険者は、契約締結において、このために保険料を支払い、

係争の対象である保険約款の場合、損害事故において自己負担額を引き受けなければならないことを、わかっていた。被保険者は、自己負担額の高さを知っており、これが損害事故においては引き上げられ、無事故の場合は引き下げられることも、知っている。原則的にこの規律の背後にある無事故の保険契約者の報奨および事故ありの保険契約者の「懲罰」の思想は、被告の保険約款において明らかであり、保険契約者は当初からこれを基準とすることができる。当部の見解によれば、この種の制度に対しては、何らの異議も提出することはできない。つまり、これは、他の保険の場合、自動車保険や車両保険の分野において、標準的なものであり、したがって、大部分の保険契約者に知られていた。他方、保険契約者は、抽象的に、契約締結において、保険者の推薦に従うか、自分の弁護士に委任するかを確定しなければならないわけではなく、新たな各権利保護事故において、決定することができる。

(4) 被告に推薦された弁護士の範囲の選択における事故あり期間および無事故期間に関する被告により使用される契約上の規律ならびにこれに伴う無事故等級の格下げおよびこれと結び付けられた自己負担額の引上げの有効性について、目下適用のある権利保護保険普通約款（ARB）によれば、弁護士の報酬は、管轄裁判所の地域に居住する弁護士の法定報酬までのみ、補償されることが述べられている。これは、被告の権利保護保険普通約款において5条1a項に含まれる規律に、対応する。この種の契約状態が適法であることは、文献において否定されていない（詳しくは Harbauer/Bauer, 8. Auflage, §127 Rn. 2 参照）。また、地域に居住する弁護士の費用に負担を限定することから、保険契約者は、場合により、どの弁護士に委任するかの決定に直面することが生じる。具体的にいえば、保険契約者が、目下の居住地の弁護士または、場合により、外部の弁護士に委任するかという決定である。権利保護を求める者は、自分の転居や弁護士の事務所移籍の場合に、このような決定に直面する。同様に、これと比肩しうるのは、信頼する弁護士は報酬約定に基づいてのみ活動し、その際に支払うべき報酬が個別事案において、弁護士報酬法の報酬を超える場合である。ここでも、場合によって、保険者により負担されない費用（財政的不利益）が生じる。しかし、この本件で原告により異議を述べられている規律との比較から、ある契約の形態は可能であり、異議を述べることなどできないとの結論となる。これらは、むしろ、各個別事案において、適用される文脈および具体的な金額において、審査され、考慮されなければならない。

cc) たった今保険契約法127条、129条について述べたことは、連邦弁護士法3条3項にも準用される。

b）不正競争防止法4条11号に対する違反はない

不正競争防止法4条11号に対する違反を、当部は認めることはできない。この前提は、法律上の規定に違反したことである。これは――上述のとおり――当てはまらない。考えられる規範は、保険契約法127条、129条および連邦弁護士法3条3項のみである。

c）不正競争防止法4条1号に対する違反はない

不正競争防止法4条1号に対する違反もない。判断の出発点は、平均的な、注意深く、批判的な保険契約者・消費者である（Piper/Ohly/Sosnitza, UWG, 5. Aufl., §4.1 Rn. 1/13）。当部は、情報を与えられた注意深い保険契約者は、個別事案においてあり得る無事故等級における格下げから生じる財政的な利益または不利益によって誘導され、自由な意思決定を阻害されることを前提としない（これにつき、上記a）bb)(3)参照）。ただ、補充的に、その代わりに、「侮辱的な圧力の行使またはその他の不相当な事実に即さない影響力により」という不正競争防止法4条1号の文言が指摘される。「侮辱的な」（"in menschenverachtender Weise"）の定式により、明らかであるのは、これと比肩しうる規模および強さのその他の不相当な事実に即さない影響により、状況が形成されなければならないということである。しかし、本件で原告により攻撃されている被告の保険約款における規律には当てはまらない。

d）不正競争防止法4条4号に対する違反はない

約款に明確に述べられていないその利用のための値引き、景品、贈り物といった販売促進措置は、当部の見解によれば、問題の規律にはない。まず、問題の規律は、当部の見解によれば、注意深く情報を与えられた保険契約者にとって明らかで、理解できることは、上述のとおりである（上記a）bb)(1)参照）。それゆえ、すでに、不正競争防止法4条4号の介入のための決定的な要件が欠けている。原告がこの関係で、被告が推薦する範囲の弁護士との間で、弁護士報酬法の要件を下回ることとなる報酬約定を結んでいるおそれがあることを引合いに出す限り、原告にこれについての挙証責任がある。被告が強調することは、その推薦する範囲に挙げられた弁護士は、弁護士報酬法に従って報酬が与えられ、その弁護士に対する影響はまったくないということである。原告から提出された報酬約定および弁護士の書面についての主張は、説得的ではない。ここで問題となっているのは、被告の報酬約定ではなく、X責任保険株式会社の枠組みにおけるものであるからである。ここから明らかなのは、問題となっているのは、権利保護保険の枠組みにおける弁護士の委任などではなく、むしろ、自動車保険事案の清算における委任だからである。当部の見

解によれば、ここから係争の対象となっている事実関係を逆推論することはできない。

e）民法307条以降に対する違反はない

同じく、民法307条1項に対する違反もない。すでに述べたように、被告の保険約款における契約上の規律は、平均的に分別のある消費者・保険契約者にとって、容易に理解できるものである。加えられるべきことは、注意深く読むことおよびある程度の時間を要するが、表の形式は宣伝効果が大きく絵のようであるから、ほかでは複雑な契約書や保険約款に直面したことのない平均的な保険契約者であっても、これを容易に把握し、理解することができる。この関係で原告が非難する範囲では、保険契約者にとって明らかでないのは、被告のどのような基準によって、弁護士が選ばれているかであり、本件の関係では、これはあたらない。民法307条1項に対する違反のためには、ただ、攻撃されている条項および保険約款が異議を述べられるものであるかどうかだけが問題となる。すでに述べたように、これは本件には当てはまらない。この関係では、どのような基準で保険者が推薦リストに載せるべき弁護士を選択しているかは何の意味もない。すでに詳述したように、原告により攻撃されている規律により、保険契約者の不利益に変更されてもいない。それゆえ、民法307条2項にいう不相当な不利益は、本件では存在しない。

5 欧州司法裁判所 2009 年 9 月 10 日判決[*4]（試訳）

指令 87/344/EWG 4 条 1 項 a 号

　権利保護保険に関する法律および行政規則を調整するための 1987 年 6 月 22 日付け閣僚理事会指令 87/344/EWG 4 条 1 項 a 号は、多くの数の保険契約者が同一の事象により損害を被った場合、権利保護保険者が自らすべての保険契約者の訴訟代理人を選択する権利を留保していないとの趣旨で、解釈されなければならない。

欧州司法裁判所（第 2 部）2009 年 9 月 10 日判決　C-199/08Erhard Eschig/UNIQA Sachversicherung-AG

事実

　本先決裁定請求（Vorabentscheidungersuchen）は、権利保護保険に関する法律および行政規則を調整するための 1987 年 6 月 22 日付け閣僚理事会指令 87/344/EWG4 条 1 項 a 号に関するものである（ABIEG Nr. L 185, S. 77）。同請求は、弁護士費用の填補、および複数の保険契約者の利益が同一または同種の原因に基づいて同一の相手方に対するものである場合に、保険者に自ら選択した弁護士によるモデル訴訟（Musterprozess）または場合により併合訴訟その他の共同的な形式での防御の遂行に給付を制限する権利を付与する権利保護保険普通約款に含まれる条項の効力を理由とする Eschig 氏と保険会社 UNIQA Sachversicherung-AG（以下、「UNIQA」）との間の訴訟の枠組みにおいて、なされたものである。

　Eschig 氏は、オーストリア国民であるところ、UNIQA において権利保護保険契約を締結した。そこでは、権利保護保険普通約款（以下、「ARB1995」）の適用が約定されていた。ARB1995 第 6.7.3 条は、次のように定める。

　「複数の保険契約者が、その法的利益の擁護につき、一つ以上の保険契約から保険保護を受け、同利益が同一または同種の原因に基づいて同一の相手方に対するものである場合、保険者は、まず、自ら選択した訴訟代理人による裁判外の法的利益の擁護およびモデル訴訟の遂行に給付を制限する権利がある。

　保険契約者が、この措置により、時効の切迫等により、十分に請求権の喪失から守られない場合は、保険者は、これに加え、自ら選択した訴訟代理人による団体訴訟またはその他の裁判外もしくは裁判上の利益擁護の費用を負担する。」

[*4]　NJW 2010, 355.

Eschig 氏は、他の数千の出資者のように、そのうち一部は UNIQA の被保険者であるが、証券事業者 AMIS Financial Consulting 株式会社および AMIS Asset Management Investment Service 株式会社[*5]に出資していたところ、これらはその後倒産した。そこで、Eschig 氏は、Salpius 弁護士有限会社に、同社らに対する破産手続、その機関に対する刑事手続および金融市場監督における懈怠を主張するオーストリア政府に対する手続等の複数の手続きにおける代理を委任した。同氏は、UNIQUA に対し、その弁護士によって行われた活動および将来の活動がその権利保護保険によって填補されることの確認を請求した。UNIQUA は、ARB1995 第6.7.3 条を援用して、同請求を拒絶した。Eschig 氏は、ザルツブルク地方裁判所に訴えを提起し、(1)UNIQUA は終結した手続および将来の手続におけるその弁護士の活動のための費用をてん補する義務を負っていることおよび(2)ARB1995 第6.7.3 条は無効でありそれゆえ権利保護保険契約の構成要素とはならないことの確認を申し立てた。

同裁判所は、指令 87/344/EWG 4 条 1 項を参照した解釈をして、ARB1995 第6.7.3 条は、保険契約法 158k 条に違反せず、逆に、これを補充して、大量損害事案における解決策を提供するとの理由で、訴えを棄却した。Eschig 氏は、この裁判に対して控訴し、Linz 高裁はこれを却下した。控訴裁判所は、特に、ARB1995 第6.7.3 条によってなされた制限は、指令 87/344/EWG 4 条 1 項に適合することを確認した。控訴審判決に対する上告に取り組んだオーストリア最高裁判所は、指令 87/344/EWG 4 条 1 項の解釈に関し、疑問を抱いた。

そこで、一方で、提出裁判所は、同指令 4 条の文言に即した解釈を述べるとともに、同指令 5 条は訴訟代理人選択の自由の原則の例外のみを定めている事実を述べ、他方で、原告の見解に対し、同指令 4 条の目的論的解釈により、保険契約者の多数が同一の事象により被害に遭った場合に保険契約者の名義により保険者が訴訟代理人を選択することを正当化する複数の理由が明らかになると述べた。団体訴訟の費用は、複数の個別訴訟より低いため、保険事業者は、大量損害を、自らすべての被保険者の訴訟代理人を指名できたときにのみ、これを引き受ける危険がある。加えて、ARB1995 第 6.7.3 条は、指令 87/344/EWG 4 条 1 項に根付いた訴訟代理人選択の自由の原則の補充であるとする。大量損害の概念の定義のための適切な基準も問題である。保険者に訴訟代理人選択の権利を与える条項は、「複数の保険契約者」に当たる限り、指令 87/344/EWG の目的および要求と相いれないように

[*5] 判決文では、"AMIS Asset Management Investment Service AS" とされているが、誤植で、正しくは "AMIS Asset Management Investment Service AG" と思われる。

みえるとする。そこで、オーストリア最高裁は手続を停止し、当裁判所にその問題を先決裁定のために提出した。

　欧州司法裁判所は、冒頭文から明らかなとおり判断した。

理由
　提出された問題について
　第 1 の問題について
　第 1 の問題をもって、提出裁判所は、本質的には、指令 87/344/EWG 4 条 1 項 a 号は、多くの数の保険契約者が、同一の事象により損害により被害を受けた場合、権利保護保険者が自らすべての保険契約者の訴訟代理人を選択する権利を留保することができるとの趣旨で解釈すべきかどうかについて、知ることを欲している。
　当裁判所においてなされた表明
　Eschig 氏ならびにオーストリアおよびチェコ政府は、指令 4 条 1 項 a 号は、複数の保険契約者が同一の事象により損害により被害を受けた場合、保険者は自らすべての保険契約者の訴訟代理人を選択する権利を留保することができるとの国内法規の解釈とは相いれないとの趣旨で解釈すべきとの見解である。
　指令 4 条 1 項 a 号は、一般的な意義があり、利益相反の予防および除去とはかかわりなく、権利保護保険の被保険者のための特段の保障を規定するとする。それゆえ、原審手続（Ausgangsverfahren）で問題となっているような目的論的な制限または保険者の財政的利益を基準とする制限は、不適法である。
　UNIQUA および欧州委員会は、反対の見解である。
　それらは、本質的に、指令 87/344/EWG 4 条 1 項 a 号は、保険契約者に固有の自由な訴訟代理人選任の請求権を与えていない旨を主張する。それゆえ、この請求権は、特に、多数の被保険者が同一の事象により被害に遭った場合には、制限に服する可能性がある。それらは、その議論を、指令 87/344/EWG の目的および関係ならびに指令 4 条 1 項 a 号の 3 条 2 項および 5 条との関係で、それらの考慮の基礎（Erwägungsgründe）に照らした解釈により支える。
　同指令の主要な関心は、権利保護保険者と被保険者との間の利益相反を防止または除去することにあり、この目的のために、同指令は、加盟国に三つの選択肢を提供している。指令 87/344/EWG の 8 番目の考慮の基礎において挙げられた強制的な専業制度を採用するか、指令 87/344/EWG 3 条 1 項による契約を形成するかまたは同指令 3 条 2 項に規定された解決策を適用することができる。
　87/344/EWG 4 条 1 項 a 号による訴訟代理人選択の自由の原則は、同指令 3 条 2

項 c 号に規定された場合にのみ適用される。

同指令 4 条 1 項 a 号が、3 条 2 項に規定されたすべての解決策において適用されるのであれば、委員会の見解によると、前 2 者の解決策は重要ではなく、単なる追加的な安全措置の意味を持つに過ぎないことになる。3 条 2 項 c 号の解決策は、いつも実現されていることになるからである。

UNIQUA は、その議論を指令 87/344/EWG の 11 番目の考慮の基礎によって支えた。訴訟代理人選択の自由を利益相反の場合に常に認める。したがって、利益相反がない場合、訴訟代理人選択の自由の権利はないという。

加えて、指令 87/344/EWG が交付された 1987 年における考慮は、個別の損害事案およびそれによる被害者が想定されているにすぎないのであって、大量損害は同指令によって把握されていないとする。

さらに、指令 87/344/EWG 5 条に規定される例外は、訴訟代理人選択の自由の例外は、可能であり、許されることを裏付ける。同条は、絶対的な例外ではなく、例に過ぎない。それゆえ、大量損害事案を考慮していなかったことにより、権利保護保険の被保険者の利益のために、同指令 5 条の類推解釈を行うことが必要であるとする。

裁判所の回答
まず、想起されなければならないのは、共同体法の解釈における確立した判例によれば、文言のみならず、関係およびそれが属する規律によって追及される目的も、考慮されなければならないことである。

それゆえ、まず、指令 87/344/EWG が、権利保護保険と他の保険種目との兼業の禁止に係る国内の規律から生じる制限の廃止により、保険事業者の開業の自由を容易にしたこと、次に、保険契約者の利益は、特に、起こりうる利益相反が可能な限り回避され、保険者と保険契約者との間の紛争事案の解決が可能になることにより、保護されなければならないことが、同指令の考慮の基礎から生じることが確認されなければならない。

この目的のために、同指令には、保険契約者の利益のために、いくつかの特別の保障のような組織上および契約上の措置が規定されている。

組織上および契約上の措置に関して、指令 87/344/EWG 3 条 2 項は、保険者に、損害事故を同一事業者内の特別の職員によって処理するかまたは損害処理を法的に独立した事業者に委託するという可能性を与えている。加えて、3 条 2 項 c 号は、保険に付されている損害事故が報告されると被保険者に訴訟代理人選択の自由が

与えられることにより、利益相反の防止を可能としている。

　指令87/344/EWG 3条3項によれば、これらの可能性においては、いずれもが、権利保護保険の被保険者の利益を同等に保護していることを前提としている。その領域に居住する事業者に、少なくともこれらのうち一つの代替的な解決策を適用することを保障することは、加盟国の問題である。そこでは、加盟国は、これらの解決策のうち一つを規定するか、または複数の解決策の中から選択することを事業者に委ねることができる。

　そのほか、指令87/344/EWG 3条1項は、権利保護保険は、他の保険種目とは別の契約の対象とするか、保険の内容を明記して同一の保険証券の別の章の対象としなければならない旨を規定している。加盟国は、保険者に、権利保護保険に割り当てられる保険料を明記することをも規定することができる。

　特別の保障については、同指令は、被保険者に、4条1項a号に掲げられた手続において、または、4条1項b号によれば、利益相反の発生の場合に、訴訟代理人を自由に選択する権利を与えている。

　指令87/344/EWG 4条、6条および7条全体から生じるように、これらの条文により被保険者に与えられた権利は、被保険者の権利を広く守ることを目的としており、利益相反が発生した場合に限定するものではない。

　指令87/344/EWG 3条ないし5条の文言または同指令の関係から、訴訟代理人選択の自由の請求権は、各被保険者に対し、個別の条項において確定される限界内で一般的かつ独立して存在するということが生じる。

　そこで、第一に、指令87/344/EWG 4条1項は、被保険者の訴訟代理人選択の請求権を認めるものの、これを——利益相反が生じた場合を除き——裁判手続および行政手続に限定する。形容詞「あらゆる（jeder）」の使用および動詞「認める（anerkennen）」の形式は、この規律の一般的な意義および拘束性を強調する。

　第二に、強調されるべきことは、同規定は、保険事業者によって選ばれた選択肢にかかわらず、同指令3条2項に従って被保険者に与えられた自由の最低限を確定するものであるということである。

　それゆえ、指令87/344/EWG 3条2項a号およびb号に掲げられた措置は、同指令4条1項a号から訴訟代理人選択の自由に対する権利保護保険の被保険者の独立の請求権が導き出される場合にも、その適用範囲を留保していることが、確認されなければならない。

　指令87/344/EWG 3条2項c号に規定された解決策は、当然、被保険者に、同指令4条1項a号よりも幅広い権利を与えている。後者の規定は、裁判手続または行

政手続が提起された場合に限り、訴訟代理人選択の自由の請求権を規定しているからである。これに対し、被保険者は、保険契約により保険者の給付の請求権を有するや否や、同指令3条2項c号において規定された解決策により、訴訟代理人をその利益の防御のために委任する請求権を、あらゆる裁判手続および行政手続においても有する。

加えて、UNIQUAおよび委員会の提案した解釈によれば、結論として、指令87/344/EWG 4条1項a号は、何ら適用領域がないことになる。すなわち、3条2項c号による選択肢が行使されれば、訴訟代理人選択の自由の請求権は、すでに行政手続または裁判手続の前に存在することになる。この第一の解決策が選ばれた場合にのみ同指令4条1項a号の適用があるとすれば、同指令4条1項a号は何の規律内容（Regerungsgehalt）を持たないことになる。

その他の点では、指令87/344/EWGの11番目の考慮の基礎は、訴訟代理人選択の自由の請求権は、裁判手続または行政手続の枠組みにおいては、利益相反の発生とは結び付けられていないことを認めている。

その点では、ドイツ語版の指令87/344/EWGの同考慮の基礎における「そして…常に（und zwar immer）」の文言は、確かに、同指令は訴訟代理人選択の自由の請求権のために利益相反の発生と結びついているものと解釈され得る。しかしながら、そのような解釈は、同指令4条1項a号の限定的理解の根拠として、挙げることはできない。

第一に、確立した判例によれば、共同体指令の統一的解釈の必要性から、規定は、他との関連なしに考察することは許されず、他の公式言語の版を考慮して解釈されなければならない。

法務官（Generalanwalt）が論告（Schlussantrag）の71番において述べたように、異なる言語版の比較から、訴訟代理人選択の自由の請求権は、あらゆる裁判手続および行政手続の枠組みにおいて、利益相反の発生にかかわらず、認められるとの結果となる。

第二に、指令87/344/EWG 4条1項a号は、委員会が述べたように、UNIQUAにより提案された意味において「そして…常に（und zwar immer）」の文言を解釈する場合、その内容を失う。その規律の内容は、すでに同指令4条1項b号によりカバーされているからである。

第三に、法務官が論告の73番において述べたように、委員会の指令の原案からも、その他の準備的行為からも、共同体の立法者が指令87/344/EWG 4条1項a号により、利益相反の防止のさらなる方策を創設しつつ、独立の訴訟代理人選択の自

由の請求権を創設しようとしなかったとする手がかりはない。

　反対に、同指令の発生経緯からは、すべての権利保護保険契約において、利益相反の発生に限定されない訴訟代理人選択の自由の請求権を保障するという元来の目的は維持されるものの、それは裁判手続または行政手続に限定されるとの結論となる。

　第 4 に、指令 87/344/EWG 5 条は、加盟国に、道路交通用具の使用から生じる特定の場合を同指令 4 条 1 項の適用から除く権限を与えることが、確認されなければならない。しかしながら、この訴訟代理人選択の自由の権利の例外は、狭義に解釈されなければならず、それゆえ、類推の基礎としては役立つことはできない。

　さらに、共同体の立法者は、多数の保険契約者が同一の事象により被害に遭った場合の例外を定めなかったことは、確かである。

　その点につき、UNIQUA および委員会は、指令 87/344/EWG の公布の時点では、大量損害は未だ知られていなかったと主張する。それゆえ、訴訟代理人選択の自由の権利は、指令 4 条 1 項 a 号は、大量損害事案には適用され得ないとする。

　この議論に従うことはできない。

　すなわち、多数の人に同様に妥当する事象は、新しい現象ではない。Eschig 氏が述べたように、指令 87/344/EWG が公布される前から、複数事案は知られていた。

　他方で、加盟国のレベルでの状況が、人間集団の構成員の利益のために併合訴訟の増加に向かうとしても、そのような状況は、そのような訴訟に参加するか否かの選択および場合によっては訴訟代理人の選択を制限するものではない。

　最後に、指令 87/344/EWG は権利保護保険契約の完全な統一を目的とするものではないこと、および共同体法の現況においてこれらの契約に適用され得る規定を確定することが加盟国に委ねられるということが指摘されなければならない。

　しかしながら、加盟国は、共同体法、特に指令 87/344/EWG 4 条を考慮して、この領域におけるその権限を行使しなければならない。

　そのほかに、想起されなければならないのは、同指令により目標とされた結果を達成し、これにより施行法 249 条 3 項を守るために、保険契約法を指令 87/344/EWG の文言および目的設定を手がかりに解釈し、その際ここでなされた同指令 4 条 1 項の解釈を考慮することは国内裁判所の問題であることである。

　したがって、第 1 の問題については、次のとおり答えなければならない。すなわち、指令 87/344/EWG 4 条 1 項 a 号は、多数の保険契約者が被害にあった場合、権利保護保険者は、すべての該当する保険契約者の訴訟代理人を選択する権利を留保することはできないとの趣旨で解釈されなければならない。

第2の問題について
第1の問題に対する回答に鑑みて、第2の問題には回答を要しない。

資料　287

6　ニューヨーク州の関連法令（試訳）

（1）ニューヨーク州保険法（抄）
第 11 節　保険者の免許

第 1101 条　定義　保険業の経営（doing an insurance business）[*6]
　(a)　本節において、次の定義が適用される。
　⑴　「保険契約（insurance contract）」とは、一方当事者すなわち「保険者」が、他方当事者すなわち「被保険者」または「受益者」に対し、偶発的な事象（fortuitous event）であってその発生により損失を被るおそれのある重大な利益を当該発生の時点において被保険者または受益者が有するかまたは有すると期待されるものの発生を条件として、金銭的価値のある給付を与える義務を負う合意またはその他の取引をいう。
　⑵　「偶発的な事象（fortuitous event）」とは、相当程度に各当事者の支配（control）の外にあるか、または当事者によってそのように想定されている発生または不発生をいう。
　……

第 1113 条　許可される保険の種類[*7]
　(a)　当州において、本章の他の規定に従って許可され得る保険の種類およびその範囲は、次の各号に定められる。財産上の損害（loss of or damage to property）に対する保険を営む権限は、その保険がいかなる種類のものであっても、当該財産におけるすべての適法な利益に保険保護を与える権限、ならびに利用・占有、賃料およびこれらによる利益の損失に対して保険保護を与える権限を含む。生命保険、権原保険、または人身傷害もしくは死についての法的責任に対する保険は、本条に特段の定めがない限り、いかなる保険の種類にも含まれてはならない。当州において事業を営むことを許可された保険者は、本章によって特に与えられる保険業以外の種類の事業に従事する権限に加えて、当州において営むことを許可された保険事業の種類に必要かつ適正に付随的な範囲で、他の種類の事業に従事することができる。
　……

[*6]　NY CLS Ins §1101.
[*7]　NY CLS Ins §1113.

⑵⑼ 「リーガル・サービス保険（legal services insurance）」は、法役務または法役務の費用の償還（reimbursement）を提供する保険を意味する。
……

第1116条　前払いリーガル・サービス・プランおよびリーガル・サービス保険[*8]
　(a)　(1)　本章の規定に従って許可された保険者（本節第1113条(a)項⒅、㉓もしくは㉕に定める種類の保険を引き受けるために組織された保険者、または本章第66節に従って免許を与えられるかもしくは組織された法人を除く）は、本節第1113条(a)項㉙に定義されたリーガル・サービス保険の取引をする免許を与えられた場合、前払いリーガル・サービス・プランが本条(b)項に規定する基準を満たし、かつ監督官が本条(g)項に規定する判断をするときは、監督官により、当該プランに関連して法役務の契約を発行することを許可され得る。本条の規定は、提案されたプランおよび運営方法が、当該プランが監督官に提出される前に、当該法人の理事会の3分の2の投票により認められていた場合に限り、本編43章に従って組織された法人に適用される。
　(2)　前払いリーガル・サービス・プランは、当該プランの一部としてリーガル・サービス保険を含むことができる。ただし、証券を購入する事業体に対して提起された商取引上またはその他の事業関係の訴訟または仲裁手続きの防御専用保障（defense only coverages）のための法役務に充てられる掛金が、当該前払いリーガル・サービス・プランに関する掛金の付随的な額を超えない場合に限る。
　(3)　次の場合を除き、リーガル・サービス保険を引き受けることはできない。(i)前払いリーガル・サービス・プランとともに引き受ける場合、または(ii)監督官により公布された、関係するリスクをカバーする責任保険の証券の一部として引き受けられるリーガル・サービス保険を許す規制に従い、かつ証券を購入した事業体に対して提起された商取引上またはその他の事業関係の訴訟または仲裁手続きの防御専用保障が、当該責任保険の付随的部分を超えない場合。
　(b)　監督官は、前払いリーガル・サービス・プランが次の基準のいずれをも満たす場合、本章第23節の規定に従って、当該プランに関連する契約の発行を許可することができる。
　(1)　その条項が誤導や混乱を招くものでなく、公衆のニーズに適合しないものでもないこと。
　(2)　弁護士の職業上または公益上の義務に対する司法的監督に抵触しないこと。

[*8]　NY CLS Ins §1116.

(3) 給付に関する苦情（grievances）に対する速やかな解決を提供すること。

(4) 受益者による弁護士の選択を制限しないこと。ただし、プランに参加していない弁護士に対するプランによる報酬は、該当契約に定められた給付表（schedule of benefits）および料金体系による。さらに、本条のいかなる規定も、プランに参加していない弁護士が、提供した役務に対し、該当契約に定められた給付表および料金体系を超える料金を請求することを禁ずるものと解してはならない。

(5) 対面および電話による相談を通じて、遺言、居住用不動産事案および家事事案などの広範囲の法役務を提供すること。ただし、本条のいかなる規定も、前払いリーガル・サービス・プランが特定の類型の法役務を提供することを求めたり、禁止したりするものではない。

(6) 契約者に対し、給付表、料金体系、除外事由またはその他の給付に対する制限の記述が含まれ、さらには掛金、自己負担（co-payments）、控除免責金額、またはプランに参加していない弁護士により給付表もしくは料金体系を超えて課される金額の支払いついての保障を受ける者の金銭的責任の説明が含まれている書面による開示をすること。

(7) プランは、本章第3426条(d)項(2)の規定に従い短期間につき提供されるか、または長期間につき提供されるものでない限り、1年の期間につき証券が発行または更新されること。

(8) 本章第3426条(c)項(1)に規定される1以上の理由に基づく場合に限り、契約者に対する5日以上前の書面による通知によりプランを解除でき、さらには解除が掛金の不払に基づく場合は15日以上の猶予期間を含むこと。ただし、契約が団体方式で発行される場合、個別の団体加入者は、その団体契約者との雇用の終了または同団体における会員資格の終了の際に解除される。

(9) 保険者は、いかなる理由であっても、少なくとも45日以上60日以下の日数前の書面による通知により、プランを更新しないことができること。

(10) 契約者は、いかなる理由であっても、30日前の書面による通知により、プランを解除することができること。

(c) 監督官が公布する規制に従い、契約を団体方式で発行することができる。

(d) 当該契約は、本章のその他の適用すべき規定およびこれに基づく命令に従う。

(e) 監督官は、前払いリーガル・サービス・プランが本条(b)項に定める基準を満たす場合で、監督官が本条(g)項に定める判断をするときは、許可を受けた保険者が、本条の規定に従い、本章によらない前払いリーガル・サービス・プランを提供する

か、またはこれに資金拠出する法人またはその他の組織との間で、当該プランを運営するために、契約を締結することを許すことができる。当該運営は、マーケティング、数理、データ処理、会計、クレームおよびその他の関係役務を含むが、これらに限られない。当該契約は、当該運営役務に対し、合理的な料金を支払う。

(f) 監督官は、前払いリーガル・サービス・プランが本条(b)項に定める基準を満たす場合で、監督官が本条(g)項に定める判断をするときは、許可を受けた保険者が、本条の規定に従い、いかなるプランであっても、これがリーガル・サービス保険であるかのように、そのリスクを再保険に付することを許すことができる。

(g) 監督官は、本条(a)項、(e)項および(f)項に定める各措置につき、次のすべての判断をする場合に限り、それらの措置をとることができる。

(1) プランにおける資金拠出者およびその他の参加者がプランのもとでの自身の責任を果たし得ることが合理的に予想されること。

(2) プランは、政府が助成する措置を受ける資格のない個人および家族の中に法役務の費用を負担する余裕がない者がいることにより、当州には希望する法役務を利用することができない市民がいるという問題を解決することを試みるものであること。

(3) 許可を受けた保険者により提案された活動は、監督官が十分な資本要件および財政要件に関して定める水準を含め、当該保険者の現存する契約または予想される契約およびその他の義務を履行する能力の棄損の原因となるか、または同棄損を構成するものでないこと。

(h) 監督官は、本条の規定を執行するために必要な命令を公布しなければならない。

(2) ニューヨーク州裁判所法（抄）

第15節　弁護士（Attorneys and Counsellors）

第495条　法人および任意団体による法律業務の禁止[*9]
……
7．本条は、前払いリーガル・サービス・プランを提供する組織には適用されない。法人であるか否かを問わず、法役務の提供以外の目的で設立および経営され、かつその主たる目的を促進する付随的活動として法役務を行う非営利組織にも適用されない。また、貧困者に対し法役務を供与することを主たる目的とする組織にも適

[*9]　NY CLS Jud §495.

資料　291

用されない。

第496条　前払いリーガル・サービス・プラン　登録申請書*10
　本節第495条第7項に規定される組織は、主たる事務所のある地における控訴部に当該組織の性質および目的、統治機関の構成、利用可能となる法役務の類型、ならびに当該組織が雇用または提携する弁護士の名前および住所を記載した申請書を届け出なければならない。この情報の更新は、毎年7月1日までに、所管の控訴部に備え置かれなければならず、当該年度に法役務を供与する弁護士の名前および住所が含まれなければならない。

（3）ニューヨーク州規則（抄）
第11章　保険局

第11節　前払いリーガル・サービス・プランおよびリーガル・サービス保険

第261款　前払いリーガル・サービス・プラン

第261条の0　前文*11
　(a)　本款は、2003年法第28節による改正を含む1998年法第65節を実施、解釈および明確化する。第65節の施行前、保険法第1116条は、保険者が前払いリーガル・サービス保険の実験的プランを提供することを許可するとともに、同プランと関連する場合を除き、保険法は保険者がリーガル・サービス保険を提供することを許可しなかった。
　(b)　第65節は、「リーガル・サービス保険（legal services insurance）」（法役務または法役務の費用の補償を提供する保険と定義される）と称する新種の保険を規定するため、1999年4月1日発効により保険法1113条(a)項に新たに(29)号を加えたうえ、保険法第1116条を改正した（「前払いリーガル・サービス・プランおよびリーガル・サービス保険（Prepaid legal services plans and legal services insurance）」との題名に改めた）。
　(c)　1999年4月1日発効の改正を含む第1116条(a)項(3)は、(i)第1116条において許可される前払いリーガル・サービス・プランに伴うものである場合、または、

---

*10　NY CLS Jud §496.
*11　11 NYCRR §261.0.

(ii)監督官により公布される関係リスクをカバーする責任保険証券の一部としてリーガル・サービス保険を引き受けることを許す規制に従う場合を除き、同保険を引き受けることができない旨を規定する。さらに、同証券を購入した事業体に対して提起された商取引またはその他の事業に関係する訴訟または仲裁手続きに対する防御専用保障のための法役務が、当該責任保険の付随的部分を超えないことを条件とする。改正された第1116条(a)項(2)は、前払いリーガル・サービス・プランはプランの一部としてリーガル・サービス保険を含むことができるが、当該前払いリーガル・サービス・プランに関する掛金の付随的額を超えるものが、同証券を購入した事業体に対して提起された商取引またはその他の事業に関係する訴訟または仲裁手続きに対する防御専用保障のための法役務に充てられるものであってはならない旨を規定する。

(d) 前払いリーガル・サービス・プランに含まれ得る役務の類型の例は、(i)遺言、継承的財産処分証書（Estate Settlements）、(ii)売買契約書、(iii)不動産取引、(iv)予防的法役務、文書点検、書面作成、(v)婚前合意（Prenuptial Agreement）、婚姻無効（Annulment）、別居（Separation）、離婚、(vi)養子縁組、後見、財産管理（Conservatorship）、(vii)雇用契約、(viii)民事訴訟の防御、(ix)占有回復（Eviction）、(x)改名、(xi)内国歳入庁における徴収の防御および監査の保護ならびにその他の租税事案、そして、(xii)家庭裁判所手続きである。

(e) 過去において、当庁は、どのような種類の前払いによる法役務の取決めが保険業の経営を構成し、それゆえ保険者としての免許を要するのかについて明確化を求める多くの照会を受けてきた。この問題に対する指針として、当庁の解釈は、法役務の取決めであって、これに従い前払いされた料金に対して法役務が提供されるものは、当該役務が偶発的な事象（当該用語は保険法第1101条(a)項(2)において定義されている）であって、その発生により不利益を被るおそれのある重大な利益をその発生の時点において役務の受領者が有するかまたは有すると期待されるものの発生に依存するものでない限り、保険法第1101条の意味における保険業の経営を構成しないというものである。たとえば、前払いされた料金に対し、役務の受領者は請求により遺言につき資格がある旨を規定する取決めは、当該取決めが偶発的な事象の発生を条件とするものでない限り、保険業の経営を構成しない。したがって、前払いによる法役務の取決めであって、そのような限定された役務を提供し、かつ免許のない法主体によって提供されるものであれば、金融サービス庁（Department of Financial Services）の管轄には属さないことになる。

(f) 他方、前払いされた料金に対し、当該役務が偶発的な事象であって、その発

生により不利益を被るおそれのある重大な利益をその発生の時点において役務の受領者が有するかまたは有すると期待されるものの発生に依存して役務を提供する旨の取決めは、保険業、特にリーガル・サービス保険の経営を構成する。たとえば、前払いされた法役務の取決めであって、訴訟に対する防御保障を提供するものは保険を構成する。

(g) しかしながら、本条(f)項に規定されたような取決めは、当該各役務に対して各別の料金が課され、かつ同役務の料金が、合理的な間接費を含み、当該役務の供与費用を完全にカバーし、それゆえ役務供与における損失のリスクの引受けを回避している場合、当該役務を保険業の経営を構成することなく、提供することができる。したがって、同取決めは、役務に対する予め取り決められた割引を提供することができるものの、役務提供者は損失のリスクを引き受けることはできない。

(h) 1998年法第65節によれば、保険者にリーガル・サービス保険を引き受ける免許がある限り、許可を受けた保険者は前払いリーガル・サービス・プランに従い、保険にあたらない給付を提供することができる。しかしながら、保険者は同プランの一部としてリーガル・サービス保険を提供することを要しない。そのような前払いリーガル・サービス・プランは、免許を受けた保険者により提供されるため、同プランの一部としてリーガル・サービス保険を含むか否かにかかわらず、金融サービス庁の管轄に属する。

(i) なお、本条(f)項に規定された役務を人数割り料金方式 (capitated fee basis) で提供するよう取り決めた弁護士は、当該取決めが許可を受けた保険者により保険法第1116条に従って提供されるか否かにかかわらず、保険法第1102条に違反する。

(j) 第65節は、何が保険業の経営を構成するかに関し、法律の状態を変えるものではない。

(k) 改正を含む第1116条(h)項は、監督官は第1116条の規定を実施するために必要な規制を公布しなければならない旨を規定する。本款は前払いリーガル・サービス・プランに適用され、本章第262款（規制162号）は、責任保険証券の一部として引き受けられるリーガル・サービス保険に適用され、また、前払いリーガル・サービス・プランに従って引き受けられるリーガル・サービス保険のための追加的な要件をも規定する。さらに、監督官は1999年4月1日以前に第65節の規定を実施するために必要な規則および規制を公布するものとされている。2003年法第28節による改正を含む1998年法第65節は、新たな保険法第1113条(a)項(29)および新(29)号を実施する様々な適合のための修正条項は1999年4月1日に発効する旨を規定す

る。改正を含む第1116条(c)項は、前払いリーガル・サービス・プランに関連して発行される契約は、監督官により公布される規制に従い団体方式で発行することができる旨を規定する。

第261条の1　定義[*12]

本款の目的のため、次の定義が適用される。

(a)　「アクセス・プラン（access plan）」とは、前払い料金方式で法役務を提供するための取決めのうち、当該役務が、偶発的な事象であってその発生により損失を被るおそれのある重大な利益を当該発生の時点において被保険者または受益者が有するかまたは有すると期待されるものの発生に依存しないものをいう。ただし、アクセス・プランは、各役務に対して各別の料金が課される場合であって、当該料金が合理的な間接費を含む供与費用を完全にカバーするときは、当該役務を提供することを合意することができる。

(b)　「弁護士委任合意（attorney retainer agreement）」とは、個人、法人またはその他の事業体による合意であって、弁護士の役務へのアクセスの権利を留保または確保するため、ならびに将来提供され得る役務およびこれに関係する補償のために、役務が供与される地の法域において業務が認められた弁護士に予め料金を支払う旨のものをいう。ただし、当該委任の価値の精算および提供される各役務についての規定がある場合に限る。

(c)　「証明書（certificate）」は、保険による保障の証拠またはこれに対する付加条項（rider）もしくは裏書（endorsement）であって、団体証券のもとで団体加入者に対して発行されるものをいう。

(d)　「家族構成員（family member）」とは、血縁、婚姻、養子縁組、被扶養状態（dependency）または法の作用による被保険者との関係を有する者であって、同居する（被後見子（ward child）または里子（foster child）を含む）ものか、または就学のために別居している被扶養の子であるものをいう。

(e)　「偶発的な事象（fortuitous event）」は保険法第1101条(a)項(2)に規定する意味を有する。

(f)　「団体加入者（group member）」とは、団体証券に関連して証券または証明書が発行される人または法主体をいう。

(g)　「団体基本証券（group master policy）」とは、団体基本証券所持人に対して発行され、かつこれに基づき証明書が団体加入者に発行されるものをいうが、当該

[*12]　11 NYCRR §261.1

証明書を含まない。
　(h)　「団体基本証券所持人（group master policyholder）」とは、それに対して団体基本証券が発行される人または法主体をいう。
　(i)　「被保険者（insured）」とは、個別証券のもとで保障される人もしくは法主体、団体証券における団体加入者、または同証券のもとで家族保障が提供されている場合の家族構成員をいう。
　(j)　「発行（issue）」は交付（delivery）のための発行を含む。
　(k)　「大量募集プラン（mass merchandising plan）」とは、個別に発行された証券を、合理的に予想される統合または管理の経済性（economies of acquisition or administration）により、使用者、社団（association）、組織（organization）またはその他の法主体に対し販売する方法をいう。
　(l)　「証券（policy）」とは、前払いリーガル・サービス・プランに関連して発行される契約をいい、そのようなプランに従って発行されるリーガル・サービス保険を含む。
　(m)　「前払いリーガル・サービス・プラン（prepaid legal services plan）」とは、本条(a)において定義されるアクセス・プランをいい、許可を受けた保険者により提供される場合は、リーガル・サービス保険を含み得る。

第261条の2　適用可能性[*13]
　(a)　本款は、当州において発行もしくは交付されるか、または当州におけるリスクもしくは操業につき許可された保険者により発行もしくは交付される前払いリーガル・サービス・プラン証券または証明書に適用される。
　(b)　取引が保険法第1102条に違反しない限り、本款は次のものには適用されない。
　(1)　本款261条の1(b)項において定義される弁護士委任合意。
　(2)　裁判所法第498条により許可された紹介サービス。
　(3)　労働組合またはその他の被用者組織が雇用に関係する事案における法的支援をその構成員に対して供給すること。
　(4)　被用者福祉給付。ただし、州法が1974年の被用者退職所得保障法（29 U.S.C. 1144）により専占される範囲に限る。
　(5)　本款第261条の1(a)項において定義されるアクセス・プラン。ただし、許可を受けた保険者により提供される場合を除く。

[*13]　11 NYCRR §261.2

第261条の3　前払いリーガル・サービス・プラン証券および証明書の条項[*14]

(a) あらゆる証券および証明書は保険法第23節の届出要件および認可要件に従わなければならず、かつ本章第16款（規制86号）に従い特別リスクとして格付けされてはならない。

(b) あらゆる証券および証明書は読むことができ、かつ理解することができる方法で、保険法第3102条に従って書かれなければならない。

(c) あらゆる証券および証明書は保険法第1116条に定められる条項を含み、かつ同条の要件に従わなければならない。

(d) (1) あらゆる証券および証明書は、供給される法役務または費用が填補または補償される法律事案の詳細表および記述、ならびに填補または補償される金額の上限を含まなければならない。

(2) あらゆる証券および証明書は、保険者の名称および主たる事業地の完全な住所、役務が求められ得る場所の電話番号、ならびに被保険者が給付請求をすることができる場所の完全な住所および電話番号を表示しなければならない。

(3) あらゆる証券および証明書は、プランにおける規定は、法役務が提供される州における業務を認められている任意の弁護士を委任する被保険者の権利を制限するものと解されてはならない旨の条項を含まなければならない。同証券はプランによるプランに参加していない弁護士に対する報酬は、該当契約における給付表および料金体系に従う旨を規定しなければならない。同証券はプランに参加していない弁護士が該当契約に定められた給付表または料金体系を超えて、役務に対する報酬を課することを禁じてはならない。

(4) あらゆる証券および証明書は、給付に関する紛争の迅速な解決のための手続きを規定しなければならない。

(5) あらゆる証券および証明書は、プランの規定は被保険者が、所管の控訴部もしくは控訴部により裁判所法第90条に従って苦情を調査するために指定されるその他の機関に対し、または、法役務が提供された州における所管の懲戒機関に対し、苦情を申し立てることを妨げるものと解釈されてはならない旨を規定しなければならない。

(e) (1) あらゆる証券および証明書は、証券の期間内に発生した費用に対し保障が与えられ、かつ当該被保険者の保障の効力発生日の前に与えられた役務を除外する旨を規定しなければならない。

(2) 保障が終了する時点で継続中の役務の保障はさらに90日間与えられなけれ

[*14] 11 NYCRR §261.3

ばならない。ただし、プランのもとでのリーガル・サービス保険に関しては、証券は本章第262款（規制162号）に従い保障を与えなければならない。

(f) 被保険者は現実に発生した費用よりも大きい金額につき補償を受けることができない。

(g) 前払いリーガル・サービス・プランは同プランの一部として本章第262款（規制162号）の規定に従いリーガル・サービス保険を含むことができる。

(h)(1) 証券または証明書は給付調整（COB）条項を含むことができる。証券または証明書は、COB条項を含む場合、本項を遵守しなければならない。COB条項を含まない証券または証明書は、第一次とみなされ、本項(5)に規定される場合を除き、給付を決定するにあたり、その他の証券の給付を考慮に入れることはできない。

(2) 本項の目的のために、「給付」とは本条(d)項に従って求められる給付表および料金体系をいうものとする。

(3) 給付決定順位の準則。団体加入者としての被保険者に保障を与える証券の給付は、第一次であり、第二次である個人または家族構成員としての被保険者の給付に先立って決定される。より長く被保険者に保障を与えている証券の給付は、より短期間につき被保険者に保障を与えている証券の給付に先立って決定される。

(4) 第二次証券は、支払わなければならない給付または提供しなければならない役務を、それが補完するすべての証券により支払われる給付または提供される役務の額によって減ずることができる。

(5) いかなる証券も、同証券が本款の規定に従い既存の前払いリーガル・サービス・プラン証券を補完するか、または本章第262款（規制162号）の規定に従って引き受けられるリーガル・サービス保険を一部として含む既存の責任保険証券を補完するように設計されたものでない限り、給付は証券に対し超過的または常に第二次である旨の規定を含むことができない。

(i)(1) 個別証券は家族構成員に対しても保障を与えることができる。

(2) 団体証券は団体加入者に対して発行される証明書に基づき家族構成員に対しても保障を与えることができる。

第261条の4　弁護士報酬[*15]

　保険者は、前払いリーガル・サービス・プランに関連して人数割り料金方式で報酬を支払ってはならない。

[*15]　11 NYCRR §261.4

第261条の5　前払いリーガル・サービス・プラン　団体方式[*16]

　(a)　前払いリーガル・サービス・プランの証券または証明書は、団体が次の記述に合致する場合に限り、団体方式でこれを発行または交付することができる。

　(1)　使用者または使用者により設立された基金の1以上の受託者に対して発行される証券であって、使用者または1以上の受託者がその所持人と見做され、当該使用者の被用者に保障を与え、かつ雇用に関する条件によって決定される退職被用者を含む当該使用者のすべてまたはその一定層に保障を与えるもの。同証券の掛金は、すべて使用者の基金からであれ、保障を受ける被用者により拠出される基金からであれ、あるいは使用者と被用者との共同で拠出される基金からであれ、証券所持人によって支払われなければならない。保障を受ける被用者により特にその保障のために拠出される基金から充てられる掛金の部分がない証券は、すべての資格のある被用者に保障を与えなければならない。掛金の全部または一部が保障を受ける被用者により拠出される基金から充てられる場合、当該被用者は同証券のもとでの保障を拒否する権利を有する。

　(2)　事業者団体の構成員である使用者により、または同使用者が参加して設立された基金の1以上の受託者に対して発行される証券。その受託者はもっぱら当該使用者の被用者のための証券所持人と見做される。同証券は次の要件に合致しなければならない。

　(i)　当該証券は、団体が少なくとも2年間存在し、かつ保険を得る以外の目的で設立されたものである場合に限り、これを発行することができる。

　(ii)　当該証券のもとでの保障を受ける資格のある者は、参加している使用者のすべての被用者またはそのうちの雇用に関する条件により決定される一定層のすべてでなければならない。

　(iii)　当該証券の掛金はもっぱら使用者によってもしくはもっぱら被用者によって拠出される基金、または使用者と被用者との共同で拠出される基金から1以上の受託者によって支払わなければならない。保障を受ける被用者により特にその保障のために拠出される基金から充てられて支払われる掛金の部分がない証券は、すべての資格のある被用者に保障を与えなければならない。当該掛金の全部または一部が保障される被用者によって拠出される基金から充てられる場合、当該被用者は同証券のもとでの保障を拒否する権利を有する。

　(3)　証券所持人と見做される労働組合または適正に組織された公務被用者の団体に対して発行される証券であって、当該組合の組合員に保障を与え、かつ当該組

[*16]　11 NYCRR §261.5

合員またはそれらのうち雇用もしくは組合への加入資格、またはそれらの双方に関する条件により決定される一定層のすべてに保障を与えるもの。保障を受ける組合員により特にその保障のために拠出される基金から充てられて支払われる掛金の部分がない証券は、すべての資格のある組合員に保障を与えなければならない。当該掛金の全部または一部が保障される組合員によって拠出される基金から充てられる場合、当該組合員は同証券のもとでの保障を拒否する権利を有する。

(4) 2以上の使用者もしくは1以上の労働組合、または1以上の使用者および1以上の労働組合が設立したか、またはこれらが参加している基金の1以上の受託者に対して発行される証券であって、1以上の受託者がその証券所持人であり、当該使用者の被用者または当該組合の組合員に、同使用者または同組合以外の者の利益のために、次の要件に従って保障を与えるもの。

(i) 保護を受ける資格を有する者は、当該使用者のすべての被用者もしくは当該組合のすべての組合員、あるいは、それらのうちの雇用もしくは組合への加入資格、またはそれらの双方に関する条件により決定される一定層のすべてでなければならない。

(ii) 当該証券の掛金は、もっぱら保障される者の1以上の使用者もしくは1以上の組合またはこれらの双方によって拠出される基金から、あるいは1以上のそれらの基金および保障される者から特にその保障のために拠出される基金から共同で、または保障される者の拠出から、1以上の受託者によって支払わなければならない。保障を受ける組合員により特にその保障のために拠出される基金から充てられて支払われる掛金の部分がない証券は、すべての資格のある者に保障を与えなければならない。当該掛金の全部または一部が保障される者によって拠出される基金から充てられる場合、その者は同証券のもとでの保障を拒否する権利を有する。

(iii) 1以上の労働組合によってまたは1以上の使用者および1以上の労働組合によって設立された基金の1以上の受託者に対して発行される証券に関し、保険者は、相当数の競争入札が異なる保険者から取られたこと、およびどの入札を採用するかについての決定をする前に当該入札が受託者により考慮されたことを証する書面による証明書を取得しなければならない。同証明書は当該決定が特定日の受託者会議においてなされた旨を述べるものでなければならず、かつ当該会議の議事録の写しが当該証明書に添付されなければならない。

(5) 1以上の社団の構成員の利益のために、設立、創設もしくは維持される基金の1以上の受託者に対して発行された証券であって、資格のあるその構成員のすべては同一の専門職（profession）、仕事（trade）もしくは職業（occupation）を有し、

その社団は真正に、主として保障を得る以外の目的で組織および維持され、かつ2年以上活動状態で存在しているもの。同証券は、当該社団の構成員もしくは構成員の被用者、またはそれらの役員、代表者、受託者もしくは代理人に対し、保障を与えるものでなければならない。保障を受ける資格のある構成員もしくは被用者は、すべての構成員であるか、すべての構成員および被用者であるか、それらのうち雇用もしくは社団への参加資格、またはそれらの双方に関する条件により決定される一定層のすべてでなければならない。

(6) 公衆健康法第46条に従って発行された権限証明書のもとで運営される継続的ケア退職者コミュニティに対して発行された証券であって、同コミュニティの住人に保障を与えるもの。

(7) 合衆国法典32章709条（32 U.S.C. §709）のもとで雇用される者、合衆国法典第32章（title 32 of the United States Code）のもとでの常勤訓練に就くか、または合衆国法典第10章（title 10 of the United States Code）のもとでの活動または訓練活動に就き、常勤動員プログラムのもとにある州兵員に保障を与える証券のうち、証券所持人と見做される軍務局長に対して発行されるもの、または保障を受ける当該個人の利益のために設立、創設もしくは維持される基金の1以上の受託者に対して発行され同受託者が証券所持人と見做され、その掛金が直接または賃金もしくは給与からの控除により支払われるもの。

(8) 大学、学校もしくはその他の教育機関、またはこれらの学長もしくは校長であり、当該大学、学校もしくはその他の教育機関の学生に保障を与える証券の所持者とされるものに対して発行された証券。

(b) (1) 本項(2)に規定する場合を除き、団体前払いリーガル・サービス・プラン証券のもとでの保障は被保険者または証券所持人のいずれかによる個別の選択を排除するプランに基づくものでなければならない。

(2) 本条(a)項(2)、(4)および(5)に従って認められた団体は、提案された選択が一貫した保障プランを利用することにより保障プランが結果として合理的となる場合、証券所持人による若干数の選択を許すことができる。

(3) 本条(a)項のもとで発行される証券は、いずれも、提案された選択が一貫した保障プランを利用することにより保障プランが結果として合理的となる場合、団体加入者による限定された数の選択を許すことができる。

(c) 団体証券は、保障範囲が最低30日の初期資格期間のうちに決められる限り、保険可能性の証拠を要せず、すべての者に保障を与えなければならない。将来の加入を特定された期間に限る規則を策定することができる。保険者は、掛金の全部ま

たは一部が保障される団体加入者によって拠出される基金から充てられる場合、逆選択（anti-selection）に対する適切な保護となるだけの最低参加要件を設定しなければならない。

(d) 団体基本証券のもとで団体加入者に対して発行された証明書は、団体基本証券が参照により組み込まれ、かつ同基本証券の写しが証明書に伴われる場合を除き、被保険者に影響を与えるすべての重要な条件を含まなければならない。

(e) 本条(a)項のもとで特に許される場合を除き、保険者は、団体証券に関し、次のいずれかに該当する保障を提供することができない。

(1) 団体加入の条件として保険の購入を要求すること。

(2) 保険が購入されなかった場合に、団体構成員に何らかの罰が課されること。

(f) 本条(a)項のもとで特に許される場合を除き、保険者は、団体証券に関し、次のいずれかに該当する保障を提供することができない。

(1) 団体からの物または役務の購入が団体構成員による保険の購入の条件となる場合

(2) 団体構成員による保険の購入が団体からの物または役務の購入の条件となる場合

(g) 団体証券、基本証券または証明書は、団体または下位団体における団体証券総計のあらゆる時点におけるあらゆる種類の上限に従わなければならず、かつ被保険者に適用される証券の上限は、次の要件を満たさなければならない。

(1) 団体証券のもとでの他のいかなる被保険者に対するいかなる上限からも独立かつ分離していること。

(2) あらゆる他の被保険者の経験またはすべての団体そのものの経験から影響を受けることなく運営されてこと。

(h) 本款に規定される場合を除き、本款のもとでの団体証券は、団体保険に関する限り、本章第153款（第153規制）第153条の3(f)項および(g)項、第153条の4(b)項、第153条の5、第153条の6、ならびに第153条の7(a)項、(b)項、(d)項および(e)項の規定に従わなければならない。

第261条の6 前払いリーガル・サービス・プラン 大量募集方式（mass merchandising basis）[17]

(a) 個人に対して販売することに加え、大量募集プログラムが次の者を対象とする場合は、同プログラムを通じて、個別の前払いリーガル・サービス・プラン証券

---

[17] 11 NYCRR §261.6

を発行することができる。

(1) 物または役務の購入のために使うことができるクレジットカード、チャージカード（charge card）または支払いカード（payment card）のカード所持人。当該カードは、銀行、小売店またはその他の同種カードの発行者により、発行されること。

(2) 銀行、貯金融資組合（savings and loan association）、信用組合（credit union）、ミューチュアル・ファンド（mutual fund）、マネー・マーケット・ファンド（money market fund）、株式仲介人（stock broker）、または州法もしくは連邦法の規制を受けるその他の類似の金融機関であって、当該保障を保険者から調達してそれらの預金者、口座所持人または構成員に与えることを合意したものの預金者、口座所持人または構成員。

(3) 1以上の社団が、社員に保障を与えるために、設立または参加した信託の1以上の受託者に対し発行された証券。ここで、各社団は、次のことを満たすものでなければならない。

(i) 真正に、主として保険を得ること以外の目的で組織および維持されること。

(ii) 2年以上の間、活動状態で存在していること。

(iii) 規約および通常定款に次の旨を規定すること。

(a) 当該社団は、社団の目的を促進するため、通常総会を年1回以上開催すること。

(b) 当該社団が未払金を回収するかまたは構成員からの拠出を勧誘すること。

(c) 構成員が投票権ならびに理事会および委員会における代表権を有していること。

(4) 本款第261条の5に特定されたあらゆる団体

(b) 保険者は、次のいずれかの場合には、大量募集プラン証券に関し、保障を提供してはならない。

(1) 被用者または構成員が当該プランに従って保険を購入しなければならないことが、雇用または社団、組織もしくはその他の法主体における参加の条件である場合。

(2) 保険が購入されないときは、被用者または構成員に何らかの罰が課される場合。

(c) 保険者は、次のいずれかの場合には、大量募集プラン証券に関し、保障を提供してはならない。

(1) 物または役務の購入が、当該プランのもとで利用可能な保険の購入の条件と

なっている場合。

(2) 当該プランのもとで利用可能な保険の購入が、物または役務の購入の条件となっている場合。

(d) 本款のもとでの大量募集プログラムは、大量募集に関係する限り、本章第153款（規制153号）第153条の3(f)項および(g)項、第153条の5、第153条の6、ならびに第153条の7(a)項、(b)項、(d)項および(e)項の規定に従わなければならない。

第261条の7　第21節の適用可能性[*18]

本款の規定は、団体証券または大量募集証券との関連で、いかなる者をも適用されるべき保険法第21節の免許要求から免除するものと解されてはならない。

第262款　リーガル・サービス保険

第262条の0　前文[*19]

(a) 本款は、2003年法第28章により改正された1998年法第65章を実施、解釈および明確化する。本款は同時に公布された本章第261款（規制161号）とともに読むべきものである。第261款の前文（第261条の0）は、より完全に第65章の背景、立法経緯および趣旨を説明する。

(b) 1999年4月1日発効にて改正された第1116条(a)項(3)は、(i)第1116条において許可される前払いリーガル・サービス・プランとともに引き受けられる場合、または(ii)関係リスクを担保する責任保険の一部としてリーガル・サービス保険を引き受けることを許す監督官により公布された規制に従う場合で、証券を購入した事業体に対して開始される商取引またはその他の事業に関係する訴訟または仲裁手続きのための防御専用保障のための法役務が、当該責任保険の付随的部分を超えないときを除き、リーガル・サービス保険を引き受けることはできない旨を規定する。改正を含む第1116条(a)項(2)は、前払いリーガル・サービス・プランは、証券を購入した事業体に対して開始される商取引またはその他の事業に関係する訴訟または仲裁手続きのための防御専用保障のための法役務に充てられる金額が同プランに関する掛金の付随的な額を超えない場合に限り、当該前払いリーガル・サービス・プランの一部としてリーガル・サービス保険を含むことができる旨を規定する。

(c) リーガル・サービス保険は、「法的防御保険（legal defense insurance）」ある

[*18]　11 NYCRR §261.7
[*19]　11 NYCRR §262.0

いは「防御専用保障（defense-only coverage）」、とりわけ責任保険と関連するものとして想起されることが多い。しかしながら、リーガル・サービス保険は、もっと広い概念であり、手続きを開始するために保障が提供される状況をも含み得る。例には、特許権侵害を主張する訴えや行政機関による免許の拒否に対する上訴が含まれる。本款はリーガル・サービス保険のさまざまな面を扱う。本款の規定に従わなければ、リーガル・サービス保険を提供することはできない。

(d) リーガル・サービス保険は、法的責任の請求に伴う防御専用保障については、当該請求がニューヨークにおいて引き受けられる責任保険のもとで保障される場合には、これを含まない。そのような場合、防御は責任保険の一部であり、これに適用される保険法の要求に従う。第65章は、ニューヨーク法のもとで、証券が法的責任を保障する余裕があるのに保険者がそのような保障を提供しないことを選択するときに、独立の防御専用保障を許すことによって、責任保険証券のもとで利用される保障を分離することを意図するものではない。したがって、リーガル・サービス保険は、責任保険証券により保障され得る法的責任の請求のための防御専門保障を提供することはできない。

(e) 前述のとおり、第65章は関係リスクと関連して責任保険証券の一部としてリーガル・サービス保険を引き受けることを許容する。この意味は、リーガル・サービス保険のもとでのリスク被曝は、同証券の責任条項のもとで保障されるのと同種のリスク被曝と関係していなければならないということである。たとえば、医療過誤証券は医療過誤被曝に関してリーガル・サービス保険の保障を含むことができる。それゆえ、同証券は保障を提供することができる。医療提供者の医療免許にかかわる行政手続きにおける保障を提供することができるものの、自動車の手続きにおける保障を提供することができない。したがって、「関係リスク（related risk）」は被保険者に関係する法主体のリスクをいうのではない。

(f) 本款は、刑事手続きにおける保障については、立法府が州の公序がそのような保障を許すと明示的に述べる場合を除き、これを禁止する。立法府は、法人の役員の補償に関して、事業法人法（Business Corporation Law）第726条、非営利法人法（Not-for-Profit Corporation Law）第726条、銀行法（Banking Law）第7023条において、そのような宣言をした。第65章の制定に照らすと、本章は刑事手続きの保障を認めてはいるものの、それはこれらの法律の文脈においてのみである。

(g) 改正を含む第1116条(h)項は、監督官は第1116条を実施するために必要な規制を公布しなければならない旨を規定する。さらに、監督官は、第65章の指示により、1999年4月1日以前にその規定を実施するのに必要な規則および規制を公布

するものとされる。2003年法第28章による改正を含む第65章は、新たな保険法第1113条(a)項(29)および新(29)を実施する様々な適合のための修正は1999年4月1日に発効する旨を規定する。

改正を含む第1116条(c)項は、前払いリーガル・サービス・プランに関連して発行された契約は団体方式で監督官により公布される規制に従って発行される旨を規定する。

第262条の1　定義[*20]
　本款の目的のため、次の定義が適用される。
　(a)「刑事手続き（criminal proceeding）」とは、高位裁判所（supreme court）、郡裁判所（county court）、地区裁判所（district court）、市裁判所（city court）、タウン治安裁判所（town court）、ビレッジ治安裁判所（village court）、ニューヨーク市民刑事裁判所（criminal court of the city of New York）、または合衆国裁判所を含む他の法域における同等の裁判所（tribunal）において開始される手続きのうち、その中で、ある者が、刑法またはその他の当州もしくは合衆国の法律を含むその他の法域における法律の規定であって、その違反は軽罪、重罪もしくはその他の犯罪行為であると定めるものに違反したと主張されるものをいう。当該用語は、同用語が車両および交通法第155条に定義される限りでは、交通違反に関する手続き含まない。
　(b)「発行（issue）」は交付（delivery）のための発行を含む。
　(c)「リーガル・サービス保険（legal services insurance）は、保険法第1113条(a)(29)に規定される意味を有する。
　(d)「証券（policy）」とは、保険証券をいい、前払いリーガル・サービス・プランに関連して発行される契約を含む。
　(e)「前払いリーガル・サービス・プラン（prepaid legal services plan）」は、本章第261款（規制161）第261条の1(m)項に規定される意味を有する。
　(f)「関係リスク（related risk）」とは、リーガル・サービス保険がその一部となっている責任保険証券のもとで保障されるリスク被曝（risk exposure）の種類に関係するリスク被曝をいう。

[*20] 11 NYCRR §262.1

第262条の2　適用可能性　一般的要件[*21]
　(a)　本款は、1999年4月1日以降に、当州において発行もしくは交付されるか、または当州におけるリスクもしくは操業につき許可された保険者により発行もしくは交付されるリーガル・サービス保険を含むあらゆる証券に適用される。
　(b)　リーガル・サービス保険を含む証券は、当該保険を引き受ける許可を受けた保険者により、かつ本款の規定による場合のほかは、これを発行または交付することはできない。
　(c)　本款のその他のいかなる規定にもかかわらず、リーガル・サービス保険は、次のいずれかの場合に限り、これを発行または交付することができる。
　(1)　前払いリーガル・サービス・プランの一部として発行または交付される場合。ただし、証券を購入した事業体に対して開始される商取引またはその他の事業に関係する訴訟または仲裁手続きのための防御専用保障のための法役務に充てられる金額が同プランに関する掛金の付随的な額を超えないときに限る。
　(2)　関係リスクを保障する責任保険証券の一部として発行または交付される場合。証券を購入した事業体に対して開始される商取引またはその他の事業に関係する訴訟または仲裁手続きのための防御専用保障のための法役務が、当該責任保険の付随的部分を超えないときに限る。
　(d)　いかなる証券も当州の公序に反するような保障を提供することはできない。

第262条の3　行政手続きにおける保障および非金銭的救済にかかる保障[*22]
　(a)　本条(b)項の規定に従って、リーガル・サービス保険は、次の場合に被保険者の弁護の費用のための保障を提供することができる。
　(1)　行政手続きまたはその他の裁判外紛争解決フォーラムにおける場合。
　(2)　求める救済が性質上非金銭的なものである訴訟における場合。
　(b)　(1)　保障は、直接または間接を問わず政府、政府機関または資格プログラムによる政治的部局から供給される失業給付に対する受給資格にかかわる請求には適用されない。
　(2)　証券は、被保険者が次のいずれかに該当する場合、手続きまたは訴訟を提起または開始する被保険者のために保障を提供してはならない。
　(i)　保険法第107条(a)項（51）において定義される公的法主体。
　(ii)　法律により特に創設された準公的法主体。

[*21]　11 NYCRR §262.2
[*22]　11 NYCRR §262.3

(iii) 本章第 71 款第 71 条の 1（規制 107 号）に定義される大企業被保険者。ただし大企業被保険者に関し、証券が上訴手続きのための保障を提供する場合を除く。
(3) 証券は、被保険者が当該手続きの結果として義務を負う罰金またはその他の類似の金額の補償を提供してはならない。

第 262 条の 4　法的責任の請求にかかる防御専用保障が許される場合
(a) いかなる証券も、当州において責任保険証券のもとで法的責任を保障することが許容される場合には、被保険者の同法的責任のために防御専用保障を提供することはできない。
(b) リーガル・サービス保険は、不誠実または詐欺的行為故意による法律違反、または被保険者が法的に資格のない利益を故意により得たことに関係する請求など、責任保険証券が被保険者の法的責任の保障が公序に反するかまたはその他の理由で保険法のもとで許されないため、当該保障を提供することができない場合には、法的責任の請求に関係して防御のみの費用の支払いを提供することができる。

第 262 条の 5　刑事手続きの防御*²³
(a) いかなるリーガル・サービス保険証券も、本条(b)項に規定する場合を除き、刑事手続きにおける防御保障を提供することはできない。
(b) (1) 本項の目的のために、「法人（corporation）」とは、事業法人法（Business Corporation Law）第 726 条、非営利法人法（Not-for-Profit Corporation Law）第 726 条もしくは銀行法（Banking Law）第 7023 条の規定に従う法人、またはそれがニューヨーク法人であれば、これらの条項に従うことになる法人をいう。
(2) 本項(1)に定義する法人の役員の行為に対する補償を提供する D＆O 責任保険証券は、適用すべき法人法により許される範囲で、刑事手続きにおけるリーガル・サービス保険保護を提供することができる。

第 262 条の 6　D＆O 保険の制限*²⁴
法人の役員の行為のために保障を提供する D＆O 責任保険証券は、本款第 262 条の 5(b)項(1)において定義されているところ、事業法人法、非営利法人法、銀行法またはその他の適用すべき法人法により補償（indemnification）が許されていない範囲では、保障を提供してはならない。

---

*²³　11 NYCRR §262.5
*²⁴　11 NYCRR §262.6

第262条の7　保障の契機（Coverage trigger）[*25]

(a)　本条(b)に規定する場合を除き、訴え（action）がいつ提起されたかにかかわらず、訴えの基礎となる事象が保険期間内にときに限り、リーガル・サービス保険の保障は提供される。

(b)　リーガル・サービス保険が責任保険証券の一部として引き受けられ、かつ同証券が本章第73款（第121規制）に従い請求事故方式（claims-made basis）で引き受けられる場合、リーガル・サービス保険を同款の規定に従い請求事故方式で提供することができる。

(c)　次の場合を除き、リーガル・サービス保険カバーは当該事案につき判決が下されるか、または和解が成立するまで継続する。

(1)　被保険者に不利益な請求の終局判決まで、または被保険者が主張されている不法行為を実際になしたことが判明するまでに限り、本款第262条の4(b)における保険保護を提供することができる場合。

(2)　本章第71款（規制107号）に従い、リーガル・サービス保険が責任保険証券の一部として引き受けられ、かつ同証券が責任限度が防御費用により費消されることを規定する場合で、同責任限度が費消されるときはリーガル・サービス保険保護が終了する場合。

第262条の8　証券の上限（Policy limits）[*26]

(a)　リーガル・サービス保険を規定する証券は、カバーされる役務につき各別の上限金額を定めることができる。

(b)　責任保険証券の一部として引き受けられるリーガル・サービス保険は、本章第71款（規制107号）により許される場合を除き、責任保険カバーにおける責任限度額を減ずることができない。

(c)　リーガル・サービス保険を規定する証券は、当該役務のために合理的な控除免責金額を設けることができる。ただし、保険カバーが責任保険証券の一部として引き受けられる場合、控除免責金額は当該責任保険証券における控除免責金額とは別に設けなければならない。当該保険カバーにおいて提供される法役務が、控除免責金額が適用される責任保険における請求に対する法役務に関係する限り、双方の控除免責金額が当該役務に適用される。

[*25]　11 NYCRR §262.7
[*26]　11 NYCRR §262.8

第262条の9　リーガル・サービス・プランの一部として引き受けられるリーガル・サービス保険のための最低基準[*27]
　(a)　リーガル・サービス・プランの一部として引き受けられるリーガル・サービス保険は本章第261款（規制161号）の規定に従わなければならない。
　(b)　監督官が保険法第1116条(b)項の基準が満たされ、かつ当該保障を提供することが当州の公序に反しないと認める場合、保険者は、リーガル・サービス・プランの一部として、本款が特に扱う以外の各種のリーガル・サービス保険の保障を提供することができる。

第262条の10　責任保険の一部として引き受けられるリーガル・サービス保険のための最低基準[*28]
　責任保険の一部として引き受けられるリーガル・サービス保険は、次の要件を満たさなければならない。
　(a)　基本となる団体方式責任保険証券が本章第153款（規制135号）に従って引き受けられる場合に限り、団体方式で引き受けることができる。
　(b)　当該保障が本章第16款（規制86号）に従って特別リスク保障として認められる場合であって、その一部となる責任保険証券の保障もまた同款に従い特別リスク保障として認められ、かつ同証券がそれを基礎として発行されるときを除き、保険法第23条の届出要件および承認要件に従わなければならない。
　(c)　基本となる責任保険証券が保険法第3102条による場合は同条に従わなければならない。
　(d)　「損失填補（indemnification）」方式で引き受けられるD＆O保険証券を除き、「ために支払う（pay on behalf）」方式で引き受けられなければならない。
　(e)　本証券は、控訴部または裁判所法第90条に従って苦情を調査するために控訴部に指定される法役務が提供された州におけるその他の機関に苦情を申し立てることを妨げるものと解してはならない旨を定めなければならない。

第262条の11　弁護士報酬[*29]
　保険者はリーガル・サービス保険に関連して人数割り方式で報酬を支払ってはならない。

[*27]　11 NYCRR §262.9
[*28]　11 NYCRR §262.10
[*29]　11 NYCRR §262.11

参考文献

1 邦語文献

秋葉勝敏「消費者保護とその実効性を担保するための諸制度について」損保総研レポート89号（平成21年）1-32頁。

秋葉勝敏「民事訴訟費用ルールと訴訟費用保険――イギリスの訴訟費用改革案を踏まえて――」損保総研レポート92号（平成22年）1-33頁。

秋山清人「動き出す弁護士会の権利保護保険制度（リーガル・アクセス・システム）」自由と正義51巻9号（平成12年）82-93頁。

秋山清人「権利保護保険から弁護士業務改革を考える（特集2 権利保護保険）」自由と正義52巻12号（平成13年）78-85頁。

秋山清人「権利保護保険制度創設とLACの発足」インシュアランス3911号（平成12年）4-7頁。

秋山清人「権利保護保険と少額事件（特集 少額事件処理と弁護士）」自由と正義49巻5号（平成10年）52-59頁。

秋山清人「実務上の運用について（特集2 リーガル・アクセス・センターの今日的役割と課題）」自由と正義59巻1号（平成20年）55-61頁。

秋山清人「弁護士保険（権利保護保険）揺籃期」棚瀬孝雄ほか編『権利実効化のための法政策と司法改革』（商事法務、平成21年）3-25頁。

秋山幹夫ほか『コンメンタール民事訴訟法Ⅱ〔第2版〕』（日本評論社、平成18年）。

浅香吉幹『現代アメリカの司法』（東京大学出版会、平成11年）。

浅古弘ほか編『日本法制史』（青林書院、平成22年）。

アメリカ法曹協会（第二東京弁護士会調査室訳）『アメリカ法曹協会 弁護士責任規範〔第2版〕』（第二東京弁護士会、昭和54年）。

新井修司＝金岡京子共訳『ドイツ保険契約法（2008年1月1日施行）』（日本損害保険協会＝生命保険協会、平成20年）。

新井誠『信託法〔第4版〕』（有斐閣、平成26年）。

荒木尚志ほか編著『諸外国の労働契約法制』（労働政策研究・研修機構、平成18年）。

有田克彦「知的財産権訴訟費用保険について」特技懇190号（平成9年）42-46頁。

イェーリング（村上淳一訳）『権利のための闘争』（岩波書店、昭和57年）。

石井康之「知的財産権を取り巻くリスクと保険」特技懇190号（平成9年）36-41頁。

石垣修一『企業年金運営のためのエリサ法ガイド』(中央経済社、平成20年)。

石田勝士『なるほど保険業法　平成26年保険業法改正の解説〜保険販売の新ルールとその対応〜』(保険毎日新聞社、平成28年)。

石田満『保険契約法の基本問題』(一粒社、昭和52年)。

石田満ほか「西ドイツ権利保護保険普通約款(1)」損保企画120号(昭和55年) 2-7頁。

石田満ほか「西ドイツ権利保護保険普通約款(2)」損保企画122号(昭和56年) 7-9頁。

石田満ほか「西ドイツ権利保護保険普通約款(3)」損保企画124号(昭和56年) 8-12頁。

石田満ほか「西ドイツ権利保護保険普通約款(4)」損保企画126号(昭和56年) 5-8頁。

池田辰夫「日本版『少額訴訟』は失敗するか(特集　少額事件処理と弁護士)」自由と正義49巻5号(平成10年) 24-39頁。

伊藤正己ほか『アメリカ法入門〔第5版〕』(日本評論社、平成24年)。

岩村正彦ほか「座談会　個別労働紛争処理の実務と課題(特集　個別労働紛争の実際と法的処理の今後)」ジュリスト1408号(平成22年) 16-43頁。

ハンス・レオ・ヴァイヤース＝マンフレート・ヴァント(藤岡康宏監訳、藤原正則＝金岡京子共訳)「保険契約法」(成文堂、2007年)。

植田淳「エリサ法（ERISA）の信認義務に関する基礎的考察——年金資産運用における受託者責任——」神戸外大論叢54巻4号(平成15年) 21-36頁。

ジェイムズ・A・ウーテン(みずほ年金研究所監訳)『エリサ法の政治史』(中央経済社、平成21年)。

江頭憲治郎『商取引法〔第7版〕』(弘文堂、平成25年)。

應本昌樹「ドイツの権利保護保険に関する一考察——法制度的枠組みを中心に——」損害保険研究72巻1号(平成22年) 153-192頁。

應本昌樹「権利保護保険における保険事故に関する一考察——法違反の主張を支える三本柱のレシピについて——」大谷孝一博士古稀記念『保険学保険法学の課題と展望』(成文堂、平成23年) 503-531頁。

應本昌樹「ドイツにおける権利保護保険(特集2　権利保護保険の課題と今後の展望)」自由と正義64巻7号(平成25年) 14-19頁。

應本昌樹「権利保護保険における弁護士選択の自由に関する一考察——バンベルク高等裁判所2012年6月20日判決を題材として——」損害保険研究75巻2号

（平成25年）105-126頁。

應本昌樹「特集権利保護保険　期待と課題　第6回権利保護保険に関する諸外国の状況」保険毎日新聞平成27年6月22日6面。

大井暁「弁護士費用等補償特約の検討」保険学雑誌629号（平成27年）153-173頁。

大串淳子ほか編『解説　保険法』（弘文堂、平成20年）。

太田勝造「裁判手数料と弁護士費用について」名古屋大学法政論集147号（平成5年）652-598頁。

太田勝造「法律扶助の存在理由への一視覚(上)」判例タイムズ1176号（平成17年）33-39頁。

太田勝造「法律扶助の存在理由への一視覚(下)」判例タイムズ1177号（平成17年）54-57頁。

太田勝造ほか編『法社会学の新世代』（有斐閣、平成21年）。

大谷孝一編著『保険論〔第2版〕』（成文堂、平成20年）。

大谷孝一ほか編『はじめて学ぶ損害保険』（有斐閣、平成24年）。

大搗幸男＝後藤玲子「投稿「法律相談保険（仮称）」に対する神戸弁護士会有志意見書について」自由と正義45巻4号（平成6年）114-118頁。

鴻常夫編集代表『注釈自動車保険約款(上)』（有斐閣、平成7年）。

鴻常夫ほか編『別冊ジュリスト138号　損害保険判例百選〔第2版〕』（有斐閣、平成8年）。

大野正男「司法の現状に対する不満の諸原因――その望まれる改革のために」法律時報38巻4号（昭和41年）4-13頁。

大野正男『職業史としての弁護士および弁護士団体の歴史』（日本評論社、平成25年）。

大羽宏一「医療業務を対象とする賠償責任保険に関する保険事故のあり方」松島恵博士古稀記念『現代保険学の諸相』（成文堂、2005年）181-198頁。

大村敦志『消費者法　第4版』（有斐閣、平成23年）。

大森忠夫『保険契約の法的構造』（有斐閣、昭和27年）。

大森忠夫『續　保険契約の法的構造』（有斐閣、昭和31年）。

大森忠夫『保険法〔補訂版〕』（有斐閣、昭和60年）。

大森泰人ほか『詳説　金融ADR制度〔第2版〕』（商事法務、平成23年）。

岡崎克彦「ドイツにおける弁護士とその業務の実情について(1)」判例時報1716号（平成12年）28-32頁。

岡崎克彦「ドイツにおける弁護士とその業務の実情について(2)」判例時報1717号

（平成 12 年）11-16 頁。
岡崎克彦「ドイツにおける弁護士とその業務の実情について(3)」判例時報 1719 号（平成 12 年）18-27 頁。
岡崎克彦「ドイツにおける弁護士とその業務の実情について(4)」判例時報 1720 号（平成 12 年）25-30 頁。
岡崎克彦「ドイツにおける弁護士とその業務の実情について（5・完）」判例時報 1723 号（平成 12 年）10-17 頁。
落合誠一『消費者契約法』（有斐閣、平成 13 年）。
落合誠一監修・編著『保険法コンメンタール（損害保険・傷害疾病保険）』（損害保険事業総合研究所、平成 21 年）。
小野秀誠＝朴敬在「弁護士の責任と報酬（2・完）」市民と法 67 号（平成 23 年）2-8 頁。
小原健「特集権利保護保険　期待と課題　第 13 回（最終回）これからの権利保護保険」保険毎日新聞平成 27 年 8 月 24 日 6 面。
スザンネ・オファーマン—ブリュッハルト（應本昌樹訳）「ドイツにおける専門弁護士制度」森勇編著『リーガルマーケットの展開と将来像』（中央大学出版会、平成 27 年）7-42 頁。
加藤新太郎『コモン・ベーシック　弁護士倫理』（有斐閣、平成 18 年）。
加藤新太郎『弁護士役割論〔新版〕』（弘文堂、平成 12 年）。
兼子一ほか『裁判法〔第 4 版〕』（有斐閣、平成 11 年）。
金子宏直「弁護士費用の敗訴者負担をめぐって——アメリカ法の分析をふまえて——」民事訴訟雑誌 47 号（平成 13 年）202-207 頁。
加納小百合＝伊藤明彦「特集権利保護保険　期待と課題　第 2 回権利保護保険の現状と運営上の課題〜適正な弁護士報酬と紹介弁護士の質の確保の観点から〜」保険毎日新聞平成 27 年 5 月 25 日 6 面。
加納小百合＝伊藤明彦「特集権利保護保険　期待と課題　第 3 回弁護士報酬の適正化と業務処理の質の確保における課題」保険毎日新聞平成 27 年 6 月 1 日 6 面。
川島武宜『日本人の法意識』（岩波書店、昭和 42 年）。
神作裕之「交互計算・匿名組合——両行為法と金融法の交錯（日本私法学会シンポジウム資料　商法の改正）」エヌ・ビー・エル 935 号（平成 22 年）27-37 頁。
神田秀樹ほか『信託法講義』（弘文堂、平成 26 年）。
EBRI（企業年金研究所）（生命保険文化研究所訳）『アメリカ企業福祉のすべて』（千倉書房、平成元年）。

木下孝治「顧客の意向の把握義務（特集　保険募集と保険業法改正）」ジュリスト1490号（平成28年）20-26頁。

マティアス・キリアン（森勇監訳・應本昌樹訳）「第三者による訴訟費用負担——ドイツにおける法的紛争の第三者金融の仕組み——」比較法雑誌48巻2号（平成26年）47-100頁。

マティアス・キリアン（森勇監訳・應本昌樹訳）「ドイツにおける特別裁判権と専門化した弁護士」森勇編著『リーガルマーケットの展開と将来像』（中央大学出版会、平成27年）185-212頁。

毛塚勝利編著『個別労働紛争処理システムの国際比較』（日本労働研究機構、平成14年）。

小島武司「司法改革と権利保護保険（特集2　権利保護保険）」自由と正義52巻12号（平成13年）56-69頁。

小島武司「弁護士保険の創設」『法律扶助・弁護士保険の比較法的研究』（中央大学出版部、昭和52年）345-392頁。

小島武司ほか編『テキストブック現代の法曹倫理』（法律文化社、平成21年）。

小杉丈夫「弁護士費用保険制度による弁護士利用の促進」判例タイムズ360号（昭和53年）96-101頁。

児玉康夫「示談代行の問題点」加藤一郎ほか編『自動車事故の損害賠償と保険』（有斐閣、平成3年）554-570頁。

小山昭雄「保険業界から見た権利保護保険の位置付けと今後の展望（特集2　権利保護保険）」自由と正義52巻12号（平成13年）70-77頁。

財団法人日本経営史研究所編『大東京火災海上史』（あいおい損害保険株式会社、平成16年）。

坂口光男『保険法』（文眞堂、平成3年）。

佐川孝志「法律扶助の現状」判例タイムズ1181号（平成17年）92-98頁。

佐瀬正俊「特集権利保護保険　期待と課題　第1回権利保護保険の意義と日弁連の歩み」保険毎日新聞平成27年5月18日6面。

佐瀬正俊「弁護士会による少額事件への取組み体制について（特集　少額事件処理と弁護士）」自由と正義49巻5号（平成10年）40-51頁。

佐藤敬二「福利厚生の受給権保護に向けて」立命館法学271・272号（平成12年）1043-1063頁。

佐藤幸治「『法の支配』と正義へのアクセス」判例タイムズ1143号（平成16年）61-68頁。

佐藤潤「米国の保険業における反トラスト法の適用について——マッカラン・ファーガソン法の解釈を巡って——」法學政治學論究27号（平成7年）359-404頁。

澤本百合「責任保険における防御費用のてん補」保険学雑誌624号（平成26年）203-223頁。

渋谷秀樹『憲法〔第2版〕』（有斐閣、平成25年）。

司法アクセス学会編集委員会『司法アクセスの理念と現状——法律扶助の法理・弁護士倫理・司法制度改革』（三和書籍、平成24年）。

司法制度改革審議会「司法制度改革審議会意見書——21世紀の日本を支える司法制度——」（平成13年）。

霜島甲一「訴訟費用保険導入の可能性について」判タ412号（昭和56年）23-30頁。

霜島甲一ほか『法律扶助・訴訟費用保険』（日本評論社、昭和54年）。

下條正浩「アメリカ——ニューヨーク州とカリフォルニア州——における非弁護士活動の規制（特集2　諸外国における非弁護士活動規制の法制度）」自由と正義57巻8号（平成18年）61-65頁。

社団法人日本損害保険協会業務開発室『EC損害保険関係指令集』（社団法人日本損害保険、平成6年）。

社団法人日本損害保険協会ほか編『ドイツ、フランス、イタリア、スイス保険契約法集』（日本損害保険協会ほか、平成18年）。

庄司克宏『EU法　実務篇』（岩波書店、平成20年）。

消費者庁消費者制度課編『逐条解説　消費者契約法〔第2版補訂版〕』（商事法務、平成27年）。

新堂幸司『新民事訴訟法〔第5版〕』（弘文堂、平成23年）。

菅野和夫『労働法〔第11版〕』（弘文堂、平成28年）。

鈴木和憲「弁護士保険（権利保護保険）運用状況報告」日弁連委員会ニュース平成23年2月1日10面。

全国信用協同組合連合会のホームページ（http://www.zenshinkumiren.jp/deai/deai_kaigai.html）。

第一東京弁護士会会史編纂委員会編『われらの弁護士会史〔第4版〕』（第一東京弁護士会、平成15年）。

高中正彦「司法制度のコストと当事者の費用負担」判例タイムズ1317号（平成18年）147-153頁。

高中正彦『弁護士法概説　第4版』（三省堂、平成24年）。

高橋理一郎「今なぜリーガル・アクセス・センターなのか（特集2　リーガル・アクセス・センターの今日的役割と課題）」自由と正義59巻1号（平成20年）44-54頁。

武田久義『リスク・保障・保険』（成文堂、平成21年）。

武田昌之「自動車損害賠償責任保険における損害填補と権利保護保険(I)」専修大学商学研究所年報創刊号（昭和51年）103-139頁。

竹濱修監修『EU保険関係指令の現状（解説編）』（財団法人損害保険総合研究所研究部、平成18年）。

田島裕『イギリス法入門〔第2版〕』（信山社、平成21年）。

龍田節「公認会計士の責任と保険の対象」大森先生還暦記念『商法・保険法の諸問題』（有斐閣、昭和47年）518-535頁。

田中啓二「費用保険の構造と展開」損害保険研究54巻1号（平成4年）51-125頁。

田中啓二「費用保険」保険学雑誌539号（平成4年）88-106頁。

田中成明『現代法理学』（有斐閣、平成23年）。

田中成明「『法の支配』論議からみた司法制度改革」佐藤幸治先生古稀記念論文集〔上巻〕『国民主権と法の支配』（成文堂、平成20年）443-474頁。

田中英夫「英米法のことば(14)—Contingent Fee」法学教室53号（昭和60年）58-59頁。

田中英夫編集代表『英米法辞典』（東京大学出版会、平成3年）。

田中英夫ほか『法の実現における私人の役割』（東京大学出版会、昭和62年）。

田中幹夫「ドイツにおける非弁護士活動規制（特集2　諸外国における非弁護士活動規制の法制度）」自由と正義57巻8号（平成18年）71-77頁。

田辺康平『保険契約の基本構造』（有斐閣、昭和54年）。

田辺康平『新版　現代保険法』（文眞堂、平成7年）。

近見正彦ほか編『保険学』（有斐閣、平成23年）。

辻千晶「訴訟費用と権利保護保険（ドイツ外国法事務弁護士報告(2)）」ジュリスト997号（平成4年）89-92頁。

辻千晶『ドイツ民事訴訟の実務——ドイツ外国法事務弁護士報告——』（判例タイムズ社、平成6年）。

堤淳一「訴訟費用保険」比較法雑誌29巻1号（平成7年）313-366頁。

堤淳一「権利保護保険（弁護士保険）」塩崎勤ほか編『新・裁判実務大系19　保険関係訴訟法』（青林書院、平成17年）204-217頁。

堤淳一「法律扶助事業とプリペイド・リーガル・サーヴィス」判例タイムズ1185号

(平成17年）91-95頁。

寺田祐治「知的財産権訴訟費用保険について」CIPICジャーナル35号（平成7年）14-22頁。

東京海上日動火災保険株式会社編著『損害保険の法務と実務』（金融財政事情研究会、平成22年）。

ジョン・F・ドビン（佐藤彰俊訳）『アメリカ保険法』（木鐸社、平成10年）。

内藤和美「特集権利保護保険 期待と課題 第10回企業リスク・ファイナンス手段としての権利保護保険の有用性」保険毎日新聞平成27年7月27日6面。

中出哲『損害てん補の本質』（成文堂、平成28年）。

中窪裕也『アメリカ労働法〔第2版〕』（弘文堂、平成22年）。

仲里建良「特集権利保護保険 期待と課題 第4回単位会の取り組みと弁護士の活動」平成27年6月8日6面。

中島伸一郎「損害保険会社における改正保険業法に対する実務対応等について（特集 保険募集と保険業法改正）」ジュリスト1490号（平成28年）44-48頁。

中田邦博ほか編『基本講義 消費者法〔第2版〕』（日本評論社、平成28年）。

中野貞一郎『民事裁判入門〔第3版補訂版〕』（有斐閣、平成24年）。

中村良隆「法律扶助機構（Legal Services Corporation）──アメリカ合衆国における民事法律扶助制度の財源をめぐる問題（特集 アメリカリーガルサービス調査報告──今後の日本における法律扶助の改革に向けて）」自由と正義61巻2号（平成22年）56-61頁。

中村良隆「アメリカ合衆国の民事法律扶助制度：その現状と課題」法律科学研究年報〔明治学院大学〕26号（平成22年）11-16頁。

中本和洋「特集権利保護保険 期待と課題 第7回さらなる発展に向けた課題と日弁連の取り組み」保険毎日新聞平成27年6月29日6面。

西島梅治「訴訟費用保険──序論的考察」財団法人損害保険研究所『創立四十五周年記念 損害保険論集』（昭和54年）227-252頁。

西島梅治「訴訟費用保険について」財団法人法律扶助協会編『法律扶助の歴史と展望』（財団法人法律扶助協会、昭和57年）478-492頁。

西島梅治『保険法〔第三版〕』（悠々社、平成10年）。

日本経済新聞平成27年5月23日朝刊2面。

日弁連リーガル・アクセス・センター『権利保護保険にかかるドイツ・イギリス現地報告書』（平成22年）。

日本弁護士連合会「第2分科会 日常紛争とリーガルアクセス──権利保護保険の

活用（第12回弁護士業務改革シンポジウム基調報告レジュメ　21世紀に求められる弁護士業務——弁護士業務の一層のひろがりを求めて）」自由と正義52巻11号（平成13年）115-112頁。

日本弁護士連合会『第17回弁護士業務改革シンポジウム基調報告書』（平成23年）。

日本弁護士連合会『第18回弁護士業務改革シンポジウム基調報告書』（平成25年）。

日本弁護士連合会『第19回弁護士業務改革シンポジウム基調報告書』（平成27年）。

日本弁護士連合会『弁護士白書〔2015年版〕』（平成27年）。

日本弁護士連合会編『21世紀弁護士論』（有斐閣、平成12年）。

日本弁護士連合会調査室編著『弁護士報酬規程コンメンタール』（全国弁護士協同組合、昭和63年）。

日本弁護士連合会調査室編著『条解弁護士法〔第4版〕』（弘文堂、平成21年）。

日本弁護士連合会弁護士倫理委員会『解説　弁護士職務基本規程〔第2版〕』（平成24年）。

日本法律家協会編『法曹倫理』（商事法務、平成27年）。

ユルゲン・バーゼドー（寺川永訳）「高額の訴訟費用を要する国における、少額訴訟の実効性の確保：ドイツ保険オンブズマン」關西大學法學論集58巻5号（平成21年）899-922頁。

萩本修編著『一問一答　保険法』（商事法務、平成21年）。

萩本修編著『保険法立案関係資料：新法の概説・新旧旧新対照表（別冊商事法務321号）』（商事法務、平成20年）。

長谷部由紀子「法律扶助」ジュリスト1170号（平成12年）82-87頁。

幡新大実『イギリス債権法』（東信堂、平成22年）。

幡新大実『イギリスの司法制度』（東信堂、平成21年）。

畠中孝司「特集権利保護保険　期待と課題　第5回単位会の取り組みと弁護士の活動②」平成27年5月15日6面。

波多野二三彦「『権利保護保険』制度の創設　構想実現へ高まる期待」週刊法律新聞918号（平成元年）2頁。

波多野二三彦「弁護士面接相談の改革——リーガルカウンセリングのすすめ」判例タイムズ1102号（平成14年）25-34頁。

濱野亮「弁護士へのアクセスの現状と課題」太田勝造ほか編『法社会学の新時代』（有斐閣、平成21年）68-97頁。

春名茂「労働審判制度の現状と課題（特集　個別労働紛争の実際と法的処理の今後）」ジュリスト1408号（平成22年）44-55頁。

半田吉信『弁護士報酬敗訴者負担制度の比較研究――ドイツの敗訴者負担原則と日本の裁判実務――』（法律文化社、平成18年）。

樋口範雄『入門　信託と信託法〔第2版〕』（弘文堂、平成26年）。

広瀬裕樹「アメリカにおける責任保険者の防御義務㈠」名古屋大学法政論集179号（平成11年）71-108頁。

広瀬裕樹「アメリカにおける責任保険者の防御義務（二・完）」名古屋大学法政論集181号（平成12年）189-235頁。

福原忠男『増補弁護士法（特別法コンメンタール）』（第一法規、平成2年）。

藤井一道「期待される訴訟費用保険」法学セミナー361号（昭和60年）34-37頁。

藤井一道「訴訟費用と保険」田辺康平＝石田満編『新損害保険叢書3 新種保険』（文眞堂、昭和60年）313-338頁。

藤倉皓一郎「裁判所を使う〔市民はいつも法の主人！③〕」時の法令1703号（平成15年）57-66頁。

藤倉皓一郎監修『〔完全対訳〕ABA法律家職務模範規則』（第一法規、平成18年）。

法務大臣官房司法法制部編『ドイツ民事訴訟法――2011年12月22日現在――』（法曹会、平成24年）。

松井茂記『アメリカ憲法入門〔第6版〕』（有斐閣、平成20年）。

松村明監修『大辞泉』（小学館、1995年）。

松山恒昭「訴訟救助に関する若干の問題」判例タイムズ668号（昭和63年）8-21頁。

緑川芳江「アジアに進出を始めたThird Party Funding――訴訟・仲裁費用を投資でカバーする時代――」国際商事法務43巻7号（平成27年）966-972頁。

宮﨑誠「司法アクセスの充実を願って」石川正先生古稀記念『経済社会と法の役割』（商事法務、平成25年）543-583頁

宗田貴行「ドイツ不正競争防止法（翻訳）」財団法人 比較法研究センター『平成21年度消費者庁請負調査　アメリカ、カナダ、ドイツ、フランス、ブラジルにおける集団的消費者被害の回復制度に関する調査報告書』329-359頁。

村上淳一ほか『ドイツ法入門〔改訂第8版〕』（有斐閣、平成24年）。

村山眞雄ほか『法社会学〔第2版〕』（有斐閣、平成24年）。

元榮太一郎ほか「日本における弁護士紹介サービスに対する規制と現状に関する考察――諸外国の規制と現状を比較しつつ」国際商事法務34巻3号（平成18年）311-323頁。

森勇「ドイツ『裁判外のリーガル・サービスに関する法律』」比較法雑誌43巻2号

（平成 21 年）223-256 頁。

森勇「ドイツにおける弁護士の守秘の権利と義務――その素描」小島武司先生古稀祝賀『民事司法の法理と政策 下巻』（商事法務、平成 20 年）911-936 頁。

森勇「ドイツにおける専門弁護士制度の展開(1)――その歴史と展望」比較法雑誌 38 巻 2 号（平成 16 年）231-271 頁。

森勇「ドイツにおける専門弁護士制度の展開(2)――その歴史と展望」比較法雑誌 38 巻 3 号（平成 16 年）161-175 頁。

森勇「ドイツにおける専門弁護士制度の展開(3)――その歴史と展望」比較法雑誌 38 巻 4 号（平成 17 年）67-83 頁。

森勇「ドイツにおける専門弁護士制度の展開(4)――その歴史と展望」比較法雑誌 39 巻 1 号（平成 17 年）157-176 頁。

森勇「ドイツにおける専門弁護士制度の展開(5)――その歴史と展望」比較法雑誌 39 巻 2 号（平成 17 年）233-250 頁。

森勇「ドイツにおける専門弁護士制度の展開（6・完）――その歴史と展望」比較法雑誌 39 巻 3 号（平成 17 年）87-138 頁。

森勇「特集権利保護保険 期待と課題 第 8 回訴訟法の視点から」保険毎日新聞平成 27 年 7 月 6 日 6 面。

森勇訳「〔私訳〕ドイツ「連邦弁護士法」㈠――ドイツ弁護士制度関連規定邦訳⑴――」獨協法学 52 号別冊（平成 12 年）1-41 頁。

森勇ほか編『ドイツ弁護士法と労働法の現在』（中央大学出版部、平成 26 年）。

森際康友編『法曹の倫理〔2.1 版〕』（名古屋大学出版会、平成 27 年）。

安居孝啓編著『改訂版 最新 保険業法の解説〔第 2 版〕』（大成社、平成 22 年）。

弥永真生『リーガルマインド 商法総則・商行為法〔第 2 版・補訂〕』（有斐閣、平成 22 年）。

山川隆一「個別労働紛争処理システムの現状と課題――総論（特集 個別労働紛争の実際と法的処理の今後）」ジュリスト 1408 号（平成 22 年）8-15 頁。

山下友信「普通保険約款論(1)――その法的性格と内容的規制について」法學協會雜誌 96 巻 9 号（昭和 54 年）1121-1178 頁。

山下友信「普通保険約款論(2)――その法的性格と内容的規制について」法學協會雜誌 96 巻 10 号（昭和 54 年）1199-1248 頁。

山下友信「普通保険約款論(3)――その法的性格と内容的規制について」法學協會雜誌 96 巻 12 号（昭和 54 年）1569-1624 頁。

山下友信「普通保険約款論(4)――その法的性格と内容的規制について」法學協會雜

誌 97 巻 1 号（昭和 55 年）34-86 頁。
山下友信「普通保険約款論（5・完）——その法的性格と内容的規制について」法學協會雜誌 97 巻 3 号（昭和 55 年）331-373 頁。
山下友信『保険法』（有斐閣、平成 17 年）。
山下友信ほか編『保険法〔第 3 版補訂版〕』（有斐閣、平成 27 年）。
山下友信ほか編『別冊ジュリスト 202 号　保険法判例百選』（有斐閣、平成 22 年）。
山下友信ほか編「保険法解説　生命保険・傷害疾病低額保険」（有斐閣、平成 22 年）。
山下典孝「わが国における弁護士費用保険に関する一考察」大谷孝一博士古稀記念『保険学保険法学の課題と展望』（成文堂、平成 23 年）485-502 頁。
山下典孝「ベルギーにおける権利保護保険について」損害保険研究 75 巻 4 号（平成 26 年）221-240 頁。
山下典孝「特集権利保護保険　期待と課題　第 9 回保険法の視点から」保険毎日新聞平成 27 年 7 月 13 日 6 面。
山城崇夫「アメリカ合衆国における法律扶助——その基本的な仕組みと現況——」法の支配 88 号（平成 4 年）71-94 頁。
山本和彦「民事法律扶助法について」判例タイムズ 1039 号（平成 12 年）18-29 頁。
山本哲生「顧客への情報提供義務（特集　保険募集と保険業法改正）」ジュリスト 1490 号（平成 28 年）14-19 頁。
吉川吉衛監訳『ドイツの保険監督法——監督法・渉外法・競争法——〔第 2 版〕』（日本損害保険協会、平成 9 年）。
読売新聞平成 26 年 10 月 25 日朝刊 39 面。
トーマス・D・ロウ・ジュニア（三木浩一訳）「弁護士費用はだれが負担すべきか(上)：民事訴訟における弁護士費用の償還に関する種々のアプローチとその選択〔アメリカ民事訴訟法の新潮流 4〕」NBL720 号（平成 13 年）16-26 頁。
六本佳平『日本の法と社会』（有斐閣、平成 16 年）。
ロナルド・D・ロタンダ（当山尚幸ほか訳）『アメリカの法曹倫理——事例解説〔第 4 版〕』（彩流社、平成 27 年）。
我妻学「民事法律扶助サービスの目的とその意義」財団法人法律扶助協会『市民と司法—総合法律支援の意義と課題』（平成 19 年）303-324 頁。
我妻学「第三者による訴訟費用の提供——オーストラリア、イギリスにおける近時の議論を中心として——」東北学院法学 71 巻（平成 23 年）532-500 頁。
我妻学「イギリスにおける近時の民事法律扶助および訴訟費用の改正」法学会雑誌 54 巻 1 号（平成 25 年）251-289 頁。

和田知子「権利保護保険の現状〜保険会社へのアンケート調査を踏まえて〜」リーガル・エイド研究7号（平成13年）111-122頁。

2　ドイツ語文献

Armbrüster, Christian, Freie Anwaltswahl für rechtsschutzversicherte Mandanten in Deutschland?, AnwBl 2012, 218.

Armbrüster, Christian, Privatversicherungsrecht, (Mohr Siebeck, 2013).

Bauer, Günter, Deckungsprozesse in der Rechtsschutzversicherung, NJW 2015, 1329.

Bauer, Günter, Gebühren für die Einholung der Deckungszusage in der Rechtsschutzversicherung, VersR 2012, 1205.

Bauer, Günter, Rechtsentwicklung bei den Allgemeinen Bedingungen für die Rechtsschutzversicherung bis Anfang 2008, NJW 2008, 1496.

Bauer, Günter, Rechtsentwicklung bei den Allgemeinen Bedingungen für die Rechtsschutzversicherung bis Anfang 2009, NJW 2009, 1564.

Bauer, Günter, Rechtsentwicklung bei den Allgemeinen Bedingungen für die Rechtsschutzversicherung bis Anfang 2010, NJW 2010, 1337.

Bauer, Günter, Rechtsentwicklung bei den Allgemeinen Bedingungen für die Rechtsschutzversicherung bis Anfang 2011, NJW 2011, 1415.

Bauer, Günter, Rechtsentwicklung bei den Allgemeinen Bedingungen für die Rechtsschutzversicherung bis Anfang 2012, NJW 2012, 1698

Bauer, Günter, Rechtsentwicklung bei den Allgemeinen Bedingungen für die Rechtsschutzversicherung bis Anfang 2013, NJW 2013, 1576.

Bauer, Günter, Rechtsentwicklung bei den Allgemeinen Bedingungen für die Rechtsschutzversicherung bis Anfang 2014, NJW 2014, 1488

Bauer, Günter, Rechtsentwicklung bei den Allgemeinen Bedingungen für die Rechtsschutzversicherung bis Anfang 2015, NJW 2015, 1651.

Bauer, Günter, Rechtsentwicklung bei den Allgemeinen Bedingungen für die Rechtsschutzversicherung bis Anfang 2016, NJW 2016, 1490.

Beckmann, Roland Michael, Anm. in LMK 2009, 277063.

Beckmann, Roland Michael/Matusche-Beckmann, Annemarie (Hrsg.), Versicherungsrechts-Handbuch 3. Aufl. (C.H. Beck, 2015).

Bundesamt für Justiz, Geschäftsentwicklung bei Gerichten und Staatsanwaltschaften von 2007 bis 2013 (https://www.bundesjustizamt.de/DE/Share dDocs/Publikationen/Justizstatistik/Geschaeftsentwicklung_Gerichte_Staat sanwaltschaften.pdf?__blob=publicationFile&v=6).

Buschbell, Hans, Anwalt und Prozessfinanzierung, AnwBl 2004, 435.

Buschbell, Hans, Prozessfinanzierung als Instrument der Anspruchsverfolgung, AnwBl 2006, 825.

Buschbell, Hans/Hering, Manfred (Hrsg.), Handbuch Rechtsschutzversicherung 6. Aufl. (Deutscher Anwaltverlag, 2015).

Cornelius-Winkler, Joachim, Anm. in r+s 2012, 386, 389.

Cornelius-Winkler, Joachim, Der Versicherungsfall im Vertragsrechtsschutz, NJW 2013, 3060.

Cornelius-Winkler, Joachim, I Ist die in § 17 Abs. 5c) cc) ARB 2000 geregelte Obliegenheit intransparent und damit unwirksam?—Zum Hinweis des BGH in der Sache BGH IV ZR 352/07 („Sofortige Klageeinreichung" in arbeitsrechtlichen Kündigungsschutzsachen)—, r+s 2010, 89.

Cornelius-Winkler, Joachim, Rechtsschutzversicherung Teil 1：Grundlagen und versichertes Risiko, SVR 2011 Heft 2, 41.

Cornelius-Winkler, Joachim, Rechtsschutzversicherung Teil 1：Grundlagen und versichertes Risiko, SVR 2011 Heft 3, 85.

Cornelius-Winkler, Joachim, Schadenfreiheitsrabatte und „aktives Schadenmanagement"—Paradigmenwechsel in der Rechtsschutzversicherung?, NJW 2014, 588.

Cornelius-Winkler, Joachim/Ennemann, Bernd, Rechtsschutzversicherung und Gebühren im Arbeitsrecht (LexisNexis, 2008).

Creifelds, Carl (Begr.), Rechtswöterbuch, 20. Aufl. (C.H. Beck, 2011).

Dethloff, Nina, Verträge zur Prozessfinanzierung gegen Erfolgsbeteiligung, NJW 2000, 2225.

Deutsch, Erwin, Das neue Versicherungsvertragsrecht, 6. neubearbeitete Aufl. (Verlag Versicherungswirtschaft, 2007).

Dieterich, Thomas/Müller-Glöge, Rudi/Preis, Ulrich/Schaub, Günter (Hrsg.), Erfurter Kommentar zum Arbeitsrecht, 7. Aufl. (C.H. Beck, 2007).

Dommer, Martin, Lotsen im Rechtsschutzfall, AnwBl 2012, 251.

Eberhardt, Ulrich, Rechtsschutzversicherung im Wandel, VersR 2013, 802.

Eckert, Michael, Blick ins Arbeitsrecht, DStR 2009, 327.

Enders, Horst-Reiner, RVG für Anfänger, 14. Aufl. (C.H. Beck, 2008).

Enneman, Bernd, Anwaltschaft und Rechtsschutzversicherung- Ein Spannungsverhältnis?, NZA 1999, 628.

Fahr, Ulrich/Kaulbach, Detlef/Bähr, Gunne W. /Pohlmann, Petra, Versicherungsaufsichtsgesetz- VAG-, 5. Aufl. (C.H. Beck, 2012).

FINANZTEST, Heft 6/2006.

FINANZTEST, Heft 8/2009.

Frechen, Fabian, Fremdfinanzierung von Prozessen gegen Erfolgsbeteiligung, NJW 2004, 1213.

Fischer, Norbert, Versicherungsfähiges Risko und Versicherungsfall der Rechtsschutzversicherung (1969).

GDV, Jahrbuch 2009.

GDV, Jahrbuch 2011.

GDV, Jahrbuch 2012.

GDV, Statistisches Taschenbuch der Versicherungswirtschaft 2015.

Gellwitzki, Hans-Joachim, Der Rechtsschutzfall im Blickfeld der BGH-Rechtsprechung, AnwBl 2015, 48.

Grams, Holger, Anm. in FD-VersR 2008, 272754.

Grunewald, Barbara, Prozessfinanzierung, AnwBl 2001, 540.

Harbauer, Walter (Begr.), Rechtsschutzversicherung, 8. Aufl. (C.H. Beck, 2010).

Heither, Manuela/Heither, Martin, Als Mandant obsiegen, als Versicherungsnehmer unterliegen?, NJW 2008, 2743.

Henssler, Martin/Prütting, Hanns (Hrsg.), Bundesrechtsanwaltsordnung, 4. Aufl. (C.H. Beck, 2014).

Hering, Manfred, Rechtsschutzversicherung (Deutscher Taschenbuch Verlag, 2005).

Hommerich, Christoph/Kilian, Matthias, Die Finanzierung von Rechtsverfolgungskosten durch die Bevölkerung, AnwBl 2007, 523.

Hommerich, Christoph/Killian, Matthias, Fachanwälte (Deutscher Anwaltverlag, 2011).

Hommerich, Christoph/Killian, Matthias, Rechtsschutzversicherung und Anwaltschaft (Deutscher Anwaltverlag, 2010).

Hommerich, Christoph/Killian, Matthias, Vergütungsvereinbarungen deutscher Rechtsanwälte (Deutscher Anwaltverlag, 2006).

Hommerich, Christoph/Killian, Matthias/Dreske, René (Hrsg.), Statistisches Jahrbuch der Anwaltschaft 2009/2010 (Deutscher Anwaltverlag, 2009).

Horstmeier, Gerrit, Das neue Mediationsgesetz (C. H. Beck, 2013).

Jagodzinski, Wolfgang/Raiser, Thomas/Riehl, Jürgen, Rechtsschutzversicherung und Rechtsverfolgung (Bundesanzeiger, 1994).

Kilian, Matthias, Berufsrecht im Dreipersonenverhältnis : Abrechnungsvereinbarung, AnwBl 2012, 209.

Kilian, Matthias, Die Bedeutung der gewerblichen Prozessfinanzierung, AnwBl 2012, 244.

Kilian, Matthias, Drittfinanzierung von Rechtsverfolgungskosten (Deutscher Anwalt Verlag, 2014).

Killian, Matthias/Dreske, René (Hrsg.), Statistisches Jahrbuch der Anwaltschaft 2013/2014 (Deutscher Anwaltverlag, 2014).

Kilian, Matthias/Terriuolo, Giannina, Anwälte, Rechtsschutzversicherungen, Mandanten—die Wirklichkeit, AnwBl 2012, 226.

Klunzinger, Eugen, Einführung in das Bürgerliche Recht, 15. Aufl. (Vahlen, 2011).

Kuchelmeister, Karin, Bekommt der Verbraucher was er will?, AnwBl 2012, 254.

Küttner, Wolfdieter, Rechtsschutzversicherung und Arbeitsrecht, NZA 1996, 453.

Lensing, Burkard, Anm. in NJW 2012, 2282, 2285.

Lensing, Burkard, Die freie Anwaltswahl, die Rechtsschutzversicherung und der EuGH, VuR 2011, 398-399.

Looschelders, Dirk/Paffenholz, Christina (Hrsg.), ARB (Carl Heymanns Verlag, 2014).

Looschelders, Dirk/Paffenholz, Christina, Versicherungsvertragsrecht (Kohlhammer, 2012).

Looschelders, Dirk/Pohlmann, Petra, VVG- Kommentar, 5. Aufl. (Carl Heymanns Verlag, 2011).

Mathy, Franz Arnold, Drei Beispielsfälle für überflüssige Deckungsprozesse in der Rechtsschutzversicherung, VersR 2009, 1194.

Maier, Karl, Anm. in r + s 2014, 68, 73.

Maier, Karl, Der Ausschluß des Baurisikos in der Rechtsschutzversicherung,

VersR 1997, 394.

Moll, Wilhelm (Hrsg.), Münchener Anwaltshandbuch Arbeitsrecht, 3. Auflage (C. H. Beck, 2012).

Peitscher, Stefan, Anwaltsrecht (Nomos, 2013).

Pilz, Knut, Zur Berücksichtigung des einem durchschnittlichen Versicherungsnehmer nicht zugänglichen Auslegungsmaterials bei der Auslegung von AVB, VersR 2010, 1289.

Prölss, Erich R., Versicherungsaufsichtsgesetz, 12. Aufl. (C.H. Beck, 2005).

Prölss, Erich R./Martin, Anton, Versicherungsvertragsgesetz：VVG 29. Aufl. (C. H. Beck, 2015).

Plote, Helmut, Rechtsschutzversicherung, 2. Aufl. (C.H. Beck, 2010).

Rex, Friedhelm A., Rechtsschutzversicherung und Drittschuldnerklage, VersR 1995, 505.

Rosenberg, Leo/Schwab, Karl H./Gottwald, Peter, Zivilprozessrecht 15. Aufl. (C. H.Beck, 2004).

Samimi, Gregor, AnwaltFormulare Rechtsschutzversicherung, 3. Aufl. (Deutscher Anwaltverlag, 2013).

Samimi, Gregor (Hrsg.), Verkehrsrecht auf einen Blick (Deutscher Anwaltverlag, 2011).

Samimi, Gregor/Liedtke, Cornelia, Auf dem Prüfstand：Das Schadenmanagement der Rechtsschutzversicherer im Verkehrsrecht, NZV 2013, 20.

Schaub, Günter, Die Rechtsschutzversicherung im Arbeitsrecht, NZA 1989, 865.

Schneider, Klaus, Rechtsschutzversicherung für Anfänger (C.H. Beck, 2011).

Schneider, Norbert, Das Quotenvorrecht in der Rechtsschutzversicherung, AnwBl 2012, 572-576.

Schons, Herbert P., Die freie Wahl des Anwalts—Vorzug der Rechtsschutzversicherung, AnwBl 2012, 221.

Schwaiger, Michael, Sorgfalt ist des Anwalts bester Schutz vor der Rechtsschutzversicherung, AnwBl 2014, 752.

Schwintowski, Hans-Peter/Brömmelmeyer, Christoph (Hrsg.), Praxiskommentar zum Versicherungsvertragsrecht, 2. Aufl. (LexisNexis, 2010).

Stiftung Warentest, Finanztest Jahrbuch für 2013：90 Tests und Reports (Stiftung Warentest, 2012).

Terriuolo, Giannina, Das rechtsschutzversicherte Mandat：Eine berufsrechtliche und versicherungsrechtliche Analyse eines besonderen Dreiecksverhältnisses (Deutscher Anwaltverlag, 2014).

Terriuolo, Giannina, Rechtsschutzversichertes Mandat und die freie Anwaltswahl, AnwBl 2015, 140.

van Bühren, Hubert, Das rechtsschutzversicherte Mandat - ein Vertrag mit Schutzwirkung für Dritte?, VersR 2014, 148.

van Bühren, Hubert, Die ARB 2012 - ein Danaer-Geschenk?, BRAK-Mitt 2013, 255.

van Bühren, Hubert (Hrsg.), Handbuch Versicherungsrecht, 6. Aufl. (Deutscher Anwaltverlag, 2014).

van Bühren, Hubert, Rechtliche Probleme in der Zusammenarbeit mit Rechtsschutzversicherern, NJW 2007, 3606.

van Bühren, Hubert, Rechtsschutz - aktuelle Entwicklung des Bedingungsmarktes, AnwBl 2007, 473.

van Bühren, Hubert/Plote, Helmut (Hrsg.), Rechtsschutzversicherung, 3. Aufl. (C. H. Beck, 2012).

von Ihering, Rudolph, Der Kampf ums Recht (Trapeza, 2012).

Versicherungsombudsmann, Jahresbericht 2014.

Wandt, Manfred, Versicherungsrecht, 5. Aufl. (Carl Heymanns Verlag, 2010).

Wendt, Domenik Henning, Leistungspflichten des Rechtsschutzversicherers nach § 125 VVG, VersR 2014, 420.

Wendt, Roland, Strukturen der neueren Rechtsprechung des Bundesgerichtshofs zur Rechtsschutzversicherung (Teil Ⅰ), r+s 2006, 1.

Wendt, Roland, Strukturen der neueren Rechtsprechung des Bundesgerichtshofs zur Rechtsschutzversicherung (Teil Ⅱ), r+s 2006, 45.

Wendt, Roland, Vertiefung der neueren Rechtsprechung des Bundesgerichtshofs zur Rechtsschutzversicherung, r+s 2008, 221.

Wendt, Roland, Die Rechtsprechung des BGH zum Versicherungsrecht Rechtsschutzversicherung, r+s 2010, 221.

Wendt, Roland, Die Rechtsprechung des Bundesgerichtshofes zur Rechtsschutzversicherung- Der Rechtsschutzversicherer und sein durchschnittlicher Versicherungsnehmer, r+s 2012, 209.

Wendt, Roland, Die Rechtsprechung des Ⅳ. Zivilsenats des Bundesgerichtshofs

zur Rechtsschutzversicherung, r + s 2014, 328.
Wendt, Roland, Strukturen der neueren Rechtsprechung des Bundesgerichtshofs zum Rechtsschutzfall, MDR 2006, 132.
Wendt, Roland, Risikosusschlüsse in der Rechtsschutzversicherung, MDR 2006, 481.
Wendt, Roland, Der Rechtsshutzfall mit seinen vor- und nachvertraglichen Ausdehnungen, MDR 2008, 717.
Wendt, Roland, Aktuelles zu Risiko- und Leistungsausschlüsse in Rechtsschutzversicherungen, MDR 2008, 902.
Wendt, Roland, Rechtsschutzversicherung – Erfolgsussichten, Aufklärungsgebote, Kosten-und Gebührenfragen, MDR 2008, 1129.
Wendt, Roland, Der durchschnitliche Versicherungsnehmer und die neuere Rechtsprechung des BGH zum Rechtsschutzversicherung, MDR 2010, 786.
Wendt, Roland, Risikobegrenzungen, Obliegenheitsverletzungen und die neuere Rechtssprechung des BGH zur Rechtsschutzversicherung, MDR 2010 1168.
Wendt, Roland, Der Rechtsschutzversicherer und sein „durchschnittlicher Versicherungsnehmer"- Rechte des Versicherungsnehmers in der aktuellen BGH-Rechtsprechung, MDR 2012, 821.
Wendt, Roland, Der Rechtsschutzversicherer und sein „durchschnittlicher Versicherungsnehmer", Obliegenheitsverletzungen und Kosten- und Gebührenfragen in der neuen BGH-Rechtsprechung, MDR 2012, 947.
Will, Wolfgang, Anm. in OLG Saarbrücken, r + s 2006, 495, 497.
Zeiss, Walter/Schreiber, Klaus, Zivilprozessrecht, 11. Aufl. (Mohr Siebeck, 2009).

3　英語文献

American Bar Association Commission on Ethics 20/20, *Informational Report to the House of Delegates* (2012).
Kyung Hwan Baik and In-Gyu Kim, *Contingent fees versus legal expenses insurance*, 27 International Review of Law and Economics 351 (2007).
John Birds, *Birds' Modern Insurance Law*, 10th ed. (Sweet & Maxwell, 2016).
Clara A. Bowler, *Prepaid Legal Services and the Alternative Practice of Law*, 51 Chi.-Kent. L. Rev. 41 (1974).
Gerald J. Clark, *Internet Wars : The Bar Against the Websites*, 13 High Tech. L.J.

247 (2013).

Jay Conison, *The Federal Common Law of ERISA Plan Attorneys*, 41 Syracuse L. Rev. 1049 (1990).

Julia Field Costich, *Joint State-Federal Regulation of Lawyers : The Case of Group Legal Services Under ERISA*, 82 Ky. L.J. 627 (1993).

John R. Dunne, *Prepaid Legal Services Have Arrived*, 4 Hofstra L. Rev. 1 (1975).

Michael Feldman, *Legal Expenses Insurance* (CLT Professional Publishing Ltd, 1998).

Nigel Foster and Satish Sule, *German Legal System and Laws, 2nd edn* (Oxford University Press, 2010).

Tim Friehe, *Contingent fees and legal expenses insurance : Comparison for varying defendant fault*, 30 International Review of Law and Economics 283 (2010).

Steven Garber, *Alternative litigation financing in the United States : issues, knowns, and unknowns* (RAND Corporation, 2010).

Alexis Goodstone, *Legal Expense Insurance : An experiment in Access to Justice*, (Law and Justice Foundation of NSW, 1999).

William Martin Greene, *Prepaid Legal Services: More than an Open and Closed Case*, 22 Clev. St. L. Rev. 425 (1973).

Thomas J. Hall, *Prepaid Legal Services : Obstacles Hampering Its Growth and Development*, 47 Fordham L. Rev. 841 (1979).

Brian Heid and Eitan Misulovin, *The Group Legal Plan Revolution : Bright Horizon or Dark Future?*, 18 Hofstra Lab. & Emp. L.J. 335 (2000).

Anthony Heyes, Neil Rickman and Dionisia Tzavara, *Legal expenses insurance, risk aversion and litigation*, 24 International Review of Law and Economics 107 (2004).

Christopher Hodges, John Peysner and Angus Nurse, *Litigation Funding : Status and Issues*, Oxford Legal Studies Research Paper No. 55/2012 (2012).

Christopher Hodges, Stefan Vogenauer and Magdalena Tulibacka, *The Funding and Costs of Civil Litigation : A Comparative Perspective* (Hart Publishing, 2010).

Rupert Jackson, *Review of Civil Litigation Costs : Preliminary Report* (The Stationery Office, 2009), ('Preliminary Report').

Rupert Jackson, *Review of Civil Litigation Costs : Final Report* (The Stationery

Office, 2010), ('Final Report').

Mary Kay Kane, *Civil Procedure in a Nutshell*, 7th ed. (West Academic Publishing, 2013).

Thomas M. Kelly and John Dembeck, *3-32 New Appleman New York Insurance Law §32.03*.

William J. Kilberg and Catherine L. Heron, *ERISA Preemption of State Mandated Provider Laws*, 1979 Duke L.J. 383 (1979).

Matthias Kilian, *Alternatives to Public Provision : The Role of Legal Expenses Insurance in Broadening Access to Justice : The German Experience*, 30 JOURNAL OF LAW AND SOCIETY 31 (2003).

Michael Legg, Louisa Travers, Edmond Park and Nicholas Turner, *Litigation Funding in Australia*, UNSW Law Research Paper No. 2010-12 (2010).

Judith L. Maute, *Pre-Paid and Group Legal Services : Thirty Years After the Storm*, 70 Fordham L. Rev. 915 (2001).

Robert S. McDonough, *ERISA Preemption of State Mandated-Provider Laws*, 1985 Duke L.J. 1194 (1985).

Philip J. Murphy, *The Impact of Prepaid Legal Services upon the Minority Bar*, 5 National Black L.J. 1.

Werner Pfennigstorf, *Legal Expense Insurance*, 23 Am. J. Comp. L. 451 (1975).

Werner Pfennigstorf and Spencer L. Kimball, *Legal Service Plans : A Typology*, 1 A.B.F. Res. J. 411 (1976).

Werner Pfennigstorf and Spencer L. Kimball, *Employee Legal Service Plans : Conflicts Between Federal and State Regulation*, 1 A.B.F. Res. J. 787 (1976).

Werner Pfennigstorf and Spencer L. Kimball, *Regulation of Legal Service Plans*, 2 A.B.F. Res. J. 357 (1977).

Werner Pfennigstorf and Spencer L. Kimball eds., *Legal Service Plans : Approaches to Regulation* (American Bar Foundation, 1977).

William Pierron, *ERISA Pre-emption : Implications for Health Reform and Coverage*, EBRI Issue Brief No. 314 (2008).

Productivity Commission, *Access to Justice Arrangements*, Inquiry Report No. 72 (2014).

Yue Qiao, *Legal effort and optimal legal expenses insurance*, 32 Economic Modelling 179 (2013).

RIAD, *The Legal Protection Insurance Market in Europe* (2013) (http://riad-online. eu/fileadmin/documents/homepage/News_and_publications/Market_Data/ RIAD-2013_EN.pdf).

RIAD, *The Legal Protection Insurance Market in Europe* (*Key Data*) (2013) (http:// riad-online.eu/fileadmin/documents/homepage/News_and_publications/ Market_Data/RIAD-2013-Key_Data_EN.pdf).

Alec M Schwartz, *A Concise Guide to Legal Plans* (American Prepaid Legal Services Institute, 2003).

Stuart Sime and Derek French, *Blackstone's Guide to The Civil Justice Reforms 2013* (Oxford University Press, 2013).

Standing Committee of Attorney Generals, *Litigation Funding in Australia*: Discussion Paper (2006).

Preble Stolz, *Insurance for Legal Services : A Preliminary Study of Feasibility*, 35 The University of Chicago L. Rev. 417 (1968).

Jeremy Bryant Tomes, *The Emergence of Group and Prepaid Legal Services*: *Embracing a New Reality*, 16 Tenn. J. Bus. L. 25 (2014).

Michael Trebilcock, Anthony Duggan and Lohne Sossin (eds), *Middle income access to justice*, (University of Toronto Press, 2012).

Willem H. van Boom, *Juxtaposing BTE and ATE- on the Role of the European Insurance Industry in Funding Civil Litigation*, Rotterdam Institute of Private Law Working Paper (2009) (http://papers.ssrn.com/sol3/papers.cfm?abstract_id=1544145).

Willem H. van Boom, *Financing Civil Litigation by the European Insurance Industry*, in Mark Tuil and Louis Visscher (ed.), New Trends in Financing Civil Litigation in Europe (Edward Elgar, 2010) 92-108.

James A. Wooten, *A Legislative and Political History of ERISA Preemption, Part 1*, Journal of Pension Benefits, Vol. 14, No. 1 : 31-35 (2006).

James A. Wooten, *A Legislative and Political History of ERISA Preemption, Part 2*, Journal of Pension Benefits, Vol. 14, No. 3 : 5-10 (2007).

James A. Wooten, *A Legislative and Political History of ERISA Preemption, Part 3*, Journal of Pension Benefits, Vol. 15, No. 3 : 15-21 (2008).

James A. Wooten, *A Legislative and Political History of ERISA Preemption, Part 4 : The "Deemer" Clause*, Journal of Pension Benefits, vol. 22, no. 1 (2014).

事項索引

あ 行

アクセス・プラン………… 118, 145, 199
アフロス契約…………………………… 179
アメリカ法曹協会……………… 128, 136
閾値論…………………………………… 106
一貫性……………………………… 79, 89
一般手数料……………………………… 45
意図的加入…………………………… 73, 87
違反を生じさせた意思表示…………… 75
依頼者紹介の対価…………………… 209
依頼者と弁護士との関係…………… 148
依頼者の勧誘………… 149, 153, 161
依頼の勧誘等………………………… 209
医療団体……………………………… 128
運営人………………………………… 122
運転者権利保護………………………… 54
エリサ法………………… 123, 131, 133
オープン・パネル…………………… 125
オープン・パネル・プラン………… 136

か 行

解雇制限法……………………………… 82
解雇保護手続…………………………… 15
解約告知………………………………… 78
解約告知の脅し………………………… 77
価格論…………………………………… 98
学生および訓練生向け権利保護……… 70
駆け込み契約………………… 179, 184
家族法、生活パートナー法および相続法
　における相談権利保護……………… 60

関係する……………………………… 135
完全成功報酬……………… 115, 117, 128
完全法曹資格者………………………… 22
管理会社……………………………… 122
管理者…………………………… 137, 139
企業年金についての大統領委員会…… 133
期日手数料……………………………… 45
機能上の受認者……………………… 139
規約委員会……………………………… 24
給付種類…………………………… 52, 56
給付反対給付均衡原則……………… 204
共済…………………………………… 206
行政裁判権……………………………… 16
行政裁判所……………………………… 16
行政裁判所法…………………………… 17
協定書………………………………… 170
協定保険会社等………… 167, 169, 193
業とする……………………………… 197
協力約定……………………………… 102
偶然…………………………………… 176
空洞化の禁止………………………… 108
偶発的な事象………………………… 144
区裁判所………………………………… 13
具体性……………………………… 79, 89
クローズド・パネル…………… 125, 151
クローズド・パネル・プラン……… 136
経営上の理由による解約告知………… 82
軽罪……………………………………… 60
経済監査士………………… 20, 22, 23
経済需要（入用）充足説…………… 202
経済生活維持説……………………… 202

刑事権利保護……………………………… *59*
継続研鑽…………………………………… *26*
継続的な保険事故………………………… *74*
契約締結前の抗弁………………………… *73*
契約法および物権法上の権利保護……… *58*
決定投票手続……………………………… *70*
検察官……………………………………… *22*
建築危険…………………………………… *64*
権利保護…………………………………… *31*
権利保護引受義務………………………… *72*
権利保護保険………………………… *1, 31*
権利保護保険制度創設にかかる提言… *166*
権利保護保険と権利の追求……………… *40*
権利保護保険のための法規および行政規
　則の調整に関する1987年6月22日付
　閣僚理事会指令………………………… *10*
権利保護保険普通約款…………………… *52*
権利保護保険（弁護士保険）制度
　…………………………… *1, 169, 193*
権利保護保険モデルプラン…………… *166*
合意解約…………………………………… *78*
広告……………………… *149, 153, 160*
広告及び宣伝…………………………… *209*
公証人……………………………………… *23*
交通権利保護……………………………… *53*
交通事件行政権利保護…………………… *59*
交通用具権利保護………………………… *53*
交通用具に関連付けられた権利保護…… *53*
高等裁判所………………………………… *13*
行動を理由とする解約告知……………… *82*
合理化協定………………………… *102, 107*
個人的な理由による解約告知…………… *82*
混合パネル……………………………… *125*

さ　行

最高度の人格権………………………… *106*
彩色………………………………………… *80*
財政裁判権………………………………… *20*
財政裁判所………………………………… *21*
裁判外のリーガル・サービスに関する法律
　…………………………………………… *47*
裁判官……………………………………… *22*
裁判上の租税権利保護…………………… *58*
裁判所規則……………………………… *132*
裁判所法………………………………… *147*
裁判に重要であること…………… *79, 89*
裁判費用法………………………………… *44*
差止訴訟法……………………………… *104*
三本柱モデル……………………………… *89*
自営業者および会社向けの生存権利保護
　…………………………………………… *70*
自営業者のための私生活権利保護……… *54*
自営業者のための私生活、職業および交
　通権利保護……………………………… *55*
自営業者のための職業権利保護、会社およ
　び社団のための権利保護……………… *55*
自家保険………………………… *124, 135*
時間制報酬（タイムチャージ）
　………………………………… *168, 174*
事後保険…………………………… *9, 179*
事実上の受認者………………………… *139*
事実上または主張上の損害原因事故…… *73*
事実上または主張上の法違反…… *73, 184*
事実の核心………………… *79, 87, 89, 91*
事実の陳述………………………………… *84*
事前保険…………………………… *9, 179*
自動車クラブ…………………………… *128*

334　事項索引

司法制度改革審議会意見書——21 世紀の日本を支える司法制度——……… *167*
指名受認者………………………… *138, 139*
社会裁判権………………………………… *18*
社会裁判所………………………………… *18*
社会裁判所権利保護……………………… *58*
社会裁判所法……………………………… *19*
ジャクソン報告書………………………… *9*
住居および土地権利保護………………… *57*
住居および土地の所有者および使用賃借人のための権利保護………………… *55*
収支相等原則…………………………… *204*
州社会裁判所……………………………… *18*
修正三本柱レシピ………………………… *89*
周旋……………………………………… *196*
自由と独立……………………………… *209*
自由な弁護士の原則……………………… *96*
十分な勝訴の見込み……… *47, 63, 75*
州労働裁判所……………………………… *14*
主張上の法違反…………………………… *77*
受認者…………………………………… *138*
上級行政裁判所…………………………… *16*
条件付報酬特約…………………………… *9*
勝訴の見込み……………………………… *8*
証明可能性………………………………… *79*
初期相談………………………………… *173*
職業活動の部分領域……………………… *24*
職務を行い得ない事件………………… *209*
助言援助………………………………… *46*
助言援助法……………………………… *46*
助言者…………………………………… *149*
信義誠実………………………………… *209*
新自動車保険〈プロガード〉………… *165*
人身傷害……………………………… *9, 117*

信託受託者……………………… *138, 139*
慎重人原則……………………………… *141*
信認義務………………………… *140, 212*
信認責任………………………………… *123*
真の団体加入…………………………… *126*
審問を受ける権利……………………… *107*
信頼確保プロジェクト・チーム……… *174*
推薦……………………………………… *161*
成功報酬…………………………… *42, 46*
生産性委員会…………………………… *216*
清算約定…………………………… *41, 102*
正当性…………………………………… *79*
制度規約等の遵守義務………………… *140*
税務代理人………………………… *20, 22, 23*
税理士…………………………… *20, 22, 23*
責任保険………………………………… *117*
責任保険における防御義務…………… *115*
責任保険における防御給付…………… *189*
1974 年の従業員退職所得保障法
　………………………… *123, 131, 133*
1976 年の税制改正法………………… *131*
1986 年の税制改革法………………… *131*
1945 年のマッカラン・ファーガソン法
　……………………………………… *142*
1947 年の労使関係法………… *124, 132*
専業主義………………………………… *51*
宣言的債務承認………………………… *214*
宣誓帳簿監査士…………………… *20, 22*
専占……………………………………… *135*
全米保険監督官協会…………… *136, 143*
専門口頭試問…………………………… *26*
専門弁護士規則………………………… *26*
専門弁護士制度………………………… *23*
争訟教唆罪……………………………… *128*

相対的把握説	202
訴訟救助	46, 47
訴訟費用保険	1, 9, 119
訴訟ファイナンス	34
損害原因事故	62
損害処理受託企業	49, 51
損害填補説	202
損害賠償権利保護	56
損害保険業	202
損害保険契約	202, 203, 204
損害保険ジャパン日本興亜株式会社	168, 172

た 行

待機期間	74, 172
第三者	122
大数の法則	204
大成火災海上保険株式会社	167
代替的訴訟金融	115, 118
代弁者	149
タフト・ハートレー法	124, 132
団体リーガル・サービス・プラン	120, 121
団体リーガル・プラン	119
秩序違反権利保護	60
地方裁判所	13
注意義務	140, 212
仲裁鑑定手続	70
忠実義務	140, 212
中小企業向け弁護士保険（権利保護保険）モデル約款（試案）	174
駐停車違反に関する秩序違反手続	65
懲戒および分限上の権利保護	59
通常裁判権	12
定額立替金	45
手続手数料	45
鉄道労働組合	129
填補訴訟	71
填補の約束	76, 214
ドイツ弁護士協会	23, 77
ドイツ保険協会	52
投機的取引等	65
投資マネージャー	138, 140
東北財務局（少額短期保険）第5号	171
同和火災海上保険株式会社	167
特別刑事権利保護	69
特別裁判籍	14
特別の実務上の経験	26, 27
特別の理論的見識	26, 27

な 行

日弁連リーガル・アクセス・センター	1, 167
日本弁護士連合会	165
ニューヨーク州保険法	144
任意加入	125
認識しうる意味および目的	86
任用契約権利保護	70
年金給付制度	133
年金助言士	20

は 行

排他的目的遂行義務	140
被害者権利保護	56
引受人	122, 123
非自営業者のための私生活および職業権利保護	55

非自営業者のための私生活、職業および
　交通権利保護……………………… 55
人に関連付けられた交通権利保護……… 53
非弁護士との提携……………………… 209
非弁護士の法律事務の取扱い等の禁止
　………………………………………… 209
秘密保持………………………… 149, 153
秘密保持の権利及び義務……………… 209
100パーセント参加……………………… 126
費用の免脱……………………………… 72
費用保険………………………………… 31
複合保険企業…………………………… 51
福祉給付制度…………………………… 133
複数の保険事故………………………… 74
不十分な勝訴の見込みまたは濫訴による
　拒絶…………………………………… 63
不正競争防止法………………………… 104
付属物…………………………………… 80
不担保期間……………………………… 172
不適法な物理的圧力の限界…………… 112
プラン管理者…………………………… 122
プラン・スポンサー………… 122, 123, 139
プリベント少額短期保険株式会社
　………………………………… 168, 171
分散投資義務…………………………… 140
紛争法律問題…………………………… 198
平均的な保険契約者…………………… 81
弁護士…………………………………… 22
弁護士会………………………………… 23
弁護士強制……………………………… 13
弁護士業務改革委員会………………… 165
弁護士業務対策委員会………………… 165
弁護士紹介サービス…………………… 170
弁護士職務基本規程…………………… 209

弁護士選択の自由……… 10, 48, 49, 92,
　102, 110, 186
弁護士の専門職としての独立性
　………………………………… 149, 153, 157
弁護士費用特約……… 2, 165, 168, 171
弁護士費用の敗訴者負担原則
　………………………………… 37, 45, 115
弁護士費用保険………………………… 1
弁護士費用保険普通保険約款………… 179
弁護士法………………………………… 209
弁護士法72条…………………………… 193
弁護士報酬法…………………………… 41, 44
弁護士保険……………………………… 1
弁護士保険（権利保護保険）に関する覚
　書……………………………………… 173
弁護士保険における弁護士費用の保険金
　支払基準………………………… 36, 112
弁護のちから…………………………… 172
片面的強行規定…………………… 50, 102
法違反……………………………… 62, 77
法役務に関する情報…………………… 149
包括的前払いプラン…………………… 122
報酬……………………………………… 196
報酬分配の禁止………………………… 149
報酬分配の制限………………………… 209
報酬を得る目的………………………… 196
法的主張………………………………… 181
法的争論………………………………… 182
法的地位の変更……………………… 62, 73
法的紛争………………………………… 181
法律事務所およびその他の団体……… 149
法律相談法……………………………… 42
法律相談保険（仮称）………………… 165
法律相談保険の提言…………………… 166

法律扶助……………… 9, 34, 35, 46
法律問題…………………………… 185
保険オンブズマン………………… 71
保険オンブズマン手続規則……… 71
保険監督法…………………… 48, 51
保険給付拒絶の際の鑑定手続… 48, 50
保険業……………………………… 206
保険業の経営……………………… 144
保険契約…………………… 144, 203
保険契約法………………… 48, 49, 103
保険契約法改正法案……………… 96
保険事故……………… 61, 172, 176
保険者の防御義務………………… 117
保険法……………………… 131, 142
保険法研究グループ……………… 77
保険法上の専門知識のない、理解に努め
　る平均的な保険契約者の見方……… 86
保険本質論………………………… 202

ま　行

前払い「アクセス」プラン……… 121
前払いリーガル・サービス……… 133
前払いリーガル・サービス・プラン
　………………… 115, 118, 119, 120, 121
マッカラン・ファーガソン法… 131
三井海上火災保険株式会社……… 165
三井住友海上火災保険株式会社… 177
民事訴訟法………………………… 44
民事法律扶助……………………… 116
民法第307条（内容規制）……… 103
無資格法律業務………… 149, 153, 158
無事故等級………………………… 92
無事故戻し………………………… 107
メイン州弁護士会………………… 156

メディエーション………………… 43
免脱請求権………………………… 214

や　行

有色人種地位向上全国協会……… 129
予防法律問題……………………… 198

ら　行

濫訴………………………… 47, 63, 75
リーガル・サービス給付制度…… 119
リーガル・サービス従業員給付信託… 124
リーガル・サービス信託基金…… 123
リーガル・サービス・プラン… 118, 119
リーガル・サービス法………… 42, 47
リーガル・サービス保険………… 118
利益相反…………… 102, 149, 153, 154
利益相反取引の禁止………… 140, 141
利益相反防止措置………… 10, 48, 51
利益配分約束付きの訴訟肩替り… 129
利得禁止原則……………………… 205
連邦行政裁判所…………………… 16
連邦金融監督庁…………………… 71
連邦財政裁判所…………………… 21
連邦司法省………………………… 40
連邦社会裁判所…………………… 18
連邦通常裁判所…………………… 12
連邦通常裁判所民事第4部……… 77
連邦弁護士手数料法…………… 41, 44
連邦弁護士法…………………… 44, 102
連邦弁護士連合会………………… 23
連邦労働裁判所…………………… 14
労働権利保護……………………… 57
労働裁判権………………………… 14
労働裁判所………………………… 14

労働裁判所法……………………………… 14
ローラント権利保護保険株式会社……… 56

わ　行

我が国における訴訟費用保険制度実現の
　ための諸方策についての検討……… 165
ワグナー法………………………………… 132
割引………………………………………… 107

欧　文

ABA 弁護士責任規範（ABA モデルコー
　ド）…………………………………148, 151
ABA 法律家職務模範規則（ABA モデル
　ルール）……………………………148, 153
ABA 倫理規範…………………………148, 150
Advocard Rechtsschutzversicherung AG
　……………………………………………… 41
ARB54 ………………………………… 38, 72
ARB69 …………………………………… 38
ARB75 ………………………………… 39, 172
ARB94 …………………………………… 39

ARB2000 ………………………………… 39
ARB2008 …………………………… 39, 43
ARB2009 …………………………… 39, 43
ARB2010 ………………………… 39, 43, 52
ARB2012 ………………………… 39, 43, 52
Barratry（常習的訴訟教唆）………… 128
Champerty（利益分配特約付訴訟援助）
　………………………………………… 128
deemer clause ………………… 135, 137
l'assurance-protection juridique……… 1
legal expenses insurance………………… 1
LegalZoom …………………………… 159
Maintenance（訴訟幇助）…………… 129
Mikata ………………………………… 171
NOLO ………………………………… 159
P＆I クラブ …………………………… 51
RAND 研究所 ………………………… 119
RIAD …………………………………… 7
Rocket Lawyer ……………………… 159
saving clause ………………………… 135

〈著者紹介〉
應本 昌樹（おうもと　まさき）

略　歴
　1990年　東京大学法学部第2類（公法コース）卒業
　同　年　大正海上火災保険株式会社（現三井住友海上火災保険株式会社）入社
　2003年　三井住友海上火災保険株式会社退社
　2006年　明治大学大学院法務研究科法務専攻専門職学位課程修了、法務博士（専門職）
　2007年　弁護士登録（第一東京弁護士会）
　2016年　筑波大学大学院ビジネス科学研究科企業科学専攻博士後期課程修了、博士（法学）
　現　在　教育の森法律事務所　弁護士

主要著書・論文
「ドイツの権利保護保険に関する一考察　——法制度的枠組みを中心に——」損害保険研究72巻1号（2010年）
『金融法務用語辞典』（分担執筆、経済法令研究会、2010年）
「権利保護保険における保険事故に関する一考察　——法違反の主張を支える三本柱のレシピについて——」大谷孝一博士古稀記念『保険学保険法学の課題と展望』（成文堂、2011年）
「ドイツにおける権利保護保険」自由と正義64巻7号（2013年）
「権利保護保険における弁護士選択の自由に関する一考察　——バンベルク高等裁判所2012年6月20日判決を題材として——」損害保険研究75巻2号（2013年）
『中小企業海外展開支援　法務アドバイス』（共編著、経済法令研究会、2013年）
マティアス・キリアン「第三者による訴訟費用負担　——ドイツにおける法的紛争の第三者金融の仕組み——」比較法雑誌48巻2号（翻訳、2014年）
スザンネ・オファーマン―ブリュッハルト「ドイツにおける専門弁護士制度」森勇編著『リーガルマーケットの展開と将来像』（翻訳、中央大学出版会、2015年）

権利保護保険
――法的ファイナンスの規範論序説

2016年10月30日　初　版第1刷発行

著　者　應　本　昌　樹
発行者　阿　部　成　一

〒162-0041　東京都新宿区早稲田鶴巻町514番地
発行所　株式会社　成　文　堂
電話 03(3203)9201(代)　Fax (3203)9206
http://www.seibundoh.co.jp

製版・印刷　三報社印刷　　　　製本　弘伸製本
©2016 M. Omoto　　Printed in Japan
☆乱丁・落丁本はおとりかえいたします☆　検印省略
ISBN 978-4-7923-4260-9 C3032

定価(本体6600円+税)